管理学系列

第2版

管理研究设计与方法

Research Design and Methodology in Management

于晓宇　赵红丹　范丽先　等编著

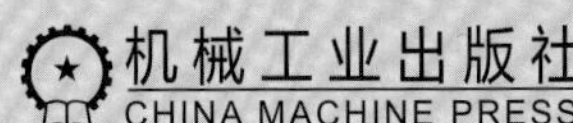
机械工业出版社
CHINA MACHINE PRESS

本书主要介绍了管理研究设计的内容、管理研究中的常用方法及操作实例、管理研究中的常见问题及解决实例，在强调对研究过程的整体理解和掌握的基础上，从基于理论的研究问题和假设的提出、研究过程设计、量表及数据收集整理、报告撰写以及各类具体研究方法的应用等逐步展开讨论，辅之以实际已发表或尚未发表论文的真实数据和操作过程供读者操作演练，帮助读者掌握主流的研究方法，提升研究设计能力。

本书具有三个特点。第一，前沿。本书所有编写人员都有较强的研究设计能力，介绍的研究方法及操作实例非常前沿，并都主持过国家自然科学基金，在 SSCI 期刊及国内顶级期刊上发表过大量论文。第二，诀窍。书中分享了很多诀窍，这些诀窍为研究新手提供了具有参考价值的研究建议。第三，实战。本书不是对方法的简单介绍，而是分享了关于发表的实战经验，实操性和借鉴意义更强。

本书适合高等院校和科研院所管理学、心理学、教育学与社会学等领域的研究新手、研究生，以及高年级本科生等阅读。

图书在版编目（CIP）数据

管理研究设计与方法 / 于晓宇等编著 . —2 版 . —北京：机械工业出版社，2023.3（2025.5 重印）
（文渊 · 管理学系列）
ISBN 978-7-111-72618-0

I. ①管…　II. ①于…　III. ①管理学 – 高等学校 – 教材　IV. ① C93

中国国家版本馆 CIP 数据核字（2023）第 025797 号

机械工业出版社（北京市百万庄大街 22 号　邮政编码 100037）
策划编辑：吴亚军　　　　　　责任编辑：吴亚军　伍　曼
责任校对：张爱妮　王　延　　责任印制：刘　媛
涿州市般润文化传播有限公司印刷
2025 年 5 月第 2 版第 4 次印刷
185mm × 260mm · 19.25 印张 · 2 插页 · 426 千字
标准书号：ISBN 978-7-111-72618-0
定价：59.00 元

电话服务　　　　　　　　　网络服务
客服电话：010-88361066　机　工　官　网：www.cmpbook.com
　　　　　010-88379833　机　工　官　博：weibo.com/cmp1952
　　　　　010-68326294　金　　书　　网：www.golden-book.com
封底无防伪标均为盗版　机工教育服务网：www.cmpedu.com

文渊

管理学系列

「师道文宗
笔墨渊海」

文渊阁 位于故宫东华门内文华殿后，是故宫中贮藏图书的地方中国古代最大的文化工程《四库全书》曾经藏在这里，阁内悬有乾隆御书“汇流澄鉴”四字匾。

文渊 管理学系列

作者简介

于晓宇 博士，上海大学特聘教授、博士生导师，上海大学管理学院副院长，上海市软科学研究基地——上海企业创新与高质量发展研究中心主任。瑞典延雪平大学国际商学院、美国得克萨斯基督教大学尼利商学院和宾夕法尼亚大学沃顿商学院访问学者。入选国家“万人计划”青年拔尖人才等高层次人才计划。兼任*Entrepreneurship Research Journal*联合主编，*Journal of Management Studies*、*Human Relations*等FT-50期刊编委，《管理学季刊》领域编辑等。研究领域为创业失败、神经创业学、企业成长，主持国家自然科学基金项目等课题十余项，在国内外重要期刊上发表论文数十篇，研究成果荣获美国管理学会最佳会议论文奖（2023）、Emerald杰出成果奖（2018）、上海市哲学社会科学优秀成果奖（2022）、“中国企业管理案例与质性研究论坛”最佳论文奖（2019）等。曾获霍英东教育基金会高等院校青年教师奖、宝钢优秀教师奖、上海市育才奖、上海市级教学成果奖等荣誉。

赵红丹 博士，上海大学管理学院教授、博士生导师。入选上海市曙光学者、晨光学者等人才计划，“中国高被引学者”榜单（2022）。研究领域为组织行为、人力资源、创新创业管理，主持国家自然科学基金项目等课题十余项，在国内外学术期刊上发表论文数十篇，多次获Emerald杰出成果奖，多篇论文入选ESI前1%高被引论文，10余篇论文被中国社会科学网、人大复印报刊资料等全文转载和引用。曾获宝钢优秀教师奖、上海市青年五四奖章（个人）等荣誉。

范丽先 博士，上海大学管理学院教授。美国俄勒冈大学访问学者。研究方向为航运市场及政策分析、航运减排、物流及供应链金融等，主持国家自然科学基金项目等课题多项，在国内外学术期刊上发表论文数十篇，多篇入选ESI高被引论文和热点论文。曾获上海大学“蔡冠深优秀青年教师”等荣誉。

PREFACE

第2版前言

理解管理研究的科学性，开展科学的管理研究

管理研究尤其是工商管理研究是“科学”的吗？这个问题迄今一直有争论。一个原因是对于科学，尤其是科学性的理解存在偏见。管理研究的科学性类似医学研究，不是“1+1=2”。例如，一项医学研究揭示了某个药物可以治疗某种疾病，仅代表这个药物在多期临床实验中可显著治疗某些人在某一段时间的这种疾病。然而，每个人体质不同，研究结论不能确保这个药物对所有人的某种疾病永久性有效。类似地，管理研究也是针对企业或组织的某种疾病提出一个对策，并且在统计上去检验这个对策能够解决企业或组织的“疾病”，然而，每一家企业的“体质”不同，因此，既无法，也不必要求管理研究能够永久解决所有企业的某个问题。这导致很多管理者在研读、应用管理理论的时候认为管理研究不“科学”，其实是管理者对于科学、科学性的理解还不够理性。

另一个原因是管理研究的问题及研究过程的规范时常饱受非议。源于“不发表就出局”的压力，很多研究者会主动或被动研究一些和实践缺少相关度的问题。此外，有些研究在操作过程中为了“合规”而“失范”，例如研究者通常声称测量量表采取了回译（back translation）这个“规矩”，将英文量表翻译为中文，再翻译回英文。然而，根据我和一些学者的经验，有些量表在回译后，很难让被调研者准确理解这些测量条目到底想问什么。类似这样非常明显的问题，就像“皇帝的新装”，许多研究者视而不见，尤其是新手通常报告自己实施了回译。换言之，为了“合规”，许多研究的确没有“科学地”使用研究方法，或者使用“科学的”研究方法。

本书希望帮助管理领域的研究者，尤其是研究新手，学习并掌握管理研究设计，科学地使用研究方法，使用科学的研究方法，以开展科学的管理研究。然而，本书的初衷并不局限于此。很多管理研究的新手并不会长期从事管理研究，而是担任管理者的角色，我们希望他们通过本书，能读懂国内外管理学期刊，并有能力分辨哪些是科学的管理研究，哪些是有用的、有益的管理知识，进而提升他们的管理能力，适应并应对这个时代的诸多挑战与机遇。

设计管理研究：评审人的视角

与第 1 版相比，本书增加或强调了以下四个方面内容。

第一个方面是强调用评审人的视角来设计、评估组织与管理研究，以及决策采用哪种研究方法，如何使用研究方法。国内外管理学期刊普遍采用“同行评议制度”作为学术成果得以公开发表的主要标准，研究新手若不能从评审人的角度来反思优化研究设计，就会因“闭门造车”而被拒稿。“同行评议制度”并非没有瑕疵。一些已发表在顶级期刊的管理学研究文章，有运气成分，它们并不是最有洞见的，也不见得是最科学的，但在理论和方法运用方面非常“细腻”，被戏称“无可挑剔的寻常之作”。但是对于许多新手而言，认识到通过评审人的视角设计研究的重要性，往往需要很长时间。许多有激情的研究新手，通过多年试错认识到这一点之后，随即在“不发表就出局”的“内卷”中被迫退出自己热爱的研究工作。

我们绝不鼓励，更不支持研究者一味迎合评审人的口味，但我们也不希望研究新手“夭折”在只顾提出自己的理论洞见，却罔顾评审人视角的路上。站在评审人的视角，不仅可以帮助研究获得更高发表概率，同时也能帮助研究者查缺补漏，以一种更加完善和友好的方式呈现给读者和评审人。因此，本书增加了更多、更新来自刚刚发表或者尚未发表论文的评阅意见。

2018 年，我带领上海大学 30 位青年教师赴美国沃顿商学院进修，沃顿商学院的教授将他们投稿、返修、拒稿、再投、再拒直至发表过程的全部文本作为“教材”，站在评审人的视角，分享他们到底做对了什么，做错了什么。我们也希望本书的读者能够在设计实施研究过程中，加入评审人的视角，从本书分享的经验和教训中汲取积极的力量，完善自己的研究，降低试错的成本。

第二个方面是更加强调“干中学”（learn by doing）。我们在第 1 版的基础上精练或删减了研究方法的原理介绍，增加了发表论文的实操过程。参与本书编写的每一位老师在上海大学研究生课堂上讲授研究方法之前和在讲授过程中，都会鼓励学生使用原始数据从头到尾操作研究方法的每一个步骤，通过试错了解研究方法在操作过程中会遇到哪些问题。我们希望本书的读者在通读学习研究方法之前或在此过程中使用原始数据练习实操，“先复制，再掌握，再创新”。党的二十大报告指出，“实践没有止境，理论创新也没有止境”，提出“继续推进实践基础上的理论创新”，管理学研究也不例外。

第三个方面是增加了管理学研究“热点”。本书优先采用与“数字化转型”等研究热点有关的论文作为介绍研究方法的操作案例。一个原因是尽管我们并不鼓励去追热点，但很多课题通常是经过热点词汇“粉饰”过的经典管理问题，结合这些研究热点，新手更容易理解和接受。此外，一部分研究热点确实是管理实践者正在面临的重要挑战，本书增加这些研究热点，也希望能为研究新手和管理实践者提供一些研究设计与研究方法方面的启发。

第四个方面是对“学术道德和科研伦理”的强调。细心的读者已关注到许多期刊学术机构和管理机构（如国家自然科学基金委员会等）都加大了对科研不端行为的惩罚力度和曝光力度。这些科研不端行为既有来自刚刚“出道”的研究新手，也有顶着许多光环的知名学者。由于过往科研不端的行为，他们断送了自己的学术生涯，很多论文也被撤稿。

习近平总书记在中国科学院第二十次院士大会、中国工程院第十五次院士大会和中国科学技术协会第十次全国代表大会上的讲话中指出："诚信是科学精神的必然要求……坚守学术道德和科研伦理，践行学术规范，让学术道德和科学精神内化于心、外化于行，涵养风清气正的科研环境，培育严谨求是的科学文化。"研究者不可以贡献或者提供一些错误的、无效的知识。因此，本书在多个章节强调，在使用各类研究方法时我们必须遵守学术准则，恪守学术道德。我们非常希望本书能够帮助研究生、研究新手开展在发表之后仍然能够"睡得着觉的管理学研究"、时隔多年仍然"为之自豪的管理学研究"。

专注与广博

管理研究的新手应掌握多样的研究方法，还是应该精通某一种研究方法？这是一个经常困扰研究新手的问题。金庸的《天龙八部》中有一位掌握各家武功门派精要的慕容复，还有一位凭借"降龙十八掌"走江湖的乔峰。两者交锋，乔峰有着压倒性的优势。

乔峰打败慕容复并非因为乔峰掌握的武功单一，或者慕容复掌握的武功庞杂，而是乔峰对"降龙十八掌"钻研更深。如果慕容复也对某一门武功钻研极深，应该足以抵御乔峰的"降龙十八掌"，就好比慕容复父亲慕容博，以及少林寺的扫地僧。

这是否暗示就掌握的方法而言，深度比广度更重要？未必。**研究方法并无高低优劣，关键在人，在于研究者根据研究问题选择合适的研究方法、研究者对研究的科学态度和对方法的持续钻研**。结构方程模型可以用于解决中介问题，回归也可以。但是，如果研究问题中有两个或更多同等重要的因变量，结构方程模型或路径分析可能比回归更合适此类问题。

我们更加鼓励研究新手先通过"动力复制"(motor reproduction)优秀实践，努力掌握某种研究方法，并且刻意练习至极致，再将掌握研究方法的能力复用、拓展到其他研究方法，即力求所掌握的某一研究方法足够精深，同时又能广博。使用不同的研究方法不但可以起到结果相互印证，提高研究结果稳健性的效果，还会从不同的研究方法中得出不同结论，进而涌现新的理论洞见。

邀请

本书作者几乎没有变化，包括我和几位骨干老师仍在"当打之年"，疲于奔命在"不发表就出局"的路上。根据第1版读者的反馈建议，我们有信心将本书写得更好。然而，我们深知研究方法日新月异，自身一定存在诸多不足与盲点，因此诚挚地邀请来自全球管理研究一线的学者参与进来，和我们一起探讨以下研究方法。

1. 质性研究方法

实证研究（empirical research）有两种范式——量化研究（quantitative research）和质性研究（qualitative research），前者的哲学基础是实证主义（positivism）和后实证

主义（post-positivism），强调秉承科学主义传统，强调世界存在客观规律，研究目的是发现和解释规律；后者的哲学基础则包括但不限于阐释主义（interpretivism）或建构主义（constructivism），以此为哲学基础的质性研究强调秉承人文主义传统，不强调世界存在客观规律，研究目的不在于发现或解释，而在于理解和挖掘意义。此外，质性研究还有与量化研究哲学基础相同，遵循实证主义范式，借以强化研究的“科学性”。有学者戏称，质性研究内部的分野，甚至比质性研究与量化研究的差别要小一些。

我希望增加并强化质性研究方法，主要基于三点考虑。一是为管理实践提供理解和意义的研究，至少与发现规律的研究同等重要。我们可以从《自然》（*Nature*）发表的论文中了解血清素、多巴胺、内啡肽对快乐、幸福的影响机制，也可以从《当幸福来敲门》等影视佳作中得到触动与启发。二是质性研究方法适合在高不确定性的环境中发展、构建新理论，包括新涌现、复杂、极端的研究问题（Eisenhardt，2021），为加快构建高质量中国特色管理学体系做出贡献（王永贵等，2021）。三是质性研究适合服务中国组织与管理实践。如前文的隐喻，量化管理研究和医学研究非常类似，由于组内、组间的差异，结果及结论无法“包治百病”，因此案例研究等质性研究更适合提供有针对性的结论和启示。

2020年，我受邀担任《管理案例研究与评论》“案例研究方法”专栏主编，并在主编苏敬勤教授的支持下将“案例研究方法”专栏更名为“质性研究方法”，在这个过程中逐渐体悟质性研究方法的本质和使用规律。尽管我自己和本书编写团队部分老师做过大量教学案例开发及案例研究设计（如Yu等，2021；于晓宇等，2019），但我们深知质性研究博大精深，不是一章内容所能覆盖的，但我们仍希望为研究复杂管理问题的新手提供更加实用的质性研究方法和经验。

2. 计算机辅助文本分析

文本分析（质性研究方法之一）在分析非结构化文本材料（例如访谈记录）方面是主流方法，但受限于人工编码等成本因素和主观因素过重，文本分析使用一直受限。以自然语言处理为核心的计算机辅助文本分析（computer-aided text analysis）的发展，为大数据在管理学研究中的应用带来了契机（冉雅璇等，2022）。几个重要的变化也将促进计算机辅助文本分析的应用愈加广泛。一是随着互联网技术发展，人们在网络上发表了巨量涵盖思维、情感、情绪、观点等的文本信息，井喷式爆发的文本将为文本分析提供巨量廉价的数据来源；二是管理现象的复杂性激增，管理理论的建构亟须突破因果律的限制。美欧主导管理研究更热衷于构建中层理论（middle-range theory），理论多从概念及概念之间的因果关系（causality）来建构。然而，当前万事万物互联互通，管理现象的复杂性激增，微观叠加不等于集合，更本质的规律远非因果关系所能描述。组织就像芯片一样，无数晶体管镶嵌在一起之后会自然涌现某种计算智能。计算机辅助文本分析可以用于分析跨时间、跨空间的大规模本文，更有潜能突破局部因果律的限制，发现更大视野的规律。

中华文明源远流长、博大精深，各类文献典籍是掌握中国商业规律的“密码”。计算机辅助文本分析是解码的有效工具，帮助研究者做到“**立足中国、借鉴国外，挖掘历史、把握当**

代，关怀人类、面向未来”。我们猜想未来基于大数据和人工智能的文本分析将成为非常主流的管理研究方法，尽管我们在这方面也做了一些初步探索（如于晓宇、曹港、张玉利，2022），但仍然不够娴熟，因此期待能够娴熟利用大数据和人工智能进行文本分析的专家加盟，帮助新手把握多学科交叉研究方法带来的机遇。

3. 脑神经科学方法

毋庸置疑，**如果管理者或企业家能从遗传学、生理学、神经科学等角度理解个体或者群体决策与行为的原因，他们会对自己更加释怀，对世界更加包容**。例如，从生理学角度，睾酮是许多个体选择创业的主要原因（Bönte 等，2016）；从遗传学角度，50 岁以上个体对创业充满向往源于主观幸福感遗传倾向的影响（Patel 等，2021）。如果说睾酮、基因很难改变，此类研究缺少一些实践启示，那么如果知道创业者在投资者面前演讲时越有激情，就越能够提高投资者的神经参与度，投资者的投资意向也越强烈（Shane 等,2020），创业者就知道“怎么干”，投资者也知道创业者激情对自己的影响，并提醒自己做出更理性的决策。

尽管财务金融、市场营销、人力资源、信息系统、战略管理、创新创业各个领域的顶级期刊已刊出大量利用脑神经科学方法的管理学研究，但国内还比较少见。我在 2016 年开始创建“上海大学神经创业学实验室”，并同浙江大学杨俊教授、中山大学李炜文教授组织翻译了《神经创业学：研究方法与实验设计》；之后，与浙江大学刘涛研究员等合作多项实验，发表了一些研究成果（如 Yu 等，2022）。但是考虑到国内很多商学院尚未建立神经科学实验室或购买相关设备，我们并未在本书中引入脑神经科学方法的介绍。随着可穿戴设备普及，研究者将更有可能获取心率、血压、皮肤电等生理指标，并对这些指标进行全天候监测，神经科学设备也更加可得可用，管理学研究将进一步向微观挺进。

4. 现场实验方法

2021 年诺贝尔经济学奖得主是美国加州大学伯克利分校的戴维·卡德（David Card)、麻省理工学院的乔舒亚·D. 安格里斯特（Joshua D. Angrist）和斯坦福大学的吉多·W. 因本斯（Guido W. Imbens)。瑞典皇家科学院认为，这三位教授证明了可以用实验来回答社会的核心问题，他们彻底改变了经验主义经济科学的研究。这里提及的实验主要是指自然实验（natural experiment），而现场实验（field experiment）可视为特殊的自然实验，能兼顾因果关系检验和研究结论推广两个准则（李圭泉、杨俊和于晓宇，2022），但在科研伦理方面比自然实验有更高的要求。根据文献计量分析，2000 年之后自然实验突然成为社会科学界的流行词汇（Dunning，2012），而广泛应用于自然实验的 DID（difference-in-difference）方法更是频繁出现在 SMJ、《经济研究》等管理学、经济学顶级期刊。

管理学研究常被评审人质疑“内生性威胁”，导致很多充满洞见的研究最终与顶级期刊发表失之交臂，尽管研究者发展了许多用于解决内生性威胁的技术，但毫无疑问，现场实验在检验因果关系方面有极大的潜力。此外，实践者甚至研究者往往质疑管理学研究的应用和推广价值，现场实验方法不仅将帮助管理学研究者呈现更加稳健的因果关系，还会推动管理学研究走向“学以致用”“知行合一”。

我们在现场实验方法应用方面做出了一些探索。2021 年，我和赵红丹教授、厉杰副教授、贾迎亚副教授、王斌副教授等与意大利博科尼大学（Bocconi University）两位教授阿方索・甘巴德利亚（Alfonso Gambardella）、阿纳尔多・卡穆福（Arnaldo Camuffo）共同发起中国首期“知行”创业研习营，招募了 100 余位创业者开展了一项现场实验。从研究构思、筹措资金、伦理审查、团队组建，到培训会议、招募被试……这项研究收集数据的过程长达一年半，至今仍在继续。尽管我们目前还在探索，但是国内已经有很多学者能够娴熟设计自然实验。有关现场实验的操作过程与诀窍，我们将在本书中（见第 7 章）做一些基础性介绍。

感谢

受到来自读者同行的鼓励，参与编写第 1 版的各位老师再次参与到本书的编写工作中，他们分别是赵红丹教授、范丽先教授、马君教授、吕怀立教授、刘婷副教授、王海花副教授、厉杰副教授、娄祝坤副教授。此外，本书编写团队增加了三位新成员，分别是贾迎亚副教授、杜颖洁副教授、赵玉洁副教授。

为了本书的更新，赵红丹教授和范丽先教授做了大量的筹划与协调工作。编写团队多次开会研讨读者的反馈，如何改进，如何令阅读体验更加友好……不仅如此，编写团队还在上海大学研究生课堂上讲授每一章的内容，并录制了微视频，帮助读者用最短时间娴熟掌握某一种研究方法。编写团队多数成员都是上海市软科学研究基地——上海企业创新与高质量发展研究中心、高水平地方高校“数字创新管理与治理”重点创新团队骨干成员，他们平日承担着大量科研、教学、决策咨询等工作，但是仍对本书注入了激情与坦诚，也在此过程中收获了友谊，拓展了对管理研究方法的认知，甚至形成了一些合作成果。在此，对编写团队每一位老师的贡献表示衷心的感谢。

我们衷心感谢第 1 版的读者。许多读者令人感动，他们不仅纠正了第 1 版的错误，还通过 E-mail、微信发来了很多鼓励，告知他们在使用第 1 版过程中的心得和体会。

感谢机械工业出版社吴亚军编辑。与吴亚军编辑多次合作，他始终待人热情、对事专业，对普及经管科学知识这份事业高度敬业。为了本书，他专门来到上海大学，与编写团队共同商讨修订事项，本书的定位、特色、内容等各个方面都得到了他的建议。有一位专业的、热忱的编辑是一本书、作者和读者的“福分”。

感恩

写前言初稿正值虎年春节，我收到圣母大学门多萨商学院（Mendoza College of Business）徐淑英教授的祝福微信，附带一篇她写的文章：“**送一篇最近的小文章，简单写了我的研究历程，三个阶段，感恩我一生遇到的贵人。**”徐淑英教授对于管理学研究的杰出贡献不言而喻，为学为人都是我们的楷模，但这条微信令我感动的是她的感恩之心与分享美德。

大量基于神经科学方法的随机对照试验表明，感恩之心令人更“通透”，并能提高个体的学习与决策能力（Wong 等，2018）。因此，请允许我代表本书编写团队向“你”表达我们的感恩之心：衷心感谢拿到这本书的你，衷心感谢你将这本书分享给需要的朋友，尤其感谢你告诉我们你的阅读收获或使用心得，对本书的批评和改进的建议。

于晓宇

2022 年 2 月 2 日初稿，2023 年 1 月 3 日定稿

yuxiaoyu@vip.126.com

第 1 版前言 PREFACE

以战代练

2010 年，我在上海大学指导了第一位硕士研究生——来自老挝的韩梦兰。刚指导她写硕士论文时，我发现她对研究方法了解甚少，我一边在办公室给她讲解研究方法，一边从“经管之家”一类的论坛上购买了 SPSS/AMOS 实操讲解视频，供她学习使用。尽管成本很高，但她非常用心，同时利用她在老挝等商会的关系收集了国际创业的调查数据，最终其硕士论文的部分内容在《管理科学》期刊上发表。

在韩梦兰以及随后几届研究生的硕士论文答辩过程中，我发现很多研究生对研究方法一知半解，数据来源不清，方法操作也存在一些漏洞，部分论文“贡献”了无效甚至可能有害的知识。在随后指导研究生的过程中，我要求硕士、博士研究生在入学之前先学习陈晓萍、徐淑英、樊景立主编的《组织与管理研究的实证方法》，但一些研究生由于缺乏实操经验，很难领会书中的精妙，高山仰止之后，随即束之高阁。

我反思自己在攻读硕博期间学习管理研究方法的经历，感觉打牢基础固然重要，但以目标为导向整合各类碎片化的知识，似乎也是一个办法。因此，这明确了本书的三个特点。

（1）发表导向。我们非常认同发表是研究的自然结果，而非刻意为之，但这个觉悟不应强加给研究生或研究新手，毕竟，他们中的大多数必须通过发表“安身立命”。因此，本书弱化了对原理的介绍，诠释研究方法的一般性步骤，将重点放在发表上，尤其是高质量论文发表对研究设计和方法的要求与解决方案。每一部分尽力强调如何操作才更容易获得“客户”——匿名评阅人、领域主编、期刊主编的青睐。无疑，这很直接，但对很多研究新手而言，入门更快，代入感更强。

（2）跨越隐性知识的壁垒。知行合一的障碍之一是很多事物发展的规律都是隐性知识。这些知识之所以是隐性的，一个原因是“无法说”，不能言传身教，只可意会；另一个原因是“不愿说”，因为说出来就可能会引起他人的质疑和误解。对管理研究而言，也是如此。尽管国内外已有一些关于研究方法的书籍，但这些书很少或不愿涉及隐性知识，而诸多研究新手又很难复制这些科学的、完美的、高难度的显性知识。**逐渐地，完美成了完成的敌人，科学成了拖延**

的理由，精通研究方法成了迟迟不启动的借口。

一个简易、冲动、不完美的开始，要好过一个周密、理性、不落实的计划。因此，我们在书中分享了很多“诀窍”（know-how），尽管很多研究老手都会使用这些诀窍，但他们很少在书中或其他渠道公开说明。这也是很多研究新手的痛点。由于本书的大部分内容使用我们自己发表的论文作为案例，因此我们提供了在发表过程中遇到的困惑、纠结、权衡、选择与事后的反省。这些诀窍并不是规律，但可以帮助研究新手跨越隐性知识的壁垒，减少试错的成本，最重要的是，暗示你不是一个人在战斗，因此无须等待万事俱备，而应快速启动。

（3）与时俱进。管理研究方法的更新可谓日新月异。以中介效应的检验为例，研究新手刚熟悉掌握 Baron & Kenny（1986）的三步法，就开始流行用 Bootstrap 检验中介效应了。2014 年国际管理学会（Academy of Management，AOM）会议还设专场分享了中介效应的最新检验方法。统计软件的使用也是如此，2003 年以前，如果你会使用 AMOS 软件包，那么你在国内管理学研究领域就基本“无敌”了，无论是发表职称论文还是学位论文，加上 AMOS 四个字母都会显得格调很高。十多年过去了，到了 2013 年，如果你不会使用 Matlab、Stata、Mplus 等软件包，你都不好意思和学术社区的“邻居”打招呼。

本书所有写作成员都主持过至少 1 项国家自然科学基金项目或国家社会科学基金项目，并在国内外高校普遍重视的 UTD24、FT50、ABS4 等期刊上发表过论文，长期奋斗在“不发表就出局”（publish or perish）的第一线，有较强的研究设计能力。他们操作娴熟，适应速度很快，既是投稿人，也是审稿人，乐此不疲。本书介绍的方法和操作能够应对大部分期刊主编、匿名审稿人对方法适用性、前沿性的“挑衅”。不仅如此，我们也会不断更新，并在随后的版本中分享经验，让读者在我们经历的痛苦中感受到幸运、幸福、快乐与成长。

管理研究方法在中国的普及

2003 年冬天，我的师兄费宇鹏教授坐着火车，风尘仆仆地去了北京，买来了 AMOS 正版软件和一本几百页的英文使用手册。回到长春，他郑重地将 AMOS 软件和英文使用手册交给了即将读研的我，让我认真学习、快速掌握，为师门团队提供方法支持。我捧着英文使用手册，一时间手足无措，凝视着师兄炙热的眼睛，侧身遥望窗外的鹅毛大雪，百感交集……

当时，国内没有介绍 AMOS 软件的书籍，我穷尽了吉林大学图书馆和各类书店，也只能在郭志刚编著的《社会统计分析方法：SPSS 软件应用》一书中，找到有关“路径分析”等只言片语。我只好一边熟悉软件的操作，一边学习统计方法，一边阅读英文使用手册与示例，一边熟悉管理研究的实证范式……

虽有各种尝试和努力，但进度仍然较慢。直到突然有一天我在网上发现有两位青年教授似乎使用过 AMOS 软件，于是就发邮件问询，因为担心人微言轻而被忽略、拒绝，所以我在邮件中不仅打着导师蔡莉教授的旗号，还写明“为了节省您的时间，您只需用对错告诉我以下对 AMOS 软件操作的理解是否正确即可”。两位青年教授都很快回复了邮件，实诚地写下“对”

或“错”，尽管简单，但仍为我打开了 AMOS 软件的大门。

因此机缘，之后我时而关注两位给予我帮助的学者。两位学者在各自研究领域披荆斩棘，异常耀眼，都获得了国家杰出青年科学基金项目、长江学者特聘教授称号和复旦管理学杰出贡献奖等：一位是清华大学苏世民书院院长薛澜教授，另一位是同济大学经济与管理学院院长李垣教授。两位学者除了都在长春读过书，还都给学生时代的我回过邮件。2018 年 4 月，我受邀参加薛澜教授在清华大学主办的学术研讨会并做报告，认真地为 15 年前的往事向薛澜教授致谢，也感慨（西方）管理研究方法在中国的普及之迅捷。

普及迅捷，不代表发展。时至今日，国内管理研究仍在研究方法上对国外学者和规范亦步亦趋，时而东施效颦。国外有 *Organizational Research Methods* 等期刊鼓励研究方法的发展，但国内很少刊登研究方法领域的进展。可喜的是，越来越多的国内学者开始在研究方法上投入时间和精力，杜运周教授和贾良定教授等引入及推广的组态视角与定性比较分析（QCA）、马庆国教授团队开创的神经管理学等，都为管理研究带来了多样的选择和创新的希望。我们期待更多的学者、同人加入发展研究方法的社区，不仅为研究新手带来高质量发表之曙光，也为探索中国本土管理学理论提供更适合的方法支持。

理论与方法

风清扬是金庸小说中剑术达到最高境界的高手之一，属于华山派“剑宗”，熟习“独孤九剑”，他武功盖世、剑术通神，一直隐居华山山后。根据少林派方丈方证大师、武当派掌门冲虚道长与令狐冲密会所言，华山派原有“气宗”“剑宗”两派，两宗火并之际，风清扬刚好在江南娶亲，得讯之后赶回华山，“剑宗”好手已然伤亡殆尽，一败涂地。否则，以风清扬剑法之精，倘若参与斗剑，“气宗”无论如何不能占到上风。

错过“剑宗”“气宗”对决，以致“剑宗”落败，风清扬深感愧疚，随后心灰意冷，隐居思过崖，立誓从此不再涉足江湖之争。后来，风清扬在思过崖遇到令狐冲，恰逢令狐冲与田伯光斗剑屡败，于是以“独孤九剑”加以点拨，见令狐冲生性洒脱，不似“气宗”之徒拘泥不化，将“独孤九剑”尽传之。

武侠小说中的“气宗”与“剑宗”之争，犹如理论与方法之争，是很多新手开启科研之路的困惑，也是导师在指导研究生论文写作过程中的纠结之处。是先有理论后选择方法，还是先掌握方法后据此构建适合方法检验的理论？我想，这其中的关键是新手或研究生的悟性。对理论有悟性者，当从理论入手；对方法有悟性者，当从方法入手。

无论理论还是方法，本质上都是我们理解世界、理解自己的手段，是“致良知”的途径。

合作与致谢

2012 年，我怂恿同事范丽先博士为研究生开设“组织与管理研究的实证方法”课程，她拥有统计学硕士学位，也对教学饱含激情。在我的鼓励下，范博士开始独立承担这门课程，在课堂上讲授 SPSS、AMOS 等软件包的操作，一直到 2015 年。其间，我会在学期最后一堂课上分享工商管理研究，主要是有关发表文章的经验和教训。

2016 年，我邀请几位交流较多且精于方法的同事一起加入了这项“公益”事业，他们是马君教授、赵红丹副教授、刘婷副教授、王海花副教授、吕怀立副教授、厉杰副教授、娄祝坤助理教授，他们长期指导各自研究生开展实证研究。我们抱团取暖，利用自己在研究方法上的长项各承担一次课。课程内容既结合学生在实操过程中遇到的问题，也尽可能反映主讲教师各自研究进展的快速迭代。三年过去了，我们决定将这些经验、教训沉淀成书，为更多的研究新手提供启发。因此，本书是诸位同人友谊的成果、合作的结晶。

初稿形成之后，主要由赵红丹副教授负责协调、统筹、修缮等。他不仅担任主管科研与研究生工作的系主任一职，也很有激情地致力于提高研究新手的方法论水平，并在 FT50 等知名期刊上发表过大量论文，经验丰富。我至今记得他在我的办公室里向我传授 Process、Mplus 等在检验被调节的中介及被中介的调节模型方面优劣异同的情景，诚恳且热情。他为本书付出了大量的心血，在此特别致谢。

除了教师，很多研究生也为本书做出了贡献，博士生陈颖颖、陶奕达和硕士生刘婷等都将最新的学术成果、经验体悟分享到了本书中。此外，他们也是本书最早的读者与评阅人。

与机械工业出版社的吴亚军编辑合作的《翻盘》《创业研究经典文献述评》这两本书，给我留下了深刻的印象。《翻盘》一书不仅得到了央视等媒体的广泛传播，也在创业者圈子里获得了很好的反响，一度在京东等热卖榜排名第一。我和他谈了想要出版一部关于管理研究方法的书之后，他立刻响应，并借用他的人脉为本书初稿提供了几百条修改建议，让我不仅错愕，也很懊悔，当然，更加开心。

在此，我们对这些热心人士的意见、鼓励和建议表示真诚的感谢，他们（按姓氏笔画排序）是：

丁桂凤　河南大学
丁海方　浙江外国语学院
于春杰　临沂大学
于洪彦　中山大学
万　兴　南京财经大学
卫旭华　兰州大学
马铁驹　华东理工大学
马　俊　贵州大学
马　亮　兰州理工大学
马鸿佳　吉林大学
马　静　温州肯恩大学
井润田　上海交通大学
毛基业　中国人民大学
王少飞　上海财经大学
王永贵　首都经济贸易大学
王玉晶　哈尔滨工程大学
王成岐　英国诺丁汉大学
王　帆　中山大学
王　青　英国华威大学
王　凯　首都经济贸易大学
王京安　电子科技大学中山学院
王治海　新疆大学

王　玲　中国政法大学
王砚波　新加坡国立大学
王振源　华东师范大学
王　涛　日本京都大学
王　娟　南京邮电大学
王能民　西安交通大学
王　婉　中国海洋大学
王新华　武汉轻工大学
王新春　美国西弗吉尼亚大学
韦荷琳　广西大学
云绍辉　九江学院
尹　奎　北京科技大学
尹　萌　兰州财经大学
邓子梁　中国人民大学
石维磊　长江商学院
卡茜燕　浙江大学
叶文平　暨南大学
叶桂平　澳门城市大学
田新民　上海交通大学
代文彬　天津科技大学
白建磊　山东工商学院
白　胜　西南政法大学
邢小强　对外经贸大学
邢　戈　聊城大学
毕可新　哈尔滨工程大学
朱方伟　大连理工大学
朱仁宏　中山大学
朱传书　重庆城市职业学院
朱旭峰　清华大学
朱庆华　上海交通大学
朱秀梅　吉林大学
朱　沆　中山大学
朱陈陈　宿州学院
朱桂龙　华南理工大学
朱曦济　中央财经大学
乔　辉　武汉工程大学
任俊义　烟台大学
任胜钢　中南大学
邬爱其　浙江大学
庄永耀　昆明理工大学
刘　军　中国人民大学
刘志迎　中国科学技术大学
刘丽刚　内江师范学院
刘俊华　内蒙古工业大学
刘润刚　常州大学
刘景江　浙江大学
刘静岩　暨南大学
闫　春　山西财经大学
关浩光　中欧国际工商学院
汤津彤　美国圣路易斯大学
戎　珂　清华大学
许长勇　河北工业大学
许　涛　同济大学
阮永平　华东理工大学
孙戈兵　新疆大学
孙灵希　东北财经大学
孙金云　复旦大学
孙海荣　西北政法大学
孙　慧　新疆大学
买忆媛　华中科技大学
汪旭辉　东北财经大学
苏中锋　西安交通大学
苏　勇　复旦大学
苏　靖　上海立信会计金融学院
杜兴艳　福建工程学
杜运周　东南大学
杜　萌　大连大学
李大元　中南大学
李乃文　辽宁工程技术大学
李允尧　湖南工商大学

李玉峰　上海海洋大学
李立威　北京联合大学
李　宁　清华大学
李亚琴　扬州大学
李华晶　北京林业大学
李全升　西安交通大学
李仲飞　南方科技大学
李纪珍　清华大学
李秀文　盐城师范学院
李炜文　中山大学
李　垣　上海交通大学
李哲鹏　加拿大约克大学
李晓婷　北京劳动保障职业学院
李　峰　江南大学
李乾文　南京审计大学
李雪灵　吉林大学
李雪松　吉林农业大学
余乐安　北京化工大学
杨　松　美国阿肯色大学
杨学儒　华南农业大学
杨　俊　浙江大学
杨　洋　哈尔滨工业大学
杨隽萍　浙江理工大学
吴小节　广东工业大学
吴伟伟　哈尔滨工业大学
何　雷　临沂大学
余　江　中国科学院大学
邹　波　哈尔滨工业大学
宋　波　上海师范大学
张义明　河北工业大学
张书军　中山大学
张立杰　新疆大学
张有道　兰州交通大学
张陈健　英国巴斯大学
张劲松　中南民族大学
张志学　北京大学
张　奔　华中科技大学
张晓妮　西北农林科技大学
张　铮　上海理工大学
张　晶　河南科技大学
张　楠　清华大学
张新安　上海交通大学
张　璐　山东大学
张　鑫　河海大学
陈　闯　厦门大学
陈凯华　中国科学院大学
陈　其　美国得克萨斯基督教大学
陈振华　山东大学
陈海涛　吉林大学
陈娟艺　中山大学
陈寒松　山东财经大学
苗　青　浙江大学
林　嵩　中央财经大学
易凌峰　华东师范大学
罗兴武　浙江财经大学
罗　瑞　中北大学
罗瑾琏　同济大学
周长辉　北京大学
周中允　同济大学
周　平　澳门城市大学
周欣悦　浙江大学
庞玉成　滨州医学院
郑海东　中国石油大学（华东）
房　琳　商洛学院
孟　亮　上海外国语大学
贺　伟　南京大学
项国鹏　浙江工商大学
施俊琦　浙江大学
赵广军　山东管理学院
赵文红　西安交通大学

赵晓琴　新疆大学
赵新元　中山大学
郝庆升　吉林农业大学
段锦云　华东师范大学
侯胜田　北京中医药大学
俞　薇　新加坡国立大学
姜忠辉　中国海洋大学
洪　晔　天津科技大学
费宇鹏　吉林大学
姚　伟　天津科技大学
姚国荣　安徽师范大学
姚　凯　复旦大学
秦文婷　青岛大学
秦　昕　中山大学
袁彦鹏　浙江大学宁波理工学院
贾良定　南京大学
贾建民　香港中文大学（深圳）经管学院
贾建峰　东北大学
夏　凡　法国雷恩高等商学院
夏天添　南昌理工学院
夏清华　武汉大学
顾元勋　北京交通大学
倪文斌　浙江财经大学
徐凤增　山东大学
徐　光　哈尔滨师范大学
徐振亭　临沂大学
徐雪娇　吉林大学
徐德力　常州工学院
奚艳燕　广东科学技术职业学院
郭桂梅　陕西师范大学
郭　海　中国人民大学
郭　韬　哈尔滨工程大学
唐子俊　江苏理工学院
唐　颖　岭南师范学院
桑大伟　上海交通大学
黄旺明　汕头大学
黄金鑫　广西师范大学
黄敏学　武汉大学
黄嫚丽　华南理工大学
崔　淼　大连理工大学
阎海峰　华东理工大学
梁　正　清华大学
梁　强　汕头大学
宿慧爽　吉林财经大学
蒋　炜　上海交通大学
彭　伟　常州大学
彭华涛　武汉理工大学
斯晓夫　浙江大学
董保宝　吉林大学
韩　亦　上海财经大学
韩　炜　西南政法大学
程云喜　河南工业大学
程发新　江苏大学
程名望　同济大学
焦　豪　北京师范大学
储智鹏　宁波财经学院
谢富纪　上海交通大学
谢绚丽　北京大学
曾赛星　上海交通大学
靳庆鲁　上海财经大学
靳　娟　北京邮电大学
蒲　波　四川农业大学
赖红波　上海理工大学
路江涌　北京大学
窦军生　浙江大学
蔡　莉　吉林大学
蔺　楠　上海财经大学
潘静洲　天津大学
潘燕萍　深圳大学
镇　璐　上海大学

薛继东	山西财经大学	戴　燕	合肥工业大学
穆　钰	东华大学	魏　江	浙江大学
戴维奇	浙江财经大学		

还是那句话，一个简易、冲动、不完美的开始，要好过一个周密、理性、不落实的计划。因此，尽管本书仍存在诸多局限，我们还是扬帆起航。我们对存在的错误和疏漏全权负责，期待读者、同行及时反馈，我们将在随后的版本中列示诸位的贡献。

于晓宇

2019年8月

yuxiaoyu@vip.126.com

目录 CONTENTS

第 1 部分　管理研究设计的内容

第1章

管理研究概述

1.1 管理研究及研究方法

管理研究的目的是通过研究组织及其在管理中遇到的问题，分析问题产生的原因，从而引导管理者解决问题，提高组织效率。在这个研究过程中，方法论是一个重要的研究支撑，只有在正确的理论和方法的指导之下，才能更好地认识和解决问题。人们要想在实践的基础上形成正确的理性认识，需要进行科学研究；理性认识怎样回到实践中去，并有效地指导实践，也需要进行科学研究。因此本章从管理研究的定义入手，通过介绍研究中的思维方式，进一步讨论研究的基本过程和研究设计等。当然，研究中的学术不端行为近年来也逐渐引起了人们的注意，本章还结合案例及文献探讨研究者在研究中应如何避免该类问题或潜在风险，从而提高研究质量，为管理者提供决策依据。

1.1.1 研究及研究方法的定义

Kerlinger & Lee（2000）对科学研究的定义为：以系统的、有控制的、实验的、严谨的方法来探讨对于现象之间的关系所做的假设命题。

沿袭 Kerlinger & Lee 的定义，我们将管理研究定义为：以系统的、有控制的、实验的、严谨的方法来探讨管理决策中需要解决的问题。这里“系统的”阐明了管理研究中看待问题的角度，“有控制的”表明了管理研究的策略方法，“实验的”揭示了管理研究的一般性工具，“严谨的”显示了管理研究中采用的科学的方法论体系。可以看出，研究方法是用以研究问题、揭示事物内在规律的工具和手段。

1.1.2 管理研究的目的和方法

管理研究的目的主要有三个方面，即对现象进行报告、对现象进行描述以及为决策提供依据。因此，根据研究目的的不同，可以分为以下三类研究方法（Schindler，2018）。

（1）描述性（descriptive）研究：用来对现象或事件的状态、背景进行描述，识别存在的问题，开展 who、what、where、when 的研究。其研究目标可以是：描述概念或变量间关系、作用机制，反映其未来发展趋势；描述事物当前发展状况，如对产品或消费者开展的市场调查；挖掘信息，如实施管理决策前的用户测验；划分类型，如通过问卷、访谈了解用户态度，对用户进行细分等。

（2）探索性（exploratory）研究：用来对某个问题或领域进行初步认识，回答 should be 的问题。其研究目标包括：指出问题，如员工激励机制的误区或弊端；探索发展事物演化过程的完整构架，如人工智能在企业发展中的应用；发展新概念，推导待检验理论，如企业生态系统管理理论；归纳问题并提炼研究成果，如文献回顾。

（3）解释性（explanatory）研究：用来解释事件发生原因，讨论概念间影响关系，回答 why 的问题。其研究目标包括：解释理论及其应用范围，如对目标管理理论有效性的研究；掌握事物或理论发展过程的知识，如相关、因果分析；扩展理论研究范围，用于解释新问题，如企业生态理论研究；支持或驳斥某些理论或预测等。

1.1.3 管理研究的动态性和时间范围

由于研究的对象和环境持续变化，因此研究是一个动态的过程。在某些环境或时期成立的结论，在其他环境或条件下很可能就会不成立，这意味着，研究过程不一定能按照设计的研究步骤顺序推进。例如，数据分析中发现了新的问题，需要研究者重新对研究问题和研究目标进行调整，其他环节均须做出相应的调整。

根据研究设计所涵盖的时间范围不同，管理研究可以分为三类。一是案例研究（case study），是对某个时间段内研究对象的研究。二是横截面研究（cross-sectional study），是在某一固定时间内收集数据，研究概念或变量间的关系。三是纵贯研究（longitudinal study），一般须搜集研究对象相关的时间序列，分析其变化趋势或探讨其变化规律。

1.2 管理研究中思考问题的方式

1.2.1 推理方式：归纳法、演绎法、溯因法

我们一般有两种路径获取知识，经验主义者试图通过观察来描述、解释和预测事件的发展；理性主义者相信所有的知识都可以从已知的规律或自然界的基本真理中推导出来。随着推理手段的发展，我们还可以通过观察与理论相结合的方式寻求最佳解释。因此，根据推理的思路不同，总结为归纳法（induction）、演绎法（deduction）和溯因法（abduction）等（mcgrath，2019）。

归纳又称为经验的通则化（empirical generalization），是通过对多个个体的观察推导结

论，是从特殊到一般的过程。当然，归纳的模式并不是简单概括，而是通过一定的程序，通过观察数据，提炼出能够解释现象或概念间关系的概括性理论的研究方法。

演绎则是由前提和一般性规律出发，通过推理产生结论，是从一般到特殊的过程。演绎需要有先验的知识或理论，从正确的条件出发，通过科学的推理能够得到绝对正确的结果。

与前两者不同，溯因是从已有的事实出发，通过该事实的特征寻求最佳解释的推理过程（Hintikka，2007）。显然，溯因不同于演绎从前提到结论的保真特性（马明辉和何向东，2014），它是一种扩展性推理，Hintikka 认为，恰恰是这种扩展性推理的"猜想因素"使许多科学哲学家提出新的假设演绎模型。因此，马明辉和何向东认为溯因的功能是形成新的假设。

综上，三者思维逻辑不同，归纳法是通过观察多个个体来发现具有普遍意义的理论。演绎法是根据已有的理论或命题提出假设，通过实验或观察判断假设是否成立。溯因法是从客观事实出发，结合现有理论或命题推导原因。为了更好地理解三种推理模式，我们通过以下例子进行比较。

例　备考时间与考试成绩间关系研究

图 1-1 清晰地展示了三种方法的思维模式。演绎法从理论出发，通过逻辑推导指出学生的考试分数能够反映出学生的记忆能力和信息综合能力，而考前复习能够提高学生的这两种能力。因此提出假设：学生的备考时间正向影响其考试分数。进而，通过对样本学生的观察，收集数据，并与假设进行对比，判断假设是否成立。

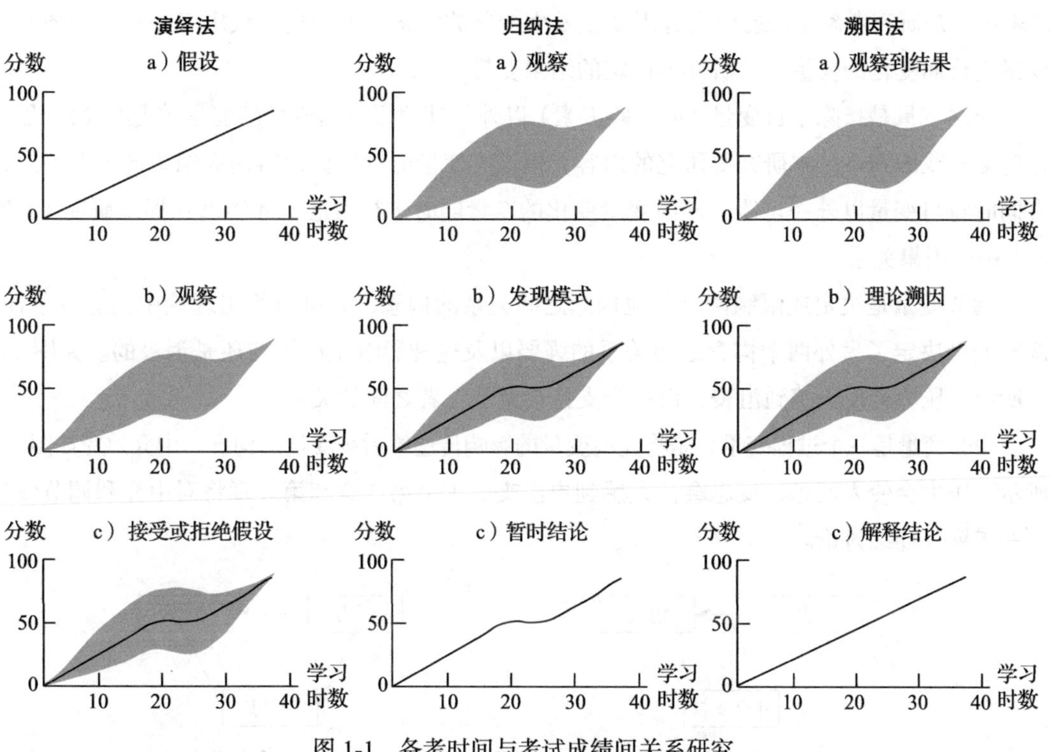

图 1-1　备考时间与考试成绩间关系研究

归纳法从观察开始，首先收集学生的备考时间和其考试分数的相关资料，通过二者分布情况概括其关系或影响模式，进而得出暂时性的结论。由于在归纳中收集的数据是用来提炼理论模式，而非用来检验模式，因此归纳的结论一般均是暂时性的。

溯因法从观察到的事实结论出发，总结其分布机理或态势，进而结合现有理论凝练出新的假设。这里需要指出的是影响事实结论的因素有很多，溯因推导出的“最佳解释”也只是其中一种，因此溯因得到的假设或理论具有或然性，需要大量的观察和实验进一步进行验证。

1.2.2 研究的基石

研究要想具有说服力，能够被读者理解，则必须遵循一定的研究通则。成功的实证研究离不开对以下因素的清晰定义及讨论（Bacharach，1989）。

（1）概念（concept）是指与特定事件、对象、条件、情景和行为相关的一系列含义或特征，比如组织、投资、人力资源等。随着时间的推移，概念已经在使用中通过共享得到了发展。可以说，研究的成功与否首先取决于概念是否清晰以及其他人如何理解我们使用的概念。

（2）构念（construct）是为某一特定研究或理论构建目的而专门发明的一种形象或想法，比如公司业绩、客户满意度、港口效率、创业导向等。

（3）变量（variable）则是用来对概念或构念进行衡量的具体工具。研究中普遍使用的变量包括：自变量（independent variable）、因变量（dependent variable）、控制变量（control variable）、调节变量（moderating variable）与中介变量（mediating variable）。自变量一般用 X 表示，是研究者确定的能够引起因变量发生变化的因素。因变量一般用 Y 表示，会随着自变量变化而变化的变量，是研究者设定的结果变量。

控制变量是指除了自变量（或实验因素）以外的其他影响因变量的变量（或因素）。尽管这些变量或因素不是本研究要研究的内容，但该类变量的缺失会使得研究结果产生偏差。只有同时将自变量以外一切能引起因变量变化的变量同时进行考虑，才能真正揭示研究（或实验）中的因果关系。

调节变量是决定或限制两个其他构念之间关系的构念，它可以给出理论中的边界条件。调节变量决定了另外两个构念之间关系的强弱以及这种影响是积极的还是消极的。如图 1-2 中所示，压力会使人感到沮丧，而社会支持会调节二者之间的关系。

中介变量是一个过程变量，是将先前变量的影响传递给后续变量的构念。中介效应如图 1-3 所示，压力会使人反思，反思会让人感到更沮丧。本书第 5 章和第 6 章将对中介和调节效应进一步展开详细讨论。

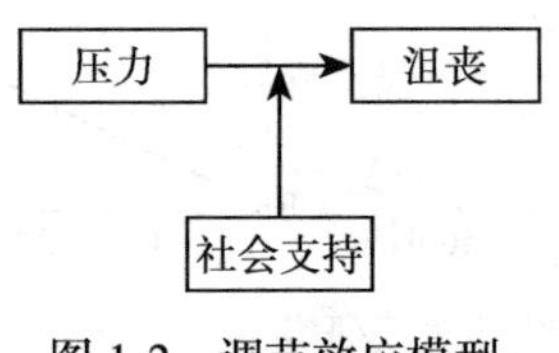

图 1-2 调节效应模型

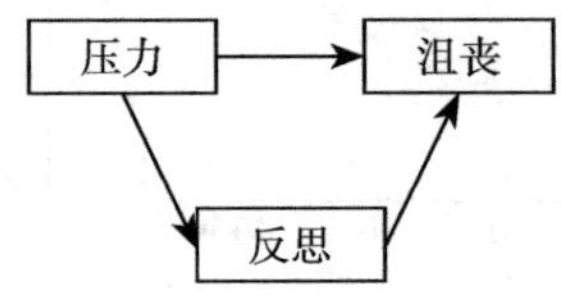

图 1-3 中介效应模型

通过以上介绍，五种变量之间的关系可总结为图 1-4。

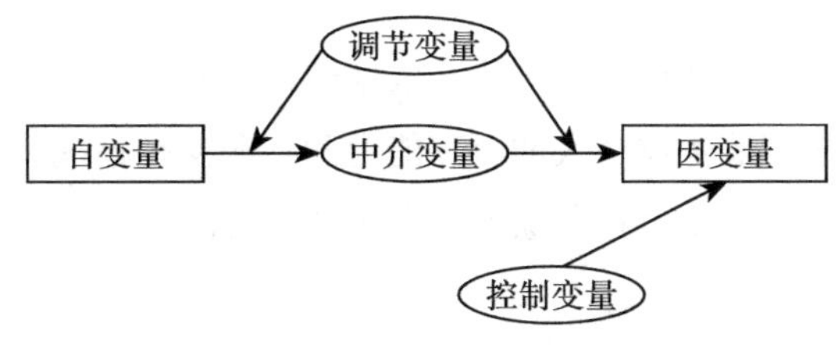

图 1-4　研究中的变量类型

（4）命题（proposition）是陈述的基本形式，是对概念或变量间关系的陈述。其通过对概念间关系的描述形成理论的核心。

（5）假设（hypothesis）是对现象的暂时性的解释，是对一个可以通过实证研究验证其真伪的事实的臆测（assumption）性陈述。假设可以指导研究的方向、识别相关概念及其关系、选择合适的研究设计，并能提供研究结论的展示框架。一个好的假设必须适合并支撑其研究目的，同时是可被检验的。

（6）理论（theory）包括在经验世界中观察到的或近似的单位之间关系的陈述（Bacharach, 1989）。其中，近似的单位指的是构念，不可直接观察到。观察到的单元就是变量。理论可以帮助研究者缩小需要研究的事实范围、建议哪些研究方法将产生最好的意义、指导数据分类系统、总结关于研究对象的知识以及预测应该发现的更多事实。

（7）模型（model）是系统的一种表示。模型与理论不同的是，理论的作用是解释，而模型的作用是演示，是推进理论和帮助决策者的重要手段。

1.3　管理研究设计及研究的基本过程

1.3.1　研究设计的内容

研究设计是对所从事研究进行规划，是指要完成研究问题所需的资料来源和对研究类型的规划，用于指定研究变量之间关系的框架，描绘了从假设到分析的每个过程的蓝图。

研究设计涉及一系列方案选择决策，主要内容如下。

（1）研究目的：研究是为了探索、描述还是解释？这意味着所进行的是探索性研究、描述性研究还是解释性研究？

（2）关系类型：变量之间是因果关系、相关关系或者只是描述差异？

（3）研究的时间维度和环境：是进行横截面研究，还是历时性研究？研究者在研究中的参与或控制程度如何？

（4）分析对象：是个人、群体还是组织？

（5）测量工具：研究所涉及相关概念的测量方案，是否有成熟的测量量表？

（6）抽样设计：抽样方式选择随机抽样还是非随机抽样？样本大小如何确定？

（7）资料收集方法：对观察、实验、访谈、问卷调查、现场研究等数据收集方法的选择和设计。

（8）资料分析方法：采用何种分析方法对数据进行分析？

当然，研究设计中还需要考虑个人的研究能力和资源支持情况。否则，即便研究计划已非常完美，缺乏相对应的研究能力和资源支持也将是徒劳的。

1.3.2　管理研究的基本过程

研究的基本过程一般包括六个步骤：研究选题、文献回顾、研究设计、数据收集、数据分析、论文撰写。值得注意的是，这六个步骤并非顺次发生。在真正的研究过程中，这六个步骤往往循环往复。

1. 研究选题

在确定研究选题之前，首先需要寻找研究的问题。研究问题的来源一般有多种，比如可以在对现实生活的细心观察后结合有关理论得出，也可以根据个人的经历和体验有感而发，或者是通过广泛地阅读经典文献得来。

研究问题确定之后，需要将其进一步提炼为科学问题。例如缩小问题的内容与范围等。在对问题进行界定的过程中需要回答这些问题：要研究的问题是否具有理论价值或实践价值？研究问题是否客观、清楚？研究所涉及的因素有哪些？该问题的当前研究或发展状况如何？研究者是否有能力及条件进行研究？这些问题将会帮助你更好地了解你的选题及其可行性。

此外，选题一般遵循四个标准：①重要性，理论与实践的价值；②创造性，创新与独特性；③可行性，研究的主、客观条件；④乐行性，令人有兴趣去了解答案。

小诀窍

我们经常会看到“选题不宜过大，也不宜过小”的说法，但这个标准非常难以把握。这里给大家推荐一个相对可“度量”的方法。当你根据以上标准对要研究的问题有了一定方向的时候，可以在相关文献数据库（例如：中国知网、Web of Science）对关键词进行搜索，如果所搜索出来的文献非常多（例如：搜索“客户满意度”），那么你就需要谨慎了。因为该研究方向或问题可能已经被多个学者，从各个方面、角度，甚至不同行业都研究过了，你能做出创新成果的方向可能非常有限。

如果关键词的搜索结果显示，该研究方向或题目可参考的文献非常少，例如只有一两篇的时候，也同样应引起重视。作为新手或初入门者，从理论、研究方法等方面进行突破式创新会非常困难，而且可参考的资料有限，研究后期会有进展不下去的风险。

我们建议，研究新手应多听导师、资深学者的建议，并充分结合自己的专长、观察与兴趣，“小题大做”。

2. 文献回顾

研究过程的第二步是文献回顾，是指到目前为止，某一特定领域里已经发表的文章、观点及其结果。通过文献回顾可以了解该领域研究状况，帮助研究者熟悉和了解本领域中已有的研究成果，明确自己对理论发展所做的贡献。在阅读文献的过程中也可以发现一些可供参考的研究思路和研究方法以及其他作者研究问题的角度、策略、方法，同时也为最后解释研究结果提供背景资料。

如何查找相关文献呢？可以去图书馆查找相关著作、相关论文、相关统计资料与档案资料等，也可以利用网络资源，如中国知网、维普期刊、万方数据库、百度学术、超星数字图书馆、必应学术、谷歌学术等搜索相关的文献。

接下来就是高效地阅读文献。在阅读文献的过程中，需要理解该文献的研究框架与理论背景、研究的方法、研究的主要结果，突破思维定式，挖掘智慧潜能，记录自己的思想火花。

小诀窍

论文的文献回顾或综述部分的重要价值经常被研究新手忽视，新手认为把相关文献罗列出来即可。其实不然，一篇好论文的文献综述通常写得非常精彩。研究者会将相关文献进行总结分类，逐类进行综述。更关键的是，在对文献总结时，会指出该领域研究被忽略的视角或研究缝隙，从而自然引出自己研究问题的重要性及理论意义。

我们建议新手可以结合研究问题，在文献回顾部分的每一个自然段都可以通过“三段论”来展示文献回顾的要点，并用精炼的文字将评审人、读者带到该研究领域的前沿，使评审人、读者得到你所希望表达的结论：本研究问题非常重要。

What do we know?

What do we don’t know?

How we address this research gap in this paper?

小诀窍

在文献引用过程中，一般有两种方式，我们将其命名为：一体式（integrated）和非一体式（non-integrated）。一体式是将所引用文献作为你所陈述的句子的一部分的方式，例如 Wolfson & Mathieu（2021）在理论和假设提出部分对文献的引用和论述：

As such, Ployhart and Moliterno’s (2011) conceptualization differs in context specificity and malleability, and that continued emphasis is needed on the relative context specificity of these KSAOs. Along those lines, Soda & Furlotti (2017) emphasized that context ultimately determines the nature of HCR complementarity, as a set of resources may be complementary in one context but not another.

这里，文献作者即为该句的主语，所以我们叫一体式。顾名思义，非一体式引用中，文献作者并非句子成分，例如在 Lifshitz-Assaf、Lebovitz、Zalmanson（2021）的序言中有非常多这种引用：

From a theoretical perspective, most innovation process studies have been conducted in organizational settings that retain clear temporal structures, with accepted stages, milestones, and cycles throughout the new product development process (Ancona, Goodman, Lawrence, Tushman, 2001; Brown & Eisenhardt, 1995; Clark & Fujimoto, 1991). In this study, we move outside the organizational context into contemporary ways of organizing to explore the accelerated innovation process: what happens when there is an ad hoc and extremely limited time frame for a new product development task, with no clearly prescribed temporal structures. We therefore draw upon broader organizational theories on temporality (Ancona et al., 2001; Orlikowski & Yates, 2002) and coordination (Bechky & Chung, 2018; Okhuysen & Bechky, 2009). Scholars have stressed that to excel in today’s complex and uncertain business environments, individuals must work together in new and unexpected ways (Edmondson, 2012).

括号内为所引用相关文献，而某一文献被去掉后，并不影响句子完整性。

在文献综述部分，并不是每篇文献都有展开详细介绍的必要，因此非一体式引用方式更能体现出作者对相关文献的梳理和总结。

另外，在向期刊投稿过程中，有一个重要环节是检查你的研究主题是否与目标期刊的主题相符。一个比较合理的考察标准就是看你的文章里是否引用了该期刊的文献。而一般学者在投稿时并非一投即中，有可能会陆续投到不同期刊，那么这种非一体式引用方式会使得文献引用的调整更灵活可控。

3. 研究设计

研究设计是在正式开展研究前制定的研究规划，在管理研究中起着非常重要的作用。其内容主要包括两大方面，即研究目的和研究内容、研究途径。

另外，研究途径的设计中，还需要详细讨论研究的策略，可以通过查阅文献，总结该研究主题的研究现状、前人所采用的研究方法、已经得到的研究结论、可能被忽略的地方或存在的不足等。因此，研究中除了可以在研究内容、研究角度和研究方法上创新外，还可以采用重复前人做过的研究，将其应用于不同的场景或环境，以拓展相关理论的适用范围或条件，这对科学理论的发展来说也很重要。当然，还可以采用与以前文献不同的研究方法来研究相同课题，这也是研究中一个很有价值的策略。

4. 数据收集

对理论假设的检验最终要依靠数据的支持。在收集数据的过程中要确保整个过程对研究对象无害且研究对象是自愿参与的。数据收集的方法有文献资料研究（档案研究）、实验、问卷调查、访谈和实地观察等，本书将在其他章节详细展开讨论。

5. 数据分析

数据分析是对收集回的数据进行处理、研究，检验研究理论和假设的过程。对数据分析的结果进行解释和讨论的时候，还需要与研究之初的看法和理论进行对比反馈，这种反馈有可能引发出新的研究课题，成为新的研究过程的起点。

6. 论文撰写

研究过程的最后一步就是论文撰写，也就是要求用规范化的方式呈现研究结果。

> **小诀窍**
>
> 以上各步骤并非总是能顺序开展。例如，有些情况下，我们会事先获得一定的二手数据资料，通过对数据的各种探索性分析，可能会有研究发现，从而导出自己的研究问题。这并不是说，前面的文献回顾、理论总结不重要。研究者还需要回过头，更加有针对性地搜集、阅读相关文献，梳理问题和研究理论，呈现研究的重要性、理论意义与实践价值。

1.3.3　本书结构及特色

根据以上研究过程，结合本书编写团队的实际研究和论文发表经验，本书分为以下 3 部分（见图 1-5），即管理研究设计的内容、管理研究中的常用方法及操作实例、管理研究中的常见问题及解决实例。第 1 部分包含管理研究设计和过程，其中第 2 章重点介绍了理论框架的构建与假设的提出过程。第 2 部分根据管理研究中的实际需要，首先介绍测量量表、问卷设计及调研实施过程，随后各章分别就相关和线性回归、中介和调节效应、实验研究方法和社会网络分析展开讨论。第 3 部分针对管理研究中经常遇到的问题，分为非线性问题及其检验、虚拟变量及其应用实例、内生性问题及其控制和倾向得分匹配模型及其应用四个章节。

- 第 1 部分：管理研究设计的内容
  - 第 1 章　管理研究概述
  - 第 2 章　理论框架与研究假设
- 第 2 部分：管理研究中的常用方法及操作实例
  - 第 3 章　测量量表、问卷设计及调研实施
  - 第 4 章　相关和线性回归分析及其应用实例
  - 第 5 章　中介效应及其检验操作
  - 第 6 章　调节效应及其检验操作
  - 第 7 章　实验研究方法及其操作
  - 第 8 章　社会网络分析方法及其操作
- 第 3 部分：管理研究中的常见问题及解决实例
  - 第 9 章　非线性问题及其检验操作
  - 第 10 章　虚拟变量及其应用实例
  - 第 11 章　内生性问题及其控制
  - 第 12 章　倾向得分匹配模型及其应用

图 1-5　本书结构

为提升研究初学者学习的针对性，本书在强调对研究过程的整体理解和掌握的基础上，从基于理论的研究问题和假设的提出、研究过程设计、量表及数据收集整理、报告撰写以及各类具体研究方法的应用等逐步展开讨论，辅之以编者的实际已发表论文的真实数据和操作过程供读者操作演练，并以“小决窍”的方式传授作者们经过多年积累的实战经验，真正做到理论联系实际，为研究初学者提供更具参考价值的研究建议。

另外，本书除涵盖当前管理学研究中的主流方法，还将最新的研究方法、应用状况和最新资讯等融入各章节的介绍中。同时，各章节还结合方法内容及作者在中英文论文发表过程中的实际经历，以“发表历程与体会”的方式总结经验，分享体会。

1.4 研究计划书

1.4.1 研究计划书的目的

研究计划书是研究某个项目的计划，计划的两个主要目的是分析和综合关于特定主题的现有研究，描述研究人员进行研究的想法。对一个研究人员而言，研究计划书有什么好处呢？首先，允许研究人员计划和审查研究的步骤。其次，指导整个调查及研究过程。最后，制定合理的时间规划和预算等，并引导计划实施。

鉴于研究的系统性以及研究和研究计划的连续性，本节提出一个构建研究计划的“模块法”，可将各相关模块进行连接，从而构建研究计划书。

1.4.2 研究计划书中的模块

一份完整的研究计划书一般包括以下几个模块：问题陈述、研究目标、文献综述、研究的重要性、理论或概念模型、研究设计和方法、数据分析方法、结果的性质和形式、时间进度安排，以及参考文献。

每一个模块都应该在计划书中进行解释，特别是研究目标、研究的重要性、研究设计等方面更需要进行清晰描述和分析。因为在撰写研究计划之前还有大量的工作需要完成，因此，我们一般推荐学生在入学第一年就做好准备。另外，在准备研究计划书的各个模块时，研究者需要回答几个问题：

- 我的研究问题是否清楚？
- 我在这方面有广泛而深入的阅读吗？
- 我有没有和同行讨论过这个话题？
- 我有足够的时间和资金开始吗？
- 我的研究课题是否能得到导师和同行的支持？

研究计划书应该包含哪些内容取决于你的研究问题是否明确，也就是说你需要清楚地回答以下问题：

- 你想做什么？
- 你为什么想这样做？
- 它为什么如此重要？
- 谁做过类似的研究？
- 你打算怎么做？
- 这需要多长时间？

具体而言，研究计划书可以按照以下几个步骤展开。

第一步，确定研究问题。研究主题是什么？题目是否确定？我想观察什么？我将如何做到这一点？在回答以上问题时，研究者需要考虑信息资源的可获得性、理论背景、研究的价值、问题是大还是小、外部要求、成功完成的概率、个人兴趣等。

同时，在阐述中可以从以下几个方面展开讨论：①为什么该研究问题很重要？可以从概念、理论、实践等不同维度展开讨论。②为什么这个问题有趣？可以从意外但合理的角度进行阐述。③谁可能会对该研究和结果感兴趣？这将决定文章的受众，以至于发表在什么样的期刊上，从而影响匿名评审以及发表进度等。

第二步，收集信息（文献回顾）。文献收集可以利用计算机，比如使用在线图书馆、期刊文章、图书、数据库和研究相关信息。在阅读文献的过程中要随时记录收集到的有用信息，可以将电子资料打印出来，制作文献卡片帮助记录，同时也要学会鉴定相关文献。

在文献阅读的过程中应该提出自己的观点和建议，以证明自己了解相关文献中提出的争论和问题。同时应该提及关键的文献，以感谢其在你所要研究的领域中做出的贡献。同样，该部分可以从理论和概念或者现象或背景等方面展开探讨。通过全面、深入的文献讨论，读者才能真正地理解当前研究的贡献和价值。因此，建议研究中采用以下策略进行阐述：①从理论、背景或现象等方面总结研究领域的相关文献；②明确该研究如何对当前知识进行拓展；③目前的理论无法解释或预测某一现象；④研究空白，例如已经研究了A，但未涉及B；⑤现有文献存在争议的论点或结果，例如有些研究发现A对B有正向影响，而其他文献发现了负向影响；⑥对当前相关研究的补充，例如引入不同的调节变量，讨论理论在不同边界条件下的适用情况等；⑦通过对现有文献进行归纳推理，从而提出研究理论。

第三步，理论框架或概念模型。该部分可以将研究欲采纳的理论模型或框架结合研究主题展开讨论，包括主要的构念和概念以及它们之间的联系，建议尽量借助图表进行展示。

第四步，研究设计和分析方法。在这个模块中，可以描述研究的抽样技术、纳入和排除标准、测量工具、数据收集程序、数据分析过程。该部分内容向读者展示了如何通过分析寻找研究问题的答案，它能反映出研究人员完成该研究工作的能力，同时所提出的方法必须适合所要研究工作的类型。

第五步，时间进度安排。制定合理的时间计划表，有助于规划任务的进度，使得工作职责得到有效落实。

第六步，研究计划书撰写。收集整理各模块信息，对于使用的参考文献要按要求格式进行引用。在写作过程中需要注意的是：①提前组织计划各模块内容；②在写之前知道你所要表达的想法；③每句话只能包含一个想法；④前后句子、段落之间必须遵循一定的逻辑；⑤以易于阅读的方式书写；⑥使用易于被理解的语言；⑦检查拼写和语法；⑧切忌从其他文章中直接复制粘贴。

小诀窍

对研究新手而言，我们建议在阅读文献过程中，或正式开展研究之前，尝试先撰写一份简单的研究计划。将问题陈述、研究目标、研究设计、数据分析方法、时间进度安排等部分，各用几个简单的句子表述清楚。很多研究者发现存在“落笔相当困难”的问题，这是因为研究者通过阅读、思考、分析等积累了大量素材，而一旦开始撰写论文时，会发现内容过多，不知应从哪里入手了。在开始阶段就勾画好研究设计能让研究者有效避免研究中过多资料的干扰，时刻保持清晰的研究思路，并有助于研究者在写作阶段直接提取资料进行撰写。

1.5 做负责任的研究

1.5.1 什么是负责任的研究

负责任的研究指通过研究产生能够直接或间接地应用于解决社会紧迫问题的可靠且有用的知识的研究（徐淑英，2018）。鉴于管理研究的目的一是采用科学严谨的方法创造知识，如对组织绩效和创新等的研究，二是运用研究所创造的知识解决企业实践问题，管理研究必然要受到认知价值观和社会价值观的双重影响和评估（徐淑英，2016）。其中认知价值观确保管理研究的科学性和严谨性，从而创造新的知识，而社会价值观则通过评估研究的有用性确保产生对实践有用的知识。

徐淑英（2018）从两个方面对“负责任的研究”进行了阐释，其中一方面是对科学的责任。管理研究的最终目的是解析问题，积累知识，因此，研究的发现应当可靠且可重复，能够进一步提高研究结果的准确性和其实践应用性。正是这种可靠性和可重复性，使得作为研究初学者的我们可以通过阅读文献、重复前人研究等方法快速掌握研究的过程。

但我们需要清醒地认识到可重复和抄袭的区别。近年来，随着各类论文抄袭与剽窃事件的发生，文章重复率问题引起了学者们以及各期刊编辑的重视。2017 年 4 月 24 日《人民日报》发表的评论文章《捍卫真实就是捍卫科学的生命》中指出，“科学研究是揭示真相、发现真理的神圣事业，真实诚信是其基本准则”。文章揭示 2017 年“学术出版商施普林格·自然集团一次性撤销了涉嫌造假的 107 篇文章，论文作者均来自中国。涉及的单位不乏全国知名的三甲医院和重点高校。此次撤稿事件让学术界深感震惊，也在社会上引发广泛关注”。

一直以来，无论社会还是学术界都对论文抄袭等行为表示出了“零容忍”，每每出现类似事件，必然会掀起一阵舆论热议。但屡屡曝光、屡屡喊打却屡屡冒头、屡打不绝。作为研究新手，在入门初期就应该加强对学术不端危害的认识，将各种潜在风险均扼杀在摇篮中。

“负责任的研究”的另一个方面是对社会的责任。研究不是自娱自乐，研究的进行需要社会提供资源和人才，因此，研究就需要承担解决社会中实际问题的社会责任。另外，除须承担服务于实践的社会责任外，我们认为任何研究人员均处于一定的社会环境中，其行为活动应受到伦理协议和社会标准的规范，这些规范可能会禁止某些研究程序，从而禁止某些研究项目。在研究设计的实施中，研究人员应时刻注意是否存在有违社会规范的操作。

（1）在对待参与者时，应保持尊重、公正的态度，确保不对参与者造成伤害。

（2）数据采集中须获得参与者的“知会同意”，不强迫、侵害个人隐私，确保数据安全。

（3）数据分析中，不捏造、曲解和歪曲所做的工作，应清楚说明可能存在的偏差，使用“三角测量法”来抑制潜意识的偏见。

（4）切忌剽窃。剽窃是指从别人的作品中提取文字或想法直接用在自己的作品中，但并不承认是他人文字或想法的行为。通常研究者会通过阅读大量文献，提出自己的研究问题和方法，然而在写作过程中，如不注意会出现剽窃的潜在风险。

因此，作为科学严谨的研究人员，我们须记住以下几个容易被忽略但确实有剽窃危险的行为：当复制任何来源的文字时，必须把摘录放在引号中，并且必须给出一个精确的参考；如果提取的内容较长，可以另起段落进行描述；如是改述别人作品，也须补充文字说明并进行引用；如修改了别人的图表，也要进行说明。在实证研究中，研究人员通常会借鉴成熟量表，加以修改后应用到自己的调研问卷中。如有采用别人的量表，须在文中说明。另外，研究过程中，如在数据收集、分析、讨论中获得其他人的帮助，也可以进行说明。

一些知名的国际期刊，为降低文章抄袭率，在作者提交初稿后，就会进行论文内容的重复率检查，只有低于其对重复率标准的论文，才有机会进入下一轮的同行盲审。图 1-6 为一篇投稿至期刊 *Journal of Product Innovation Management* 的文章，作者投稿后收到的回复邮件。尽管该篇文章主要的抄袭内容为作者曾经发表的另外一篇文章的方法论部分，但查重软件并不会对是不是作者自己的文章进行区分，也不会对抄袭哪一部分进行区分。尽管实证研究论文在研究设计、数据收集等部分的结构非常相似，但是仍然要尽量体现个性化的特征，避免论文在投稿阶段就踩到“红线”，被期刊退稿。

对于图 1-6 中期刊拒稿原因，文章作者总结经验，希望新手提高对该问题的重视。

（1）论文并未模仿任何既有文献的模型或假设，且研究“项目失败”这一很少有学者探索的研究情景，因此没有必要查验内容重复率。

-------Original Message-------
From: editor@jpim.pdma.org
Sent: Friday, November 27, 2015 5:02 PM
To:
Subject: Journal of Product Innovation Management - Decision on Manuscript ID JPIM-11-15-1397

Dear:

I am writing to you regarding manuscript # JPIM-11-15-1397 entitled "Entrepreneurial Learning From New Product Failure " which you submitted to the Journal of Product Innovation Management.

Unfortunately, the manuscript is not up to the rigorous academic standards expected for JPIM, and I will not be sending it out for review for possible publication. Every paper submitted to JPIM goes through a plagiarism check and receives a similarity rating. The rating on this paper was 30%, above our threshold. Upon further investigation, it appears that the authors have generously copied text/sentences/paragraphs from previously published articles. This behavior is unacceptable and violates international academic standards (see the Committee on Publication Ethics).

Thank you for considering JPIM for the publication of your research.

Sincerely,
Dr.
Editor-in-Chief, Journal of Product Innovation Management

图 1-6 期刊查重率检查示例

但多数学者在文章写作中会自觉或不自觉地回忆所读过的文献。以防万一，建议学者投稿前对文章进行查重，以消除该方面的潜在风险。

（2）不同期刊有不同的认定标准（全球有 3 大标准）和接受标准。因此，投稿前需要对投稿期刊深入了解，期刊网站上会有详细的介绍。建议将期刊的相关政策、规范了解清楚后再次检查文章。

（3）相似的认定是计算机认定，因此可能存在多处相似（例如概念的定义）导致相似率较大。这也为各位研究者带来了挑战，由于机器会针对句子中的词语进行检查，因此，不可避免会出现重复率问题，这也要求研究者在写作中更加注意文章措辞，对观点的提炼，尽量用自己的语言重新组织。

（4）该例作者通过采用 Turnitin 进行论文查重，发现 15% 的相似性在于自己之前发表论文的数据与方法部分。这也是多数学者很难控制和改写的。研究者采用成熟的方法进行研究，有时会使用同一个数据库的数据研究不同的研究问题。一个对策是融合不同方法、数据库，以避免重复，这也有助于提高研究结果的稳健性。

1.5.2 CABLES 模型在研究中的应用

为更加有效地避免潜在伦理与道德风险的发生。Koocher（2002）提出了一个有效降低研究中的伦理道德问题的模型，帮助研究者降低风险。CABLES 为六个英文字母的首字母，分别代表一个方面。

认知风险（cognitive risk）指对参与者的智力活动、学习、学业成就以及自尊的理性等产生的威胁。例如，在教学策略的比较研究中，如处理不当，有可能会影响被放入控制组的参与者的自尊心。

情感风险（affective risk）指参与者在参与研究期间和之后受到的情绪困扰，包括不愿意看到某些方面的自我发现的风险，有些研究涉及收集敏感数据，而可能对参与者产生影响。

生理风险（biological risk）指研究者的干预或疏忽使得参与者因延迟、无效或缺乏治疗而导致的身体伤害或疾病。例如在药物有效性的研究中，被放入控制组的参与者有可能受研究设计的影响而不得不延长其疾病治疗时限。

法律风险（legal risk）指在研究中存在设计不当可能引致法律责任的风险。如披露敏感的机密信息等。

经济风险（economic risk）指出于研究需要，参与者不得不付出的实际成本（如乘车至实验室）或失去的机会成本（例如为了参与本次实验而失去参与其他活动的时间和收入）。

社会与文化风险（social and cultural risk）有可能导致参与者被贴上标签、遭受排斥或歧视。

在研究设计中，可以通过 CABLES 模型分析，筛选或预测出可能存在的风险，并加以预防。

1.6　发表历程与体会

尽管国内外期刊的审稿系统存在一定差异，但审稿流程基本类似，鉴于商学类期刊大多属于 SSCI 期刊，本节以国际顶尖管理学期刊 *Journal of Operations Management*（JOM）为例，介绍期刊投稿的一般流程和注意事项，读者也可以结合本节介绍内容对其他期刊进行研究，力求投稿前全面了解期刊并做好充分准备。

1. 期刊影响因子

研究者一般对各自研究领域的期刊有一些基本的了解，文献阅读阶段可以有目的地选择某几个期刊的文章重点阅读。一般发表在影响因子较高期刊上的论文的规范性较高，研究内容和方法也相对具有较高的借鉴价值。研究者可以关注 Web of Science 每年发布的《期刊引证报告》，选择感兴趣的研究领域查询期刊的影响因子。本书附录中列出了 Web of Science 发布的 2021 年度商学类 SSCI 期刊的影响因子和分区供参考。另外，还可以关注中国优选法统筹法与经济数学研究会、管理科学与工程学会、中国系统工程学会共同研究编制的《FMS 管理科学高质量期刊推荐列表》，查询自己研究领域的优秀期刊分布情况。

2. 期刊的研究领域和主题

确定好投稿期刊后，研究者需要进一步关注期刊的研究领域和主题，一般期刊的主页都有期刊介绍、研究领域和编委等详细信息。图 1-7 为 JOM 期刊主页对期刊的整体描述，该期刊致力于发表具有较高学术价值和实践价值的运营与供应链管理领域的原创性实证研究，并对学术价值和实践价值进行了详细讨论，这就为研究者的论文写作提供了写作思路，特别是在论文的引言部分，可以对标期刊的阐释从以上两个方面展开讨论以突出论文的价值和重要性。从图 1-7 的最后一段可以看到 JOM 对“新颖性”（novelty）的解释：新颖并不一定意味着只关注别人未关注过的新现象，JOM 认为研究者采用新的或不同的方法对既定现象进行的研究也同样具有价值。这也为研究者提供了一个很好的研究切入点，利用跨学科、跨专业的合作可以对某一既定研究问题展开具有“创新性”的深入研究。

JOURNAL OF OPERATIONS MANAGEMENT

ascm ASSOCIATION FOR SUPPLY CHAIN MANAGEMENT

HOME | ABOUT | CONTRIBUTE | BROWSE

Overview

The mission of *Journal of Operations Management (JOM)* is to publish original, empirical operations and supply chain management research that demonstrates both academic and practical relevance.

Academic relevance means the research contributes to on-going academic discussions and debates on relevant topics in operations management. All manuscripts published in *JOM* must, in one way or another, also transcend the immediate empirical context in which the research is embedded. An ideal manuscript is one that simultaneously takes the context seriously (is empirically disciplined) and seeks some sense of generality.

Practical relevance means the manuscript links explicitly to an actual, relevant managerial challenge. While manuscripts published in *JOM* do not necessarily have to give advice to managers, they must have something non-obvious to say about the practice of operations management. In preparing your manuscript, ask yourself: Do I think I could keep a manager interested in talking about my research for an hour? What would I say, what would I argue?

An ideal manuscript balances rigor with relevance and offers a novel aspect to a topic of contemporary concern. Novelty does not necessarily mean focusing on emerging phenomena, novel approaches to examinations of established phenomena are equally interesting and relevant.

图 1-7　JOM 期刊主页

另外，期刊主页还会对期刊关注的主要研究主题和领域进行详细介绍，以 JOM 为例，该期刊依据研究领域分为 11 个部门或研究主题（具体见期刊主页介绍），每个主题下有 1～3 位部门编辑。值得注意的是，JOM 除对各研究领域的详细介绍外，还推荐了各领域内重要的方法论文献供研究者阅读和参考。

3. 投稿流程

虽然不同期刊的审稿流程和时间存在一定差异，但绝大部分主流期刊均按图 1-8 的流程处理稿件。作者投稿后，一般会由执行编辑根据期刊的要求进行表面审查，如不满足期刊的一般要求，执行编辑可以直接拒稿。以 JOM 为例，2021 年有 28% 的投稿论文由执行编辑直接拒稿（desk rejection）。因此，投稿前仔细研究期刊政策和要求尤为重要。建议研究者投稿前详细阅读期刊发布的《作者指南》，并根据指南细节对照检查，避免因不了解期刊政策而被直接拒稿。

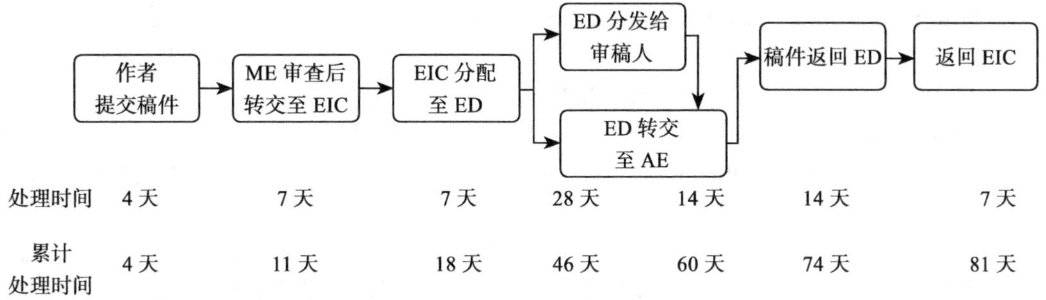

图 1-8　JOM 审稿流程

注：ME—Managing Editor 执行主编；EIC—Editor in Chief 主编；ED—Editor 编辑；AE—Associate Editor 副主编。

小结

本章由上海大学于晓宇教授和范丽先教授共同撰写，首先从管理研究方法的定义入手，解释研究方法在研究中的重要作用，在回顾总结了科学研究的三种推理方式后，详细解释了研究中的各相关概念、构念、变量、假设、理论和模型等名词。对这些相关概念的理解和熟悉是研究者在开展研究之前就必须准备充分的基础工作。本章进一步将研究过程大体分为六步，逐一进行讨论，并根据研究者经验，在各步的讨论中，提供了详细的研究心得和小诀窍以供初学者参考。鉴于研究计划书在学术及实践中的重要性，本章介绍了一个构建研究计划的“模块法”，在确保研究的系统性的同时，保证研究的连续性。本章最后指出什么是负责任的研究以及如何做负责任的研究，并为研究者提出使用 CABLES 模型来检视和避免研究中可能出现的潜在风险。

于晓宇是上海大学“伟长学者”特聘教授，上海大学管理学院教授（破格）、博导、副院长。研究领域为创业失败、企业成长、神经创业学等。入选国家“万人计划”青年拔尖人才等国家级、省部级高层次人才计划。主持国家自然科学基金项目 4 项，发表英文论文 30 余篇，中文论文 70 余篇（10 篇发表在《管理世界》与《管理科学学报》）。

范丽先教授研究方向为航运与物流管理，担任世界交通运输大会（WTC）水上运输水运物流管理委员。主持国家自然科学基金、教育部人文社会科学规划项目等多项国家级、省部级课题；在 *Transportation Research Part A*、*Transport Policy*、*Maritime Policy and Management* 和《运筹与管理》等期刊发表中英文论文 30 余篇。

参考文献

[1] BACHARACH, S B. Organizational theories: some criteria for evaluation [J]. Academy of management review, 1989, 14(4): 496-515.

[2] HINTIKKA J. Socratic epistemology [M]. New York: Cambridge University Press, 2007.

[3] KERLINGER F N, LEE H B. Foundations of behavioral research [M]. 4th ed. New York: Harcourt College Publishers, 2000.

[4] KOOCHER G P. Using the CABLES model to assess and minimize risk in research: control group hazards [J]. Ethics and behavior, 2002, 12(1): 75-86.

[5] LIFSHITZ A H, LEBOVITZ S, ZALMANSON L. Minimal and adaptive coordination:

how hackathons' projects accelerate innovation without killing it [J]. Academy of management journal, 2021, 64(3): 684-715.

[6] SCHINDLER P. ISE business research methods [M]. 13th ed. McGraw-Hill Education, 2018.

[7] WOLFSON M A, MATHIEU J E. Deploying human capital resources: accentuating effects of situational alignment and social capital resources [J]. Academy of management journal, 2021, 64(2): 435-457.

[8] 马明辉，何向东．演绎、归纳与溯因：从信息哲学的观点看 [J]. 科学技术哲学研究，2014，31（3）：12-21.

[9] 徐淑英．商学院的价值观和伦理：做负责任的科学 [J]. 管理学季刊，2016，1（Z1）：1-23.

[10] 徐淑英．负责任的商业和管理研究愿景 [J]. 管理学季刊，2018（4）：9-20，153-154.

[11] 徐淑英，李绪红，贾良定，等．负责任的管理研究：哲学与实践 [M]. 北京：北京大学出版社，2018.

第2章

理论框架与研究假设

撰写学术论文好比建筑大厦。柱立则墙固，梁横则屋成。在确定研究问题后，研究者需要构建理论框架并提出研究假设，为学术论文“立柱架梁”。如何运用既有研究构建理论框架？如何基于理论框架提出研究假设？一个“有效”假设的评判标准是什么？……本章将为读者介绍理论框架构建和假设提出的相关内容，与大家一起领略学术论文这一“建筑”的结构之美。

2.1 理论框架的构建

2.1.1 理论概述

1. 理论的界定与构成

许多学者都曾给理论下过定义。例如，Merton（1968）将理论定义为“在逻辑上相互联系并能获得实证性验证的若干命题”。Bacharach（1989）将理论看作“一个概念和变量构成的系统”，“在这个系统中，概念之间通过命题联系在一起，而变量之间则通过假设联系在一起”。McBurney & White（2009）将理论定义为“一个或者一系列关于变量间关系的陈述”。李怀祖（2017）将理论定义为“一组用来解释和预测现实世界的结构化概念、定义和命题”。根据上述定义，我们可以看出理论通常具有两个方面的特征：第一，理论是一种抽象的、系统化的认识；第二，理论的目的在于对现象做出解释。

关于理论的构成，以往学者也曾有相关论述。陈昭全和张志学（2012）认为，理论主要包含四个构成要件：①有关概念；②命题和假设；③机制或原理；④边界条件。Dubin（1976）认为，理论包括：①构成现象的若干单元；②各单元之间的互动法则；③理论成立的边界；④决定各单元之间互动表现的系统状态；⑤关于这些单元之间互动的命题；⑥用于对这些命题进行检验的实证指标和假设。Whetten（1989）指出，一个完整的理论应当包括四个要素。

- **什么（what）**：从逻辑上来讲，哪些要素应被用于解释这个现象的一部分。
- **如何（how）**：这些要素如何相关。
- **为什么（why）**：用于佐证要素选择及其因果关系的心理学、经济学或者社会学动力有哪些。
- **谁、何地、何时（who、where、when）**：这一理论模型有哪些限制条件。

在管理研究中，主流观点认为理论建构应该包括什么，如何，为什么和谁、何地、何时这四个成分，**即理论本质上是一个对特定现象是什么，如何，为什么，谁、何地、何时等问题的解释**。因此，一个好理论不仅能够对特定现象进行描述，而且还能够解释现象中不同要素间如何并且为什么产生联系。也就是说，理论能够以合乎逻辑的解释来描述现象中不同要素的前因后果。研究者应认识到，学术研究中的“理论”是一个比较宽泛的概念。此外，研究中的理论依据不一定是现成的理论，如代理理论、资源基础理论、社会资本理论、社会网络理论等，同时也包括研究者在观察到管理现象之后所提出的对于这些现象的具体解释机制（罗胜强和姜嬿，2014）。

小诀窍

管理理论林林总总，且方兴未艾。实际上，真正经得起检验的经典管理理论并不多。选择一个新颖、合适的理论视角开展研究，往往事半功倍。因此，我们为研究新手提供了三个小诀窍。

第一，阅读理论简介，掌握理论要点和前提。我们推荐研究新手阅读《管理学中的伟大思想：经典理论的开发历程》（北京大学出版社，2016）、《管理与组织研究必读的40个理论》（北京大学出版社，2017）、《现在，顶尖商学院教授都在想什么？》（机械工业出版社，2015）等专门介绍经典理论的书籍，还有《创业研究经典文献述评》（机械工业出版社，2018）、《创业研究前沿：问题、理论与方法》（机械工业出版社，2022）等聚焦介绍细分领域相关理论的书籍。通过阅读这些书籍，研究新手可以快速熟悉各类理论，更重要的是了解各个理论的应用场景或者前提。例如，资源基础理论的两个重要前提包括：①资源是异质的；②资源是难以流动的。

第二，结合管理现象，挑战成熟理论成立的前提。尽管很多研究者都希望从现象中识别研究问题，进而对既有理论做出修正或补充。但对研究新手来说，这一方法存在较大难度。其实，研究者可以换一个思路，即从理论出发，挑战既有理论成立的前提。仍以资源基础理论为例，在数字经济时代，资源（尤其是数据资源）的异质性越来越弱。因此，在一些与数字经济相关的情景下，例如数字企业、网络购物等，资源基础理论的资源异质性前提受到挑战。换言之，这给研究者进一步挑战并完善资源基础理论提供了机会，也为提出新的解释、与资源基础理论相关文献形成高质量的学术对话（发表论文）带来了机会。

第三，关注管理研究的公益网站或论坛。例如，中文 OBHRM 百科网站，会对近年 AMJ、JAP 等国际顶级期刊上经常出现的理论进行统计，供研究者参考。

除了以上介绍的经典理论、文献的中文书目，我们更建议研究新手多花时间阅读原著、原文献，以批判性的思维去阅读，去发现更多的“学术创业”的机会。

2. 理论的层次

理论本质上是对现象的合理化解释。在管理研究中，理论通常可以被划分为三个层次（陈晓萍和沈伟，2018）。

宏大理论（grand theory）是一种高度复杂、高度抽象和系统的理论，试图包括社会、组织和个人中的大部分方面。例如，马克思的阶级斗争理论、霍曼斯的社会交换理论、中国道家的阴阳理论，以及管理学中的资源依赖理论、代理理论等。这类理论更像是一种范式，代表那些广泛意义上共享的信念和看法，它们往往不直接与具体的、经验的社会研究发生联系，更多的是提供一种理论的透镜，帮助研究者去观察问题和分析问题。

中层理论（middle range theory）介于宏大理论和细微理论之间，是连接两种理论的桥梁。用 Merton（1990）的观点来描述，中层理论既非日常生活中大量涌现的操作性假设，也不是一个包罗万象、用以解释几乎所有可观察到的社会行为、社会组织和社会变迁一致性的统一理论，而是介于这两者之间的理论。管理研究中的中层理论关注管理现象的一般方面，它通常以某一方面的管理现象或某一类组织行为为对象，提供一种相对具体的分析框架。比如管理学中常见的激励理论、马斯洛需求理论、角色理论等。

细微理论（trivial theory），也被称为工作假设（working hypothesis），它是普通人在日常生活中建立起来的常识。与宏大理论所涉及现象的全面性不同，细微理论只集中于有限的概念，而这些概念也只与有限情境下的少数现象有关。细微理论与可观察的现象之间几乎也是相同的，它的抽象程度远不及宏大理论。

需要注意的是，多数研究者可能更关注中层理论，这毫无疑问降低了提出宏大理论的可能性。然而，理论的建构是一个社会化的过程。如果研究者希望降低学术创业中的试错成本，那么从中层理论出发，不断从各个角度丰富对某一现象或问题的解释，则更有可能“十年磨一剑”，最终构建学术社区更能接受的宏大理论。[⊖]

3. 管理研究中的理论体系

管理研究涉及众多的理论流派，不同的流派基于各自的视角提出了一系列具体的理论，包括代理理论、制度理论、资源依赖理论、社会网络理论、社会交换理论等。这些具体的理论按照特定的视角又可以进一步合并归类。比如，代理理论和契约理论均属于关于交换的理

⊖ 建议参阅：
孙黎，殳成，曾晓丹．学术对话的盛宴 [J]. 管理学季刊，2018，3（1）：20-30.
彭维刚．制度转型、企业成长和制度基础观 [J]. 管理学季刊，2018，3（1）：1-19.
陈明哲．学术创业：动态竞争理论从无到有的历程 [J]. 管理学季刊，2016，1（3）：1-16, 142.

论，它们均基于经济学的视角；制度理论和权变理论所代表的制度观，则可以划分到关于环境应配的理论体系之中。表 2-1 列示了管理研究中主流理论所归属的理论体系。

表 2-1 管理研究的主流理论

一级类别	二级类别	三级类别
关于交换的理论	经济学视角	交易成本理论
		产业组织理论
		博弈论
		代理理论
		契约理论
	社会交换视角	公平理论
		社会心理学
		社会认同理论
		社会交换理论
		社会资本理论
	社会经济学视角	经济社会学理论
		网络理论
		竞合理论
关于环境应配的理论	制度观	制度理论
		权变理论
	战略观	战略选择理论
		资源依赖理论
		期权理论
	共演观	结构化理论
		共演理论
	生态观	种群生态
关于跨越边界的理论	跨边界理论	
	松散耦合理论	
	信息处理理论	
关于企业成长的理论	企业成长的古典理论	
	资源基础观	
	知识基础观	
	组织学习理论	
	动态能力理论	

资料来源：陆亚东．中国管理学理论研究的窘境与未来 [J]. 外国经济与管理，2015，37（3）：3-15.

2.1.2 理论框架的内涵及表现形式

1. 理论框架的内涵

理论框架是指运用既有理论对研究中各概念或变量关系所做的结构性阐述。通过对具体的理论进行组织、整理，从而形成该领域系统、全面的知识体系。

对于理论框架，研究者需要有两个方面的基本认识。

第一，理论框架具有系统性。研究者需要从既有文献中提炼出研究概念或变量，并以合乎理性和逻辑的方式将这些概念或变量整合在一起。在同一理论框架中，各概念的定义和范围须保持一致，各概念之间的关系要系统、清晰，不可出现混乱或自相矛盾的情形。同时，理论框架中概念都应尽可能与既有理论中的术语保持一致，以便对研究进行汇总比较、整合验证与知识累积（刘军，2008）。

第二，理论框架为研究问题服务。研究者需要通过研究问题将既有理论结合在理论框架中以支持自己的研究。因此，理论框架不是简单地罗列理论，而是要运用这些理论进行逻辑推断。研究者需要把理论所涉及的主要内容迁移到自身研究的特定情景（context）下，进行具体化应用。

2. 理论框架的表现形式——理论框图

理论框架既可以通过文字叙述相关概念或变量之间的关系，也可以通过理论框图将概念或变量之间的复杂关系以可视化的方式进行展示。一种常见方法是利用方框和箭头来构造理论框图。其中，方框代表概念或者变量，箭头表示概念或变量之间的关系。一个完整的理论框图能够将理论模型的大致脉络或骨架表达出来。虽然框图本身不是理论，但一个好的框图比简单的概念列表或者没有组织好的图表更接近理论（陈昭全和张志学，2012）。理论框图可以直观地显示变量以及变量之间的关系，如主效应、中介效应或调节效应等，从而使读者更容易理解变量之间的关系。具体可参考后面的图 2-3。

2.1.3 如何构建理论框架

理论框架的构建没有统一的方法，但有思路可循。

首先，梳理既有研究已经做了什么。研究者可以通过文献回顾了解特定研究主题所涉及的概念，总结既有研究在该主题及相关领域的积累程度，掌握该主题的理论基础，以及相关概念（变量）之间的逻辑关系。

其次，厘清既有研究还没有做什么。为了找出既有研究的不足，研究者应该思考如下问题：既有研究未曾涉及的话题或相关概念（变量）有哪些？既有理论对于相关现象或概念（变量）之间的关系的解释是否存在缺陷或不足？是否有其他理论能够解释这些现象或概念（变量）之间的关系？是否存在其他影响机制（中介或调节）？既有研究为何没有对这些话题进行探讨？是这些话题不重要，还是其他原因？

通过完成上述两方面的工作，研究者可以对既有研究进行总结，并识别研究空白或冲突，进而提出新的概念、命题或者解决方案。在理论指导下，研究者需要建立相关概念（变量）之间的联系，进而构建出新的理论框架。

一般而言，理论框架的构建有两种途径：内部细化法、外部延伸法。

内部细化法是指在一个相对完整的领域内，更为细致、恰当地解释各变量之间的关系。方法一是**寻找中介变量**，即在原来自变量 A 影响因变量 B 的关系中（见图 2-1a），增加一个中介变量 C，用来解释 A 通过什么（即 C）影响 B。原来 A 到 B 的关系变成新的 A 到 C 到 B

的关系，如图 2-1b 所示。方法二是**寻找调节变量**，即在原来自变量 *A* 影响因变量 *B* 的基础上，增加一个调节变量 *C*，用来解释 *A* 在什么情况（即 *C*）下影响 *B*，如图 2-1c 所示。

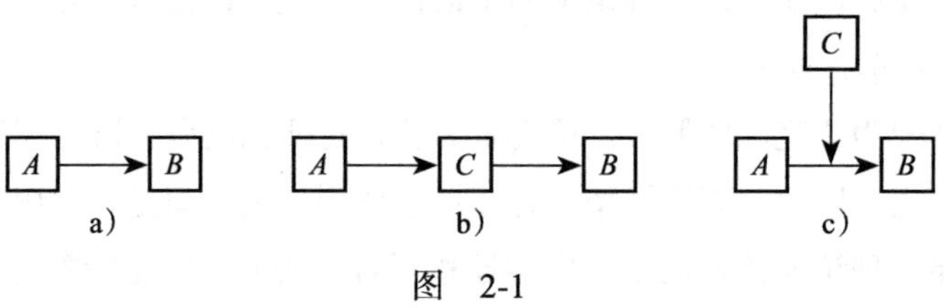

图 2-1

外部延伸法是指在一个较小的领域内，先求取完整的解释，然后再向相关的领域进行延伸拓展。方法一是**寻找因变量的其他影响因素**。比如，既有研究已经发现自变量 *A* 会影响因变量 *B*（见图 2-2a），而本研究可以从另一个视角出发探索变量 *C* 对因变量 *B* 的影响，如图 2-2b 所示。方法二是**寻找自变量的其他后果**。比如，既有研究发现自变量 *A* 会影响因变量 *B*，而本研究可以探索 *A* 除了影响 *B* 是否还会影响 *C*，如图 2-2c 所示。

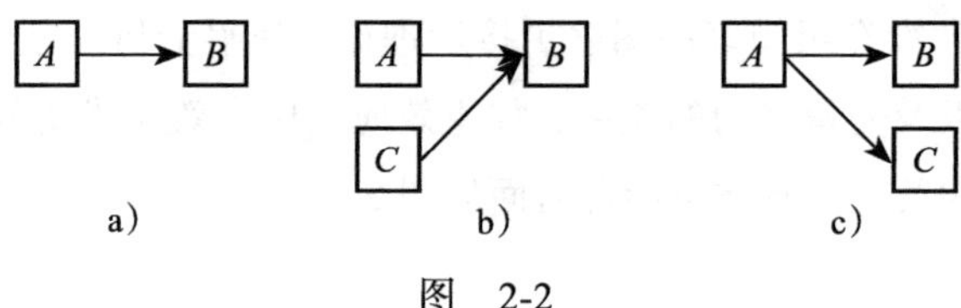

图 2-2

2.1.4 示例与解读

我们以两篇论文为例，具体展示理论框架的构建过程。

第一篇论文为 Dekker（2004）发表在 *Accounting, Organizations and Society* 上的 “Control of Inter-Organizational Relationships: Evidence on Appropriation Concerns and Coordination Requirements”。在文章中，作者基于交易成本经济学和组织理论，识别出企业在涉入组织间关系时可能会出现的两种控制问题：侵占担忧（appropriation concern）和协调需求（coordination requirement），并且讨论了用于管理这两类问题的控制机制，以及它们和非正式（基于信任）控制机制之间的关系。基于这些讨论，作者提出了研究的理论框架。

作者首先从交易成本经济学视角出发，对组织间关系治理（the governance of IOR）的理论和文献进行了梳理。作者发现，几十年来，交易成本理论在获得极大发展的同时也备受争议：该理论在解释组织间关系的治理方面并不是那么有用，尤其是对于解释组织间关系的管理和控制并不充分。这种不充分或局限性主要表现在两个方面：第一，交易成本理论只关注机会主义和交易成本最小化，缺乏对组织间关系形式和目标变化的考量；第二，交易成本理论忽视了组织间关系治理中使用的控制机制，尤其是非正式控制机制（社会控制机制）。

对于第一个局限性，作者认为，在组织间关系中，控制的首要目的在于创造条件来激励合作伙伴努力实现期望或预先设定的结果，而管理交易风险仅仅是在追求期望或预定结果过程中需要控制部分内容。企业建立组织间关系是为了通过合作完成价值创造活动以实现共同收益。Zajac & Olsen（1993）认为，传统的交易成本理论的一个主要缺陷在于单一地强调交易成本最小，而忽视了交易伙伴们在追求共同价值过程中所产生的相互依赖性，因而交易价值最大（而不是交易成本最小）才应该是组织间合作的根本目标。杜尚哲、加雷特和李东红（2006）指出，许多企业会出于战略目的建立联盟关系（企业间合作的高级形式），在一些特定的情况下，甚至会建立交易成本反增的战略联盟。因此，当采用价值创造视角来看待组织间关系时，交易成本理论中的价值侵占问题就缩小为组织间关系治理的一个子集。

组织间关系控制的第二个目的是协调合作伙伴之间相互依赖的关系任务。一般而言，组织间关系相互依赖的程度从非常低（仅仅需要很少的协调工作）到非常高（需要持续的交流和在合作伙伴之间共同制定决策）不等。在传统的“购买方—供应商”关系情境下，资源从一方转移到另一方。在这一过程中，协调主要是为了确保连接点的恰当匹配。为了应对彼此的情境，以互惠式相互依赖为特征的组织间关系则需要在更广泛的伙伴运营上相互匹配，并且需要更为复杂的协调机制来沟通和做出持续调整。例如，这一类组织间关系主要关注分享互补性技术、联合缩短创新时间以及共同开发新技术。在这种关系中，合作伙伴会努力深化和拓展技能，或者学习和开发新技能。随着组织间关系任务变得更加相互依赖和更加不确定，协调和联合制定决策的需求不断增加，控制机制随之被用于管理任务之间的相互依赖性。

综上，侵占担忧和协调需求能够共同描述合作企业管理价值创造和价值保护的需求，作者认为这两个概念对于解释组织间关系管理和控制至关重要。同时，治理机制在管理这两种控制问题上也能发挥效用。

对于第二个局限性，作者谈到，交易成本理论在用于解释组织间关系控制时存在对治理机制的识别不足，尤其对非正式或社会控制机制识别不足的问题。交易成本理论过多强调机会主义，忽略了企业和个体以前重复交互的影响。格兰诺维特认为，持续的经济关系常常渗透了社会成分，因此个体彼此会产生强烈的信任感以及拒绝投机行为的社会期待，这将使个体超越纯粹的经济动机进行行动，即社会关系会影响个体的行为模式（Granovetter，1985；周雪光，2003）。交易成本理论对治理的非正式或社会控制机制的考量比较有限，这引发了作者对组织间关系控制机制更深层次的思考。

基于上述原因，Dekker 在既有研究的基础上，对组织间关系的控制机制进行了重新识别和分类。从整体上看，组织间关系的控制机制可以分为正式控制（formal control）和非正式控制（social control）两大类。其中，正式控制包括结果控制（outcome control）与行为控制（behavior control），而非正式控制主要是以信任机制为主要模式的社会控制。进一步地，作者将组织间关系可能会出现的两类控制问题与控制机制进行链接，并基于一系列逻辑推理提出了如图 2-3 所示的理论框架。

在这个框架中，来自交易成本经济学和组织理论中的变量，如相互依赖性（interdependence）、任务不确定性（task uncertainty）、资产专用性（asset specificity）、环境不确定性（environmental uncertainty）和交易频率（transaction frequency）等，能够很好地反映协调需求和侵占担忧这两类控制问题。这些控制问题则会影响企业努力选择一个好的合作伙伴来减轻这些问题，同时也会影响企业设计和实施正式控制机制来管理这些问题。并且，企业在寻找优秀合作伙伴方面的投资会降低其对正式控制的需求。此外，企业对合作伙伴的能力信任（capability trust）和善意信任（goodwill trust）将会分别减弱侵占担忧和协调需求与正式控制和伙伴选择的努力程度之间的关系。

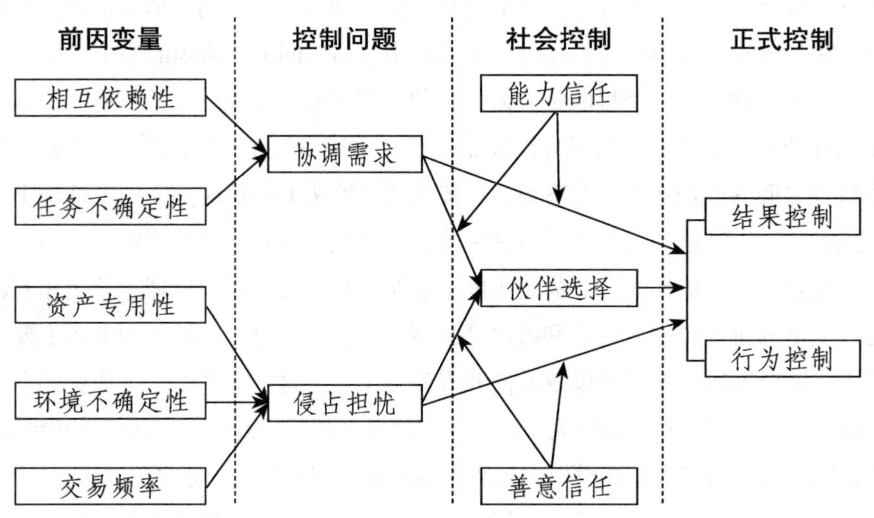

图 2-3　Dekker（2004）提出的有关组织间关系的控制的理论框架

第二篇论文为 Lou 等（2022）发表在 *Journal of Business Research* 上的“Supplier Selection, Control Mechanisms, and Firm Innovation: Configuration Analysis Based on fsQCA”。与以往文献分别考察组织控制和伙伴选择对企业创新的影响不同，这篇论文将供应商选择纳入组织间管理控制系统的分析框架，构建了供应商选择和组织控制联合影响企业创新的理论模型，并基于组态视角，检验了两类供应商选择（效率导向与创新导向）和三类控制机制（结果控制、行为控制与信任）对企业突破式创新和渐进式创新的影响。

首先，作者梳理了组织间关系控制（control of interorganizational relationship）的相关文献。作者发现既有研究区分了两种跨组织关系的管理控制机制：正式控制和非正式控制。正式控制以签订合同、规章制度和书面条款等方式规范合作主体，它们可以进一步分为结果控制和行为控制。前者主要侧重于设定和监控预期结果的完成情况，对合作伙伴如何实现其目标的关注较少。相比之下，行为控制并不注重结果本身：它们通过设定行为边界、提供行为反馈以及评估和调整生产过程与方法来确保实现目标是适当的。以信任为代表的非正式控制既不强调结果，也不强调行为：其目的是通过丰富的互动或社会化活动来寻求相同的价值观和一致的战略目标，以减少合作中的不确定性。

作者通过梳理文献发现，正式和非正式控制在解决组织间合作问题，促进组织间知识流动，帮助企业获得创新资源等方面发挥了积极作用。例如，基于对 343 家企业的“制造商—供应商”关系的调查数据，Zhang & Zhou（2013）发现：正式控制和信任都能促进企业间的知识转移；信任作为一种非正式机制，对企业间知识转移的影响更大。Balboni 等（2017）发现，正式和非正式机制都有利于客户从供应商处获取知识：可信赖程度正向调节非正式机制对知识转移的影响，负向调节正式机制对知识转移的影响。此外，作者发现不同类型的组织间控制机制对企业创新的影响具有差异性，组织控制机制对企业渐进式创新和突破式创新绩效具有显著影响。

其次，作者对伙伴选择的文献进行了回顾。作者指出，选择一个适合公司目标的合作伙伴不但可以防止合作伙伴的机会主义行为，避免潜在的控制问题并促进合作，还可以通过组织间学习和企业间的知识资源交换来获取外部知识。相关研究发现，来自合作伙伴的异质知识、技术和互补能力可以提高公司的创新能力，提高创新效率，并促进公司创造新产品和服务。Tsou 等（2015）发现合作伙伴的可靠性、合作伙伴的互补性、合作伙伴的专业知识和合作伙伴的兼容性等选择标准均有助于合作创新，提高企业竞争优势。

作者通过进一步的文献梳理发现，伙伴选择与后续的契约制定和控制机制设计紧密相关。Ding 等（2013）指出，当面临交易环境带来的更大风险时，企业更加重视基于信任和声誉的合作伙伴选择标准，它们会制定更具包容性的具体合同，以促进合作。Ding 等人的研究结果表明，合作伙伴选择在控制问题与契约复杂性之间起中介作用。Kang 等（2012）研究了两种外包策略对不同组织控制机制的影响。他们发现，采用效率寻求外包的企业倾向于使用结果控制和行为控制；相反，采用创新寻求外包的公司更有可能使用社会和行为控制。

通过上述两部分文献回顾，作者推断合作伙伴选择和控制机制在管理组织间关系和促进企业创新方面发挥着重要作用，且它们之间具有因果关联。然而，以往文献大多单独考察组织控制或合作伙伴选择对企业创新的影响。因此，为了弥补既有研究的缺陷，作者尝试将供应商选择纳入组织间管理控制系统，并基于组态视角，构建供应商选择和组织控制联合影响企业突破式与渐进式创新的理论模型。如图 2-4 所示，组织间管理控制系统包含两部分：事前控制和事后控制。事前控制包括两类选择：效率导向供应商选择和创新导向供应商选择。事后控制包括三种合作控制机制：结果控制、行为控制和信任。

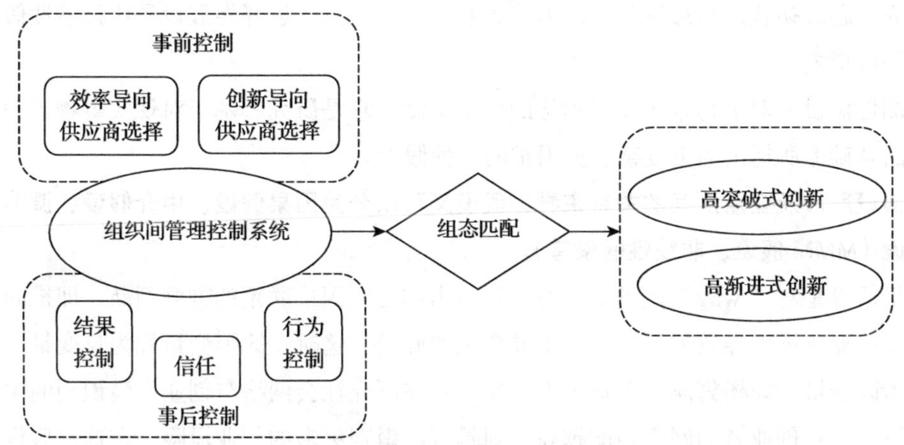

图 2-4　Lou 等（2022）提出的包含伙伴选择的组织间管理控制理论框架

2.2 假设提出

2.2.1 假设及假设类型

假设是对现象的暂时性解释，是对一个可以通过实证研究验证其真伪的臆测（assumption）性陈述。假设可以来源于常识、个人预感或猜测，也可以来源于调查资料或既有理论，其中后两者是更为重要的假设来源。假设的目的在于预测变量之间的关系，引导数据的收集。因此，提出假设是研究工作中非常重要的一个环节。

根据不同的角度，我们可以把假设分为不同的类型。**从假设提出的思维方式来看，假设可以分为归纳型假设和演绎型假设两种**。

归纳型假设是研究者通过对一些个别经验事实材料的观察和调查得到启示，进而概括、推论提出的假设。例如，研究者可以对若干典型企业进行调查，归纳出管理规律，并在此基础上形成假设。归纳方法在管理研究中非常有用。不过，归纳型假设的价值不仅在于它能够正确解释已有的全部观察资料（内符），还在于其需要适配今后的实践和扩展到更大的范围（外推）。

演绎型假设是从公理、原理或学说出发，运用综合和逻辑推理提出的假设。例如在熊彼特“创造性破坏过程”的理论下，人们可推导出“工业政策不利于企业创新”的假设。又如人们熟悉的一种陈述“西方社会是资本主义社会，资本家唯利是图，因而西方社会必然是尔虞我诈、互相欺骗”也是一种演绎假设。

从假设的性质、复杂程度和研究目的来看，假设又可以分为描述性假设、解释性假设和预测性假设三类。

描述性假设是从外部表象和特征等方面来大致描述研究对象，进而提出关于事物外部联系与内在细致关系的推测。比如，“不同产业结构对城市竞争能力有不同的影响”。

解释性假设是解释事物的内部联系，指出现象本质，并说明事物原因的一类假设。这类假设更复杂，也更重要。它能够从整体上解释事物各部分相互作用的机制，揭示条件与结果，研究主题最初状态与最终状态的因果关系。一般认为，解释性假设是比描述性假设更高一级的假设形式。

预测性假设是对事物未来发展趋势的科学推测，它是研究者基于对现实事物更深入、全面了解的基础上所提出的更复杂、更困难的一种假设。

从假设所涉及变量之间的关系来看，假设又可以分为因果假设、中介假设、调节假设和其他假设（MMM 假设、非线性假设等）。

因果假设是对“why”问题的回答，是对事物之间因果联系的推测判断，即推断受某一变量存在或变化进而导致另一变量发生或变化的假设。这时，原因变量称为自变量，而结果变量称为因变量。如杨隽萍、于晓宇等（2017）在研究社会网络与创业风险识别的关系时提出的假设之一：创业者的网络强度越高，则越可能识别更多的创业风险。在这一假设中，创业者的“网络强度”是自变量，“创业风险识别”是因变量，“高网络强度”是因，“识别更多的创业风险”是果。

中介假设主要解决“how”问题。研究者往往在因果假设的基础上，探究影响这一因果关系的内在机制。仍以杨隽萍、于晓宇等（2017）的研究为例，作者在明确网络强度与创业风险识别之间存在因果关系的基础上，进一步探索了“信息数量 / 信息质量在网络强度与创业风险识别关系之间发挥中介作用”的中介假设。在这两个假设中，“信息数量”和“信息质量”是创业者网络强度和创业风险识别关系的中介变量，即创业者的网络强度会通过影响其获取信息的数量和质量来影响创业风险的识别。

调节假设主要解决“where、when、on what condition”问题。研究者通常在因果假设的基础上，进一步探究调节变量对该类因果关系的影响。仍以杨隽萍、于晓宇等（2017）的研究为例，作者在明确网络强度与信息数量 / 信息质量之间存在因果关系的基础上，进一步探讨了创业者先前经验的调节作用。该研究提出了“创业者的先前经验正向调节网络强度与信息数量 / 信息质量之间的关系”两个调节假设。在这两个假设中，“先前经验”是影响网络强度和信息数量 / 信息质量关系的调节变量。创业者的先前经验越丰富，网络强度对信息获取数量 / 质量的正向作用就越强。

其他假设是指除因果、中介、调节假设之外的假设类型，主要包括 MMM 假设和非线性假设。

MMM 假设可以分为“被调节的中介”（moderated mediation）假设和“被中介的调节”（mediated moderation）假设两种类型。其中，“被调节的中介”假设描述的是：自变量 X 通过中介变量 M_e 影响因变量 Y，而这一中介作用会受到调节变量 M_o 的影响。例如，赵红丹（2014）在研究强制性组织公民行为对员工任务绩效的影响时，提出了“政治技能显著调节强制性组织公民行为通过组织认同影响任务绩效的中介作用，即对低政治技能的员工而言，他们之间的中介作用显著；对高政治技能的员工而言，他们之间的中介作用不显著”的研究假设。这一假设就属于典型的“被调节的中介”假设。而“被中介的调节”假设描述的是：调节变量 M_o 对自变量 X 与因变量 Y 关系的影响，通过中介变量 M_e 得以实现。例如，马君和赵红丹（2015）在研究任务意义与奖励对创造力的影响时，就提出了这类假设，他们认为“奖励对任务意义与创造力关系的调节效应，通过创造力角色认同的中介作用得以实现，即奖励通过提高创造力角色认同来加强任务意义对创造力的影响”。

非线性假设的类型比较多样，最为常见的是 U 形或倒 U 形假设。以于晓宇和陶向明（2015）的研究为例，作者在探讨创业失败经验与新产品开发绩效的关系时，基于不同的理论视角提出了“创业者先前创业失败经验与当前企业的新产品开发绩效存在倒 U 形关系”的假设，这一假设就属于典型的非线性假设。在这一假设中，创业者先前创业失败经验与企业的新产品开发绩效之间不再是简单的线性关系。

2.2.2　假设的陈述方式

在研究中，研究者需要陈述假设以说明两个或者更多变量之间的可期待关系。假设的陈述方式主要包括条件式陈述、差异化陈述、统计式陈述和形象化陈述四种类型。

（1）条件式陈述。条件式陈述可以说明两个以上的群体在各种变量下是否有所不同或存在相关性。条件式陈述的表达形式为："如果 A，则 B"。

（2）差异化陈述。差异化陈述的表达形式是："A 不同，B 也不同"或者"A 不同，B 相同"。

这一类假设可分为方向性假设和非方向性假设。方向性假设指出相关或差异的特点，能够比较两个变量或群体是否存在正向、负向或大小关系，如"男生的推理能力比女生强""更多的工作经验，更少的工作满足感"。非方向性的假设仅指出存在相关关系或差异，能够陈述两个变量或群体存在某种关系，但并不明确说明是何种关系，如"男女生在思维能力上存在差异""工作满足感与年龄有关"。

（3）统计式陈述。统计式陈述主要用于统计检验。研究者可以运用统计方法来确认推论关系是否存在。此类假设阐述或定义两个变量之间的明确关系，可被分为零假设和对立假设。

零假设也称虚无假设或空假设。零假设属于中性，不表达研究者对研究结果的预期。零假设通常假设两个变量之间没有任何关系，如"思维能力与性别无关""工作满足感与年龄无关"。

与零假设相反，对立假设陈述在两个变量间存在着某种关系，并根据实际情况同时采用两种表达方式，如"更多的工作经验，更少的工作满足感""更多的工作经验，更多的工作满足感"。

（4）形象化陈述。形象化陈述是将言词转换成因果关系模式，使读者可以想象自变量、中介变量与因变量的关系，如"创业导向在创业失败经验与新产品开发绩效间起部分中介作用"（于晓宇和陶向明，2015）。

2.2.3 "好假设"的评判标准

一个好的科学研究需要建立在好假设之上。好假设往往能够回答一个非常重要并且以往的研究都没能回答好的问题。对研究者而言，假设是其对研究结果的一种设想，是其对研究问题中变量间关系的一种预期。研究者在提出假设之后，总是期望能够通过收集回来的数据和事实来验证自身预期的正确性。但是，研究者需要认识到，无论假设最后是否得到验证，这项研究工作都富有意义和价值，或者说对管理理论和实践都富有贡献。当然，各种假设的优劣或价值可能不同，研究者可以从以下几个方面对假设进行评判。

首先，一个好假设需要**建立在可靠的理论基础之上**。脱离现有理论体系、依靠拍脑袋想出来的假设，往往都不是一个好假设。假设是对既有理论的延伸和拓展。它的基础是既有理论研究成果，而其目的是扩充理论甚至是发现新理论。我们鼓励研究者在现有的理论基础上提出假设时要有所创新，通过对既有理论的改进或者提出既有理论没有研究过的假设来继承和发展理论。研究者要想提出一个好假设，就要充分地掌握和利用既有的理论研究成果，要能站在巨人的肩膀上思考问题。

其次，一个好假设应尽可能**清晰和明确地说明变量之间的关系**。假设是关于变量与变量之间关系的陈述，可以被用来解释某个现象。在假设中，因变量就是这种现象，而自变量通常是导致这个现象的原因。如果一个假设无法清晰界定变量与变量之间的关系，那么这个假设便不可能得出有意义的结论。所以，一个好假设既要能够清楚说明变量之间存在关系，还要交代清楚变量之间存在怎样的关系（关系的方向、作用机制及作用边界）。一个好假设应该使读者一眼就能看出假设中谁是自变量、谁是因变量以及作者想要验证怎样的关系，使读者脑海中勾画出变量之间的关系图。

再次，一个好假设应做到**简明扼要**。许多经典的研究往往能做到假设简单，表述清晰、简明、准确。但研究新手经常会走入这样一个误区，即在研究假设中陈述很多自变量对因变量的影响。随着自变量的增多，这些变量之间的关系就变得越来越复杂，这将导致研究者难以对因变量的变化做出合理的预测。例如，有研究者想研究管理者背景特征和公司绩效之间的关系。但是他也意识到，组织结构、公司治理、企业文化、外部环境等因素都和公司绩效有关。如果他把这些因素都加入假设中，那结果可想而知。他的假设一定变得非常庞杂，导致读者觉得这个研究缺乏重点。因此，研究者要明白，好假设不必穷尽所有的因素。任何试图把太多变量囊括在内的假设都可能会造成适得其反的效果。

当然，一个好假设必须是**可证伪**的。假设的可证伪性是指，一个假设应该能够被数据证明是正确的还是错误的。如果假设所预测的关系无法被证实或者证伪，那么这种假设也不可能为理论发展做出贡献。我们认为，假设的可证伪性是一个好假设的必要条件。因此，在提出假设时，研究者要对其中涉及的概念进行清晰的界定，对相关变量的度量技术和方法、数据的收集和分析方法做到心中有数，否则难以提出可证伪的假设。

最后，一个好假设还应该是**有趣**的。相信做过研究的人都有这样的体会：即使不看这篇文章，我也知道这个结果，原因是这个研究提出的假设实在太显而易见了。比如说“审计工作时间越长，审计师收费越高”的假设就属于这一类。还有的时候，我们在看一篇文章时，可能会产生这样的感觉：不读这篇文章，我真想不到事情会是这样；但是读了之后我会感慨，为什么我就想不到呢？这篇文章说得太有道理了！大多数好的文章都属于这一类研究。我们之所以把“有趣”作为评判假设优劣的标准之一，就是希望鼓励研究者多做“意料之外，却又在情理之中”的研究，而少写“显而易见”的文章。

此外，我们在教学过程中发现，很多研究新手往往认为有些假设非常“显而易见”，因此忽视了这些“显而易见”假设的背后隐含着研究情景的复杂性，及研究者将抽象复杂变为“显而易见”所做出的努力。

2.2.4　假设提出的过程

假设提出的过程包括确定研究变量、变量定义、逻辑推理、形成假设等步骤。

1. 确定研究变量

假设是对所要研究的变量之间关系的一种假定性描述。因此，研究者在提出假设前必须明确研究变量，例如因变量、自变量、调节变量和控制变量等。

因变量是假设中被预测的变量，是随着自变量变化而变化的变量。因变量是研究者要观察的现象、要研究的事物，同时也是研究者观察的起点。因此，在科学研究中，研究者首先应明确因变量。

其次要明确自变量。自变量是假设中引起现象变化的变量，是研究中的独立变量。自变量不受其他因素所影响，是研究的重点。

此外，在研究中，自变量和因变量之间的关系通常并非一成不变。因此，研究者需要设计调节变量，以更加准确地把握变量之间的关系。

最后，研究者对于不感兴趣但又可能会对因变量产生影响的因素，例如控制变量，也要有清晰的界定。如果研究者忽略了重要的控制变量，这可能会干扰资料的搜集和分析，最终会影响结论的效度和信度。

2. 变量定义

在确定研究变量的基础上，研究者需要清晰界定变量并确定其测量指标，即对变量进行抽象定义和操作定义。

抽象定义（abstract definition）是指对研究变量共同本质的概括。

操作定义（operational definition）是指变量的较精确与不含糊定义，并将其以操作的方式表示，以表明变量是能被觉察和测量的。从本质上讲，变量的操作定义就是关于用什么方法测量以及如何测量变量的描述。

操作定义不仅是为了满足交流的需要，同时也是为了满足研究和测量变量的需要。

3. 逻辑推理

在确定研究变量并完成操作定义之后，研究者需要对变量之间的关系进行逻辑推理。所谓**逻辑推理**，是指研究者**借助既有理论和文献对假设中所描述的变量关系进行解释**。在提供解释和理由时，研究者可以从两个方面着手。

首先，解释为什么两个变量之间具有所预测的关系。这需要研究者诉诸每个变量的内涵以及变量之间的逻辑联系或者因果关系。除此之外，研究者还需要考虑变量之间是否存在其他的**替代性解释**（alternative explanation）。因此，在逻辑推理的过程中，研究者需要清楚地解释为什么两个变量是以某种特定的方式（而不是其他方式）发生联系。换句话说，研究者需要考虑其他可能存在的假设，思考为什么其他假设不合理，进而排除其他假设或者解释。

其次，研究者不能让假设之间相互孤立，而是要将所有假设联系起来。正是多个研究假设之间的联系构成了理论的核心。

4. 形成假设

研究者需要经过严密的逻辑推理，提出有关变量之间的具体关系，形成研究假设。因果关系对于理论的建立至关重要。研究者要想把自变量与因变量之间的关系描述上升到理论阶段，就需要认真考虑自变量为什么影响了因变量，尽可能提出包含因果关系的假设，而不仅限于描述变量之间的相关关系。

小诀窍

假设的建立过程其实也是理论的探索过程。理论最初始于研究者对现实问题的思考。研究者在思考过程中会不断浮现疑难困惑，并探寻这些疑难困惑的解决路径。“假设”由此产生，并求得证明。

研究者的每一轮思考可以大致分为四步：①感觉疑难；②辨识疑难；③提出假设；④推理论证。理论探索过程如图 2-5 所示。

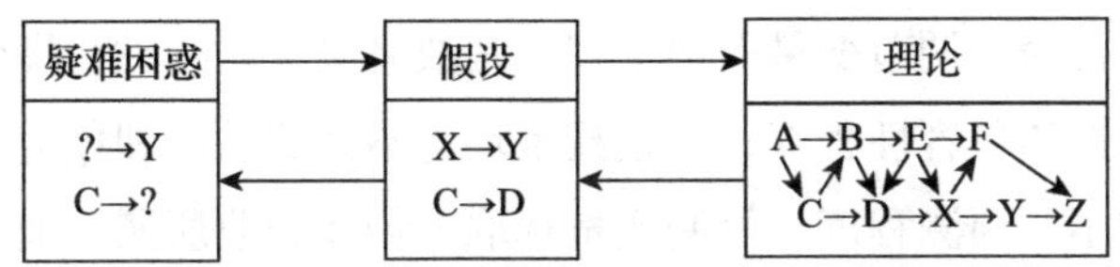

图 2-5　理论探索过程（假设建立过程）

图 2-5 显示了研究者的理论探索过程。研究者常常思考两类问题：现象 Y 是由什么因素引起的？因素 C 会引起什么后果？随后，人们针对相关的疑难问题提出猜测性的解释，例如 Y 是由 X 引起的，C 影响了 D 等。这些解释的提出即为假设。假设一旦得到证实，便可充实理论框架。若干假设关联的集合便综合形成某种理论，而形成的理论又可以作为提出假设的依据，帮助人们发现疑难困惑。

假设的提出并不意味着理论推理工作的结束。事实上，整个研究过程涉及反复的演绎和归纳，即便是假设检验的过程也是如此。当我们在实际研究过程中遇到实证检验结果不支持最初的假设时，我们就需要反思之前的假设推理是否合理？是否只考虑了一种理论解释，而忽略了其他可能的理论解释？因此，研究者需要在假设推理和实证结果之间反复思考与修正，尽可能向读者阐述一个有说服力的理论解释。

当然，研究新手在根据实证结果对原假设进行精练时，需要保持相当谨慎的态度并恪守学术道德。关于这方面的内容，读者可以参看《组织管理研究》（*Management and Organization Review*）第 7 卷第 3 期上的文章《以后假设为先假设：伦理与理论问题》(梁觉著，魏昕译)。

2.2.5　示例与解读

在了解假设的概念、类型、陈述方式、评判标准以及假设提出的步骤之后，我们以于晓宇和蔡莉（2013）发表在《管理科学学报》上的论文《失败学习行为、战略决策与创业企业创新绩效》为例，向大家展示假设提出的过程。

1. 确定研究变量及变量定义

作者以若干问题开篇："从失败中学习是否有助于提高创业企业绩效？创业企业的失败学习行为何时影响创业企业创新绩效？创业企业'粗犷式'的决策方式是否损害创业企业从失败情景中学习的价值？"与过往关注创新绩效的研究不同，作者认为，"多数创新都以失败告终，然而创新过程中的失败情景并不总是'坏事'，很多创新的失败都孕育了随后成功的种子；但是，创新成功并非失败的必然产物，而是取决于创业企业是否可以从失败情景中有效学习"。作者基于信息处理理论和经验学习理论，就失败学习行为与创新绩效的关系进行了探索。

该研究的因变量为创业企业创新绩效，即创业企业与主要竞争对手相比的成功程度。自变量是失败学习行为，即组织打破旧行为模式，建立新行为模式的过程，包括个体失败学习行为和组织失败学习行为。调节变量有两个：一是战略决策周密性，即创业团队在制定并权衡战略决策时的全面性和包容性程度；二是技术环境不确定性，即创业企业主营业务所在行业的技术更新速度和不可预测程度。控制变量选取了创业企业所属产业、企业规模、企业年龄、研发投入占销售收入比例以及创业导向 5 个变量。

2. 逻辑推理

基于经验学习理论角度，作者认为个体对旧知识的忘却以及对新知识的重学，有利于个体创新知识的学习。于是，作者提出假设 H1，认为创业企业的个体失败学习行为对其创新绩效有正向影响（见图 2-6）。

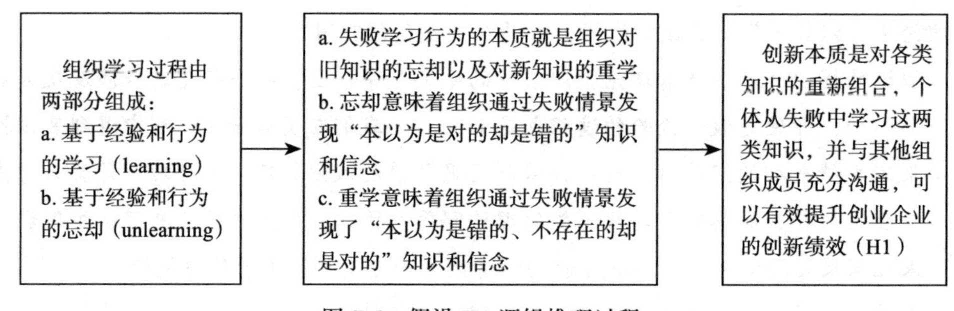

图 2-6 假设 H1 逻辑推理过程

在假设 H1 的基础上，作者认为组织本身不具有学习能力，但是可以通过组织内的个体进行创新知识的学习。此外，作者还认为失败学习行为具有自我修正、自我调整的本质特征。据此，作者提出假设 H2，即创业企业的组织失败学习行为对其创新绩效有正向影响（见图 2-7）。

在假设 H1 和假设 H2 的基础上，作者思考个体作为组织中的一员，其学习行为与组织的学习行为也应该是密不可分的。组织失败学习行为水平较高时，个体失败学习行为对创新绩效的作用效果如何呢？组织失败学习行为水平较低时，个体失败学习行为对创新绩效的作用又会有何影响呢？通过对理论和相关文献的分析，作者提出假设 H3，即创业企业的组织失败学习行为与个体失败学习行为对创新绩效有负向的交互影响（见图 2-8）。

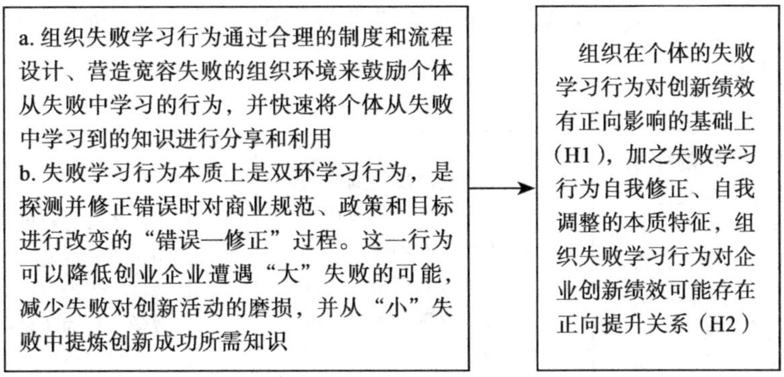

a. 组织失败学习行为通过合理的制度和流程设计、营造宽容失败的组织环境来鼓励个体从失败中学习的行为，并快速将个体从失败中学习到的知识进行分享和利用
b. 失败学习行为本质上是双环学习行为，是探测并修正错误时对商业规范、政策和目标进行改变的“错误—修正”过程。这一行为可以降低创业企业遭遇“大”失败的可能，减少失败对创新活动的磨损，并从“小”失败中提炼创新成功所需知识

→

组织在个体的失败学习行为对创新绩效有正向影响的基础上（H1），加之失败学习行为自我修正、自我调整的本质特征，组织失败学习行为对企业创新绩效可能存在正向提升关系（H2）

图 2-7　假设 H2 逻辑推理过程

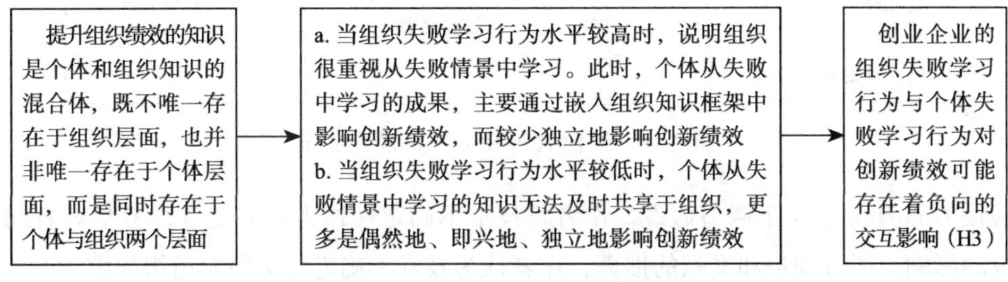

图 2-8　假设 H3 逻辑推理过程

基于信息处理理论的角度，作者认为战略决策周密使得决策者能更深入地关注企业外部环境，同时也会带来更高的成本以及过多的信息。但是从创业企业这一特定对象来看，作者认为战略决策周密所带来的收益是高于成本的，因而作者提出假设 H4，即战略决策周密对创业企业创新绩效有正向影响（见图 2-9）。

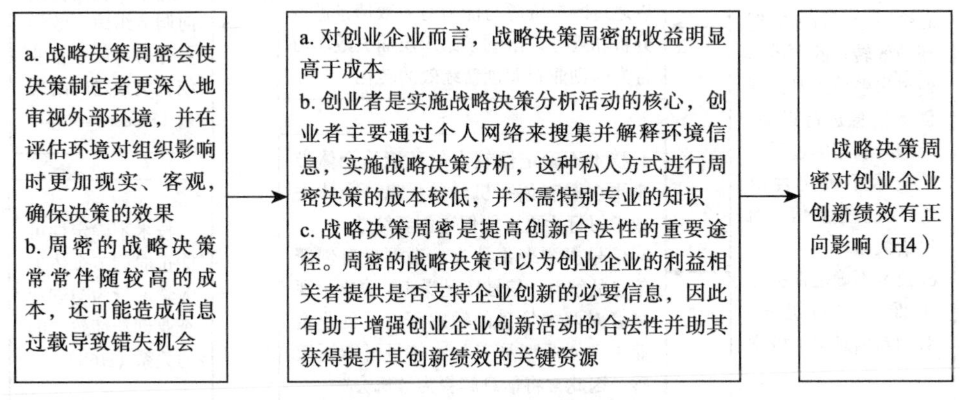

图 2-9　假设 H4 逻辑推理过程

假设 H5a/H5b 属于调节假设，作者将战略决策周密作为调节变量，考察其对 H1/H2 因果假设的影响。作者通过理论和文献的推理，认为个体失败学习行为和组织失败学习行为对创新绩效的贡献，都受到决策者对失败认知的影响，即决策者战略决策周密程度的影响。随之，作者提出 H5a 和 H5b，分别是“战略决策周密正向调节组织失败学习行为与创业企业

创新绩效之间的关系”“战略决策周密正向调节个体失败学习行为与创业企业创新绩效之间的关系”(见图 2-10)。

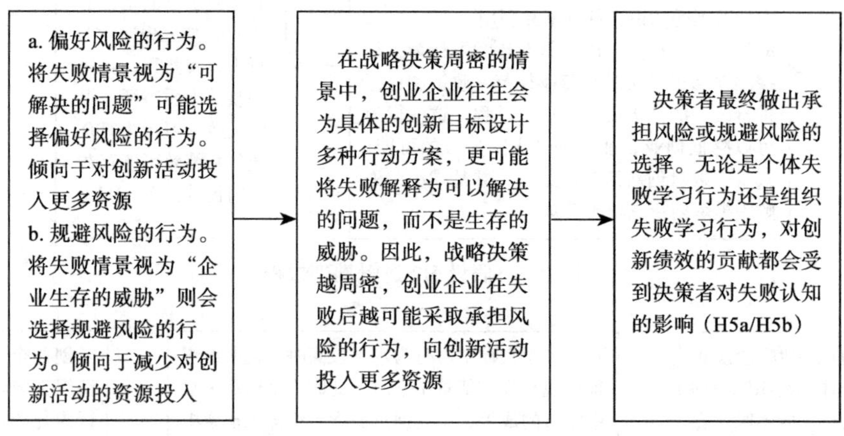

图 2-10 假设 H5a/H5b 逻辑推理过程

假设 H6a/H6b 也属于调节假设，作者将技术不确定性作为调节变量，考察对 H1/H2 因果假设的影响。通过理论和文献的推理，作者认为技术不确定性会限制组织失败学习行为向创业企业创新绩效的转化，进而提出假设 H6a，即技术不确定性负向调节组织失败学习行为与创业企业创新绩效之间的关系。此外，作者认为个体失败学习行为更可能促进创新绩效，进而提出假设 H6b，即技术不确定性正向调节个体失败学习行为与创业企业创新绩效之间的关系（见图 2-11）。

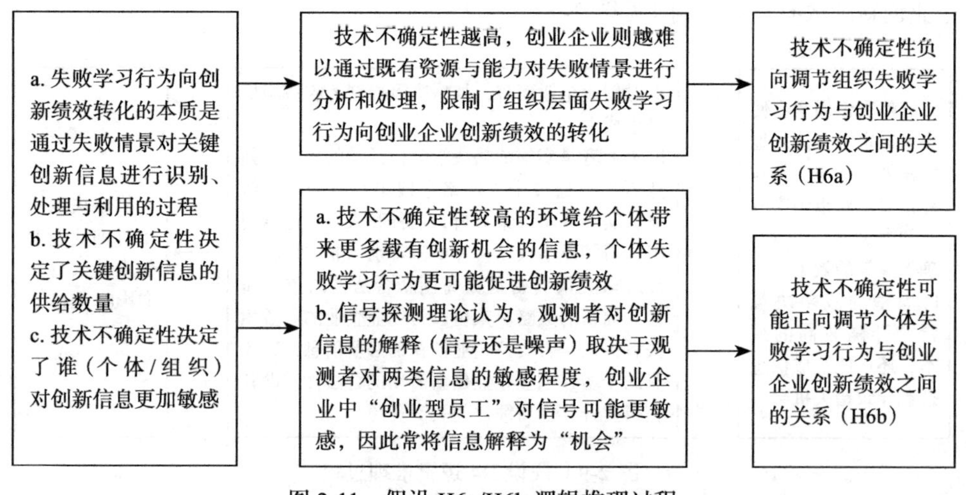

图 2-11 假设 H6a/H6b 逻辑推理过程

以上假设逻辑推理过程向大家展示了研究者借助既有理论和文献对假设中所描述的变量之间的关系进行解释的过程，并且在逻辑分析过程中自然而然地提出自己的假设。基于以上逻辑推理，作者构建了如图 2-12 所示的理论模型。

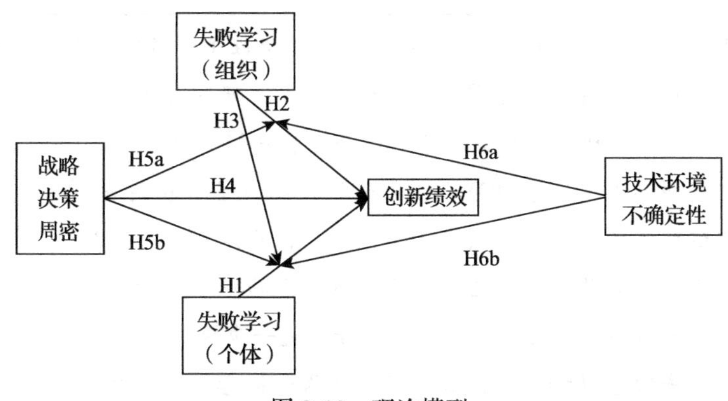

图 2-12 理论模型

3. 形成假设

假设 H1：创业企业的个体失败学习行为对其创新绩效有正向影响。

假设 H2：创业企业的组织失败学习行为对其创新绩效有正向影响。

假设 H3：创业企业的组织失败学习行为与个体失败学习行为对创新绩效有负向的交互影响。

假设 H4：战略决策周密对创业企业创新绩效有正向影响。

假设 H5a：战略决策周密正向调节组织失败学习行为与创业企业创新绩效之间的关系。

假设 H5b：战略决策周密正向调节个体失败学习行为与创业企业创新绩效之间的关系。

假设 H6a：技术不确定性负向调节组织失败学习行为与创业企业创新绩效之间的关系。

假设 H6b：技术不确定性正向调节个体失败学习行为与创业企业创新绩效之间的关系。

2.3 发表历程与体会

在研究过程中，假设的提出离不开理论的支持，理论的充实和完善也得益于假设的检验。为了更好地使读者理解上述假设的内在逻辑性，特附上该文投稿过程中两轮审稿意见（节选），供读者参考。

第一轮审稿意见（节选）

论文研究的是从失败中学习、战略决策周密、技术环境不确定性和创业企业创新绩效之间的关系，研究具有一定的理论意义和实践价值，在模型设计、假设推导和结果讨论等部分存在一些亟待改进的问题。

a. 关于失败中学习问题。论文将失败界定为在创建或管理企业过程中，创业企业未达成目标的阶段性情景或事实。这一界定有助于真实刻画创业情境，但在研究设计上有待改进之处。

第一，既然失败是一个阶段性事实或情境，那么可能是一个相当复杂的现象，比如可预测性高低（可预测失败或意外性失败）、复杂性（局部失败或系统失败），不能笼统地说是失败现象，好的研究需要情境化，那么，研究关注的是哪一类失败现象？需要对于研究情境更好地选择理论构念，进而开展更好的测量。

第二，进一步与构念测量相联系，尽管研究指出了量表测量（失败学习）的理论依据，但似乎这些测量方式与失败本身关系不大，而是一种企业的学习方式，或者说是经验学习方式，尤其是体现在组织层面失败学习的量表测量。感觉理论和测量有些脱节。这些问题有必要在引言和理论设计部分做进一步说明。

b. 关于组织失败学习和个体失败学习。这两个构念的提出有一定的新意，但需要将其情境化。一方面，针对创业企业而言，组织和个体的关系也许不同于大企业，因为其内部科层制并不是那么完善，并没有形成管理系统；另一方面，两者可能存在内在的交互关系，个体有很好的失败经验学习，但并没有反映到组织层面。在研究中，增加两者交互效应对于创新的影响，可能会更加有趣。建议研究可以围绕这一点进一步深化。

c. 关于假设推导。在主效应假设中，逻辑线条不是特别清晰，并不能笼统地推导假设，然后直接将个体和组织层面的失败学习罗列。这样做，可能将组织和个体失败学习视为失败学习的两个要素，但在理论和现实中，可能并非如此。因此，需要进一步细化，与组织失败学习相比较，个体失败学习可能通过不同的路径和条件去影响组织创新。这一点，请予以重视。

d. 关于研究结果和讨论。研究并没有将结果与已有研究文献相联系，在这方面有待进一步加强。与已有研究文献相比，你的研究有什么独到的发现？哪些体现了创业企业的特点？哪些又可能体现了中国的特点？这些不同对于未来研究有什么启示和建议？明确这些问题有助于进一步提炼研究的理论贡献和创新点。

e. 在文字上，有一些小错误（如，11 页表 5 的表头书写有误），另外，针对一些构念的翻译，可能需要进一步修饰。战略决策周密，在中文体系中，似乎很难理解，也不一定反映出了原意。

目前论文还是有较大的不足，主要是研究模型的构建不严谨。从失败学习的角度分析创新绩效是比较有创意的思路，但将战略周密决策加入模型的理论依据是什么？这在论文中并没有进行详细的说明。学习涉及组织（从测量来看是公司层面）与个体两个层面，战略决策周密侧重于团队层面。不同层面的关系一直没有说清楚。并且从理论上讲，失败学习与战略决策周密是存在一定的逻辑关系的，因为它们不仅存在时间的次序关系——学习在前，决策周密在后，而且是有因果关系的。所以论文将战略决策周密作为一个调节变量，在理论上说不通。

建议作者重新思考理论模型的构建，并且在撰写过程中尽可能地简化统计处理的结果描述，有些结果不必用表格列示。

第二轮审稿意见（节选）

a. 本次修改增加了个体失败学习和组织失败学习交互作用的影响，很有趣。从假设推导和实证结果上看，个体失败学习和组织失败学习之间似乎是相互替代而不是相互补充的关系，因为在缺乏组织失败学习的条件下，个体失败学习就起到更大作用，反之亦然。这个发现有些独特性，有关组织学习的文献认为学习是个体–组织互动的结果。建议讨论部分进一步在理论上阐述为什么结果会是相互替代而不是相互补充的关系，以及对已有组织学习文献而言，这个发现有什么理论启示。

b. 个体失败学习或组织失败学习的测量方式可能存在改进之处。例如，在实地调研中，可能需要受访者回忆某个失败情境，再根据实际情况填写问项，或者是找寻有过相似、明确失败经历的受访者来填写问卷。建议作者在局限性与未来研究启示部分强调这一点——如何更加科学、真实地反映失败学习是未来研究的重要努力方向。

c. 论文有一些小的语法错误。例如，表 7 模型 6 中“应该是 SC 该是一、而不是 SC 不是一”，请予以核查、修正。

由上述审稿意见可以看出，理论框架的构建和假设提出并不是一蹴而就的，它既来源于研究者不断地观察和思考，也来自同行、评审专家的交流和沟通。在理论框架构建的过程中，研究者要考虑所运用理论的实践性和说服力。在假设提出的过程中，研究者要注意相关变量定义的合理性以及假设推导过程的严谨性。当然，论文撰写过程中相关的格式和书写问题也应当引起研究者的重视。

不同研究问题所涉及的理论框架和假设推导的过程各不相同。为了使读者对这部分内容有更深入的理解和体会，我们还建议读者阅读于晓宇（2013）发表在《管理科学》上的论文《网络能力、技术能力、制度环境与国际创业绩效》。下面仅附上该文的研究假设和审稿意见，供读者学习参考。

研究假设

作者整合资源基础理论和国际创业理论，研究了技术能力、网络能力和制度环境对国际创业绩效的作用。文章提出了如下 7 个研究假设。

假设 H1：技术能力对新创企业的国际创业绩效有正向影响。

假设 H2：母国的制度环境越完善，新创企业的国际创业绩效越好。

假设 H3：制度环境对技术能力与国际创业绩效的关系起正向调节作用。

假设 H4：网络能力对新创企业的国际创业绩效有正向影响。

假设 H5：技术能力在新创企业网络能力与国际创业绩效之间发挥中介作用。

假设 H6：网络能力对技术能力与国际创业绩效的关系有正向调节作用。

假设 H7：网络能力对制度环境与国际创业绩效的关系有正向调节作用。

理论模型如图 2-13 所示。

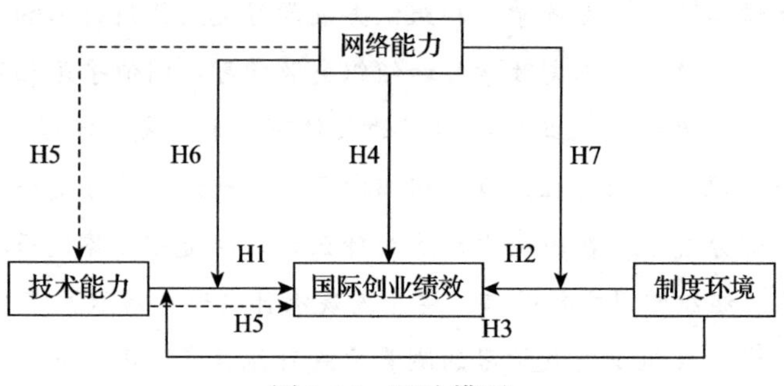

图 2-13 理论模型

审稿意见展示（节选）

突出的特点：论文整合制度理论与资源基础理论探讨国际创业绩效的决定因素，具有一定的理论价值与现实意义，行文也较规范。

突出的缺陷：论文选题较好，但是在论述变量之间的关系时，假设推导过程的逻辑性还不够严密。尤其是网络能力的主效应及调节效应的假设推导过程还有待补充完善。

另外，“网络能力对国际创业绩效没有显著影响”，该研究结论请作者结合理论论述与思考统计分析后再做出。

具体修改意见如下。

a. 论文在假设推导过程方面还需要更详细的论述，使得推导逻辑性更强。尤其是在提出网络能力的调节效应时，作者仅仅用了简短的几句话来论述，过于简单了，建议补充完善。

b. 论文在提出 H2，即在论述制度环境与国际企业绩效的影响时，只是简单地提出“母国制度环境对国际创业绩效有正向影响”还不够具体，并且在该假设的推导过程中也缺少一个明显的理论逻辑。建议可以用类同“母国制度环境越完善，国际企业绩效越好”的句子来表述。

c. 论文提出 H4“网络能力对新创企业的国际创业绩效有正向影响”，却没有得到支持。请作者对此进行充分的讨论。为什么没有得到支持呢？按理来说，网络能力对创业绩效具有显著的正向影响，这点也得到了许多创业学者的验证。为什么在作者开展的转型经济国家内的国际创业企业的研究中没有得到验证呢？作者只是简单地提到一点“关系能力聚焦于从母国获取资源”似乎有些欠妥，因为读者同样可以这样思考：网络能力强，国际新创企业为什么不能通过与外国合作伙伴建立网络关系来获取资源呢？

此外，从相关分析表格可以看出，网络能力与国际绩效呈现显著的正相关关系（系数为 0.348，P 也小于 0.01），怎么解释回归系数不显著呢？考虑到网络能力与技术能力的高度相关性（系数高达 0.545），网络能力与制度环境之间也是高度相关的（系数高达 0.504），是否变量之间的共线性造成了表 6 中模型 2 中网络能力的回归系数不显著，并且回归系数值还为负值呢？建议作者单独将控制变量以及网络能力放入回归方程中构建一个模型分析，估计此时网络能力对国际创业绩效的回归系数可能是正值并且是显著的。

如果分析结果果真如此，那么网络能力、技术能力（抑或制度环境）、国际创业绩效之间可能存在中介效应。因此，仅仅从统计分析的角度来看，作者也不能轻易得到 H4 不能受到支持的结论。另外，再从统计分析结果来看，表 6 中网络能力的调节效应都不显著，自身的主效应也不显著，这说明很有可能网络能力对国际创业绩效的作用是通过技术能力来起作用的。基于以上理论，建议作者重新思考理论框架，对理论框架的逻辑性多加推敲。

d. 创业导向量表参考自文献还是自行开发的？请交代清楚。

e. 请作者在论文的最后一部分就本论文的理论贡献及实践启示进行更为详细的深入讨论，并适当地指出论文局限性及未来可以深入研究的方向。

f. 基金项目第 3 项缺少项目编号，请补充。

g. 表 2 ～表 5 中公共因子下面的 1、1 ～ 4、1 ～ 3、1 是什么意思？

h. 5.1 第 1 自然段文字写“模型 4 至模型 6”，而这部分只有 5 个模型，请核实。在模型后面逐个交代 α 和 β 的含义。

i. 5.2 中又出现了模型 1 ～模型 5，如与 5.1 中不是同一模型，请用不同的模型编号。α 和 β 的含义如与 5.1 中的不符，请换其他符号表示。

j. 图 2 和图 3 请用 Word 绘图工具重新绘制。

k. 补充中文文献，不少于参考文献总数的三分之一。

小结

本章由上海大学于晓宇教授和娄祝坤副教授共同撰写。理论框架和研究假设是一篇标准学术论文的重要组成部分，也是最彰显研究者学术功底的内容之一。本章利用两个小节向读者介绍了理论框架构建和研究假设提出的相关内容。在理论框架构建部分，我们介绍了理论的概念、理论框架的内涵与表现形式、理论框架构建的基本思路和方法，并以两篇论文为例向读者详细展示了理论框架构建的过程。在研究假设提出部分，我们介绍了研究假设的概念、类型、陈述方式、评判标准以及假设提出的步骤，并以发表在国内权威期刊上的论文为例向读者详细展示了假设提出的过程。当然，这部分内容的学习仅仅只是开始，要想构建一个相对完善的理论框架并提出好的研究假设，需要研究者在学术实践中不断学习与领悟。

娄祝坤副教授的研究方向为管理会计、公司财务与企业创新。主持国家自然科学基金面上及青年等多项国家级、省部级课题；在 *Journal of Business Research*、*Finance Research Letters*、*International Review of Economics and Finance*、*International Journal of Emerging Markets*、《中国会计评论》《科研管理》《系统管理学报》等期刊发表中英文论文20余篇；聚焦中国上市公司会计与财务问题开发多篇案例，并入选中国工商管理国际案例库；获上海大学“蔡冠深优秀青年教师”奖。

参考文献

[1] BACHARACH S B. Organizational theories: some criteria for evaluation[J]. Academy of management review, 1989, 14(4):496-515.

[2] BALBONI B , MARCHI G, VIGNOLA M. Knowledge transfer in the context of buyer-supplier relationship: an analysis of a supplier’s customer portfolio[J]. Journal of business research, 2017, 80: 277-287.

[3] DEKKER H C. Control of inter-organizational relationships: evidence on appropriation concerns and coordination requirements [J]. Accounting, organizations and society, 2004, 29(1): 27-49.

[4] DING R, DEKKER H C, GROOT T. Risk, partner selection and contractual control in interfirm relationships[J]. Management accounting research, 2013, 24(2): 140-155.

[5] DUBIN R. Theory building in applied areas[M]. Chicago: Rand McNally College Publishing Company, 1976.

[6] GRANOVETTER M. Economic action and social structure: the problem of embeddedness[J]. American journal of sociology, 1985, 91(3): 481-510.

[7] KANG M, WU X, HONG P, et al. Aligning organizational control practices with competitive outsourcing performance[J]. Journal of business research, 2012, 65(8): 1195-1201.

[8] LOU Z, YE A, MAO J, et al. Supplier selection, control mechanisms, and firm innovation: configuration analysis based on fsQCA[J]. Journal of business research,2022, 139: 81-89.

[9] MCBURNEY D H, WHITE T L. Research methods[M]. Belmont, CA: Wadsworth Cengage Learning, 2009.

[10] MERTON R K. Social theory and social structure[M]. New York: Free Press, 1968.

[11] TSOU H T, CHENG C C, HSU H Y. Selecting business partner for service delivery co-innovation and competitive advantage[J]. Management decision, 2015, 53(9): 2107-2134.

[12] WHETTEN D A. What constitute a theoretical contribution[J]. Academy of management review, 1989, 14(4): 490-495.

[13] ZAJAC E J, OLSEN C P. From transaction cost to transactional value analysis: implications for the study of interorganizational strategies[J]. Journal of management studies, 1993, 30(1):131-145.

[14] ZHANG Q, ZHOU K Z. Governing interfirm knowledge transfer in the Chinese market: the interplay of formal and informal mechanisms[J]. Industrial marketing management, 2013, 42(5): 783-791.

[15] RAYMOND T S, KYLE J M. From the editors publishing in AMJ: part 4: grounding hypotheses[J]. Academy of management journal,2011, 54(6):1098-1102.

[16] COLQUITT J A, GEORGE G. From the editors publishing in AMJ: part 1: topic

choice [J]. Academy of management journal, 2011, 54(3): 432-435.

[17] BONO J E, MCNAMARA G. Publishing in AMJ: part 2: research design[J]. Academy of management journal, 2011, 54(4): 657-660.

[18] GRANT A M, POLLOCK T G. From the editors publishing in AMJ: part 3: setting the hook[J]. Academy of management journal, 2011, 54(5): 873-879.

[19] SPARROWE R T, MAYER K J. Publishing in AMJ: part 4: grounding hypotheses[J]. Academy of management journal, 2011, 54(6): 1098-1102.

[20] ZHANG Y, SHAW, J D. From the editors publishing in AMJ: part 5: crafting the methods and results[J]. Academy of management journal, 2012, 55(1): 8-12.

[21] GELETKANYCZ M, TEPPER B J. Publishing in AMJ: part 6: discussing the implications[J]. Academy of management journal, 2012, 55(2): 256-260.

[22] 陈晓萍，沈伟．组织与管理研究的实证方法 [M].3 版．北京：北京大学出版社，2018.

[23] 陈昭全，张志学，惠滕．管理研究中的理论建构 [M] // 陈晓萍，徐淑英，樊景立．组织与管理研究的实证方法．2 版．北京：北京大学出版社，2012.

[24] 杜尚哲，加雷特，李东红．战略联盟 [M]. 北京：中国人民大学出版社，2006.

[25] 李怀祖．管理研究方法论 [M].3 版．西安：西安交通大学出版社，2017.

[26] 梁觉．以后假设为先假设：伦理与理论问题 [J]. 组织管理研究，2011，7（3）：85-94.

[27] 刘军．管理研究方法：原理与应用 [M]. 北京：中国人民大学出版社，2008.

[28] 陆亚东．中国管理学理论研究的窘境与未来 [J]. 外国经济与管理，2015，37（3）：3-15.

[29] 罗胜强，姜嬿．管理学问卷调查研究方法 [M]. 重庆：重庆大学出版社，2014.

[30] 马君，赵红丹．任务意义与奖励对创造力的影响：创造力角色认同的中介作用与心理框架的调节作用 [J]. 南开管理评论，2015，18（6）：46-59.

[31] 西宝．管理科学研究方法 [M]. 北京：高等教育出版社，2008.

[32] 杨隽萍，于晓宇，陶向明，等．社会网络、先前经验与创业风险识别 [J]. 管理科学学报，2017，20（5）：35-50.

[33] 于晓宇，蔡莉．失败学习行为、战略决策与创业企业创新绩效 [J]. 管理科学学报，2013，16（12）：37-56.

[34] 于晓宇，陶向明．创业失败经验与新产品开发绩效的倒 U 形关系：创业导向的多重中介作用 [J]. 管理科学，2015，28（5）：1-14.

[35] 于晓宇．网络能力、技术能力、制度环境与国际创业绩效 [J]. 管理科学，2013，26（2）：13-27.

[36] 赵红丹．强扭的瓜到底甜不甜？：员工感知到的强制性组织公民行为对工作绩效的影响 [J]. 经济与管理研究，2014（11）：71-79.

[37] 周雪光．组织社会学十讲 [M]. 北京：社会科学文献出版社，2003.

第 2 部分　管理研究中的常用方法及操作实例

第3章

测量量表、问卷设计及调研实施

习近平总书记强调："调查研究是谋事之基、成事之道。没有调查，就没有发言权，更没有决策权。"开展管理学研究，要进行全面深入的调查研究。问卷调查法是管理学研究中较为常用的调查研究方法之一。问卷调查成本低廉，可以快速、有效地收集研究所需数据，为众多研究人员采用。在使用这种方法时，问卷质量的好坏会直接影响调查数据的真实性、有效性，影响问卷的回收率，进而影响整个调查的质量。因此，问卷在设计时必须考虑周全，一旦发出，就很难进行更改和补救。本章将就问卷中测量的信度效度分析、量表设计、问卷设计、问卷发放与收集等问题进行阐述。

3.1 构念与测量

管理学研究是用抽象的理论来解释管理现象，管理学的理论和假设在于讨论构念之间的关系。构念是研究学者为做研究而构造出来的概念，是对管理现象高度精确的概括，例如组织间信任、战略导向、知识转移等。这些构念本身是抽象的、潜在的、不可直接观察的，于是需要通过测量将抽象的构念量化并形成数据，通过统计技术来检验构念之间的关系，从而验证或推翻理论假设。这是进行管理学实证研究的基本思路，是管理学理论创新的重要过程。

测量是研究者根据一定的规则，用数量的方式描述研究对象所具备的某种特征或行为。测量的目的在于根据研究者对理论构念的理解和定义将抽象的概念具体化，找到合适的指标，从而对这些构念所代表的现象进行科学的描述、解释或预测，也就是构念操纵化的过程。由于构念本身是抽象的，所以我们对管理现象的测量并不是直接的，而是通过与之相连的指标体系加以推论，这些测量指标都是可观察的行为或特征，是可测量的。例如，制造商对分销商的组织间信任（interorganizational trust）是一个构念，学者们在研究中可将其界定为"制造商相信其分销商具备可信度和仁爱心，相信对方愿意诚实地合作，真诚地关心双方利益，不会采取投机行为损害自身利益”，于是我们可以在问卷调研中询问制造商领导者或者组织间边界人员（如销售经理）对下列陈述与实际情况的符合程度：

	完全不符合				完全符合
我们相信该分销商不会做出损害我们利益的事情	1	2	3	4	5

如果选择“5”，表明该制造商对分销商的信任程度较高；若选择“1”，则代表信任度较低。利用该问题来测量目标构念，对答案的选择就是“组织间信任”这个构念的一个可测量的指标。

如果制造商问卷填写人的回答是“4”，而事实上，制造商对分销商的信任真实值是“5”，那么观测值与真实值之间存在差异。这种观测值与真实值之间的差异是由测量随机误差引起的。为降低随机误差项的干扰，我们通常会采用多个指标去测量同一个构念，使测量结果更接近于客观事实。例如，刘婷和王震（2016）用下列六个题项（指标）来测量制造商对分销商的组织间信任：

	完全不符合				完全符合
1. 我们相信该分销商在做决策时会考虑我们的利益	1	2	3	4	5
2. 我们相信该分销商不会向我们提出过分的要求	1	2	3	4	5
3. 我们相信该分销商不会做出损害我们利益的事情	1	2	3	4	5
4. 我们相信即使环境发生变化，该分销商也愿意给予我们帮助和支持	1	2	3	4	5
5. 我们相信该分销商不会欺骗我们	1	2	3	4	5
6. 我们相信该分销商在我们遇到困难时愿提供帮助	1	2	3	4	5

由于上述六个题项都是测量制造商对分销商的组织间信任的，因此，通过计算它们的平均值，就有可能减小测量的随机项误差了。于是，上述六个题项组成了测量制造商对分销商组织间信任的量表。量表是一种由多个可观测指标构成的测量工具，这些指标可以通过观测揭示抽象构念的变量水平，并形成一个综合评价。在采用问卷调研方法的研究中，我们对构念的测量主要是应用各种形式的量表。

3.2 信度及效度分析

测量是进行管理学实证研究必不可少的环节，能否准确测量相关构念在很大程度上决定着研究结论的可靠性。为了确保测量的质量，我们需要衡量测量的一致性和有效性，即信度与效度。

3.2.1　信度

信度是指测量工具免受误差影响的程度，即测量结果是否具有一致性和稳定性。

根据真分数理论，任何观测值都是由真分数和随机误差这两部分组成。但是在现实中，误差不仅仅是随机误差，也包括系统误差。我们所说的信度，特指随机误差的部分。信度可以表示为真实值的方差与观测值方差的比值。

$$r_{xx}=S_T^2/S_X^2$$

其中，r_{xx} 表示测量的信度指数，S_T 表示真实值的标准差，S_X 表示观测值的标准差。

在实际操作中，研究者并不知道真实值是多少，所以无法直接计算信度。于是采用一些替代的方法来衡量信度，分别是复本信度、重测信度、内部一致性信度和组合信度。

1. 复本信度

复本信度（alternate-form reliability）是同时开发两份等效但不完全相同的平行量表，被试需同时回答这两份量表，求其相关系数，相关系数越高，该量表信度系数也就越高。复本测验有两种方式：一种在同一时间里连续进行测验，可以判断两次测验内容之间是否等值，用这种方法得到的信度系数被称为等值系数；另一种是间隔一段时间后再进行测试，这种方式不仅可以判断两次测验之间内容的等值状况，而且可以反映出时间因素的影响程度，用这种方法得到的信度系数被称为等值稳定系数。

复本信度需要两个不同的测量复本，需研究者开发两套量表，且复本有非常严格的要求，这在研究上不容易做到。同时，需要被试花更多时间去完成测量，实施起来较困难。

2. 重测信度

在不同的时间点，使用同一个量表对同一组被试进行测试。两次所得测量结果之间的相关系数称为**重测信度**（test-retest reliability）。重测信度考察一个量表在不同时间的稳定性。若构念的真实值在两次测量的这段时间内没有发生改变，则两次测量结果的不同就全部来源于随机误差。在实际操作中，很多构念可能在两个时间点发生了变化，例如前述组织间信任，在两次测量的时间段内分销商若进行了投机行为，会导致制造商的信任降低。若研究者将这种变化归因为随机误差，便会认为测量量表的信度低。因此，重测信度更适合在开发具备稳定特质构念的量表时使用。

3. 内部一致性信度

内容一致性信度（internal consistency reliability）主要用来评估量表内部指标之间的同质性，这种信度在管理学研究中更为常用。由于所有的指标（题项）测量的是相同的构念，因此指标之间越一致，整个量表的随机误差部分也就越小。常用的评价指标是针对李克特量表（Likert scale）开发的 Cronbach's α 系数。

$$\alpha=\frac{k}{k-1}\left(1-\frac{\sum\sigma_i^2}{\sum\sigma_i^2+2\sum\sigma_{ij}}\right)$$

其中，k 是题项数量，σ_i 是第 i 题的标准差，σ_{ij} 是题目 i 与 j 之间的协方差。

Cronbach's α 可以利用 SPSS 软件计算得出（见图 3-1）。下面是一个范例，量表为 Likert7 点量表，包含 KT1 ～ KT4 四个题项，数据由 271 名被试填写问卷获得。具体操作步骤是：第一，在 SPSS 软件中打开数据文件“第四章 sample data”，依次点选“分析”（Analyze）—“度量”（Scale）—“可靠性分析”（Reliability）；第二，将 KT1 ～ KT4 放入“项目”（Items）框中；第三，在“Statistic”选项中，勾选“度量”（Scale）和“如果项已删除则进行度量”（Scale if item deleted）两个选项，单击“继续”和“确定”。

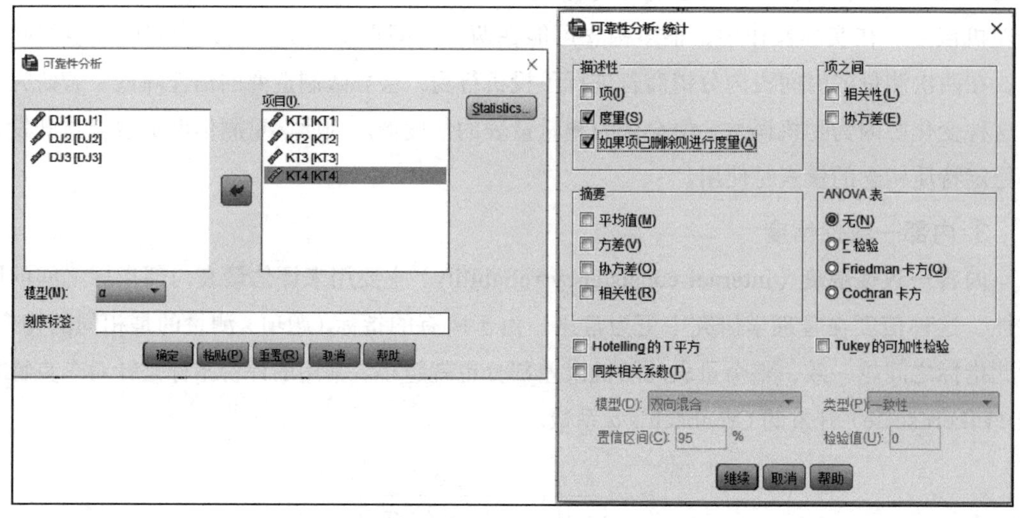

图 3-1　Cronbach's α 在 SPSS 软件中的操作步骤

分析结果如表 3-1 所示。该量表的 Cronbach's α 系数为 0.890，按照 Nunnally（1994）的标准，Cronbach's α 应达到 0.7 以上，说明有较好的信度。另外，还需观察“校正后项目与总分相关性”，应大于 0.4，否则指标应被删除。不过，内部一致性也并非越高越好，需要平衡内容一致性和内容完整性之间的关系。

表 3-1　Cronbach's α 的 SPSS 计算结果输出

可靠性统计

克隆巴赫系数	项数
0.890	4

项目总计统计

	删除项目后的标度平均值	删除项目后的标度方差	校正后项目与总分相关性	项目删除后的克隆巴赫系数
KT1	17.00	8.345	0.742	0.866
KT2	16.90	8.404	0.799	0.844
KT3	16.80	8.636	0.794	0.847
KT4	17.05	8.413	0.710	0.879

4. 组合信度

Cronbach's α 系数有不足之处，其假设潜变量到所有题项的因子负荷值相等，这与现实不符，因此可采用**组合信度**（composite reliability，CR）来评价量表信度。

$$\mathrm{CR}=\frac{\left(\sum_{i=1}^{k}\lambda_i\right)^2}{\left(\sum_{i=1}^{k}\lambda_i\right)^2+\sum_{i=1}^{k}(1-\lambda_i)^2}$$

其中，λ_i 为题项 i 的因子载荷，k 为题项数目。CR $\geqslant$ 0.7 说明具有良好的信度。

3.2.2　效度

效度可以反映测量结果的有效程度，量表是为测量某个构念而开发出来的，通过效度可以确认量表测量题项是否真的可以度量该构念。接下来我们介绍可以作为效度证据的几个重要方面。

1. 内容效度

是否具有良好的**内容效度**（content validity），可以从以下方面来衡量：第一，所测量的题项内容应充分并准确地覆盖想要测量的目标构念。例如，Gundlach 等（1995）研究中提到的关系社会规范（relational social norm）包括团结、交互、灵活、角色整合和冲突协调五个方面，测量就应涵盖这五个方面，缺一不可。第二，测验题项应具有代表性，数量分配应反映所研究的构念中各个成分的重要性比例。比如要测量顾客满意度，认为顾客满意度与产品质量、服务、价格等都有关系。如果问卷准备了 10 道题，而其中的 8 道题都是关于服务的，这显然不具有很好的代表性。第三，问卷的形式和措辞应符合答题者文化背景和用语习惯，应让答题者准确地理解问题所问的内容。

在检验内容效度时，一种常用的方法为专家判断法，即由研究者团队或一组没有参与发展量表的专家就每一个测量指标是否符合被测构念的定义与内涵逐一地进行主观判断，然后对有争议的地方进行讨论，直到达成一致。

此外，也可用定量的方法来检验内容效度，即给一组答题者展示一组构念的定义和所有的测量指标，请他们根据自己的理解把每一个指标放入与其对应的构念中，最后计算每个指标有多少分类是和研究者一致的；也可以直接请答题者对每一个指标可以反映某一构念的程度，用李克特量表进行打分，最后通过统计分析来比较每个指标在每个构念上的得分是否与预期目标一致，得分超过 60% 即表示具有良好的内容效度。

2. 结构效度

结构效度（structural validity）检验的是用测量工具所得到的数据结构是否与我们对构念的预期结构相一致。数据结构可以反映构念是单维还是多维的、包含哪些维度、哪些指标是在测量哪些维度，等等。

因子分析是判别内部结构效度的一个重要工具。因子分析有两种：探索性因子分析和验证性因子分析。

（1）探索性因子分析（exploratory factor analysis）。当研究者不清楚构念的内部结构时，即不清楚具体包含几个潜在的因子，或者虽对量表内部结构有预期，但这些测量题项是自行开发的，无法确定有效性时，都将运用探索性因子分析。该分析主要用因子载荷值（factor loading）来判断，且测量指标应具备单一维度性，每个指标在其中一个维度上的因子载荷越大，其他维度上的因子载荷越小，该测量量表才具有较高的结构效度。因此，通过探索性因子分析，若发现未在任何一个维度上具有较高因子载荷（小于 0.4），或同时在两个以上维度上具有较高交叉载荷（同时在两个维度上大于 0.4）的题项，建议应该被删除。

探索性因子分析采用主成分分析法，可以用 SPSS 软件来进行分析检验。例如，刘婷和刘益（2012）提到渠道伙伴的投机行为可以分成强形式机会主义行为（SO）和弱形式机会主义行为（WO），作者们根据定义和访谈设计了 9 个题项，现需要进行探索性因子分析，具体操作步骤如下（见图 3-2）：第一，在 SPSS 软件中打开数据文件“第 3 章 sample data”，依次点选“分析”(Analyze)—“降维”(Dimension Reduction)—“因子分析”(Factor Analysis)；第二，将需要进行分析的题项放入“变量”（Variables）框中；第三，单击“旋转”(Rotation)，勾选“最大方差法”(Varimax)，单击“选项”(Option)，勾选“取消小系数”（Suppress small coefficients）并设置绝对值小于 0.40（Absolute value below: 0.4），单击“继续”和“确定”。

因子分析特征值及贡献率输出结果如表 3-2 所示。程序抽取了 2 个因子（特征值大于 1），累计解释了总方差的 82.813%。因此，通过探索性因子分析，我们发现渠道伙伴投机行为的确可以抽取出两个因子。

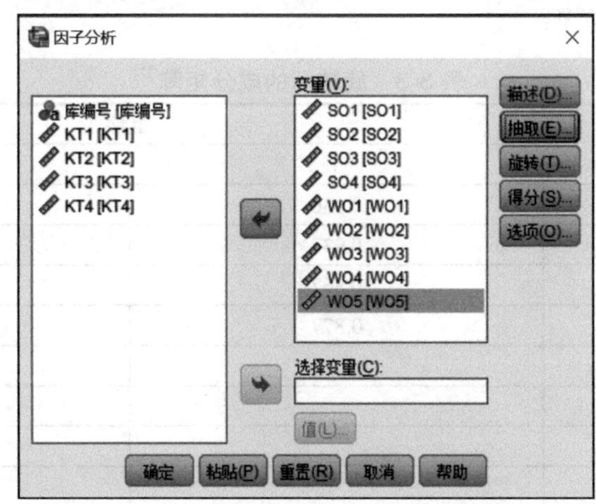

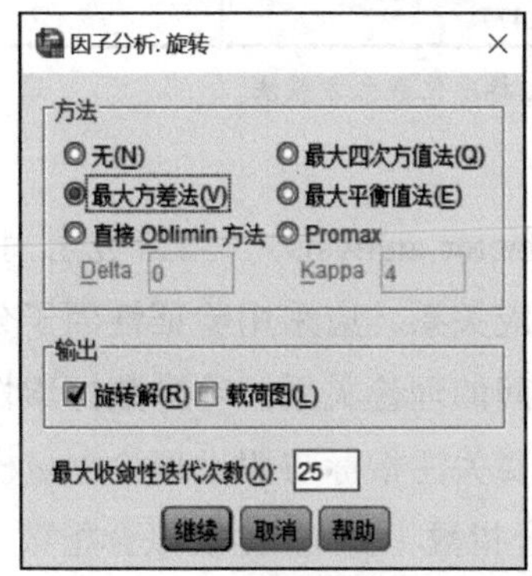

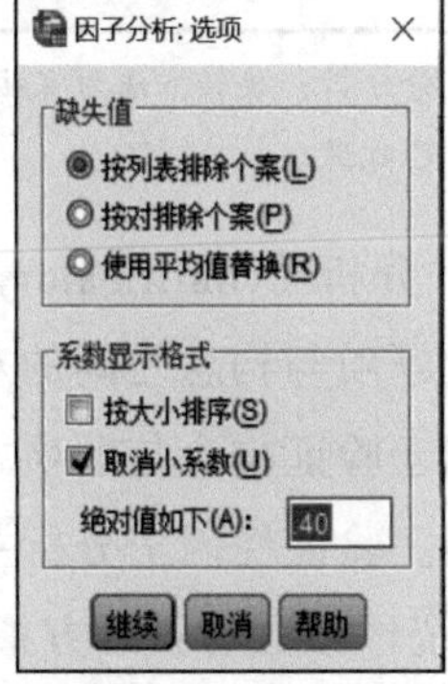

图 3-2　主成分分析在 SPSS 软件中的操作步骤

接下来，根据旋转后的成分矩阵（见表3-3），我们可以看出，SO1 ～ SO4 在因子1上有较高的载荷（均大于0.4），而在因子2上载荷较小（此前设置绝对值小于0.4不显示），根据定义，属于强形式机会主义行为。同样，WO1 ～ WO4 在因子2上有较高载荷，在因子1上载荷较小，属于弱形式机会主义行为。但是，WO5 在因子1和2上有较高的交叉载荷（均大于0.4），从数据结果上看应该被删除。通过探索性分析，强形式机会主义行为和弱形式机会主义行为分别有4个测量题项。

表3-2 主成分特征值、贡献率输出结果

组件	初始特征值			提取载荷平方和			旋转载荷平方和		
	总计	方差百分比	累计（%）	总计	方差百分比	累计（%）	总计	方差百分比	累计（%）
1	5.904	65.595	65.595	5.904	65.595	65.595	3.761	41.788	41.788
2	1.550	17.218	82.813	1.550	17.218	82.813	3.692	41.025	82.813
3	0.543	6.032	88.845						
4	0.291	3.232	92.078						
5	0.201	2.235	94.313						
6	0.185	2.055	96.368						
7	0.146	1.625	97.993						
8	0.118	1.310	99.302						
9	0.063	0.698	100.000						

注：提取方法为主成分分析。

表3-3 旋转后的成分矩阵①

变量	组件	
	1	2
SO1	0.930	
SO2	0.932	
SO3	0.867	
SO4	0.877	
WO1		0.889
WO2		0.903
WO3		0.893
WO4		0.812
WO5	0.477	0.563

注：提取方法为主成分分析；旋转方法为Kaiser标准化最大方差法。

①旋转在3次迭代后已收敛。

（2）验证性因子分析（confirmatory factor analysis）。当研究者对量表结构有清晰预期，即清楚知道测量题项与构念之间的对应关系，应采用验证性因子分析。该方法不允许交叉载荷的存在，用于验证构念与题项之间的理论关系。除少数探索性研究外，大多数的研究均属于此种类型。验证性因子分析主要关注指标与假设理论测量模型之间的契合程度（model fit），常用的统计参数有：卡方拟合指数（χ^2）、比较拟合指数（CFI）、拟合优度指数（GFI）和估计误差均方根（RMSEA）。根据Bentler（1990）的建议标准，$\chi^2/df \leqslant 3.0$，

CFI ≥ 0.90，GFI ≥ 0.90，RMSEA ≤ 0.05。

验证性因子分析可以用 AMOS 软件计算统计参数，数据见“第 3 章 sample data”，包含三个构念 SO、WO 和 KT（各有 4 个题项），具体操作步骤如下：第一，在软件中画出测量模型（见图 3-3），包括所有构念与题项；第二，导入数据（第 3 章 sample data）；第三，运行计算后输出结果，单击“model fit”（见表 3-4）。

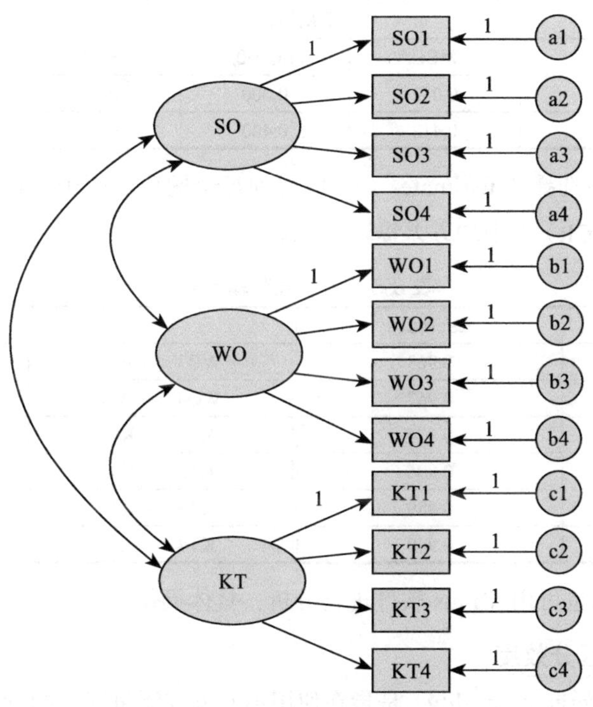

图 3-3　测量模型

如表 3-4 所示，χ^2/df = 1.270, CFI = 0.995, GFI = 0.963, AGFI = 0.943, RMSEA = 0.032，均符合标准，说明该测量具有较好的结构效度。

表 3-4　测量模型拟合度指数输出结果

CMIN

Model	NPAR	CMIN	DF	P	CMIN/DF
Default model	27	64.782	51	0.093	1.270
Saturated model	78	0.000	0		
Independence model	12	3097.180	66	0.000	46.927

RMR, GFI

Model	RMR	GFI	AGFI	PGFI
Default model	0.091	0.963	0.943	0.629
Saturated model	0.000	1.000		
Independence model	1.166	0.288	0.159	0.244

（续）

Baseline Comparisons

Model	NFI Delta1	RFI rho1	IFI Delta2	TLI rho2	CFI
Default model	0.979	0.973	0.995	0.994	0.995
Saturated model	1.000		1.000		1.000
Independence model	0.000	0.000	0.000	0.000	0.000

RMSEA

Model	RMSEA	LO 90	HI 90	PCLOSE
Default model	0.032	0.000	0.053	0.918
Independence model	0.412	0.400	0.425	0.000

此外，在结果中选择“Estimate”，可以得到每个题项的因子载荷，如表 3-5 所示，可用以计算组合信度（CR）与平均方差提取值（AVE）。

表 3-5　因子载荷输出结果

	Estimate		Estimate
SO1 <--- SO	0.963	WO3 <--- WO	0.919
SO2 <--- SO	0.967	WO4 <--- WO	0.804
SO3 <--- SO	0.874	KT1 <--- KT	0.795
SO4 <--- SO	0.906	KT2 <--- KT	0.870
WO1 <--- WO	0.889	KT3 <--- KT	0.865
WO2 <--- WO	0.940	KT4 <--- KT	0.755

验证性因子分析也可用 Mplus 软件进行分析，具体操作见第 5 章。

3. 聚合效度与区分效度

聚合效度（convergent validity）是指在使用不同方式测量同一构念时，所得到的测量值应该高度相关，因为这些测量值反映的是同一构念。区分效度（discriminant validity）则是指应用不同的方法去测量两个不同的构念时，所观测到的数值之间应该能够加以区分。

检验聚合效度与区分效度，常用的方法为“多质多法”（multi-traits multi-methods，MTMM）。在多质多法检验中，需要用不同的方法（如自评或他评、问卷或观察）对两个或两个以上的特质进行测量，这样我们就可以得到一个用多种方法测量多个特质的 MTMM 相关矩阵。

MTMM 法对研究设计要求较高，研究者一般需要多个样本、多种测量方法才能获得矩阵，因此，在一般研究中，学者们常用 Fornell & Larcker（1981）提出的平均方差提取值（AVE）来检验聚合效度和区分效度。

$$\mathrm{AVE}=\frac{\sum\lambda_i^2}{\sum\lambda_i^2+\sum\mathrm{var}(\varepsilon_i)}$$

可简化为

$$\mathrm{AVE}=\frac{\sum_{i=1}^{k}\lambda_i^2}{k}$$

式中，λ_i 为题项 i 的因子载荷，k 为题项数目。

当 AVE 值大于 0.5 时，表明该潜变量的聚合效度良好；当 AVE 值大于该潜变量与其他潜变量的相关系数平方时，表明区分效度良好。

4. 效标关联效度

效标关联效度（criterion-related validity）是借助构念间的因果关系推断测量指标的效度。它的概念逻辑如下：若已有理论指出 A 和 B 有很大的相关性，或者 A 能够在很大程度上预测 B，那么如果构念 A 的测量是有效的，则实证结果应可以支持 A 和 B 的关系。反之，如果我们检验不出 A 和 B 的关系，就需要怀疑 A 的测量可能是不准确的。例如，张磊楠等（2014）在开发营销渠道成员间竞合行为测量模型时，选择竞合行为的前因变量“目标一致性”和结果变量“关系协调成本”，构建并验证其因果作用，作为效标关联效度的佐证。

3.3 量表设计

管理学几乎每一个实证研究都涉及测量的问题，被用作测量的量表不计其数，但不是所有的量表都是合格的，质量也是参差不齐。一个不严谨的量表会直接导致错误的结论。在管理学研究中，我们在选择量表时都会面临一个问题，是根据研究需要自行开发合适的量表，还是沿用现有研究中的量表。两种选择各有利弊，需根据研究面临的具体情境及相关构念量表的发展情况，做出合理的选择。

3.3.1 沿用现有量表

许多学者在进行问卷调查之前，首先考虑的是如何利用现有可靠的量表。在过去的研究中，众多领域的科研学者经过反复论证，创建了大量的研究量表，为我们的管理研究问卷调研提供了宝贵资源。如果能够沿用前人留下的量表，对于我们的学术生涯是有很大帮助的。

1. 沿用现有量表的益处

（1）沿用现有量表可使我们的研究更便利。开发新的量表往往需要有较长的开发时间和较高的成本，而且对新量表的测试具有地域、行业等局限性，短时间无法得到更好的完善和权威认可，增大了研究风险。沿用现有量表节约了大量时间、精力，可以帮助我们站在前人的肩膀上，做更多创新的、有意义的管理学研究。

（2）在文献中被诸多学者经常使用的量表一般具有较高的信度和效度。量表的价值取决于它的信度和效度，对于那些在现有文献中占有一定地位的量表已经被研究人员在不同的研究环境下反复使用过，证实了这些变量指标的稳定性和准确性，因而使用成熟量表的风险也较小。

（3）这些文献中被反复使用的量表的被认可度更高。在高水平期刊上发表的实证论文常常采用高质量的量表，这些论文的发表反过来可以强化这些量表的权威性，使得更多学者使用这些量表。这些量表的反复使用有助于提升其质量，提升其在学术界的被认可程度，因此，沿用这些量表使我们的研究易于被同行接受。

2. 沿用现有的量表的局限性

目前我国学者沿用的成熟量表大多来自国外期刊上国外学者的研究，沿用西方的量表需要进行准确的翻译，这是研究者面临的一个巨大考验。词汇的外延不同，且因文化而异，词汇的概念界定和使用的情境相关。不同的情境下，同一词汇可能有多种词意选择，学者们需要从可能的词意中进行选择，在选择时必然会带入主观意愿，为准确地使用现有量表带来障碍。此外，中国传统文化和西方文化的差异会带来测量量表在文化上的局限性，民族文化的内涵对人的心态和行为的影响是不可忽视的。若将在西方文化情境下总结和发展起来的量表应用在跨文化的情境中，需要仔细辨识其跨文化的实用性和可行性。

3. 沿用现有量表的原则

我们在沿用现有西方量表时应该确认量表的适用性、完整性和准确性，这三项原则是需要在实际操作中遵守的。

（1）适用性原则。在选用现有量表时首先要判断该量表所测量的构念定义与你研究的构念定义是否相同，该量表是否能准确测量你的构念。有些构念在多个量表中出现，且测量角度不同。例如，关于市场导向（market orientation），Narver & Slater（1990）认为其是一种企业文化，可以为创造较高的顾客价值做出行为指导，他们从顾客导向、竞争者导向和内部协作三方面设计量表测量市场导向。而 Kohli & Jaworski（1990）则从行为角度界定和衡量市场导向，从市场信息搜集、传播，以及企业对市场信息的反应来测量。我们应根据研究情境和概念界定选择最合适的量表。此外，也需要考虑文化的适应性，即现有量表是否在中国文化背景下具有适用性。

（2）完整性原则。一旦选定了量表，就应该尽量沿用量表中的所有题项，不要随意删改，因为删减题项可能会影响量表的内容效度和信度。删减必须经过仔细的理论论证，并测试删减后量表的信度和效度。

（3）准确性原则。由于缺乏在中国情境下严谨开发出来的经过多次验证和使用的成熟量表，大多数学者在确定量表概念和文化的适用性准则后会选择沿用国外成熟量表，这种情况下必须确保翻译的准确性，这是量表质量的保证。

目前，研究者普遍采用的翻译方式是回译（back translation）。参考 Parameswaran & Yaprak（1987）推荐的方法，成立翻译小组，其成员应掌握英语和中文，并具备专业知识。由其中一人先将英文量表翻译成中文，再由另一人将中文量表翻译回英文。在这一过程中，小组其他成员将展开讨论，逐一核对英文翻译和中文回译的准确性，确认翻译无误后，仔细核对回译的量表与英文原始量表是否有语义变化，以确保翻译获得的中文量表可以真实、准确地反映原始英文量表的含义。随后，对中文量表进行预测试，根据被调查者的反馈，在不改变语义的情况下，适当调整语序，使中文表达尽可能清晰易懂。

小诀窍

建议进入研究领域的新手尽量使用现有的量表，可以选择发表于国内外顶级期刊论文中使用的量表，或引用率高的量表，这样的量表信度效度高，且具有较高的被接受度，在投稿时受到质疑的可能性较小。

在使用英文量表时，可先查询是否有中国学者使用过，是否已按照中国的情境和语言习惯建立了成熟的中文量表，如中国管理研究国际学会（IACMR）网站上提供的一些组织管理研究中的中文量表，注册会员后可以获取并使用。

使用已有量表也需要注意版权问题，已发表论文中的量表大多可以直接使用，但有些量表需要授权后才可以使用，如多因素领导力问卷（multifactor leadership questionaire），需要从 Mind Garden 公司处按问卷发放数量付费购买版权。若未购买版权而使用该问卷获取数据进行研究，将涉及侵权，文章即使投稿也不会被期刊接受。

3.3.2　新量表开发

在研究过程中，若现有量表无法满足需要，如开发新的构念，或对目标构念的定义和维度划分与现有量表所测构念不一致，又或者受文化差异影响，国外量表不适用于我国的文化背景，这时，学者需自行设计开发新量表。Hinkin（1998）详细介绍了如何开发问卷调研中所需的测量量表。本节接下来将以 Hollebeek 等学者 2014 年发表于 *Journal of Interactive Marketing* 的“Consumer Brand Engagement in Social Media: Conceptualization, Scale Development and Validation”一文为例详细介绍量表开发的一般步骤以及相关的注意事项。

1. 明确构念的定义和内涵

量表是测量构念的工具，开发量表的首要任务是准确定义所要测量的目标构念，清楚地阐述其理论边界。清楚地定义一个构念，需要明确构念的性质，是行为、感知、情感还是其他；厘清该构念与其他相近构念的区别，明确构念的理论边界；确定构念的测量层次，是个体还是群体；从理论上确认构念的结构，是单维构念还是多维构念；在明确构念定义基础上，说明其前因变量与后果变量。

该例文中，作者将消费者品牌融入（consumer brand engagement）定义为“消费者在与品牌互动中出现的与品牌相关的积极的认知、情感和行为”，并进一步明确，本构念中的消费者是指社交媒体情境下与品牌互动的用户而非购买过产品的用户。这个构念包含认知、情感、行为三个维度。

2. 获取测量题项

在清晰界定目标构念后，第二阶段的任务则是创建一组用于衡量所研究构念的测量题项。这一阶段分两步。

第一步，发展备选测量题项。主要有两种基本策略：演绎法和归纳法。

演绎法是研究者根据构念的定义和结构尽可能多地列出指标供删选。应用这种方法要求研究者对所研究的现象有深入的理解，并要对文献做全面的回顾，在此基础上对构念进行明确定义，并围绕定义发展量表题项，是一种自上而下的量表开发模式。这种方法能确保最终指标的内容效度，因为指标（题项）是围绕定义发展起来的。但是这种方式非常费时，需要研究者对所研究的现象和文献有详尽了解，若是探索性研究，该种方法不适用于不熟悉的领域。

归纳法是研究者通过定性研究，利用关键事件访谈、个人访谈、小组访谈等方式，搜集关于构念内容的描述，在此基础上进行筛选、分类，从而形成初步量表，是一种自下而上的量表开发模式。这种方式适用于探索性研究，研究者并不充分了解目标构念的具体内容、内部结构时，该方法有效。但是，缺少对构念的明确定义，仅利用被访者提供的描述来获取测量题项，这些题项可能不具备内部一致性。这需要研究者进行严谨的内容分析，并利用后期的因子分析技术来最终确定测量构念的结构特征和具体指标。

事实上，研究者在发展量表题项时大多结合两种方法，一方面，通过以往文献发展测量题项，保证量表的内容效度；另一方面，通过访谈等方法搜集研究对象的相关事件，使测量量表更加贴近研究情境。在例文中，Hollebeek 等学者利用演绎法，通过文献回顾获取初始的测量题项，同时利用归纳法，从对 10 名消费者的深度访谈中归纳出部分测量题项，通过这两种方法共获取 69 个备选测量题项，其中认知维度 23 个、情感维度 30 个、行为维度 16 个。

无论采用哪种方法，这一步以获取充分反映构念的题项为首要原则。我们需要发展出与构念内涵相匹配且足够多的测量指标，在没有充分把握的情况下，研究者甚至可以超出目标构念的涵盖范围，增加一些不确定是否有关联的指标。无关的指标在后期可以通过定性或定量的方法删除，但若最初的指标不充分，则后面的定性及定量分析将毫无意义。

第二步，选择备选测量题项。这一步主要从内容效度上进行评估，即衡量备选测量题项所测量的内容充分并准确地覆盖想要测量的目标构念，主要评判测量题项是否具有代表性，是否与构念定义对应。在本例文中，作者建立了一个由 6 名消费者、2 名企业经理人员和 4 名学术专家组成的题项删选小组，向他们介绍消费者品牌融入这个构念的内涵和维度，由他们评判这些题项与定义是否匹配。通过初步评估，删除了 30 个题项，删除的主要原因是测量的内容重复、使用情境受限等。通过这一删选过程，保留了 39 个测量指标，其中认知维度 12 个、情感维度 15 个、行为维度 12 个。

3. 设定量表尺度形成问卷

在选择备选测量题项后，要把它们变为可回答的问题。量表尺度可分为如下四类。

（1）定类尺度。该尺度对问题的答案进行平行分类，各类别可指定数字代码表示。例如测量被试性别时，可归于两类：男或女，编码为 0 和 1（或 1 和 2），以便于进一步统计分析。使用该尺度时，必须穷尽所有类别，且这些类别之间具有排他性，被试只能归属于其中一种类别。

（2）定序尺度。该尺度在对事物分类的同时给出了各类别的顺序，可以帮助研究人员了解被试对问题重要性的排序。例如，在研究不同工作性质特征的重要性时，可给出五种工作特征，让员工将最重要的排为 1，第二重要的排为 2，以此为序，排出 1 ～ 5。但是这种方式并未给出不同类别之间的准确差值，即 1 和 2 的差距与 2 和 3 的差距有可能并不相同。

（3）定距尺度。与前两种量表尺度不同，定距尺度的数据表现为数值。李克特量表是一种典型的定距尺度量表，在 Hollebeek 等（2014）这篇例文中，作者选择 7 点量表将备选的 39 个题项设计成问卷，其中 1 表示非常不同意，7 表示非常同意。

多数研究在使用李克特量表时选择 5 点或 7 点尺度，处理数据时把其当作定距数据来处理，每个数据点之间的间隔一致，每个被调查者的态度总分就是他对各道题的回答所得分数的加总。若研究者想避免被试选择中立项的机会，可以设置偶数个选项。定距尺度的起始点是任意的，并无从零开始的起点。

小诀窍

在采用李克特量表时，会发现学者们会选择不同的尺度如 5 点、6 点、7 点，甚至 10 点、11 点，到底选择哪种尺度并没有非常严格的可供遵循的法则，应考虑自身研究的需求。若研究需要被试表明自己的态度不是中立的，应选择偶数尺度如 6 点量表。若无此需求，可选择奇数尺度，如 5 点或 7 点。同时还需要考虑填答问卷者是否能区别每个点数之间的差异，如填写人很容易从 5 点量表中选择一个更符合自己态度或行为的答案，但在 11 点量表中做选择时会相对困难。因此，研究者可以在以往学者研究基础上，根据自身研究情境和需求，做相应的调整。

（4）定比尺度。该尺度拥有与定距尺度同样的优点，且有绝对的零起点，常被用来测量收入、销售量、利润等变量。

4. 量表指标净化

将第二步选择出来的题项编制成问卷进行预测试，对采集的样本数据进行分析，进一步删减指标，以形成简明、有效的量表。本步骤的主要目标是检验构念包含几个维度以及每个维度由哪些指标测量，最终保留的测量题项数量应综合考虑理论和定量检验结果。

继续以 Hollebeek 等（2014）这篇论文为例，作者首先进行探索性因子分析，以探索量表的结构特征。

其次，还需判断其他信度效度相关值，包括指标的内部一致性，如针对李克特量表开发的 Cronbach’s α，其值应达到或大于 0.7；量表的聚合效度，如 AVE 应大于 50%；量表的区分效度，可以比较潜变量的抽取变异量和该潜变量与其他潜变量间相关系数的平方，若抽取变异量大，则说明具有较好的区分效度。

要注意的是，任何指标的删除和保留都需要进一步从理论上论证，以确保合理性。

5. 验证性因子分析

经过指标净化得到的量表，还需进一步检验其稳定性及外部效度，选取与探索性因子分析不同的样本进行问卷数据采集，采用验证性因子分析来检验之前建立的量表。CFA 主要通过观察测量指标与假设模型的契合程度，如果估计的模型与抽样数据得到很好的契合，则说明构念具有较好的效度。当然，此步骤也需要再次评判量表的其他信度、效度指标。

6. 逻辑关系检验

在验证量表的效标关联效度时，研究者可以利用目标构念与其他构念的逻辑关系来进一步验证。可以根据文献回顾和理论推导，构建一个包含目标构念的概念模型，通过调研获取样本数据的统计分析，对概念模型中假设的关系进行检验，若能得到与理论预期一致的显著性关系，则新量表具备较好的效度。

在 Hollebeek 等（2014）开发 CEB 量表时，根据理论构建了包含消费者品牌融入的概念模型，认为消费者涉入程度是前因变量，个体品牌联系以及品牌购买意愿为结果变量，进而验证了提出的假设，利用构念间的逻辑关系来证明新量表的效度。

3.4 问卷设计

3.4.1 问题设计

1. 开放式与封闭式问题

开放式问题不为被调查者提供具体答案，只提出问题，要求被调查者用自己的语言回答。开放式问题的优点是灵活性较大、适应性强，有利于被调查者充分发表自己的意见，所得资料更丰富生动。在进行探索性研究时，如果研究者并不清楚可能的答案范围，则适合采用开放式问题。该类问题也存在不足之处，被调查者存在文字表达能力、学识水平、阅历等局限，容易出现答非所问、不准确、无价值的回答，从而降低问卷的有效率。且开放式问题在编码和统计时难度较大，对访谈人员和研究者要求较高，执行成本也高。

封闭式问题则是在提出问题的同时，给出一系列答案，要求被调查者根据实际情况进行自主选择。封闭式问卷的优点是标准化程度高，填答方便，省时省力，资料易于做统计分析。其缺点是灵活性较差，不利于被调查者充分表达自己的意见，若不能全面列举所有可能的答案，会导致调研结果出现偏误。

2. 正向与反向问题

研究者可以在问卷中加上反向问题，以测试被调查者是否认真回答了每一项问题，例如，在测量信任时，询问“该经销商经常欺骗我们”，就是属于反向问题。以李克特 7 点量表为例，若填写人的正向问题是 7，则该问题的答案应该为 1 或 2，若答案都是 7，说明该填写人并未理解该问题，或者没有仔细阅读问题。研究者可将此作为删选有效问卷的标准之一。在处理反向问题数据时，研究者需将其答案进行反转的数据化处理，即将答案 1 转化为

7，2 转化为 6，依此类推，将转换后的数据与其他数据一起作为后续的统计分析数据。

> **小诀窍**
>
> 在阅读文献时，会发现许多研究者在设计问卷时将量表中的某个题项做成反向问题，以判断填写人是否认真回答问题。但在实际操作中，我们通常发现将反向问题进行反转的数据化处理后纳入量表数据，会降低整体量表的信度与效度。原因可能在于部分问卷填写人不习惯表达极端负面的看法，对负面答案的衡量标准与正面答案标准不一致，导致反向问题的 1 并不一定与正向问题的 7 等同。因此建议在问卷中增加若干反向问题的做法仅用于删除不合格问卷，而不是将其产生的数据作为测量指标用于分析。

3.4.2　问卷的编排

1. 问卷组成部分

（1）标题。每一份问卷都有一个研究主题。研究者应该在标题中简明扼要地概括调研主题，使被调查者对所要回答的问题有一个大致的了解。

（2）引言（调查说明）。引言部分应该包括调查的目的、意义、主要内容，调查单位，调查结果的使用者，保密措施等。其目的在于引起受访者对填答问卷的重视和兴趣，使其对调查给予积极支持和合作。

> **零供渠道关系管理调研问卷**
>
> 尊敬的先生 / 女士：
>
> 您好！非常感谢您在百忙中抽出宝贵的时间，参与 ×× 课题组开展的企业调研活动。
>
> 您所填写的信息不会透露给任何其他组织或个人，仅用于对中国零供渠道关系有关因素的宏观统计分析，不涉及对个别企业渠道关系的案例研究。我们将郑重承诺为您和您所在的企业保密。同时，我们愿意将本次调研的研究结果与您共享，如有需要请注明（是 / 否）。
>
> 真诚地感谢您对中国工商管理科学发展的支持与帮助，谢谢！
>
> ×× 课题组

（3）指导语（填写说明）。指导语是用来指导被调查者填写问卷的解释和说明，也称“填表说明”，其作用是对填表的方法、要求、注意事项等做一个总的说明。

（4）调查内容（问题与答案选项）。问题和答案是问卷的核心内容。应根据调研需要设置不同的问题。

若对被调查者有要求，需设置过滤性问题，将被调查者限于符合特定条件的回答者。例如要调研企业的渠道关系，则需要将了解双边关系的边界人员作为被调查者。可以设置问题

“请问您是否了解贵公司和该经销商之间的关系”，答案为“1：一点都不了解；2：了解很少；3：了解一些；4：了解；5：很了解”，若答案为1、2或3，调查员就应该选择停止调查，要求更换被调查者。

若研究者想调查消费者在天猫商城购物的体验，可设置启发式问题，如“您最近一次在天猫商城购物买了 ×× 类产品”，以此唤起受访者的回忆，提高回答速度和有效性。一般按照事实性问题、行为性问题、动机性问题和态度性问题的顺序来编排。

（5）结束语。结束语置于问卷的最后，一般是简短地再次对被调查者的合作表示真诚的感谢。

2. 须注意的问题

在编排问卷时，要考虑以下几点。

- 问题应该简洁明了，避免使用冗长复杂的语句，造成理解困难。特别是要考虑到问卷填写人的背景，减少专业词汇的使用，以他们熟悉的语言表述。
- 避免使用诱导性问题。诱导性问题会暗示被调查者选择某个答案，研究人员应保持客观和中立，勿将自身的价值倾向带入问题中。例如，“出于对环境的担忧，许多人降低洗衣服的频率。对环境的关注如何影响您的洗涤行为”，该问题便具有诱导性。
- 避免使用含糊不清的词句。例如“您经常进行体育运动吗”，每个人对“经常”的认识是不一样的，有些被调查者认为每周运动2小时是经常运动，而有些被调查者认为每天运动2小时才算经常运动。
- 避免双重含义的问题。例如“360度反馈是一个好的管理方法，可以提升对员工的激励作用”，研究者无法判断填写人的观点是关于360度反馈是好的管理方法，还是在说360度反馈可以提升对员工的激励作用，应分成两个问题分别测量。

3.4.3 问卷预调研

在问卷设计完成进入正式调研之前，往往需要进行预测试，在这个过程中通常会选择一些代表性的、小范围的目标受访者进行访谈，来进一步审核问卷可能存在的问题。

一般可以选择十名左右符合样本条件的受访者，让其填写问卷，然后就问卷说明、问题的措辞等听取他们的意见，考察问卷流程或题项中是否存在让人误解的表述，是否存在难以理解的内容，进而有针对性地修正，以形成最终问卷。

3.5 调研实施

3.5.1 抽样调查方式

抽样调查是指从被调查对象总体中，按照一定的方法抽取一部分对象作为样本进行调查分析，以此推论全体被调查对象状况的一种调查方式。

按照抽样调查的理论依据和特点，抽样调查基本方法可以分为两类：随机抽样和非随机抽样。

1. 随机抽样

随机抽样又叫概率抽样，是按照概率论来抽取样本的，是以随机原则从总体中抽取部分单位作为样本的抽样方法。它包括简单随机抽样、分层抽样、等距抽样、整群抽样和多级抽样。

（1）简单随机抽样。简单随机抽样方法就是从调查总体中任意抽取预定的单位个数作为样本，这种抽样方法严格遵守每个单位都有同等被抽中机会的随机原则，可采用抽签法和随机数表法。这种方法简单易行，但要求在总体单位数目不大、总体单位之间差异程度较小的情况下才能使用，否则，所抽取的样本可能缺乏代表性，抽取误差较大。

（2）分层抽样。分层抽样又称分类抽样，它是把调查总体按照一定的属性特征或标准分为若干类型，然后从每一类中按照相同或不同的比例随机抽取样本。例如，在大学进行调研时，可按照学院或年级先进行分层，再按比例进行随机抽样，这样有利于捕捉不同学院或不同年级学生的特征。该分类的基本原则：一是使每一类型内部的差异尽量缩小，而各类型之间的差异尽量增大；二是要有清楚的界限，在划分时不致发生混淆或遗漏。

（3）等距抽样。基本做法是在随机排列的总表中，任意选取一个样本，其他样本按一定间隔加以抽取即可。例如要在 N（总体数）个学生中抽出 n（样本数）个学生进行调研，可将学生按学号排序，设置抽样距离 k（$=N/n$），随机确定第一个学号，其他学生则按间隔 k 顺序抽取。使用该方法时，调查总体的单位数不宜过多。

（4）整群抽样。利用现成的集体，随机一群一群地抽取集体单位，由此推断总体的情况。例如，企业想调研全国经销商状况，可在每个省份随机抽样出一个城市，调研该城市所有经销商状况。由于调查的对象相对集中在一个群体，所以调查起来方便，节省人力和物力。整群抽样的缺点在于若样本分布集中，会降低代表性。

（5）多级抽样。多级抽样又称多阶段抽样，是在调查对象数目庞大，分布很广的大规模阶段调查中经常采用的方法，就是把抽样的过程分为两个或两个以上的阶段进行。

2. 非随机抽样

非随机抽样又叫非概率抽样，它是根据研究者个人的主观经验、设想来有选择地抽取样本进行抽样的方法。非随机抽样的方式主要有判断抽样、便利抽样、滚雪球抽样和定额抽样。

（1）判断抽样。判断抽样又称目的抽样，是由调查者根据主观判断来选取样本，凡总体中具有代表性的单位都可以作为样本，个别单位被抽取的概率无法确定，因此其抽样结果的精准度也无法判断。这种方法适用于典型调查，样本代表性取决于研究者的经验和判断能力，在总体数量不多，且研究者对抽样单位比较了解的情况下较为适用。

（2）便利抽样。当被调查总体的每个单位都是相同的，将谁作为样本进行调查的结果都类似时，便可采用便利抽样。街头拦人法是便利抽样的常见方法之一，例如要调研商场或超市的顾客，调查人员可以拦截访问商场的购物者，使用快速甄别的问题来判断受访者是否符合条件，随后进行后续的问卷调查。该方法有利于节约时间，但实践中并不是每个个体都相同，因此可信程度较低，没有足够的代表性。

（3）滚雪球抽样。这种方法是找出少数个体，通过这些个体了解更多的个体。就像滚雪球一样，了解的个体越来越多，越来越接近总体，便可以在不清楚总体的情况下了解总体。使用这种方法的前提是个体之间应具有一定的联系。当研究者仅有数量有限的抽样框，且受访者能提供其他符合调查要求的受访者名单时，可采用这种方式。例如，在研究离职问题时，调研样本是近一年有离职行为的人员，研究者可先在MBA学员中找到符合条件的受访者，这些受访者依赖自己的社会关系，可以推荐其他符合条件的受访者参与调查。

（4）定额抽样。定额抽样又称配额抽样，是由调查者事先按照一定的标准，从符合标准的调查单位中随意抽取样本单位进行调查。由于这种方法在抽样前将总体各单位做了分类，因此这类样本的代表性比简单的判断抽样要大些。

3.5.2 问卷数据收集方法

1. 传统的问卷数据收集

传统的问卷数据收集方式包括调查人员面访、电话调查和邮寄调查等。

调查人员面访是最早期的一种调查方式，是调查人员根据问卷向被调查者提出问题，并根据被调查者回答记录数据的一种数据收集方式，也可以由被调查者直接填写问卷。这种数据收集的方法灵活性较高，可以有效判断被调查者是否符合样本条件，能有效解答被调查者对问卷问题在理解上存在的问题以提升数据有效性，能通过有效沟通提高被调查者的配合度以获得较高的问卷回收率。但这种方法的成本较高，需要动用较多的人力，调查人员的态度等可能会影响被调查者的回答，对问卷结果的真实性产生影响，因此需对调查人员进行专门的培训以保障调研的顺利实施。

电话调查是调查人员通过电话向被调查者提出问题，并记录答案的数据收集方法。这种调查方式较为经济，可以节省调查人员的差旅费，适宜调查那些不愿与陌生人面谈的被调查者，以及比较繁忙的被调查者。电话调查由于缺乏面对面的沟通，被调查者会对调查者身份存疑，不宜获得配合，调查时间不宜过长，因此问题难以深入，适用于内容简单的问卷数据收集。

邮寄调查是调查人员将设计好的问卷连同回邮信封邮寄给被调查者，待被调查者填写问卷后寄回以收集数据的一种方式。这种调查方法可以覆盖较广的区域，相较调查人员面访费用低，被调查者无时间压力，可以有充裕的时间填写问卷，并且避免受调查人员误导或影响。但这种方法难以获取被调查者的配合，问卷回收率较低。

2. 网络问卷数据收集

目前有许多调研机构提供在线问卷调研系统，例如“问卷星”“调查派”等，这些调研系统可以方便快捷地帮助用户实现个性化的在线问卷调研，是目前问卷数据收集的流行趋势。利用在线问卷调研系统有如下优势：

- 系统支持多样化题型，也可上传图片或多媒体，表现形式丰富，可以轻松创建个性化调研问卷。
- 研究者可以设置调研规则，如设置单 IP 限制，防止同一个人填写多份问卷；设置样本删选问题，当遇到不符合条件的样本时，可自动结束调研；也可以设置跳答、自动跳转网页等逻辑，可检查漏答题目，以提升问卷有效回收率。
- 发放和回收便捷，可以通过电子邮件、微博、微信等各大社交平台快速投放。调研平台可以直接将数据录入成 Excel 格式，不需要调研者人工录入数据。
- 直接产生数据的描述性统计报告，可以通过在线问卷调研系统直接查看问卷调研结果，在线系统会自动进行数据筛选和交叉分析，产生图文结合的结果报表和数据分析报告。

3.5.3 问卷调研中的注意事项

问卷调研除了在量表设计时要考虑信度、效度，在发放时也必须关注问卷的填答质量。

1. 避免因社会期望带来的问题

一些被调查者往往会选择看起来更加“正确”的答案而非“准确”的答案，因为被调查者想要满足社会期望值，倾向将自己打扮得“漂亮”。或者被调查者认为真实的答案可能会对自身造成威胁。因此，调查者应确保问卷答案的私密性，就隐私保护与被调查者进行有效沟通，尽可能强调回答准确、真实的重要性，并且尽可能设置匿名问卷，减少被调查者的担忧。例如，Liu 等（2009）在数据收集部分提到采取全匿名的方式进行，采用非直接问题，强调调研仅用于学术，问题选项并没有正确与错误之分，以此降低社会期望带来的偏差。

2. 敏感性问题的调研

在问卷调查中，经常会遇到敏感性问题，即出于安全或名誉等方面的原因，被调查者不便于在公开场合表态或陈述的问题，如学生作弊、企业偷税、销售人员灰色营销等，这类问题很难得到被调查者的配合，容易导致数据失真、调查结果无效。调查人员面访虽然能控制调查的进展和便于记录，但面对敏感问题的尴尬有可能影响回答的真实性。因此，具有一定敏感性特征的问题最好采用网上调研等形式。用自填式问卷代替询问式问卷，合理安排问题的顺序，将具有相对敏感性特征的问题放在最后访问，能避免一开始就询问敏感性问题让被调查者感到唐突和尴尬，容易赢得被调查者的合作。

可以改变提问的形式，利用假设的方法，“假如您是一位烟民，您认为在公共场合抽烟是否应该被严格禁止”。用人称代换法，例如，询问被调查者是否有过犯罪冲动时采用“多数人承认他们有过犯罪的冲动，你有过吗？”这样的问法。

3. 避免共同方法偏差

共同方法偏差（common method variance，CMV）是由测量方法单一性所造成的偏差，而非构件测量本身的问题，属于系统误差。当研究者在同一时点通过同一个被调查者收集所有自变量和因变量的数据信息时，就可能带来这种误差（Craighead 等，2011）。例如，当研究人员让某个被调查者在一份问卷中评估子公司的决策自主权和子公司的绩效时，若被调查者主观认为两者存在关系，会倾向于给出一致的答案，这可能会造成原本不存在关系的两个变量形成较高的相关关系，这种误差对使用调查法进行的实证研究结论存在不可忽视的威胁。

国际期刊 *Journal of International Business Studies* 的编委们在 2010 年专门发文谈及 CMV 的问题处理（Chang 等，2010）。他们指出可以在事前对调研过程进行控制，尽可能规避误差的产生，也可在事后建立较为复杂的关系模型规避 CMV 导致的误差，或者在调研实施完成后对数据检验，以确定是否存在 CMV 的问题。具体包括如下四种方法。

（1）从不同数据源测量构念。从不同的被调查者处分别测量自变量和因变量。例如，可以让子公司的负责人衡量子公司的自主决策权，由企业母公司的管理者来评价子公司的绩效。或者用自我报告和非自我报告的数据测量同一个构念，达到主客观数据共同测试，避免单一数据源衍生出的问题。若难以实现不同数据源的数据收集，也可以考虑在不同时点收集数据，进而在一定程度上规避共同方法偏差带来的误差。

（2）从问卷设计和调研实施过程中进行控制。在问项设计时，尽可能采用基于事实的问题来减少 CMV 的影响。在答案设计时，采用不同的尺度和度量标准，这样可以降低误差出现的可能性。也可以通过调整问题顺序来尽量规避 CMV 的问题，例如，通过问卷调研软件对自变量、因变量、调节变量、控制变量等所有的问题进行随机排列，这样被调查者就难以建立各变量间相关关系的认知。

（3）构建复杂的概念模型。如果事前未采取任何措施防止 CMV 问题，可以通过构建复杂的概念模型来补救，因为 CMV 更容易出现在过于简单的模型中。如果可以提出构念间的非线性关系，通常这种关系超出被调研者的认知能力，就可以有效降低 CMV。但这种方法也存在问题，要解释这些复杂的构念间的关系会较为困难，因此只有在具备良好的理论基础上，提出中介变量、调节变量或非线性关系以增加复杂性才有意义。

（4）调研后的统计检验。未在事前对 CMV 进行控制，也可以通过事后的统计检验来判断是否存在 CMV 问题。较为常用的方法是 Harman 的单一因素检验，这种方法是将所有构念中的题项放入探索性因子分析中，查看是否会出现一个因子，或者说是否存在一个因子解释了大部分的协方差，若没有，说明 CMV 问题并不存在。但也有很多学者如 Podsakoff 等（2003）认为这种方法并不十分有效，因为出现单一因素的可能性并不大，因此一些学者也提出了偏相关法、潜在误差变量控制法等方法来排除 CMV 的误差问题。

小诀窍

目前，有一些期刊非常关注 CMV 的问题，例如《心理学报》在投稿前的自查报告中明确提出要求："管理领域仅有自我报告（问卷法）的研究，需要检查数据是否存在共同方法偏差。为控制或证明这种偏差不会影响研究结论的效度，你使用了什么方法？采取了哪些措施？”

根据《心理学报》的要求，研究者应提供证据，向评审专家证明共同方法偏差在我们的研究中并不会影响研究结论效度。根据 Conway & Lance（2010）的建议，研究者应向评审专家和主编说明：①自我报告数据是特定情境下合适的选择，例如 Shalley 等（2009）在测量员工的创新性时解释了“员工自己是最清楚其工作中哪些细节能让其更具创造力的人”，进而说明自我报告数据的合理性；②构念效度检验证据，包括内部一致性、因子结构等；③不同构念的测量题项是不重复的；④研究者做了哪些事前努力来规避共同方法偏差所带来的弊端。

3.6 发表历程与体会

量表、问卷的设计以及调研的实施会影响最终实证检验结果的可信性和有效性，调研前期一旦出现问题，在调研后期也难以进行修正，因此必须在正式调研前尽量规避未来可能出现的问题。研究新手往往会忽略很多细节问题，结合我们投稿发表的经历，现总结以下需要关注的问题。

1. 对现有量表的任何修正须有理可依

我们在验证假设之前，会对量表的信效度进行检验。有时会发现某个指标的信效度不理想而删除该指标，但事实上，现有的量表已被其他学者验证过是可信且有效的，我们不应随意修正。以 Liu 等 2010 年发表在 *Industrial Marketing Management* 上的文章为例，在第一轮退修意见中，审稿人提到了关于删除指标的问题。

> #Reviewer : The author(s) have talked about dropping of some of the items from analysis. However, they have not explained what the basis was for dropping some the items from analysis. By dropping the items it means that the author(s) are trying to fit the data to the model, rather than the model being supported by the data.

所以，我们不应该完全依据数据结果来推断该指标的去留，较好的做法应是从理论或适应情境角度解释该指标为何应该被去掉。

2. 探索性因子分析并不是必要步骤

因子分析包括探索性因子分析和验证性因子分析，研究新手经常在自己的研究中同时使用两种因子分析，认为这更完整，实际上如本章正文中已提到的，这两类因子分析有各自的目的。仍以 Liu 等的文章为例，在第二轮评审中，专家指出了关于因子分析的问题。

> #Reviewer : I don’t understand the author(s) have used both confirmatory factor analysis and exploratory factor analysis in their manuscript. Confirmatory factor

analysis is used for testing of the theory. In this case it is testing of their model which is based on the different theories that the author(s) have used in their study. Exploratory factor analysis is used for model testing not based on the theory. Hence, I will advise the author(s) to use confirmatory factor analysis only since they are testing the model which is supported by the literature.

由此可见，只有在理论上并不清楚构念被分为几个维度，或者量表是自行开发时才需要进行探索性因子分析，否则只需要进行验证性因子分析。

3. 样本选择应具备代表性

样本应选择一个行业或者多个行业，中国或其他某个国家，并无定论，应根据研究问题而定，但有一个核心要求，就是应该具备代表性。在 Liu 等的文章中仅通过将家电行业企业作为调研样本获取数据，专家在评审中提到了单一行业研究结论是否具备普适性的问题。

#Reviewer : The author(s) have mentioned that the data used for analysis was collected from Chinese household appliance industry. Does it mean that the findings of this study cannot be applied for other industries? The author(s) have mentioned this as a limitation in their study. If this is true, then, how the findings of this study going to benefit managers.

多行业样本可以提供结论适用于不同行业的证据，而限制特定行业的样本则有助于控制由于不同行业带来的影响（Wathne & Heide，2004）。单个行业搜集数据并不意味着结论不能用于其他行业，若行业特征对研究问题没有影响，则结论在各行业仍具有普适性。Liu 等在回复中说明了这点，并进一步指出了样本在中国家电行业覆盖不同地域不同规模企业，能代表中国家电行业的整体情况。

Liu 等 2009 年发表在 *Journal of Operations Management* 的文章同样被评审专家问及样本来自中国，结论是否可能存在情境依赖的问题。

#Reviewer : Why Chinese? Since the model is not specific to the Chinese context; in fact, you need to argue that these results are generalizable to other global contexts.

与前述问题类似，中国学者很自然会采用中国的样本获取数据，如果研究模型受文化因素或制度因素影响较少，那么研究结论理应可以适用于其他国家，可以利用其他国家的样本数据做进一步验证。

小结

本章由上海大学刘婷副教授撰写。本章关于量表、问卷的设计，样本选取以及最后调研的实施，是采用问卷调查法进行实证研究的重要组成部分，后续实证研究结论是否准确、有效，在很大程度上取决于调研回收数据的质量。因此，在这部分，研究者应该重点关注如下问题：在量表设计或选取时，重点考虑“量表题项是否可以准确、全面地测量构念”；在问卷设计和编排时，重点关注“如何合理设计编排问卷可以让被调查者愿意并能够顺畅地填写问卷”；在调研实施时，重点确保“样本具有代表性，被调查者按照真实想法填写了问卷”。初学者可以参考本章内容，从量表测量题项的选择、到问卷的设计与发放收集，每一个过程都进行科学严谨的设计与实施，以确保回收的数据真实有效，为后续实证检验奠定基础。

刘婷为上海大学管理学院工商管理系副教授，2018年获浦江人才称号。研究方向为营销战略，先后主持国家自然科学基金、国家社会科学基金、教育部人文社会科学基金、上海市哲学社会科学项目等6项省部级以上课题。研究成果发表于*Journal of Operations Management*、*Industrial Marketing Management*、*Journal of Business Research*、《管理科学》《科学学研究》等国内外知名管理类期刊。曾获第六届高等学校科学研究优秀成果奖（人文社会科学）著作论文奖一等奖。

参考文献

[1] BENTLER P M. Fit indexes, lagrange multipliers, constraint changes and incomplete data in structural models[J]. Multivariate behavioral research, 1990, 25(2): 163-172.

[2] CHANG S J, WITTELOOSTUIJN V A, Eden L. From the editors: common method variance in international business research[J]. Journal of international business studies, 2010, 41(2):178-184.

[3] CONWAY J M, LANCE C E. What reviewers should expect from authors regrading common method bias in organizational research[J]. Journal of business and psychology, 2010, 25: 325-334.

[4] CRAIGHEAD C W, Ketchen D J, Dunn K S, et al. Addressing common method variance: guidelines for survey research on information technology, operations, and supply chain management[J]. IEEE transactions on engineering management, 2011, 58(3):578-588.

[5] FORNELL C, LARCKER D F. Evaluating structural equation models with unobservable variables and measurement error[J]. Journal of marketing research, 1981, 18(1): 39-50.

[6] GUNDLACH G T, ACHROL R S, MENTZER J T. The structure of commitment in exchange[J]. Journal of marketing, 1995, 59(1): 78-92.

[7] HINKIN T R. A brief tutorial on the development of measures for use in survey questionnaires[J]. Organizational research methods, 1998, 1(1):104-121.

[8] HOLLEBEEK L D, GLYNN M S, BRODIE R J. Consumer brand engagement in social media: conceptualization, scale development and validation[J]. Journal of interactive marketing, 2014, 28(2):149-165.

[9] KOHLI A K, JAWORSKI B J. Marketing orientation: the construct, research propositions, and managerial implications[J]. Journal of marketing, 1990, 54(2): 1-18.

[10] LIU Y, LUO Y, LIU T. Governing buyer: supplier relationships through transactional and relational mechanisms: evidence from China[J]. Journal of operations management, 2009,

27(4):294-309.

[11] LIU Y, SU C, LI Y,et al. Managing opportunism in a developing interfirm relationship: the interrelationship of calculative and loyalty commitment[J]. Industrial marketing management, 2010, 39(5): 844-852.

[12] NARVER J C, SLATER S F. The effect of a market orientation on business profitability[J] Journal of marketing, 1990, 54(4):20-35.

[13] NUNNALLY J C, BEMSTEIN I H. Psychometric theory[M]. 3rd ed. New York: McGraw-Hill, 1994.

[14] PARAMESWARAN R, YAPRAK A. A cross-national comparison of consumer research measures[J]. Journal of international business studies, 1987, 18(1):35-49.

[15] PODSAKOFF P M, MACKENZIE S B, LEE J Y ,et al. Common method biases in behavioral research: a critical review of the literature and recommended remedies[J]. Journal of applied psychology, 2003, 88(5):879-903.

[16] SHALLEY C, GILSON L, BLUM T. Interactive effects of growth need strength, work context, and job complexity on self-reported creative performance[J]. Academy of management journal, 2009, 52: 489-505.

[17] WATHNE K H, HEIDE J B. Relationship governance in a supply chain network[J]. Journal of marketing, 2004, 68(1): 73-89.

[18] 巴宾，齐克芒德 . 营销调研精要 [M]. 6 版 . 北京：清华大学出版社，2017.

[19] 陈晓萍，沈伟 . 组织与管理研究的实证方法 [M]. 3 版 . 北京：北京大学出版社，2018.

[20] 刘婷，刘益 . 交易专项投资对伙伴机会主义行为影响的实证研究 [J]. 管理科学，2012，25（1）：66-75.

[21] 刘婷，王震 . 关系投入、治理机制、公平与知识转移：依赖的调节效应 [J]. 管理科学，2016，29（4）：115-124.

[22] 罗胜强，姜嬿 . 管理学问卷调查研究方法 [M]. 重庆：重庆大学出版社，2014.

[23] 张磊楠，张欣，王永贵 . 营销渠道成员间竞合行为测量模型研究：量表开发与效度检验 [J]. 南京社会科学，2014（4）：30-37.

第 4 章

相关和线性回归分析及其应用实例

4.1 相关分析和回归分析

相关分析和回归分析是管理研究中经常用到的研究方法，二者经常被一起使用，以提高研究结论的可靠性。

1. 相关分析

相关是指变量之间表现出的相随变化的关系，相关分析就是对这种相随变化关系的具体讨论和研究（李怀祖，2017）。我们平时熟悉的现象或变量之间的关系主要有两种，即函数关系和相关关系。

函数关系是指现象之间确实存在数量上的相互依存关系，两种现象间的数量按照一定的规律一一对应，即两个现象或变量之间会同时沿着相同或相反的方向发生变化。而相关关系是指现象之间数量上不确定、不严格的依存关系，其全称为统计相关关系，属于变量之间的一种不完全确定的关系。两种现象之间的数量存在协变关系，但不是一一对应的，例如产品价格与销售量之间的关系。正是因为其非严格的一一对应关系，才成为管理研究中的研究对象。

2. 回归分析

回归分析是用来研究自变量与因变量之间的关系，分析因变量如何随着自变量的变化而变化的方法，其目的在于根据已知自变量来估计和预测因变量的平均水平（Greene，2018）。

在回归分析中，通常采用回归方程的形式对回归关系进行描述。而回归方程根据回归变量的多少，分为一元回归方程和多元回归方程；根据回归是否线性，分为线性回归方程和非线性回归方程（非线性回归见本书第 9 章）；根据因变量是否为连续变量，分为连续变量回归（即我们通常说的回归分析）和离散变量回归；根据回归是否有滞后关系，分为自身回归方程和无自身回归变量的方程。

3. 相关分析与回归分析的区别和联系

综上所述，尽管相关分析和回归分析都是研究变量之间的关系，但二者对变量关系的刻画和描述存在差异。相关分析研究随机变量之间相互依存关系的方向和密切程度；回归分析研究某一因变量与一个或多个自变量之间数据关系变动趋势，用回归方程表示。相关分析研究的都是随机变量，不用区分因变量和自变量；回归分析研究要确定因变量和自变量，其中自变量是确定的普通变量，因变量是随机变量。

在具体的研究中，相关分析和回归分析经常一起使用，互相补充从而对现象间的关系进行解释。相关分析需要依靠回归分析来表明现象数量相关的具体形式，而回归分析则需要依靠相关分析来表明现象数量变化的相关程度。

总体来说，相关与回归分析都是认识现象之间相关形式、方向、相关程度的工具，都可以对经济现象进行推算和预测。另外，这两种方法还经常被研究者用来对缺失的资料进行补充，例如，有研究者使用这两种方法对缺少的数据资料进行补充，并将补充完全的数据资料用于其他模型的建模分析。

4.2 相关分析的步骤

相关分析和回归分析都是对变量之间关系的分析，那么对于不同的变量类别，所采用的相关或回归分析的具体方法则存在一定的差异。本章以于晓宇等（2018）发表在《管理学季刊》的文章《如何精准扶贫？制度空隙、家庭嵌入与非正规创业绩效》为例进行分析展示。

如图 4-1 所示，在 SPSS 软件中选择 Analyze → Correlate → Bivariate，并依次在变量窗口中输入论文中表 4 所示的变量，回归系数采用默认的 Pearson（皮尔森）相关系数即可。本实例的输出结果如表 4-1 所示。

SPSS 分析软件中，相关系数的选择主要有三类，即皮尔森、肯德尔（Kendall’s tau-b）和斯皮尔曼（Spearman）相关系数。三类相关系数均为统计学上常用的重要相关系数，均表示两个变量之间变化趋势的方向和相依程度，取值都在 −1 到 +1 之间，0 表示不相关，值越大，则相关程度越高。

不同点主要为：Pearson 相关系数一般应用于**连续型变量**，是考察数据间的线性相关性，要求两个变量的总体是正态分布，或接近正态的单峰分布。Spearman 相关系数也叫 Spearman **秩相关系数**，亦即其值与两个变量具体的值无关，而仅仅与其值之间的大小关系有关。其对数据条件的要求没有 Pearson 相关系数严格，只要两个变量的观测值是成对的**有序变量**，就可以用 Spearman 等级相关系数来进行研究。Kendall 相关系数也是一个秩相关系数，适用于对**有序分类变量**相关性的计算，属于等级相关系数。例如，评委对选手的评分分为优、中、差三等，那么该系数可以用来计算多个评委的打分是否一致，如多个评委的排序一致则为 1，排序完全相反则为 −1。

值得注意的是，SPSS 软件的输出结果是将变量之间的上下两部分对角矩阵全部列出，研究者在汇报过程中需要结合学术规范和发表经验等整理成文章中汇报的相关系数三角矩阵以方便评审人、读者阅读和理解。

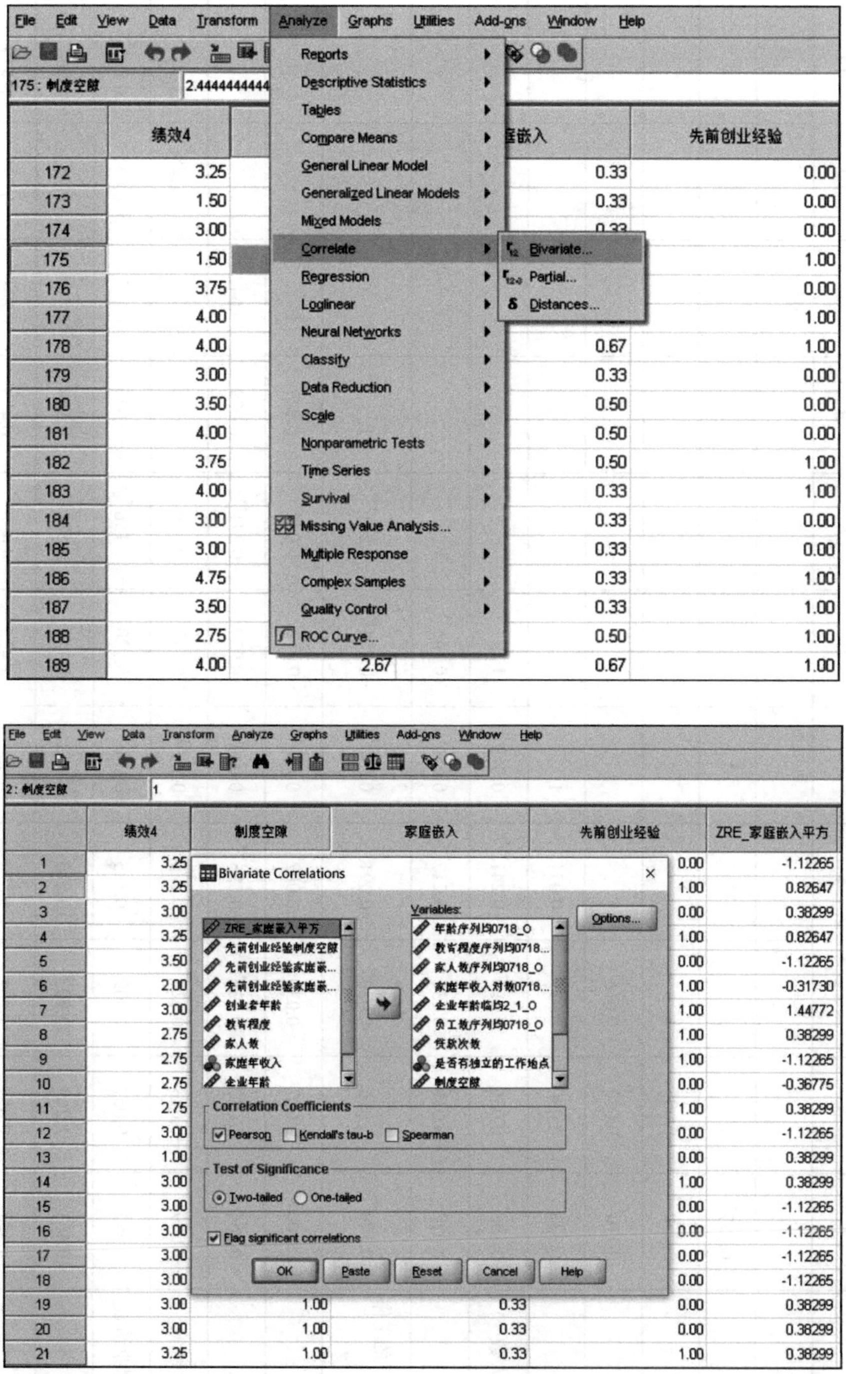

图 4-1　相关分析操作步骤

注：创业者年龄、教育程度、家庭规模、家庭年收入、创业年限、雇用员工人数六个变量均采用原始问卷调研所得数据，数据集中在变量后添加了后缀“_O”。

表 4-1 论文实例中的相关系数表

	1	2	3	4	5	6	7	8	9	10	11	12
1. 创业者年龄	1											
2. 教育程度	0.097*	1										
3. 家庭规模	−0.060	−0.005	1									
4. 家庭年收入	−0.110*	0.083	−0.016	1								
5. 创业年限	0.333***	0.080	−0.039	0.071	1							
6. 雇用员工人数	−0.105*	0.036	0.114*	0.241***	0.018	1						
7. 贷款次数	−0.027	−0.019	−0.131**	0.217***	0.056	0.145**	1					
8. 是否有独立的工作场所	0.179***	−0.056	−0.029	−0.091*	0.148**	−0.214***	−0.211***	1				
9. 制度空隙	0.000	−0.087	−0.039	0.092*	0.110*	−0.111*	0.042	0.127*	1			
10. 家庭嵌入	0.056	0.027*	0.222***	−0.176***	0.020	0.039	−0.241***	0.009	−0.042	1		
11. 先前创业经验	−0.009	−0.018	0.128*	0.040	−0.200***	0.117*	0.010	−0.110*	−0.131**	0.128*	1	
12. 非正规创业绩效	−0.062	0.057	−0.009	0.185***	−0.140**	0.120*	0.156**	−0.026	0.077	−0.055	0.245***	1
均值	40.467	1.269	3.903	10.516	6.688	1.151	4.585	0.664	2.498	0.432	0.354	3.219
标准差	8.327	0.659	1.281	0.870	6.680	1.425	4.458	0.473	0.849	0.122	0.479	0.680

注：*** 代表 $P < 0.001$，** 代表 $P < 0.05$，* 代表 $P < 0.1$，样本量为 390 套；对角线上数据是相关变量的 AVE 值平均根。

该相关系数矩阵在论文中的作用可以体现在以下几个方面：①描述变量的特征；②初步检验各自变量与因变量之间的相关关系，这在研究的探索性阶段尤为重要，可以梳理和描述变量之间的关系；③大多数情况下，各自变量之间也存在一定的相关性，甚至高度相关，而将高度相关的自变量同时放入回归模型，则存在多重共线性问题，严重的情况下会使得回归系数的方向产生偏差。因此，一般研究会针对自变量之间的相关性强弱，对回归分析采取一定的措施，预防多重共线性等对估计结果产生的影响，例如采用逐步回归方法等。在论文中，各自变量之间的相关系数不是很高，但相关系数的显著性较高，因此该论文在后续的回归分析中采用了逐步回归的方式逐步添加自变量，并观察回归系数是否受到了多重共线性的影响。

4.3　线性回归分析的步骤

如上文所述，回归分析有很多不同的分析方法。在管理研究中我们经常以所研究的因变量的不同而采取不同的回归分析方法。如果因变量是连续型数据且只有一个，那么通常会使用线性回归；如果因变量是定类变量且只有一个（比如是否购买某产品、服务或多种品牌间的选择等），则称为离散变量回归；如果因变量只是二分变量（即 0、1 变量）时，常用 Logistic 或 Probit 回归；当因变量有多种选择时，常见的有 Multinomial Logit、Conditional Logit、Nested Logit 等；当因变量有多个时，则常采用偏最小二乘回归（PLS）方法。

本章以管理研究中采用最多的线性最小二乘回归方法为例，结合研究实例进行讨论。

4.3.1　线性回归分析中的变量

从统计学的角度来看，回归分析中只有位于方程左侧的因变量和方程右侧的自变量。但在管理研究中，出于研究的目的，需要对回归模型中所涵盖的所有变量进行区分以突出研究重点，将自变量细分为**控制变量**、**解释变量**、**中介变量**、**调节变量**等。在上述例文中的回归分析结果表中，作者将自变量分为三类列示。

该表的模型 1 只包含了控制变量，尽管控制变量不是某一特定研究的主要研究内容，但它们也是影响因变量的因素，该类变量的缺失可能会使研究结果产生偏差。因此，一般研究都会将以前文献、理论或实践中涉及的这些变量以控制变量的方式纳入回归模型。该表的模型 2 ～模型 5 逐步添加了研究中的解释变量，即文章重点研究的自变量或因素对被解释变量的影响。模型 6 则进一步添加了文章涉及的调节变量。正如文章的相关系数矩阵所显示，自变量之间存在一定的相关性，为避免自变量之间的相关对回归结果造成影响，该文章采用了逐步回归方法，结果显示所有自变量（包括控制变量、解释变量和调节变量）系数的估计结果均较稳定，无论是系数的方向还是显著性水平，均没有明显的变化。这也从一定程度上说明了自变量之间的相关性并未造成多重共线性，影响估计结果。

另外，在涉及中介变量的研究中，回归分析结果表格的输出会存在一定的差异，具体见本书第 5 章的详细介绍。

4.3.2　线性回归分析方法介绍

1. 回归分析过程

以论文实例中回归分析结果中的模型 1 为例，在 SPSS 中以此选择 Analyze → Regression → Linear，并在弹出窗口的因变量窗口输入因变量非正规创业绩效，自变量窗口输入创业者年龄、教育程度、家庭规模、家庭年收入、创业年限、雇用员工人数、贷款次数、是否有独立的工作地点共八个自变量。具体操作如图 4-2 所示。

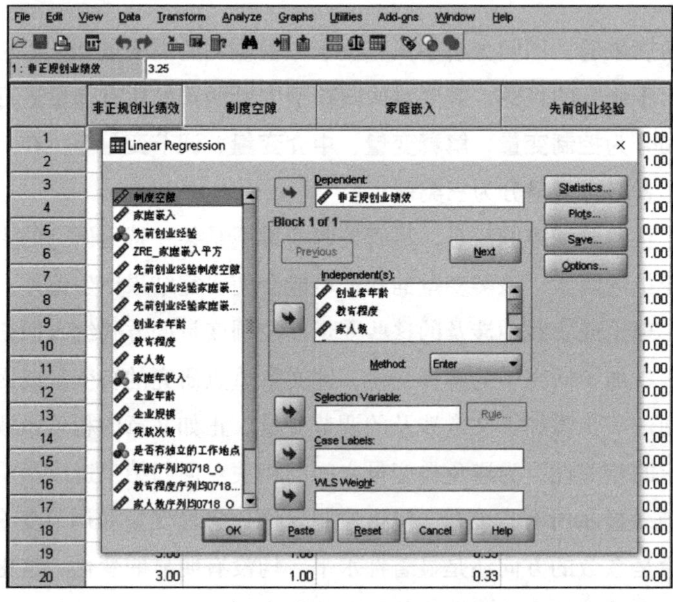

图 4-2　回归分析步骤及操作

注：不同于相关分析中的输入变量，文章将部分变量转换为有序的类别变量进行回归，具体包括创业者年龄、教育程度、家庭规模、家庭年收入、创业年限、雇用员工人数六个变量。

小诀窍

在使用 SPSS 进行回归时，软件提供了各种是否将某些变量纳入回归方程的检验方法的选项。研究者需要首先选择变量进入和剔除的标准，可以选择变量的 F 值或其对应的 P 值进行进出限定。SPSS 默认选项中，进入标准是 P 值低于 0.05，剔除标准是 P 值高于 0.1。

Enter：SPSS 会将研究者输入的所有自变量对因变量进行回归，并在结果中显示各自变量的回归系数和显著性检验。

Stepwise：不同于研究中通常所说的“逐步回归”的概念，软件中的该选项是逐个添加并剔除变量的，最后仅保留所有统计显著的自变量。因此，SPSS 软件操作中，研究者需要输入所有自变量，软件会把自变量逐个纳入回归模型，每次选择 P 值最低的变量放入回归模型，但每次有新变量进入后，SPSS 会重新估计回归模型，去掉符合剔除标准的对应 P 值最大的变量。整个过程一直重复，直至没有变量再进入和剔除。

Forward：自变量会一个一个进入回归模型，每次选择 P 值最低的变量进入，直到未进入的变量均不符合进入标准后停止。

Backward：与 Forward 相反，所有自变量先全部进入回归模型，然后一个一个剔除，每次剔除对应 P 值最大的符合剔除标准的变量，直至保留的自变量均显著为止。

Remove：不同于以上各变量逐步进入或剔除的步骤，本方法中，除须输入所有自变量外，研究者还须输入需剔除的变量列表。SPSS 首先对所有自变量回归，然后一次性剔除所有指定的剔除变量。

实际研究中，研究者可根据需要，选择不同方法进行回归分析。但在对理论及假设的检验过程中，通常 Enter 方法更值得推荐。因为变量是否剔除或保留，由研究者根据研究目的和理论来决定会更有意义。另外，某些变量不显著，可知对应研究假设未得到数据支持，能促使研究者对该假设和理论进行更加合理的分析讨论。

2. 回归分析的结果解释

以上输入的 SPSS 输出结果如表 4-2 所示，为模型整体描述，列出了模型整体解释能力 R^2 的值。表 4-3 是模型的方差分析结果（ANOVA），表格第二列分别为**回归平方和**，即因变量的所有变化中能够被回归方程解释的部分；**残差平方和**，即因变量中未被解释的变差；**总离差平方和**是前二者之和，也是因变量的总变差平方和。表格第四列**平均离差**是第二列变差与第三列自由度之比，第五列为第四列两个平均离差之比，即检验统计量 F 值，最后一列为其对应的显著性。该结果显著，说明该模型的整体显著，即模型具有较高的解释能力。

表 4-4 为所有自变量的估计系数、标准误差、检验统计量 t 值和其相对应的显著性。这里强调两点：①回归系数有非标准化系数和标准化系数两个。非标准化系数是对回归模型中输入的所有自变量对因变量进行回归，其系数可以根据各自的单位进行解释，即自变量每变化一个单位（自变量单位），因变量变化的单位（因变量单位）。而标准化系数则是将所有自变量和因变量标准化后再进行回归的结果，该系数去掉了变量之间的单位差异，因此可以

用来对比各自变量、因变量影响的大小。②根据统计假设检验的原理，该表格中的非标准化系数（第二列）与标准误差（第三列）之比，即为检验的 t 值（第五列，由于 SPSS 是按照原始数据进行计算，与我们仅保留三位小数的计算结果之间存在一定差异），而第六列的显著性则是由其 t 值和自由度决定的，因此表格的各列数值之间存在一定的决定关系。论文写作中，更专业的做法是汇报各变量的估计系数和其标准误差，并在系数右上方用“*”作为上标显示其显著性水平。

表 4-2 回归分析输出结果——模型整体描述

Model	R	R Square	Adjusted R Square	Std. Error of the Estimate
1	0.269①	0.072	0.053	0.66137

① Predictors：(Constant)，是否有独立的工作地点、家庭规模、教育程度、创业年限、雇用员工人数、创业者年龄、家庭年收入、贷款次数。

表 4-3 回归分析输出结果——方差分析结果

Model		Sum of Squares	df	Mean Square	F	Sig.
1	Regression	12.978	8	1.622	3.709	0.000①
	Residual	166.653	381	0.437		
	Total	179.631	389			

注：Dependent Variable：非正规创业绩效。

① Predictors：(Constant)，是否有独立的工作地点、家庭规模、教育程度、创业年限、雇用员工人数、创业者年龄、家庭年收入、贷款次数。

表 4-4 回归分析输出结果——回归系数估计结果

Model		Unstandardized Coefficients		Standardized Coefficients	t	Sig.
		B	Std.Error	Beta		
1	(Constant)	3.036	0.243		12.507	0.000
	创业者年龄	−0.008	0.046	−0.009	−0.166	0.868
	教育程度	0.085	0.087	0.049	0.976	0.330
	家庭规模	−0.023	0.061	−0.019	−0.381	0.703
	家庭年收入	0.124	0.035	0.192	3.542	0.000
	创业年限	−0.099	0.040	−0.129	−2.464	0.014
	雇用员工人数	−0.033	0.043	−0.040	−0.752	0.453
	贷款次数	0.022	0.008	0.145	2.674	0.008
	是否有独立的工作地点	0.064	0.075	0.045	0.856	0.392

注：Dependent Variable：非正规创业绩效。

4.3.3 回归分析应用实例

1. SPSS 操作实现

以上论文中回归分析结果共有六个模型，采用逐步回归的方式逐步添加自变量。在 SPSS 软件回归分析因变量窗口中选中非正规创业绩效，自变量中选中文章所列各控制变量，此即文章中模型 1。单击窗口中的“下一页”，输入模型 2 中新增的解释变量——制度空隙。依此类推，逐步添加模型 3 ～模型 6 中的新增变量。变量选完后，单击窗口右上角的 Statistics，勾选 R squared change 和 Collinearity diagnostics（多重共线性诊断），具体操作步骤如图 4-3 所示。

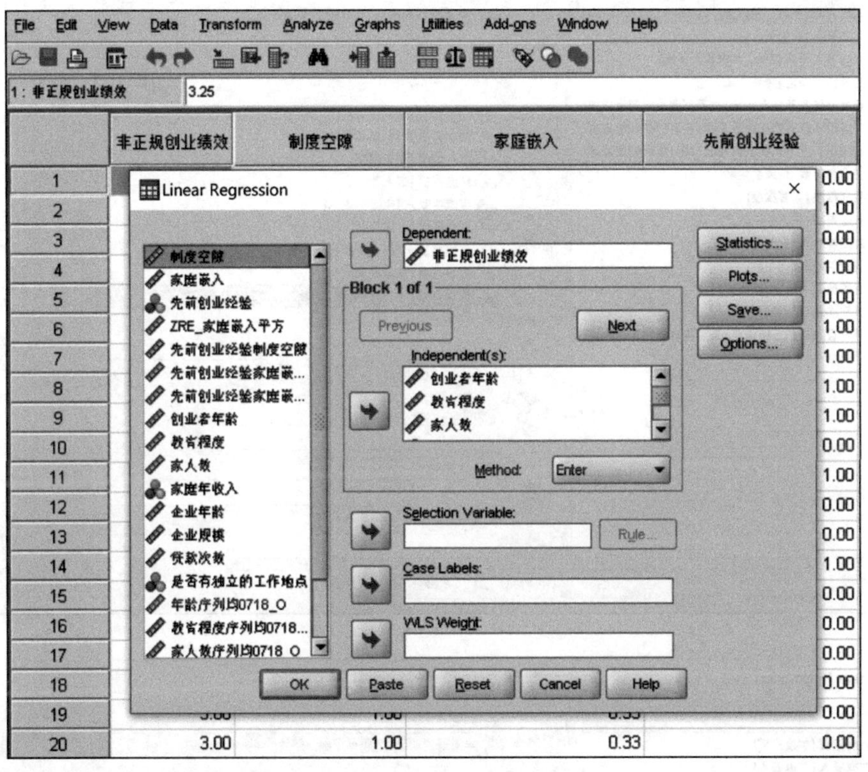

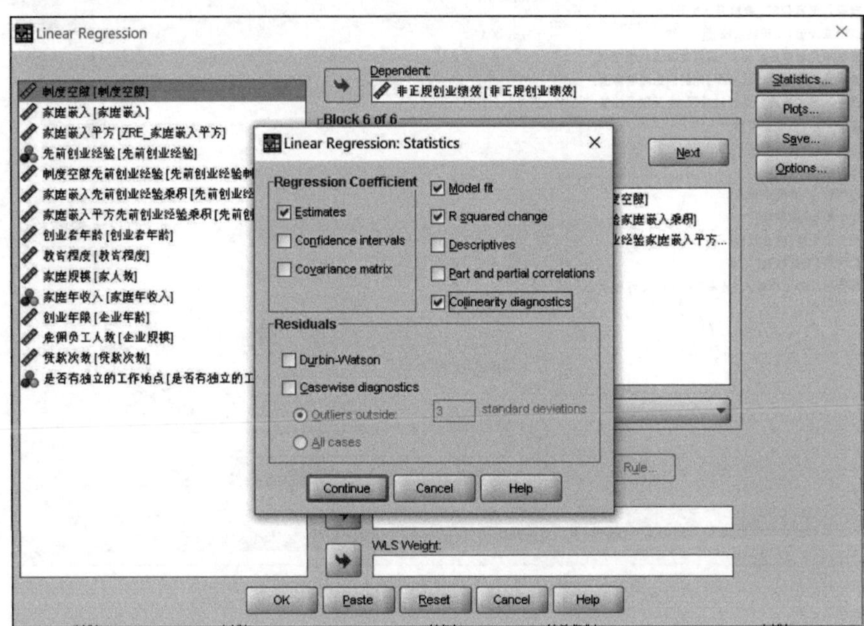

图 4-3　本章论文实例在 SPSS 中的回归分析

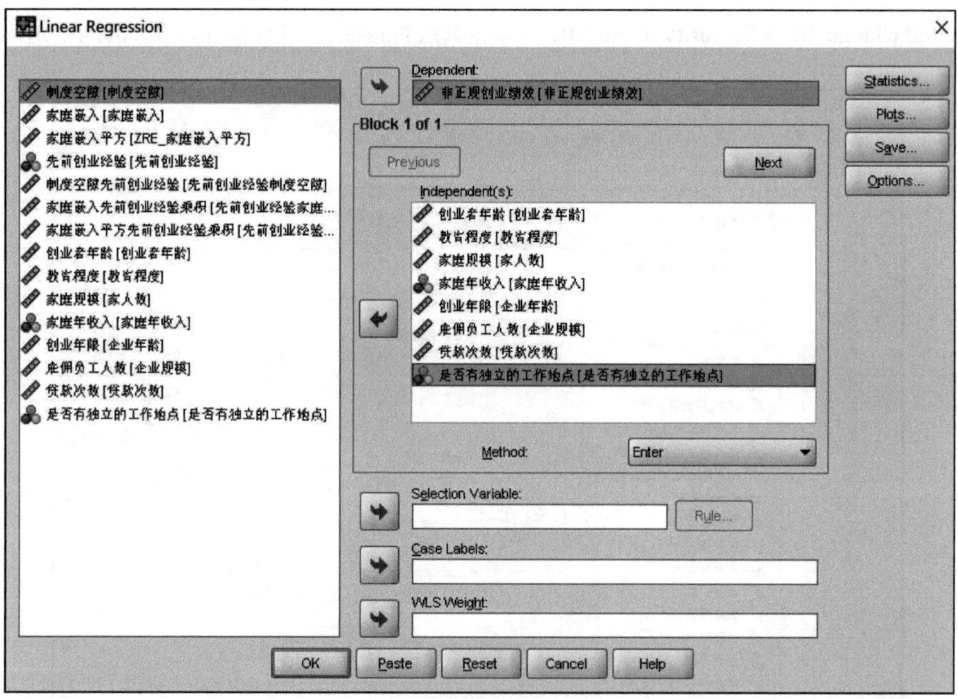
Linear Regression
制度空隙 [制度空隙]
家庭嵌入 [家庭嵌入]
家庭嵌入平方 [ZRE_家庭嵌入平方]
先前创业经验 [先前创业经验]
制度空隙先前创业经验 [先前创业经验制度空隙]
家庭嵌入先前创业经验乘积 [先前创业经验家庭...
家庭嵌入平方先前创业经验乘积 [先前创业经验...
创业者年龄 [创业者年龄]
教育程度 [教育程度]
家庭规模 [家人数]
家庭年收入 [家庭年收入]
创业年限 [企业年龄]
雇佣员工人数 [企业规模]
贷款次数 [贷款次数]
是否有独立的工作地点 [是否有独立的工作地点]
Dependent:
非正规创业绩效 [非正规创业绩效]
Block 1 of 1
Previous
Next
Independent(s):
创业者年龄 [创业者年龄]
教育程度 [教育程度]
家庭规模 [家人数]
家庭年收入 [家庭年收入]
创业年限 [企业年龄]
雇佣员工人数 [企业规模]
贷款次数 [贷款次数]
是否有独立的工作地点 [是否有独立的工作地点]
Method:
Enter
Selection Variable:
Rule...
Case Labels:
WLS Weight:
Statistics...
Plots...
Save...
Options...
OK
Paste
Reset
Cancel
Help

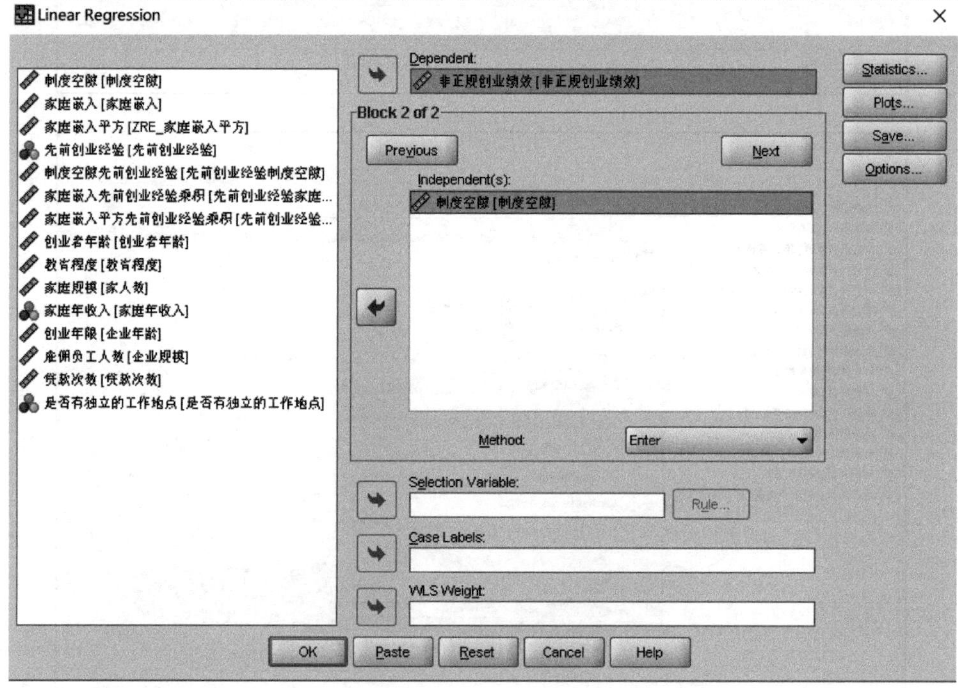
Linear Regression
制度空隙 [制度空隙]
家庭嵌入 [家庭嵌入]
家庭嵌入平方 [ZRE_家庭嵌入平方]
先前创业经验 [先前创业经验]
制度空隙先前创业经验 [先前创业经验制度空隙]
家庭嵌入先前创业经验乘积 [先前创业经验家庭...
家庭嵌入平方先前创业经验乘积 [先前创业经验...
创业者年龄 [创业者年龄]
教育程度 [教育程度]
家庭规模 [家人数]
家庭年收入 [家庭年收入]
创业年限 [企业年龄]
雇佣员工人数 [企业规模]
贷款次数 [贷款次数]
是否有独立的工作地点 [是否有独立的工作地点]
Dependent:
非正规创业绩效 [非正规创业绩效]
Block 2 of 2
Previous
Next
Independent(s):
制度空隙 [制度空隙]
Method:
Enter
Selection Variable:
Rule...
Case Labels:
WLS Weight:
Statistics...
Plots...
Save...
Options...
OK
Paste
Reset
Cancel
Help

图 4-3 （续）

Linear Regression
制度空隙 [制度空隙]
家庭嵌入 [家庭嵌入]
家庭嵌入平方 [ZRE_家庭嵌入平方]
先前创业经验 [先前创业经验]
制度空隙先前创业经验 [先前创业经验制度空隙]
家庭嵌入先前创业经验乘积 [先前创业经验家庭...
家庭嵌入平方先前创业经验乘积 [先前创业经验...
创业者年龄 [创业者年龄]
教育程度 [教育程度]
家庭规模 [家人数]
家庭年收入 [家庭年收入]
创业年限 [企业年龄]
雇佣员工人数 [企业规模]
贷款次数 [贷款次数]
是否有独立的工作地点 [是否有独立的工作地点]
Dependent:
非正规创业绩效 [非正规创业绩效]
Block 3 of 3
Previous
Next
Independent(s):
家庭嵌入 [家庭嵌入]
Method:
Enter
Selection Variable:
Rule...
Case Labels:
WLS Weight:
Statistics...
Plots...
Save...
Options...
OK
Paste
Reset
Cancel
Help

Linear Regression
制度空隙 [制度空隙]
家庭嵌入 [家庭嵌入]
家庭嵌入平方 [ZRE_家庭嵌入平方]
先前创业经验 [先前创业经验]
制度空隙先前创业经验 [先前创业经验制度空隙]
家庭嵌入先前创业经验乘积 [先前创业经验家庭...
家庭嵌入平方先前创业经验乘积 [先前创业经验...
创业者年龄 [创业者年龄]
教育程度 [教育程度]
家庭规模 [家人数]
家庭年收入 [家庭年收入]
创业年限 [企业年龄]
雇佣员工人数 [企业规模]
贷款次数 [贷款次数]
是否有独立的工作地点 [是否有独立的工作地点]
Dependent:
非正规创业绩效 [非正规创业绩效]
Block 4 of 4
Previous
Next
Independent(s):
家庭嵌入平方 [ZRE_家庭嵌入平方]
Method:
Enter
Selection Variable:
Rule...
Case Labels:
WLS Weight:
Statistics...
Plots...
Save...
Options...
OK
Paste
Reset
Cancel
Help

图 4-3 （续）

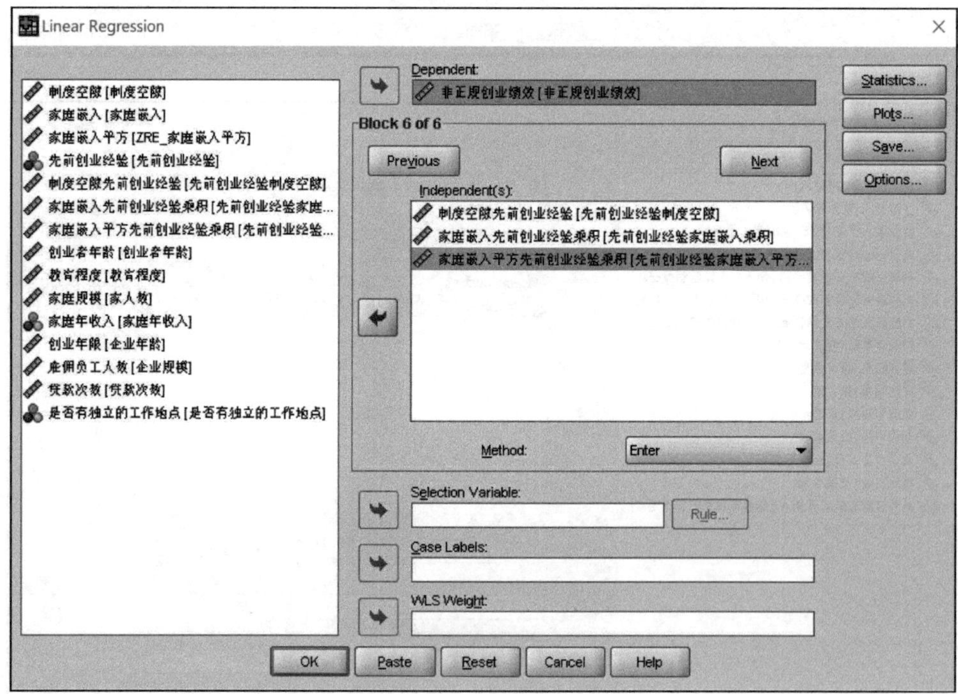

图 4-3 （续）

SPSS 运行完回归分析后，在结果窗口中出现以下结果。表 4-5 为各回归模型的整体拟合度。该表提供了论文中回归结果表格所列示的 R^2、Adjusted R^2 和ΔF。这里ΔF用来衡量各模型在增加变量后，模型显著性水平 F 值的变化，而最后一列显示 F 值的变化是否显著。

表 4-5 本章论文实例各回归模型拟合度

Model	R	R Square	Adjusted R Square	Std. Error of the Estimate	Change Statistics				
					R Square Change	F Change	df1	df2	Sig. F Change
1	0.269	0.072	0.053	0.66137	0.072	3.709	8	381	0.000
2	0.282	0.079	0.058	0.65970	0.007	2.927	1	380	0.088
3	0.282	0.079	0.055	0.66055	0.000	0.027	1	379	0.870
4	0.340	0.116	0.090	0.64831	0.036	15.445	1	378	0.000
5	0.407	0.166	0.139	0.63047	0.050	22.700	1	377	0.000
6	0.449	0.202	0.170	0.61923	0.036	5.603	3	374	0.001

小诀窍

如相关分析所指出，本例自变量之间存在一定的相关性，为避免多重共线性影响参数估计结果，该例采用了逐步回归，即逐步添加解释变量的方式进行汇报。下文的多重共线性诊断系数显示各回归模型均不存在多重共线性问题。因此，最终的全变量模型（包含所有解释变量）中各变量的系数为各自变量对因变量的净影响。

本例勾选 R squared change，SPSS 会汇报各模型与上一模型相比 R^2 和 F 值的变化值，以及该变化是否显著的 P 值。这可以用来解释逐步添加解释变量后，模型的解释能力是否有显著的提升。本例表 4-5 的结果显示，随着解释变量的增加，R^2 和 F 值均逐步增加，且大部分模型的增加值非常显著。

在汇报回归结果时，一般会包含系数估计值和其标准误差，并用不同“*”标识系数的显著性水平。鉴于显著性水平的选择一般由研究者决定，不少期刊建议研究者除上述结果外，增加系数估计的置信区间，以方便不同读者对结果做出解读。

有些文章在分析中，会将显著性水平为 0.1 的系数估计结果标注为弱显著，但目前有不少期刊不再认可该值，因为 10% 的犯错误概率较高。因此，建议研究者在投稿前要多关注、阅读目标期刊的论文，有效降低被拒稿风险。

表 4-6 的输出结果为各模型整体的显著性检验，可从该表读取论文回归结果表格中的 F 值。

表 4-6 本章论文实例各回归模型整体显著性

Model		Sum of Squares	df	Mean Square	F	Sig.
1	Regression	12.978	8	1.622	3.709	0.000
	Residual	166.653	381	0.437		
	Total	179.631	389			
2	Regression	14.252	9	1.584	3.639	0.000
	Residual	165.379	380	0.435		
	Total	179.631	389			

（续）

Model		Sum of Squares	df	Mean Square	F	Sig.
3	Regression	14.263	10	1.426	3.269	0.000
	Residual	165.367	379	0.436		
	Total	179.631	389			
4	Regression	20.755	11	1.887	4.489	0.000
	Residual	158.875	378	0.420		
	Total	179.631	389			
5	Regression	29.778	12	2.482	6.243	0.000
	Residual	149.853	377	0.397		
	Total	179.631	389			
6	Regression	36.224	15	2.415	6.298	0.000
	Residual	143.407	374	0.383		
	Total	179.631	389			

表 4-7 的输出结果为各回归模型中自变量的系数估计及其所对应的标准误差、t 检验值和显著性水平。另外，该表格最后一列的 VIF 值用来检验模型中自变量间是否存在多重共线性。经验判断方法表明：当 $0 < \text{VIF} < 10$，不存在多重共线性；当 $10 \leqslant \text{VIF} < 100$，存在较强的多重共线性；当 $\text{VIF} \geqslant 100$，存在严重多重共线性。

表 4-7 本章论文实例各回归模型的参数估计

Model		Unstandardized Coefficients		Standardized Coefficients	t	Sig.	Collinearity Statistics	
		B	Std. Error	Beta			Tolerance	VIF
1	（Constant）	3.036	0.243		12.507	0.000		
	创业者年龄	−0.008	0.046	−0.009	−0.166	0.868	0.912	1.097
	教育程度	0.085	0.087	0.049	0.976	0.330	0.970	1.031
	家庭规模	−0.023	0.061	−0.019	−0.381	0.703	0.964	1.037
	家庭年收入	0.124	0.035	0.192	3.542	0.000	0.829	1.206
	创业年限	−0.099	0.040	−0.129	−2.464	0.014	0.891	1.122
	雇用员工人数	−0.033	0.043	−0.040	−0.752	0.453	0.847	1.180
	贷款次数	0.022	0.008	0.145	2.674	0.008	0.823	1.215
	是否有独立的工作地点	0.064	0.075	0.045	0.856	0.392	0.901	1.110
2	（Constant）	2.856	0.264		10.819	0.000		
	创业者年龄	−0.003	0.046	−0.003	−0.061	0.951	0.909	1.101
	教育程度	0.100	0.088	0.057	1.143	0.254	0.960	1.041
	家庭规模	−0.020	0.061	−0.016	−0.322	0.747	0.963	1.038
	家庭年收入	0.123	0.035	0.190	3.508	0.001	0.829	1.207
	创业年限	−0.108	0.041	−0.140	−2.666	0.008	0.877	1.140
	雇用员工人数	−0.028	0.043	−0.035	−0.649	0.517	0.844	1.184
	贷款次数	0.022	0.008	0.142	2.620	0.009	0.822	1.217
	是否有独立的工作地点	0.049	0.075	0.034	0.647	0.518	0.888	1.126
	制度空隙	0.069	0.040	0.086	1.711	0.088	0.951	1.052

（续）

Model		Unstandardized Coefficients		Standardized Coefficients	t	Sig.	Collinearity Statistics	
		B	Std. Error	Beta			Tolerance	VIF
3	(Constant)	2.837	0.288		9.848	0.000		
	创业者年龄	−0.004	0.046	−0.004	−0.075	0.940	0.902	1.109
	教育程度	0.100	0.088	0.057	1.137	0.256	0.960	1.042
	家庭规模	−0.022	0.062	−0.018	−0.345	0.730	0.934	1.070
	家庭年收入	0.123	0.035	0.191	3.501	0.001	0.819	1.221
	创业年限	−0.108	0.041	−0.140	−2.664	0.008	0.877	1.141
	雇用员工人数	−0.028	0.044	−0.034	−0.641	0.522	0.843	1.186
	贷款次数	0.022	0.008	0.144	2.605	0.010	0.797	1.255
	是否有独立的工作地点	0.049	0.075	0.034	0.655	0.513	0.884	1.131
	制度空隙	0.069	0.040	0.086	1.711	0.088	0.951	1.052
	家庭嵌入	0.048	0.291	0.009	0.163	0.870	0.888	1.127
4	(Constant)	2.764	0.283		9.753	0.000		
	创业者年龄	−0.015	0.046	−0.017	−0.325	0.745	0.898	1.114
	教育程度	0.094	0.086	0.054	1.090	0.277	0.959	1.042
	家庭规模	−0.014	0.061	−0.011	−0.229	0.819	0.933	1.072
	家庭年收入	0.126	0.035	0.195	3.645	0.000	0.819	1.221
	创业年限	−0.072	0.041	−0.093	−1.752	0.081	0.832	1.202
	雇用员工人数	−0.044	0.043	−0.054	−1.018	0.310	0.836	1.197
	贷款次数	0.022	0.008	0.146	2.698	0.007	0.797	1.255
	是否有独立的工作地点	0.060	0.074	0.042	0.809	0.419	0.883	1.132
	制度空隙	0.075	0.040	0.093	1.879	0.061	0.950	1.053
	家庭嵌入	0.053	0.286	0.010	0.186	0.853	0.888	1.127
	家庭嵌入平方	−0.134	0.034	−0.197	−3.930	0.000	0.933	1.072
5	(Constant)	2.729	0.276		9.900	0.000		
	创业者年龄	−0.026	0.045	−0.029	−0.593	0.553	0.895	1.117
	教育程度	0.103	0.084	0.059	1.228	0.220	0.959	1.043
	家庭规模	−0.046	0.060	−0.038	−0.771	0.441	0.921	1.085
	家庭年收入	0.109	0.034	0.169	3.224	0.001	0.810	1.235
	创业年限	−0.044	0.040	−0.057	−1.088	0.277	0.814	1.228
	雇用员工人数	−0.046	0.042	−0.057	−1.105	0.270	0.835	1.197
	贷款次数	0.021	0.008	0.135	2.563	0.011	0.795	1.258
	是否有独立的工作地点	0.080	0.072	0.056	1.114	0.266	0.880	1.136
	制度空隙	0.092	0.039	0.115	2.378	0.018	0.941	1.063
	家庭嵌入	−0.111	0.280	−0.020	−0.397	0.692	0.874	1.144
	家庭嵌入平方	−0.127	0.033	−0.187	−3.836	0.000	0.931	1.074
	先前创业经验	0.333	0.070	0.235	4.764	0.000	0.910	1.099

（续）

Model		Unstandardized Coefficients		Standardized Coefficients	t	Sig.	Collinearity Statistics	
		B	Std. Error	Beta			Tolerance	VIF
6	(Constant)	2.670	0.272		9.802	0.000		
	创业者年龄	−0.021	0.044	−0.023	−0.473	0.636	0.894	1.119
	教育程度	0.103	0.083	0.059	1.244	0.214	0.951	1.052
	家庭规模	−0.054	0.059	−0.045	−0.923	0.356	0.919	1.088
	家庭年收入	0.113	0.034	0.174	3.337	0.001	0.787	1.270
	创业年限	−0.037	0.040	−0.048	−0.933	0.352	0.812	1.232
	雇用员工人数	−0.050	0.041	−0.062	−1.216	0.225	0.815	1.227
	贷款次数	0.021	0.008	0.136	2.615	0.009	0.791	1.264
	是否有独立的工作地点	0.076	0.071	0.053	1.080	0.281	0.880	1.136
	制度空隙	0.109	0.039	0.137	2.831	0.005	0.917	1.090
	家庭嵌入	−0.075	0.278	−0.014	−0.272	0.786	0.859	1.164
	家庭嵌入平方	−0.106	0.033	−0.156	−3.202	0.001	0.903	1.108
	先前创业经验	0.365	0.069	0.257	5.261	0.000	0.894	1.119
	制度空隙先前创业经验	0.092	0.033	0.132	2.778	0.006	0.945	1.058
	家庭嵌入先前创业经验乘积	0.022	0.033	0.032	0.659	0.510	0.923	1.083
	家庭嵌入平方先前创业经验乘积	0.100	0.034	0.143	3.000	0.003	0.942	1.062

2. Stata 操作说明

本节将该论文数据导入 Stata，并编写代码实现变量描述、相关分析、逐步回归分析等结果。值得注意的是，Stata 软件对中文的显示存在问题，需要将文件路径和文件名修改为英文或字母名称，如图 4-4 所示，Stata 代码对变量中英文对应名称进行了解释。

```
/* 清屏、定义路径宏变量，以方便后续直接调用 */
#delimit;
clear;
glo path "C:\Targeted_Poverty_Alleviation";

/* 定义宏变量 controlvar，其包含了论文中所有的控制变量，依次为：非正规创业绩效、创业者年龄、教育程度、家庭规模、家庭年收入、创业年限、雇用员工人数、贷款次数、是否有独立的工作地点 */
glo controlvar "performance age education famscale famincome entage entscale loan location";

/* 定义宏变量 allvar，其除包含所有的控制变量，还增加了所有解释变量，依次为：制度空隙、家庭嵌入、家庭嵌入平方、先前创业经验、制度空隙先前创业经验、家庭嵌入先前创业经验乘积、家庭嵌入平方先前创业经验乘积 */
```

图 4-4　本章论文实例 Stata 操作过程

```
glo allvar "age education famscale famincome entage entscale loan location policygap famembed famembed2
experience exp_policy exp_famembed exp_famembed2 performance";

/* 导入 excel 数据，一定将该 Excel 数据文件放置 path 路径下 */
import excel $path\Targeted_Poverty_Alleviation.xlsx, firstrow clear;

/* 变量描述、相关系数矩阵 */
sum $allvar;
corr $allvar;

/* 以下对应论文实例中的六个逐步回归模型，并将回归结果保存至文件名为 "OLS_Result" 的 word 和 excel 文
件中。*/
/*outreg2 为回归结果保存语句，首次调用需要在 stata 中点击安装 */
/* bdec(3) 指定回归结果保留三位小数，e(r2_a. F) 在回归结果中增加汇报调整后的 R2 和 F 值 */
/*estat vif 计算每一回归分析之后的 VIF 值 */

reg $controlvar;
outreg2 using $path\OLS_Result,replace bdec(3) word excel e(r2_a F);
estat vif;

reg $controlvar policy;
outreg2 using $path\OLS_Result,append bdec(3) word excel e(r2_a F);
estat vif;

reg $controlvar policy famembed famembed2;
outreg2 using $path\OLS_Result,append bdec(3) word excel e(r2_a F);
estat vif;

reg $controlvar policy famembed famembed2 experience;
outreg2 using $path\OLS_Result,append bdec(3) word excel e(r2_a F);
estat vif;

reg $controlvar policy famembed famembed2 experience exp_policy exp_famembed exp_famembed2;
outreg2 using $path\OLS_Result,append bdec(3) word excel e(r2_a F);
estat vif;
```

图 4-4　(续)

注：可复制上述语句至 Stata 的命令编辑页面，并将第四行定义的宏命令 path 的地址修改为自己设定的特定路径。

值得注意的是，虽然图 4-4 的代码中每一个回归模型是单独运行的，但 outreg2 这个命令将所有六个回归分析的结果整合到一起，汇报至结果文件 OLS_Result 中，并且标出了系数的显著性水平，研究者可以直接将结果拷贝到论文中进行汇报。

小诀窍

Stata 是一款适合于编程使用的统计分析软件，绝大多数的统计分析方法均能运行。这里将我们在使用过程中的心得和经验进行总结，以供参考。

（1）由于操作过程中可能会出现调用不同数据资料进行合并、计算变量，或保存

结果等操作，建议将同一研究中涉及的数据资料放至相同目录下，并在编码开始时就将路径定义为宏命令字符串，以方便后续调用。本例中首先定义了 path 宏命令，并在导入数据和保存回归结果时均直接调用了该路径。另外，还对回归分析中的控制变量和所有解释变量分别设置了宏命令，在运行各回归模型时，不需要重复输入较长的变量列表，直接调用宏命令即可，使得语句看上去更清晰，更容易编写和发现错误。

（2）建议研究者在编写代码过程中添加注释语句（见上例 /**/ 里的内容）。这一方面便于编写和修改，另一方面也便于后期对研究过程进行回顾和分享。

（3）Stata 软件是一个半开源的统计分析软件，有不少学者将自己编写的代码或方法发布至网络，研究者可根据需要调用并嵌入代码，本例中的 outreg2 命令即为此例。联网状态下在 Stata 的帮助窗口中搜索代码，即可点击安装。

（4）Stata 的命令很多，且每条命令都有非常多的参数，无须一一背诵，使用中可通过“帮助”窗口搜索命令，并根据需要添加限制条件和参数，如本例中增加了汇报调整后的 R^2 和 F 值等。另外，“帮助”内容中还提供了详细的自带数据案例的调用和分析代码，可以直接复制至“命令”窗口进行重复操作。

4.4 发表历程与体会

回归分析是研究中最常被研究者使用的实证分析工具，它不仅可以直接进行因果影响关系的假设检验，还经常被用来辅助检验中介效应和调节效应。但在使用中有些问题也经常会被研究者所忽视，从而造成研究的不严谨和不科学。结合多年的研究、论文发表和审稿经验，我们总结出以下两个注意事项。

1. 解释变量的引入需要结合研究理论突出重点

正如上文所述，回归分析中的自变量可以分为控制变量、解释变量、中介变量和调节变量。研究中我们总试图在回归模型中涵盖所有可能影响因变量的因素，这往往会造成研究模型的“复杂化”而忽视了对研究重点的突出。以范丽先、叶圆慧 2017 年发表在《外国经济与管理》的文章为例，论文初稿的理论构建如图 4-5 所示。可以看出该概念模型中试图涵盖尽可能多的变量或因素，因而研究假设非常分散，没有突出研究的重点。

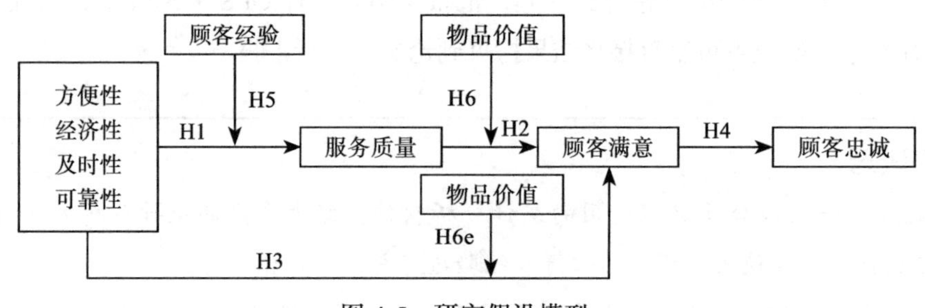

图 4-5　研究假设模型

在第一轮的退修意见之中，两位审稿人均提出了模型中变量选择的问题，并帮助该论文作者梳理了研究变量，从而简化了模型并突出了研究重点。以下是两位审稿人的具体意见：

审稿人 1：文章的研究问题和研究变量需要再思考。根据图 1（即本章图 4-5），文章研究的问题应该是，网络特性对快递服务质量和快递品牌满意度的影响。实际上，文中的“网络特性”应该就是衡量快递服务质量的代理变量，包括快递服务的方便性、经济性、及时性、可靠性。所以文章的研究问题变成了快递服务对快递服务和快递品牌满意度的影响。由此可见，前一个研究问题是自己对自己的影响，没有必要。所以，文章研究的应该是，快递服务对快递品牌满意度的影响。应以此作为标题。快递服务用原“网络特性”的四个指标来衡量。

审稿人 2：从理论模型和假设来看，一方面，顾客满意与顾客忠诚之间的关系，不论是服务行业还是制造行业，不论是网购背景还是实体购买背景下，已经获得很多实证检验和研究，故可以删除该变量之间的关系研究。

经过对研究内容的重新梳理，作者在修改稿中将模型进行了简化，如图 4-6 所示。

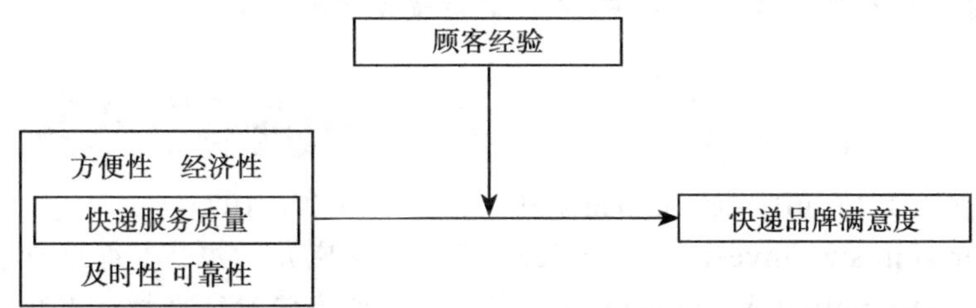

图 4-6　顾客经验调节作用下快递服务质量对快递品牌满意度的影响模型

该文章的反复修改和最终发表，让我们进一步认识到，现实中对因变量有影响的因素或变量有很多，而且往往错综复杂，一篇试图涵盖所有影响因素或变量的模型不一定是一个好的研究模型。研究者需要在这些错综复杂的关系中抽丝剥茧，结合研究理论提炼出研究的核心问题进行研究和讨论，这才是管理研究的意义。

2. 对回归结果的解释不能仅停留在结果本身

大多数研究初学者在研究初期都是从阅读和模仿文献开始进行研究工作，对研究方法的学习往往也是在模仿的基础上，综合不同文章的多种方法以期从方法论角度进行创新应用。这种对研究方法的“过度”关注确实能在一定程度上提升研究质量，但这也会分散研究者对研究结果含义的深入讨论，而仅停留在研究假设是否得到支持的层面。以 Fan & Xie（2021）发表的论文为例，在第一轮审稿意见中，审稿人 2 就指出了如下问题：

Reviewer 2: The paper uses the dummy variables to indicate the impacts of the vessel builder on the vessel purchase decision. What are the factors behind the builder, e.g., their prices, quality or vessel delivery, affecting the shipping companies ’ decisions?

These should be investigated in details and included in the model. Otherwise, the estimate results of the coefficients of these dummy variables cannot provide any useful management insights. Because these crucial factors are missing in the model, its value is very limited and sometimes hard to explain the phenomenon in the shipping market.

在修改稿中，我们首先对涉及的哑变量进行总结，讨论哑变量代表的船舶建造国的特征，从而在对结果的解释中增加对这些变量所代表的建造国的潜在特征对研究问题的影响，并最终针对该结果凝练出具体的政策建议，最终提升了研究的深度和意义。

小结

本章由上海大学范丽先教授和于晓宇教授共同撰写，首先阐述了相关分析和回归分析的区别与联系，在介绍相关分析在 SPSS 中的操作步骤之后，解释了软件中三类主要的相关分析方法和各自的适用条件；然后重点介绍了回归分析的种类和回归中的不同变量，并结合发表文献，介绍回归分析在 SPSS 中的操作步骤、各步骤中的选项和软件汇报结果的解释等；最后，结合个人的投稿、审稿和发表经历，总结论文发表过程中经常遇到的问题以及解决思路，为研究初学者提供参考。

参考文献

[1] FAN L, XIE J. Identify determinants of container ship size investment choice [J]. Maritime policy & management, 2021, 1-16.

[2] GREENE W H. Econometric analysis [M]. 8th ed . Stern School of Business, New York University: Pearson, 2018.

[3] 范丽先，叶圆慧 . 快递服务质量对快递品牌满意度的影响：电子商务环境下顾客经验的调节作用 [J]. 外国经济与管理，2017，39（12）：140-151.

[4] 李怀祖 . 管理研究方法论 [M].3 版 . 西安：西安交通大学出版社，2017.

[5] 于晓宇，刘婷，陈依，等 . 如何精准扶贫？制度空隙、家庭嵌入与非正规创业绩效 [J]. 管理学季刊，2018，3（3）：46-67，107.

[6] 陈晓萍，沈伟 . 组织与管理研究的实证方法 [M]. 3 版 . 北京：北京大学出版社，2018.

[7] 李昕，张明明 . SPSS 22.0 统计分析从入门到精通 [M]. 北京：电子工业出版社，2015.

[8] 张晓峒 . 计量经济学 [M]. 北京：清华大学出版社，2017.

[9] 张文彤，钟云飞 . IBM SPSS 数据分析与挖掘实战案例精粹 [M]. 北京：清华大学出版社，2013.

[10] 何晓群 . 现代统计分析方法与应用 [M]. 4 版 . 北京：中国人民大学出版社，2016.

第 5 章

中介效应及其检验操作

5.1 中介和调节效应的起点：理论创新

创新不仅是当今时代的热点，也是当前论文发表的首要标准。国内外的学术期刊在筛选稿件时均将**文章的创新性**作为首要指标，如果文章的立意不够新颖或者创新不够明确均有可能面临被退稿的风险。表 5-1 是国际顶级期刊 *Academy of Management Journal* 2023 年的专家评审标准，从中不难发现，在编辑部给出的 4 个评价标准中，有一半都直接涉及了文章的创新问题。国内管理学领域的权威期刊也非常重视文章的创新性，以《南开管理评论》为例，在该期刊 2023 年的 9 项稿件评价指标中，前 3 项（对本领域研究的贡献、选题的意义、文章的创新性）都指向文章的创新性（见表 5-2）。这说明，我们在开展学术研究及撰写学术论文时需要以创新为出发点并关注研究贡献。然而，摆在我们面前的一个重要问题是：**怎么寻求理论创新并做出学术贡献？**

表 5-1　*Academy of Management Journal* 的专家评审标准（2023 年）

Criteria	Questions
Theoretical contribution	Does the manuscript test, create, or extend theory? Does it change or advance knowledge of the concepts, relationships, models, or theories embedded in the relevant literatures? Does it cause scholars to think about some phenomenon in a way that would not be anticipated from extrapolations of existing work?
Interestingness, innovativeness, and novelty	Does the manuscript examine new constructs, phenomena, or relationships, or does it test its predictions in an unconventional, elegant, and unexpected way?
Empirical contribution	Do the manuscript's findings add to the existing pool of knowledge in the relevant domains in an important and useful way?
Methodological rigor	Was the study well executed? If the study is hypothetical-deductive, do its manipulations or measures possess construct validity, and do its findings possess adequate internal and statistical conclusion validity? If the study is inductive, are its data gathered, coded, and interpreted according to prevailing standards?

表 5-2 《南开管理评论》的专家评审标准（2023 年）

请对本稿进行以下评价					
1. 对本领域研究的贡献	○ 高	○ 中高	○ 中	○ 中低	○ 低
2. 选题的意义	○ 高	○ 中高	○ 中	○ 中低	○ 低
3. 文章的创新性	○ 高	○ 中高	○ 中	○ 中低	○ 低
4. 文献综述的充足性	○ 高	○ 中高	○ 中	○ 中低	○ 低
5. 模型与假设的严谨性	○ 高	○ 中高	○ 中	○ 中低	○ 低
6. 研究方法的适当性和严谨性	○ 高	○ 中高	○ 中	○ 中低	○ 低
7. 讨论及结论的指导性	○ 高	○ 中高	○ 中	○ 中低	○ 低
8. 文笔的流畅性	○ 高	○ 中高	○ 中	○ 中低	○ 低
9. 实践价值	○ 高	○ 中高	○ 中	○ 中低	○ 低

目前来看，从不同的理论视角探讨自变量与因变量之间的内在机制是一条重要路径，主要有三种实现手段：**探索作用过程（中介机制），探索边界条件（调节机制），同时探索作用过程、边界条件（被调节的中介或被中介的调节）**。在上述三种实现手段之中，会涉及中介模型、调节模型、被调节的中介或被中介的调节模型。本章首先对中介模型及其内涵和检验等进行介绍，下一章会对调节模型、被调节的中介或被中介的调节模型及其内涵和检验进行介绍。

小诀窍

如何做出理论贡献？有三个小诀窍能帮助我们回答这一问题。

第一，以全新的角度来解释成熟的结论。例如，领导–部属交换（leader-member exchange）对员工组织公民行为（organizational citizenship behavior）的正向影响是学界普遍认可的结论，如果在这一影响过程中考虑领导–部属交换关系的差异化或者部属之间的社会比较，将更容易在理论贡献上有所突破。

第二，用严谨的实证研究并结合新的视角来修正和扩展已有的理论模型。例如，以往关于辱虐管理的理论模型多关注其消极后果，如果从动态、非线性等视角重新审视这一问题，将更容易寻求理论创新点。有学者（Lee、Yun & Srivastava，2013）应用激活理论（activation theory）提出和验证了辱虐管理与员工创造力之间的倒 U 形关系，认为适度的辱虐管理有助于创造力的提升。

第三，研究新现象，探索此前的未知领域，拓展已有理论。例如，以往关于组织公民行为的研究都是关注其积极面，认为组织公民行为会带来一系列积极的影响。近年来，有学者开始关注组织公民行为的消极面，发现组织公民行为会激发员工的道德推脱（moral disengagement），进而表现出一些反生产行为（counterproductive work behavior），由此拓展了既有的组织公民行为理论。

5.2 中介变量的内涵

中介机制的探索过程中涉及一个重要的变量——中介变量。如果自变量 X 影响因变量 Y，并且这种影响作用是通过一个中间的变量 M_e 所实现的，那么 M_e 就是中介变量，这种作用原理如图 5-1 所示。以 Zhao、Kessel & Kratzer（2014）的研究模型为例，他们指出高质量的领导 – 部属交换关系（LMX，指领导与部属之间交换关系的质量）会影响员工对自我的定位与认知，其效果是增强了员工的内部人身份认知（perceived insider status），从而带来员工创造力的提升。在这一模型中，内部人身份认知就是一个中介变量。中介变量的主要作用是在已知自变量 X 和因变量 Y 关系的基础上，探索产生这个关系的具体过程，即中介效应（mediating effect）。这能**把原来用来解释相似现象的理论整合起来，而使得已有的理论更为系统**；或者是解释关系背后的作用机制，使自变量和因变量之间的因果关系链更为清楚和完善。在原有的两个变量关系的基础上引入中介变量，是我们寻求理论创新的一条重要路径。

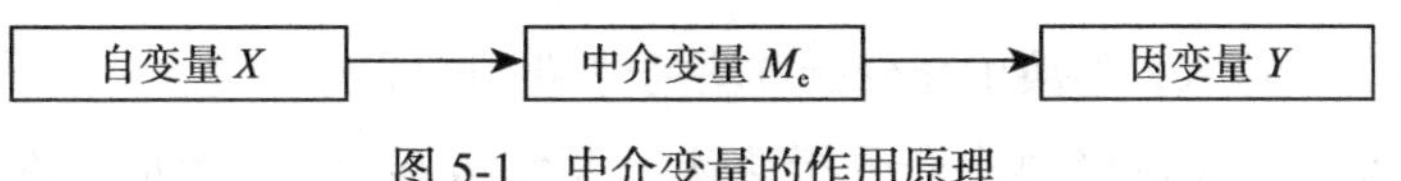

图 5-1　中介变量的作用原理

中介变量有完全中介（full mediation）和部分中介（partial mediation）两种类型。在上文的例子中，如果 LMX 对员工创造力的影响完全是通过内部人身份认知所传导的（此时 LMX 对员工创造力没有直接影响），则内部人身份认知起到完全中介作用；如果 LMX 除了通过内部人身份认知的中介作用对员工创造力产生间接影响，LMX 还对员工创造力产生直接影响，则内部人身份认知起到部分中介作用。

小诀窍

当前，学术界对于中介模型中的因果关系要求越来越高。在研究设计上，我们建议在条件允许的情况下，将自变量、中介变量、因变量分三个时点依序分别测量。最佳情况是将自变量、中介变量、因变量在两个或三个时间点上重复测量，采用时间延迟模型（time-lagged repeated measure model）来进行验证。

在此，简单说明验证因果关系的四个必要条件：①在时间上，原因发生在结果之前；②原因和结果存在相关关系；③原因和结果之间存在恒定的关系（理论机制）；④对结果不存在其他可能的解释（Cook & Campell，1979）。

5.3　中介变量的检验操作

5.3.1　经典中介分析方法

Baron & Kenny（1986）所提出的经典中介分析是目前使用最为广泛的方法之一，主要使用分步回归检验中介作用（见图 5-2）。基本原理是：首先，检验自变量与因变量之间的关系；其次，检验自变量与中介变量之间的关系；最后，将中介变量纳入自变量和因变量之间关系的回归分析中，如果自变量和因变量的关系依然显著相关，但关系显著地减弱，则说明起部分中介作用，而如果自变量和因变量的关系消失，则说明起完全中介作用。

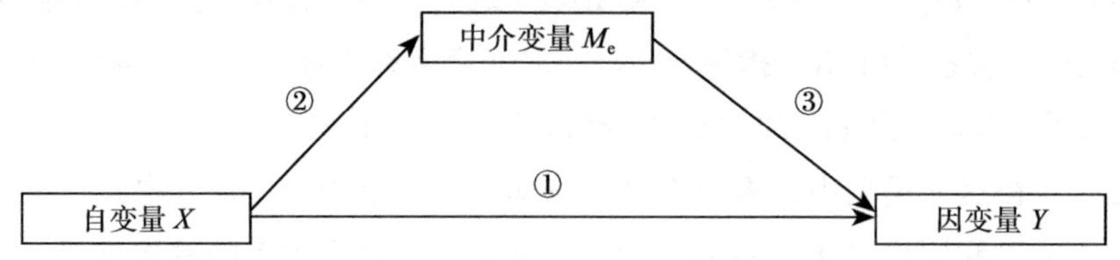

图 5-2 经典中介分析原理

完全中介：① $Y = b_0 + b_1 X$；② $M_e = b_2 + b_3 X$；③ $Y = b_4 + b_5 X + b_6 M_e$。（$b_1$ 和 b_3 显著，且 b_5 不显著。）

部分中介：① $Y = b_0 + b_1 X$；② $M_e = b_2 + b_3 X$；③ $Y = b_4 + b_5 X + b_6 M_e$。（$b_1$、$b_3$ 和 b_5 均显著，且 b_5 相较于 b_1 显著性变弱。）

随着研究的不断深入，经典中介分析方法的弊端不断浮现。

（1）Baron & Kenny 的经典中介分析法认为系数 b_1 显著（主效应存在）是中介效应的根本前提，但是诸多统计检验方法的研究文章指出中介效应的存在并不需要主效应显著（MacKinnon、Krull & Lockwood，2000；Preacher & Hayes，2004）。

（2）中介效应是否成立并不需要对主效应（b_1）进行检验，如同时存在正负作用的中介时主效应不显著。

（3）部分中介并不代表数据结果不完美，部分中介可能意味着自变量对因变量的影响并不是只有唯一的一个中介路径。

（4）Baron & Kenny 的因果逐步回归方法一般只能被用作简单中介检验，即**仅适合一个中介变量的模型**。

在此背景下，研究者开始寻找更为科学的检验方法，譬如 Sobel 检验、利用 Bootstrap 方法构造中介效应置信区间等。接下来介绍 Hayes（2017）所提供的 PROCESS 工具进行 Bootstrap 方法的中介检验。

5.3.2 PROCESS 工具检验方法

PROCESS 是检验中介作用、调节作用、条件过程模型（有调节的中介、有中介的调节）的一个工具，适用于 SPSS、SAS 等主流统计软件。PROCESS 专门用于分析中介效应和调节效应，除了常规回归分析的结果外，还额外提供直接效应、间接效应的估计值以及 Bootstrap 置信区间、Sobel 检验等结果。PROCESS 的有效性和科学性目前已在国内外得到普遍认可和应用。

Bootstrap 方法的检验力高于 Sobel 检验，Bootstrap 也是当前国内外中介效应检验的主流方法。Bootstrap 方法有两大优势：一是通过将一个固定的样本当作总体，进行重复取样，Bootstrap 方法在问卷获取的样本较小的情况下能得到更加精确的区间估计；二是当不知道统计项的抽样分布时，Bootstrap 方法可以用来做统计验证。

（1）PROCESS 下载及安装。PROCESS 可以免费下载和安装，网址是：http://www.processmacro.org/download.html。读者可以点击网址下载最新版本的 PROCESS，下载完毕

后打开电脑中安装的 SPSS 分析工具（见图 5-3），在 SPSS 界面找到“实用程序”，单击其中的“定制对话框”→“安装自定义对话框”→选择“安装文件”，等待安装成功。

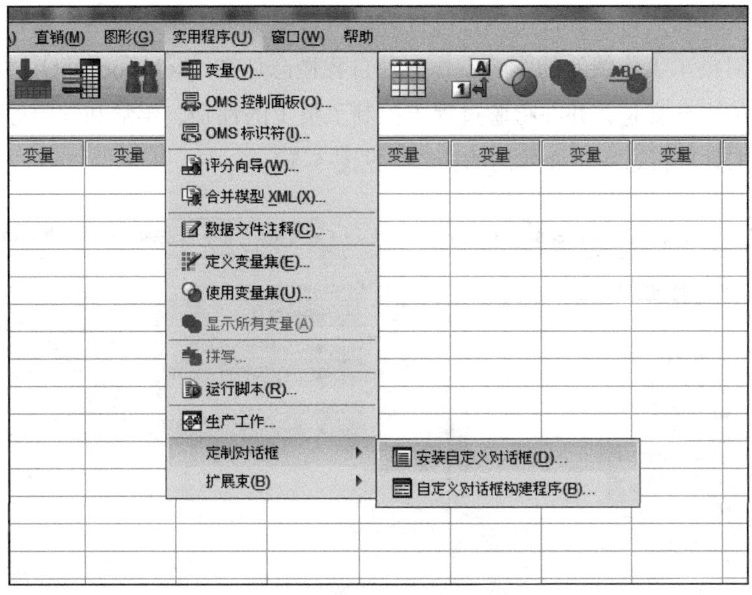

图 5-3 PROCESS 安装示意

（2）PROCESS 中介检验操作。首先，按照如下步骤调出 PROCESS 程序：打开 SPSS→分析→回归→PROCESS，如图 5-4 所示。其次，在相应的栏目中分别选择自变量、中介变量、因变量、控制变量。再次，根据 templates 文件中的 76 个模型选择合适的分析模型。最后，设定样本量（5000）和置信区间（一般为 95%）。

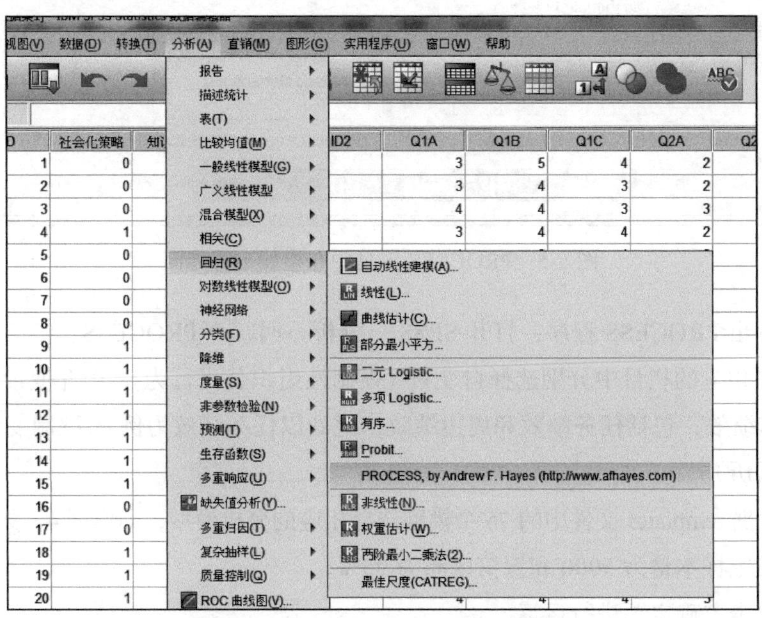

图 5-4 PROCESS 分析示意

5.3.3 中介效应的检验操作示例

以赵红丹（2014）发表在《经济与管理研究》上的文章为例，展示 PROCESS 中介检验的具体操作。文章在探讨强制性组织公民行为如何影响员工工作绩效这一过程中，将强制性组织公民行为对员工工作绩效的影响看作一种自我概念认知（self-concept）过程，选择组织认同作为其中的中介变量，并在检验过程中控制了员工的性别、年龄和学历等变量。下面采用 PROCESS 工具进行这一中介作用的检验（见图 5-5）。

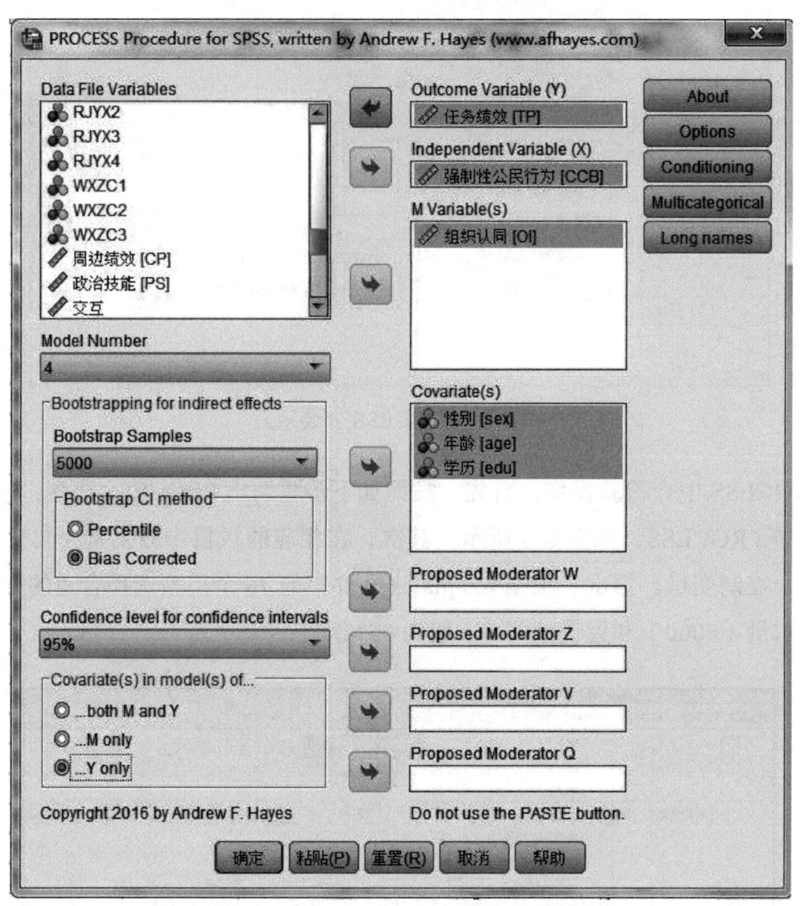

图 5-5 PROCESS 工具中介检验运算界面

第一，调出 PROCESS 程序：打开 SPSS →分析→回归→ PROCESS。

第二，在相应的栏目中分别选择自变量（强制性组织公民行为）、中介变量（组织认同）、因变量（工作绩效，包括任务绩效和周边绩效，此处以任务绩效为例）、控制变量（员工的性别、年龄和学历）。

第三，根据 templates 文件中的 76 个模型选择相应的分析模型，即模型 4，如图 5-6 所示。

第四，设定样本量为 5000 和置信区间为 95%。

第五，单击“确定”进行运算。

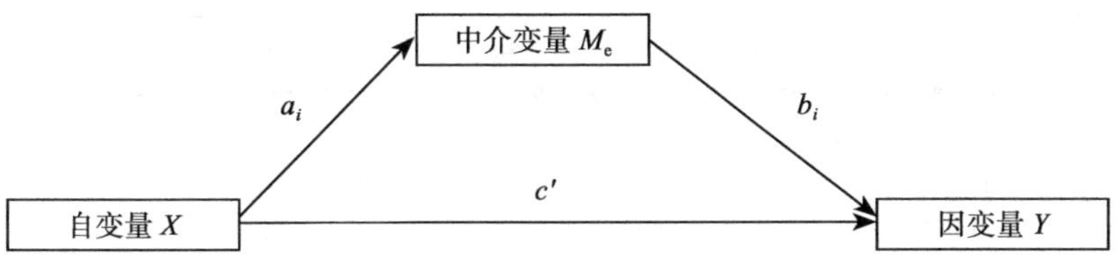

图 5-6　templates 文件中的模型 4

运算完成后的检验结果如图 5-7 所示。根据检验结果，强制性组织公民行为通过组织认同影响任务绩效的间接效应显著存在，间接效应值为 −0.0313 且 95% 水平之下的置信区间为 [−0.0808，−0.0073]，不包含零，说明组织认同起到了显著的中介作用。

```
Run MATRIX procedure:

************* PROCESS Procedure for SPSS Release 2.16.3 ******************
          Written by Andrew F. Hayes, Ph.D.        www.afhayes.com
    Documentation available in Hayes (2013). www.guilford.com/p/hayes3
**************************************************************************
Model = 4
    Y = TP
    X = CCB
    M = OI
Statistical Controls:
CONTROL= sex     age       edu
Sample size
        376
**************************************************************************
Outcome: OI
Model Summary
R         R-sq      MSE       F         df1       df2        p
0.1725    0.0298    0.3309    11.4712   1.0000    374.0000   0.0008
Model
          coeff     se        t         p         LLCI       ULCI
constant  2.9207    0.1822    16.0273   0.0000    2.5623     3.2790
CCB       -0.1581   0.0467    -3.3869   0.0008    -0.2499    -0.0663
**************************************************************************
Outcome: TP
Model Summary
R         R-sq      MSE       F         df1       df2        p
0.2367    0.0560    0.3365    4.3927    5.0000    370.0000   0.0007
Model
          coeff     se        t         p         LLCI       ULCI
constant  1.1767    0.2469    4.7662    0.0000    0.6912     1.6622
OI        0.1978    0.0525    3.7654    0.0002    0.0945     0.3011
CCB       -0.0811   0.0489    -1.6597   0.0978    -0.1772    0.0150
sex       -0.0191   0.0645    -0.2967   0.7669    -0.1460    0.1077
age       0.0459    0.0453    1.0125    0.3119    -0.0432    0.1351
```

图 5-7　PROCESS 工具中介检验运算结果

```
edu      -0.0611     0.0348  -1.7566    0.0798   -0.1295     0.0073
******************** DIRECT AND INDIRECT EFFECTS *******************
Direct effect of X on Y
         Effect        SE          t          p         LLCI      ULCI
        -0.0811     0.0489  -1.6597    0.0978   -0.1772     0.0150
Indirect effect of X on Y
         Effect     Boot SE     BootLLCI      BootULCI
OI      -0.0313     0.0175      -0.0808       -0.0073
******************** ANALYSIS NOTES AND WARNINGS ******************
Number of bootstrap samples for bias corrected bootstrap confidence intervals:
     5000
Level of confidence for all confidence intervals in output:
    95.00
------ END MATRIX -----
```

图 5-7 （续）

注：CCB 代表强制性组织公民行为；OI 代表组织认同；TP 代表任务绩效；sex、age、edu 分别代表员工的性别、年龄和学历。

5.4 中介检验的结构方程模型操作

5.4.1 中介检验的结构方程模型适用性

尽管“回归分析 +Bootstrap 方法”已经可以应对绝大多数的中介效应检验问题，但是当关键变量为潜变量（latent variable，即不可直接观察测量的、抽象的变量，例如工作满意度）时，当前诸多主流期刊的主编和审稿人仍倾向于使用结构方程模型（structural equation modeling，SEM）来检验关于观察变量（observed variable）与潜变量之间，以及潜变量与潜变量之间的假设关系。

使用结构方程模型来进行中介效应检验，与“回归分析 +Bootstrap 方法”相比，存在两个优势。①可以同时加入潜变量的测量模型，提高整体估计的准确度。在回归分析中，通常使用问卷题项的平均值来反映构念，直接代入回归方程；在结构方程模型中，可以通过同时设置测量模型，估计测量误差的大小，剔除随机测量误差。②模型适用范畴更广，可以对多种类型的全模型进行同步估计，尤其是**多重中介模型**（模型同时包括 2 个或更多中介变量）和**多因变量模型**（模型同时包括 2 个或更多因变量）。一般来说，中介效应的回归模型一次只能解释一个中介变量的效应，不适用于多个中介效应同时存在和链式中介效应的情形。此外，回归模型一次也只能解释一个因变量，不适用于多个因变量的情形。

5.4.2 Mplus 做中介效应检验的基本方法

使用结构方程模型对中介效应进行分析，当前最常用的软件是 Mplus（Mplus 官方网站：http://www.statmodel.com/）。该软件配有《Mplus 用户指南》（*Mplus User's Guide*），可以下载软件后根据指南掌握数据导入、数据读取、变量命名、变量计算等基本操作语句。在此仅对其中介效应检验的语句进行介绍。

1. 单中介变量的效应检验

假设模型中自变量为 X，中介变量为 M，因变量为 Y。使用 Mplus 软件进行 Bootstrap 法的中介效应检验，代码如图 5-8 所示。

```
DATA: FILE IS xx.dat; !  xx.dat 是原始数据文件，dat 是 Mplus 软件唯一可
                识别数据格式，可通过 SPSS 等软件转换，注意每个变量的长
                度要保持一致
VARIABLE: NAMES ARE x1-x4 m1-m4 y1-y3; ! 变量名称
ANALYSIS: bootstrap=5000; !  bootstrap 方法抽样 5000 次
MODEL:
Y by y1-y3; M by m1-m4; X by x1-x4; ! 如果 X,M,Y 是潜变量，需要先用
                by 语句定义测量模型；如果是显变量，该步骤可略过
Y on X; ! 因变量对自变量的回归
M on X; ! 中介变量对自变量的回归
Y on M; ! 因变量对中介变量的回归
MODEL INDIRECT:
Y IND M X; ! 计算 X 经过 M 到 Y 的中介效应
OUTPUT:
standardized cinterval (bcbootstrap); ! 输出各系数的偏差校正的非参数百分
                位 Bootstrap 法置信区间和标准化解
```

图 5-8　Mplus Bootstrap 法的中介效应检验代码

2. 多重中介效应检验

当一个模型中同时存在多个中介变量时，或者存在链式中介效应时，我们可能需要比较中介效应，即估计和检验某两个路径的间接效应的差异（Hayes，2009）。如图 5-9 所示，假设模型中自变量为 X，中介变量为 $M1$ 和 $M2$，因变量为 Y。使用 Mplus 软件进行 Bootstrap 法的多重中介效应检验，MODEL 部分代码如图 5-10 所示（DATA、VARIABLE、ANALYSIS、OUTPUT 与图 5-8 保持一致，不再重复）。

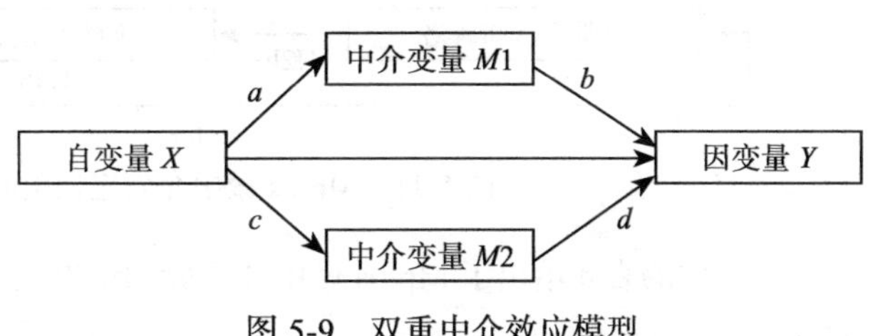

图 5-9　双重中介效应模型

```
MODEL:
Y by y1-y3; M1 by m1-m4; M2 by m5-m7; X by x1-x4; ! 定义测量模型（非必要）
Y on X; ! 因变量对自变量的回归
M1 on X (a); ! 将 X 到 M1 的路径系数命名为 a
M2 on X (c); ! 将 X 到 M2 的路径系数命名为 b
```

图 5-10　Mplus 多重中介效应检验代码（仅 MODEL 部分）

```
Y on X
     M1 (b)
     M2 (d); ! 连续语句（结尾无分号），做 Y 对 X, M1, M2 的回归，后面两个系数分别
          命名为 b 和 d
MODEL INDIRECT:
Y ind M1 X; ! 计算 X 经过 M1 到 Y 的中介效应
Y ind M2 X; ! 计算 X 经过 M2 到 Y 的中介效应
MODEL CONSTRAINT:
new (con); ! 对比中介效应命名为 con
con = a*b-c*d; ! 计算对比中介效应的大小
```

图 5-10 （续）

5.4.3 Mplus 做中介效应检验的操作实例

以贾迎亚等（2021）发表在《中国人力资源开发》的文章为例，文章基于社会信息加工理论（social information processing theory），探讨创业者的认知风格如何通过成员建言行为影响其幸福感。模型具体探讨了两类认知风格、两种建言行为分别对幸福感的影响，因此有 2 个自变量、一一对应的 2 个中介变量，以及 1 个因变量。模型如图 5-11 所示，使用 Mplus 做中介效应分析，可以直接实现全模型估计。

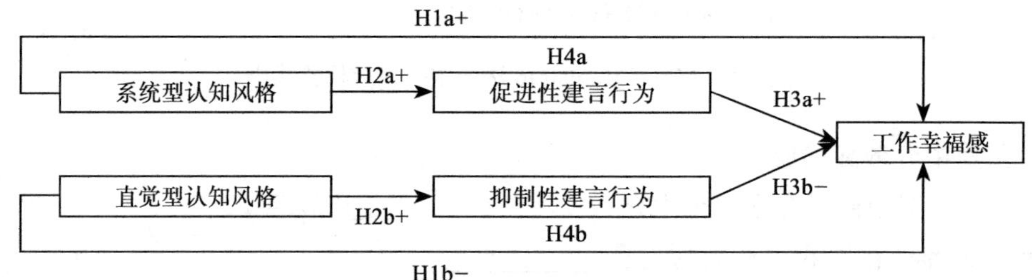

图 5-11 Mplus 做中介效应检验的操作实例模型示意

文章中的表 4 给出了 Mplus 做中介检验的结果，该模型的 Mplus 代码和简单解释如图 5-12 所示。

```
DATA: FILE IS SEMdata.dat;

VARIABLE:
names=CS1 CS2 CS3 CS4 CS5 CS6 CS7 CS8 CS9 CS10 WW1 WW2 WW3 WW4 WW5 WW6 VB1 VB2 VB3
VB4 VB5 VB6 VB7 VB8 VB9 VB10;
usevariables=CS1 CS2 CS3 CS4 CS6 CS5 CS7 CS8 CS9 CS10 WW1 WW2 WW3 WW4 WW5 WW6 VB1 VB2
VB3 VB4 VB5 VB6 VB7 VB8 VB9 VB10; ! names 代表数据表中的所有变量名，依次列出；每次可能会有选
择地使用，加 usevariables 命令
ANALYSIS: bootstrap=5000;

MODEL:
```

图 5-12 Mplus Bootstrap 法的中介效应操作实例

```
IC by CS2 CS3 CS6 CS8 CS10; !  by 代表后面 5 个因子代表潜变量 IC 的指标，余类推
SC by CS1 CS4 CS5 CS7 CS9;
hvoice by VB6-VB10;
mvoice by VB1-VB5;
WB by WW1-WW6;
mvoice on SC;
WB on mvoice;
hvoice on IC;
WB on hvoice;
WB on SC;
WB on IC;
WW1 with WW2; ! 非必要语句。本分析中根据模型的拟合指数，对模型进行了修正。With 代表 covary with，
即对 WW1 和 WW2 的相关性进行参数估计，余类推
CS2 with CS6;
VB1 with VB2;
CS1 with CS9;
WW2 with WW5;
VB2 with VB5;

MODEL INDIRECT:
WB ind mvoice SC; ! 计算 SC 经过 mvoice 到 WB 的中介效应
WB ind hvoice IC; ! 计算 IC 经过 hvoice 到 WB 的中介效应

OUTPUT:
standardized cinterval (bcbootstrap); ! 输出各系数的偏差校正的非参数百分位 Bootstrap 法置信区间和标准化解
```

图 5-12 （续）

注：SC 为系统型认知风格（5 个题项），IC 为直觉型认知风格（5 个题项），mvoice 为促进性建言行为（5 个题项），hvoice 为抑制性建言行为（5 个题项），WB 为工作幸福感（6 个题项）。

代码完成后点击 Mplus 程序中“RUN”按钮，迭代 5000 次需要几十秒的运算时间，运算完成后程序会跳出结果页面。在此截取其中部分关键结果简单解读，详见图 5-13。

```
MODEL FIT INFORMATION ! 该部分代表模型拟合指数，一般在论文中需要报告
Chi-Square, Degree of freedom, RMSEA ( < 0.08), CFI ( > 0.90), TLI ( > 0.90)
Number of Free Parameters                91
Loglikelihood
          H0 Value                  -7315.842
          H1 Value                  -6980.044
Information Criteria
          Akaike (AIC)               14813.684
          Bayesian (BIC)             15139.096
          Sample-Size Adjusted BIC   14850.579
            (n* = (n + 2) / 24)
Chi-Square Test of Model Fit
          Value                        671.595
          Degrees of Freedom           286
```

图 5-13　Mplus Bootstrap 法的中介效应操作结果

```
          P-Value                          0.0000
RMSEA (Root Mean Square Error Of Approximation)
          Estimate                         0.071
          90 Percent C.I.                  0.064         0.078
          Probability RMSEA <= .05         0.000
CFI/TLI
          CFI                              0.912
          TLI                              0.900
Chi-Square Test of Model Fit for the Baseline Model
          Value                         4709.400
          Degrees of Freedom              325
          P-Value                          0.0000
SRMR (Standardized Root Mean Square Residual)
          Value                            0.160

STANDARDIZED MODEL RESULTS
STDYX Standardization！代码中设置了输出标准化解，以 STDYX 这组结果为准

！第一部分是潜变量测量模型的结果，可以看出，每一个潜变量对应的指标因子
载荷均在 0.5 以上，符合标准
                                                   Two-Tailed
                  Estimate      S.E.    Est./S.E.    P-Value
IC       BY
   CS2              0.762      0.042      17.986      0.000
   CS3              0.568      0.067       8.455      0.000
   CS6              0.783      0.041      18.871      0.000
   CS8              0.560      0.045      12.323      0.000
   CS10             0.750      0.034      21.909      0.000
SC       BY
   CS1              0.572      0.060       9.529      0.000
   CS4              0.662      0.052      12.648      0.000
   CS5              0.644      0.050      12.929      0.000
   CS7              0.721      0.041      17.558      0.000
   CS9              0.674      0.045      15.061      0.000
 HVOICE    BY
   VB6              0.770      0.033      23.219      0.000
   VB7              0.820      0.026      31.120      0.000
   VB8              0.864      0.026      33.827      0.000
   VB9              0.869      0.022      39.621      0.000
   VB10             0.794      0.031      25.759      0.000
MVOICE    BY
   VB1              0.798      0.032      24.588      0.000
   VB2              0.894      0.021      41.675      0.000
   VB3              0.925      0.015      60.911      0.000
   VB4              0.906      0.015      59.913      0.000
   VB5              0.867      0.026      33.870      0.000
WB       BY
   WW1              0.761      0.043      17.757      0.000
```

图 5-13 （续）

```
  WW2        0.847     0.036     23.724      0.000
  WW3        0.765     0.043     17.586      0.000
  WW4        0.893     0.025     35.587      0.000
  WW5        0.743     0.045     16.658      0.000
  WW6        0.757     0.042     17.957      0.000
```

！第二部分是对假设模型进行路径模型的结果，显著了标准化路径系数、标准差等，类似回归系数。例如，MVOICE 对 SC 的回归的标准化路径系数为 0.180，p 值为 0.011，代表 SC 显著影响 MVOICE，余类推

```
MVOICE    ON
SC              0.180     0.071      2.535      0.011
WB      ON
  MVOICE        0.309     0.081      3.831      0.000
  HVOICE        0.083     0.096      0.862      0.389
  SC            0.104     0.073      1.421      0.155
  IC           -0.183     0.073     -2.504      0.012
 HVOICE    ON
  IC            0.171     0.065      2.623      0.009
```

！后续还有在标准化解情况下，对设置指标相关性、截距、方差、剩余方差的估计，与结果直接关系不大，此处不一一列示

STANDARDIZED TOTAL, TOTAL INDIRECT, SPECIFIC INDIRECT, AND DIRECT EFFECTS

！以下为中介效应的标准化解，SC 通过 mvoice 对 WB 的间接效应为 0.056 ($p < 0.05$)，该中介效应显著；IC 通过 hvoice 对 WB 的间接效应为 0.014 (n.s.)，该中介效应不显著

```
STDYX Standardization
                 Estimate      S.E.      Est./S.E.   Two-Tailed P-Value
Effects from SC to WB
  Indirect        0.056       0.026       2.146        0.032
Effects from IC to WB
  Indirect        0.014       0.018       0.792        0.429
```

！代码在 OUTPUT 部分设置了输出各参数的置信区间，因此，结果部分还展示了各参数的置信区间，在此，我们仅列示间接效应估计参数的置信区间。按照下面结果，SC 通过 mvoice 对 WB 的间接效应的 95% 置信区间为 [0.014, 0.117]，区间不包含 0，代表该间接效应显著；IC 通过 hvoice 对 WB 的间接效应的 95% 置信区间为 [−0.012, 0.062]，区间包含 0，代表该间接效应不显著

CONFIDENCE INTERVALS OF STANDARDIZED TOTAL, TOTAL INDIRECT, SPECIFIC INDIRECT, AND DIRECT EFFECTS

```
STDYX Standardization
            Lower .5%   Lower 2.5%   Lower 5%   Estimate   Upper 5%   Upper 2.5%   Upper .5%
Effects from SC to WB
Indirect      0.001       0.014        0.021      0.056      0.107      0.117        0.139
Effects from IC to WB
Indirect     -0.024      -0.012       -0.007      0.014      0.054      0.062        0.083
```

图 5-13 （续）

5.5　中介效应的几点讨论

1. 中介效应分析一定要先检验主效应吗

不一定！看你的模型！

在 Baron & Kenny（1986）的经典中介分析中，第一步是检验主效应的系数 b_1，不过，

近年来，Mackinnon 等（2000）、Zhao 等（2010）学者提出主效应关系显著并非中介效应成立的必然条件，也不是中介效应检验中的必要步骤。清华大学 Jiang 等（2021）学者的研究指出，当从数学上严格地证明了直接效应和间接效应同方向且均统计显著时，利用最小二乘估计（LSE）和 F 检验建立中介效应时总效应检验一定是显著的，并支持了一个论断：**在各种情形下建立中介效应都不需要总效应检验**。这是因为，间接效应的符号可能与直接效应相反，使得总效应不显著，但中介效应还存在；也可能存在两条中介路径，其间接效应大小相近但符号相反，使得总效应不显著。也就是说，即使总效应不显著，间接效应还是可能存在。

因此，在中介效应操作过程中，是否需要检验主效应，主要是依据自身的模型而定。如果直接提出了中介效应假设，或者从理论上更关注的是引入了新的中介变量或机制，则不需要检验主效应，也不需要以主效应显著为中介效应显著的必要条件。不过，更多的情况下，我们还是会从理论上关心 X 和 Y 的主效应关系，并在假设中首先对主效应进行推导，此时，在模型检验过程中，主效应检验还是必需的，但是，并不需要以主效应显著为后续中介效应分析是否可以进行的必要条件。

2. 还有必要区分完全中介和部分中介吗

没必要！

Baron & Kenny（1986）通过中介效应方程中 X 的系数来区分完全中介还是部分中介，如果系数不显著，属于完全中介；如果系数仍显著，属于部分中介。不过，在组织行为与战略研究中，完全中介是很难存在的，变量 X 与 Y 的关系完全通过 M_e 来进行连接的可能性几乎为 0。并且，采用 Baron & Kenny（1986）的判断方式也容易产生误判。当总效应小但显著的时候，间接效应可能占到总效应的八成，使得直接效应不再显著，但此时也并非完全中介效应，仍有两成的效应通过其他方式或直接传导。因此，在操作和检验过程中，建议大家放弃“完全中介”的概念，直接报告间接效应和直接效应的显著性即可（Zhao 等，2010）。

5.6 发表历程与体会

正如本章开篇所述，国内外组织管理类学术期刊均强调文章创新的重要性，目前所发表的实证论文在研究模型之中大都绕不开中介或调节变量，因为这些变量有助于探讨某种现象的内在机理。但在实际的论文构思、撰写和发表的过程中，有一些问题需要引起研究者关注，结合我们的投稿、审稿、发表等实际经历，总结以下几个注意事项。

1. 中介变量的引入缺少依据

在我们的研究过程中，有时为了充实理论模型，会强行添加一些中介或调节变量，使自己的研究显得“丰满”，典型的表现是以数据分析结果为导向。以中介效应为例，审稿过程中发现有的文章在构建模型时会用这样的逻辑：“以往研究发现 X 与 Y 和 M_e 相关，以及 M_e 与 Y 相关，但是尚未发现三者之间关系的研究，因此就推导出 M_e 可能在 X 和 Y 之间起到中介效应"，这种"为中介 / 调节而中介 / 调节"的做法很容易让审稿人质疑模型的变量选择并给出较低的评价。以赵红丹等 2014 年发表在 *Journal of Creative Behavior* 的文章为例，在第一轮的退修意见之中，主编和审稿人均提出了模型中变量选择的问题，这一问题也让该文章作者做了很多篇幅的改动来尽可能扭转主编和审稿人的态度。如下就是其中两位审稿人的具体意见。

> #Reviewer 1: More attention is needed to support your rationale for mediation/ moderation, and to meet the standards for proof of causation.
>
> #Reviewer 2: In the introduction, it was difficult to follow your model. Particularly, the moderation could have been between the IV and the mediator or the mediator and the AV (Muller et al., 2005). The theoretical underpinning of your chosen association was not clear to me. It would be useful to better explain why you expect the moderation between IV and mediation and also to add a graphical depiction and to clarify this issue.

较为理想的做法有：以往关于 X 和 Y 关系的研究不充分或相互矛盾，需要引入过程或情景变量来加深对 X 和 Y 之间关系的理论认知；以往研究者曾指出 M_e/M_o 可能在 X 和 Y 关系之中起到中介 / 调节作用，但并未进行深入研究和实证论证，本研究是对以往研究的回应。

2. 模型构建缺乏主导理论

主导理论是一篇文章的理论基础，缺少了主导理论的研究模型就像是"无源之水，无本之木"，往往很容易成为审稿人质疑的重点目标，大修或退稿的概率很高。同样以赵红丹等 2014 年发表在 *Journal of Creative Behavior* 的文章为例，在第一轮的退修意见之中，主编和审稿人 3 就提到了主导理论的问题。

> # Editor: I concerned about the lack of detail regarding the self-categorization theory which is proposed as the underpinning theory for your model.
>
> #Reviewer 3: Self-categorization perspective is not clearly described. What does this mean precisely, how stable is this categorization, what are the major theories around this perspective, etc?

虽然本篇论文已经明确自我归类理论（self-categorization theory）作为主导理论，但在模型构建过程中缺少对于这一理论的内容、重要性和可行性的清晰阐述，从而导致了主编和审稿人的质疑。

3. 方法阐述不明确，或验证工具不适当 / 严谨

在阐述中介效应的检验方法时，不要想当然地认为审稿人会非常了解或能娴熟使用该方法，仍须对必要的步骤进行简单阐述，尤其是在分析方法部分说明选择该方法进行检验的理由，否则容易引发审稿人的质疑。以贾迎亚等在 2021 年发表在 *Management and Organization Review* 的文章为例，在第一轮审稿意见中，审稿人 1 就为什么是部分中介、如何确认部分中介，以及为什么需要 Bootstrap 的方法提出了疑问。其实比较安全的方法是直接报告间接效应即可，无须特别指出部分中介或完全中介效应，否则还需要在理论推导部分对提出部分中介的原因进行论证等。

#Reviewer 1: You mentioned the partial mediating effect on pp. 25-26. Please elaborate why it is partial mediating. Explain what you mean by "indirect" effect there. Provide more information on the bootstrap analysis and why this is needed. Overall, please provide more information on your mediating test and how you confirm the partial mediating effect.

理论模型和研究假设的验证需要合适的研究工具，国内外组织管理类学术期刊均将"研究方法合适性"作为重要的评价指标之一。如果在文章中选择了不合适的验证工具或分析方法，也容易招致审稿人的质疑。以赵红丹 2015 年发表在 *Leadership & Organization Development Journal* 的文章为例，在反馈意见之中，审稿人 1 就提到了验证工具应该选择 Edwards & Lambert（2007）关于被调节的中介模型检验的程序：

#Reviewer 1: I would use the terminology of first and second stage moderation (from Edwards and Lambert) - the way you currently address this in the paper is somewhat unclear.

4. 中介模型中的变量测量过于单一

如今，高质量期刊越来越重视共同方法偏差问题，相应地，对使用问卷调查法收集的数据要求越来越高，不仅要通过多时点分别对自变量、中介变量、因变量进行数据收集，还需要用多源测量的方式，即通过员工与领导的配对、员工与同事的配对、工作团队层面的配对等方式同时收集。此外，还鼓励结合客观指标和主观打分的方法对一个研究模型中的变量进行多源数据验证与评价。研究者需要在研究设计中谨慎考量这些因素，否则在论文审稿与发表阶段很难做出调整。以贾迎亚等在 2021 年发表在 *Management and Organization Review* 的文章为例，两位审稿人均对是否存在客观指标测量或多元测量相互验证等问题提出了质疑，好在该研究团队经验丰富，在设计阶段对这些问题均有考量，才得以顺利过关。

#Reviewer 1: Your research is based on survey data; your independent, dependent, and mediating variables are all subjective measures, i.e., opinions and ratings by CEOs and his/her subordinates. Can you think of other measures of mediating variables or dependent variables that are rather objective? Otherwise the study is limited in the sense that it just shows the empirical associations among subjective ratings and measures. Using some objective measures would strengthen the study in my opinion.

#Reviewer 2: It seems like the common method variance problem is still present with the first moderator, strategic decision comprehensiveness. Do you also measure it in the subordinate-executive survey?

当然，除了上述问题之外，审稿人还容易对于理论模型之中的跨层次变量提出疑问，如果理论模型之中涉及了不同层次（如组织层次、领导层次、员工层次等）的变量，就需要进行跨层次验证，因为用个体水平的变量来估计组织 / 领导水平变量的相关关系会造成谬误。目前这方面的软件包括 HLM 和 Mplus 等，本书旨在面向研究新手介绍中介或调节效应的初步认识及验证，故不过多涉及跨层模型的内容。如果读者想了解关于 HLM 和 Mplus 等软件的更多内容，请参考本书附录中所提供的学术资源。

小结

本章由上海大学赵红丹教授和贾迎亚副教授共同撰写，首先从“怎么寻求理论创新并做出学术贡献”这一理论问题出发，引出了探索作用过程（中介机制）的重要性及必要性；然后，对中介变量的内涵、检验方法、软件操作等进行了阐述，并提出了基于回归分析和结构方程模型等不同方法的、使用不同软件的多种中介模型验证方式；最后，对中介效应当前的两个热点议题——是否需要验证主效应以及是否区分完全中介和部分中介进行了解答。

赵红丹是上海大学管理学院教授、博士生导师，入选上海市曙光学者、晨光学者，获得宝钢优秀教师奖、上海市青年五四奖章个人等荣誉称号，研究方向为组织行为与创新创业，主持国家自然科学基金面上、青年等课题 10 余项。担任 *Frontiers in Psychology* 副主编、《中国人力资源开发》编委，以及上海市生产力学会理事、中国高校创新创业研究中心首批专家等，在 *Journal of Organizational Behavior*、*Human Resource Management Journal*、*Journal of Business Ethics* 等本专业国际知名期刊发表论文 20 余篇，2 次获得“ Emerald 杰出成果奖”，4 篇论文入选“ESI 前 1% 高被引论文”。

贾迎亚副教授主要围绕个体、组织与社会福祉的议题，从创业认知与情感、组织薪酬差距等视角开展宏微观结合的研究，主持国家自然科学基金青年项目（1 项）及省部级（重点）项目（3 项）。其代表作发表于 *Journal of Applied Psychology*、*Management and Organization Review*、《管理科学学报》《研究与发展管理》等中英文顶级期刊。

参考文献

[1] BARON R M, KENNY D A. The moderator–mediator variable distinction in social psychological research: conceptual, strategic, and statistical considerations[J]. Journal of personality and social psychology, 1986, 51(6): 1173-1182.

[2] COOK T D, CAMPBELL D T. Quasi-experimental experimentation: designs and analysis for field settings [M]. Boston, MA: Houghton Mifflin, 1979.

[3] EDWARDS J R, LAMBERT L S. Methods for integrating moderation and mediation: a general analytical

framework using moderated path analysis[J]. Psychological methods, 2007, 12(1):1-22.

[4] HAYES A F. Beyond Baron and Kenny: statistical mediation analysis in the new millennium [J]. Communication monographs, 2009, 76(4):408-420.

[5] HAYES A F. Introduction to mediation, moderation, and conditional process analysis: a regression-based approach[M]. New York: Guilford Publications, 2017.

[6] JIA Y Y, TSUI A S, YU X Y. Beyond bounded rationality: CEO reflective capacity and firm sustainability performance[J]. Management and organization review, 2021, 17(4): 777–814.

[7] JIANG Y, ZHAO X, ZHU L, et al. Total-effect test is superfluous for establishing complementary mediation[J]. Statistica sinica, 2021, 31:1-23.

[8] MACKINNON D P, KRULL J L, LOCKWOOD C M. Equivalence of the mediation, confounding and suppression effect[J]. Prevention science, 2000, 1(4):173-181.

[9] PREACHER K J, HAYES A F. SPSS and SAS procedures for estimating indirect effects in simple mediation models[J]. Behavior research methods, instruments & computers, 2004, 36(4):717-731.

[10] PREACHER K J, RUCKER D D, HAYES A F. Addressing moderated mediation hypotheses: theory, methods, and prescriptions[J]. Multivariate behavioral research, 2007, 42(1): 185-227.

[11] ZHAO X,LYNCH J G, CHEN Q. Reconsidering Baron and Kenny: myths and truths about mediation analysis[J]. Journal of consumer research, 2010, 37(2):197-206.

[12] ZHAO H, KESSEL M, KRATZER J. Supervisor-subordinate relationship, differentiation, and employee creativity: a self-categorization perspective[J]. Journal of creative behavior, 2014, 48(3):165-184.

[13] 贾迎亚，周彦琪，厉杰，等.创业者认知风格、团队成员建言行为与幸福感 [J]. 中国人力资源开发，2021，38（8）：99-114.

[14] 赵红丹.强扭的瓜到底甜不甜？：员工感知到的强制性组织公民行为对工作绩效的影响 [J]. 经济与管理研究，2014（11）：71-79.

第6章

调节效应及其检验操作

6.1 调节变量的内涵

1. 为什么要关注调节变量

在物理学、化学、数学等自然科学之中存在很多定律，譬如勾股定理、万有引力定律等，这些定律稳定一致，可以有效地解释和指导实践。但是在组织管理领域则几乎没有简单而普适的“定律”或“真理”，这主要是因为人的行为或组织情境是复杂多变的。中华民族是富有“权变”智慧的民族，儒家的经权、道家的变易、兵家的权谋等都是对“权变”思维的形象阐释。在管理研究中考虑我国丰富的“权变”思维，对于解决现实问题和指导管理实践等具有重要意义。

在权变思维下，同一情境下两个人的表现可能大相径庭，而同一个人在不同的情境下也可能表现出完全不同的行为。譬如，同样是遭受到了上司的辱虐管理（abusive supervision)，A下属可能对上司的这种行为非常生气，而B下属可能会理解或原谅上司的这种不当对待。究其原因，就是在自变量X（辱虐管理）与因变量Y（下属反应）之间存在重要的边界条件(调节变量)，这个边界条件可能多种多样，例如下属的权力距离和归因类型，以及上下级关系等。因此，调节变量对于我们揭示真实的组织现象和有效地指导组织实践至关重要，也有助于我们丰富理论模型，取得创新突破。

2. 什么是调节变量

调节变量是指影响自变量X与因变量Y之间关系大小的一种变量。也就是说，如果变量X与变量Y有关系，但是X与Y的关系受第三个变量M_o的影响，那么变量M_o就是调节变量，这种作用原理如图6-1所示。调

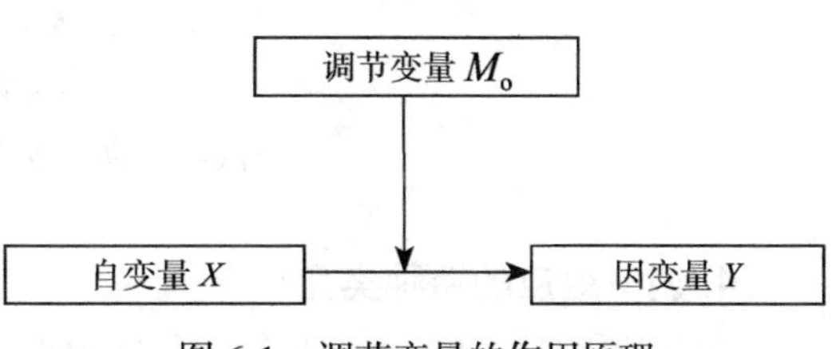

图6-1　调节变量的作用原理

节变量所解释的不是关系内部的机制，而是一个关系在不同的条件下是否会有变化，就是我们常说的“视情况而定”“因人而异”。仍以赵红丹等人 2014 年发表在 *Journal of Creative Behavior* 上的文章的研究模型为例，他们指出员工感知到的 LMX（领导 – 部属交换关系）差异化对 LMX 与员工内部人身份认知之间的关系有显著的正向调节作用，即当员工感知到的 LMX 差异化水平越高时，LMX 对员工内部人身份认知的影响越强；反之亦然。在这一模型中，LMX 差异化就是一个调节变量。**调节变量的主要作用是为现有理论划出限制条件和适用范围**，即调节效应（moderating effect）。如前所述，这对于我们揭示自变量与因变量之间关系的边界条件至关重要，指出理论适用的不同条件及其背后的原因，也是我们寻求理论突破的一条重要路径。需要指出的是，在实际操作过程中，存在一种与调节效应类似但又有所区别的作用机制，即交互效应（interaction effect）。

3. 调节效应与交互效应

交互效应是指两个变量（X_1 和 X_2）作用于变量 Y 时，其总作用不等于两者分别作用的简单求和。在交互效应分析中，两个自变量（X_1 和 X_2）的地位可以是对等的，其中任何一个自变量都可以被解释为调节变量；它们的地位也可以是不对称的，只要其中一个起到了调节作用，交互效应就存在（Aiken & West，1991）。**与交互效应不同，在调节效应中，哪个是自变量，哪个是调节变量是事先确定的，具体是由理论基础决定的，在一个确定的模型中两者不能互换**。调节效应和交互效应之间的具体比较如图 6-2 所示。在图 6-2a 中，性别在工作家庭冲突与工作满意度的关系之中起到调节作用，性别是调节变量，用 M_o 表示；在图 6-2b 中，性别和工作家庭冲突的地位是对等的，二者共同对工作满意度产生交互效应。

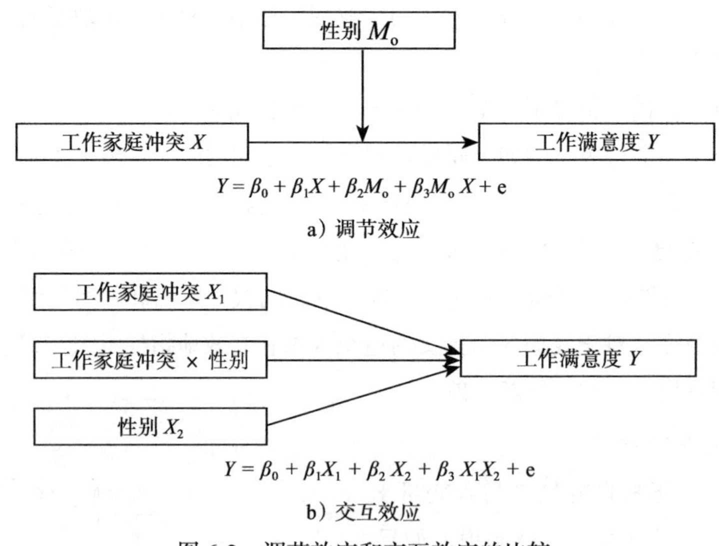

图 6-2 调节效应和交互效应的比较

4. 调节效应的两种类型

调节效应具有两种典型的类型：**增强型调节效应**（reinforcement moderating effect）和干

扰型调节效应（interference moderating effect）。其中，增强型调节效应是指 X 和 Y 的正相关关系随着调节变量 M_o 水平的增加而增强。以赵红丹等（2014）的调节作用模型为例，他们构建和验证了一个增强型调节效应，即当员工感知到的 LMX 差异化（领导 – 部属交换关系差异化，调节变量 M_o）水平越高时，LMX（领导 – 部属交换，自变量 X）对员工内部人身份认知（因变量 Y）的正向影响越强，增强型调节效应如图 6-3 所示。

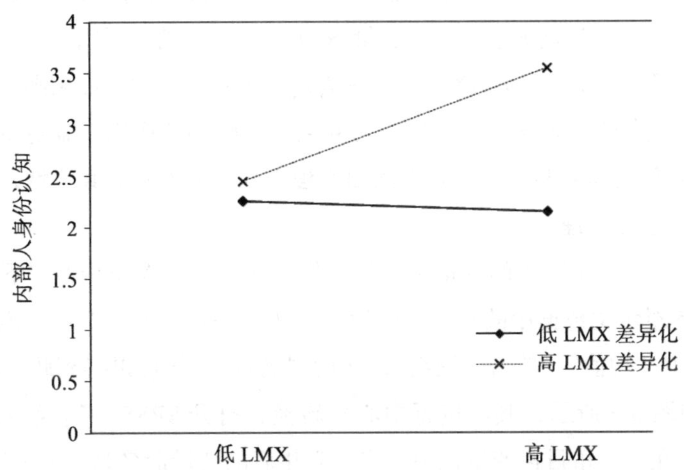

图 6-3　LMX 差异化对 LMX 和内部人身份认知之间关系的增强型调节效应

干扰型调节效应是指 X 和 Y 的正相关关系随着调节变量 M_o 水平的增加而减弱，当 M_o 达到一定数值时，X 和 Y 甚至变为负相关关系。以汪林、储小平、倪婧（2009）的调节作用模型为例，他们构建和验证了一个干扰型调节效应，即高质量的 LMX（领导 – 部属交换，自变量 X）并不能增强高中国人传统性（调节变量 M_o）员工的内部人身份认知（因变量 Y），但能显著影响低中国人传统性员工的内部人身份认知，干扰型调节效应如图 6-4 所示。

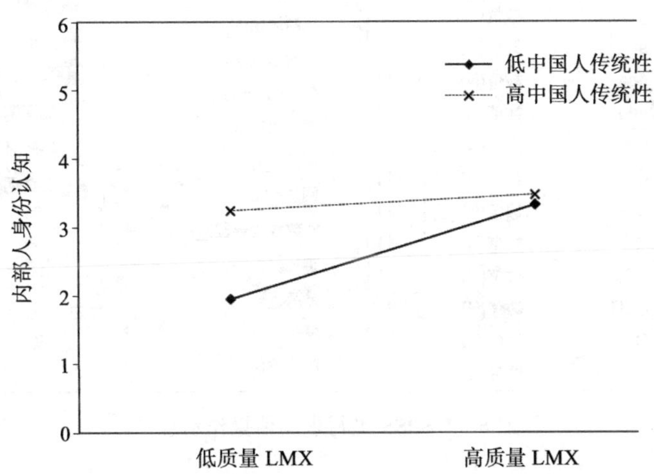

图 6-4　中国人传统性对 LMX 和内部人身份认知之间关系的干扰型调节效应

6.2 调节效应的回归检验

6.2.1 调节效应的回归检验原理

分步回归方法检验调节效应是目前使用最为广泛的方法之一。基本原理是：首先将自变量、调节变量等放入回归模型，检验自变量、调节变量与因变量之间的关系（方程式：$Y = \beta_0 + \beta_1 X + \beta_2 M_o + e$）；其次将乘积项（自变量 × 调节变量）纳入回归方程，检验它们与因变量之间的关系（方程式：$Y = \beta_0 + \beta_1 X + \beta_2 M_o + \beta_3 M_o X + e$）。此时，如果乘积项与因变量的关系系数 β_3 显著，且模型 R^2 显著提升，则说明起到显著的调节作用。需要注意的是，调节变量与自变量的交互作用需要验证，**为减小回归方程中变量间的多重共线性，在分析之前建议对连续变量进行中心化处理。**

SPSS 软件提供了一个简单的变量中心化操作方式，具体操作步骤如下：首先计算变量的平均值（以第 5 章示例数据中的政治技能为例），打开 SPSS→分析→描述统计→描述，在描述性统计中选中“均值”，单击“继续”，然后“确定”，便可以得到政治技能这一变量的均值 2.736 7，如图 6-5 所示；其次进行中心化转换，打开 SPSS→转换→计算变量，如图 6-6 所示；最后，在左上角目标变量栏中，将中心化后的变量命名为“Z 政治技能”，单击左边的变量“政治技能”，再单击右边的数字面板，将减号和刚才的平均值输入到后边的“数字表达式”中，单击“确定”，便可以得到“政治技能”这一变量的中心化值。此时在变量视图中就会得到以 Z 为开头的新变量名称，它们就是中心化之后的变量。在得到中心化变量之后，我们就可以计算乘积项并进行回归分析。

图 6-5 SPSS 进行求均值操作示意

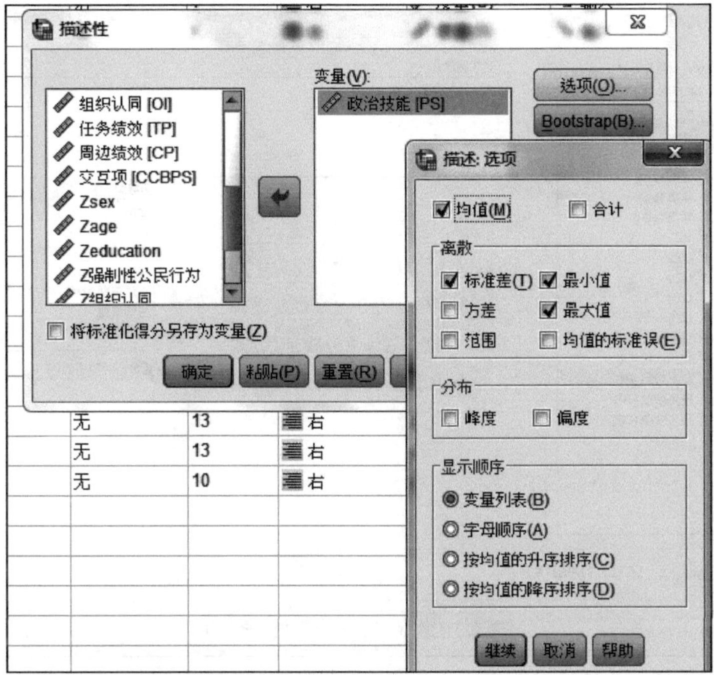

描述统计量

	N	极小值	极大值	均值	标准差
政治技能	376	1.00	5.00	2.7367	0.97599
有效的 N（列表状态）	376				

图 6-5 （续）

图 6-6　SPSS 进行中心化操作示意

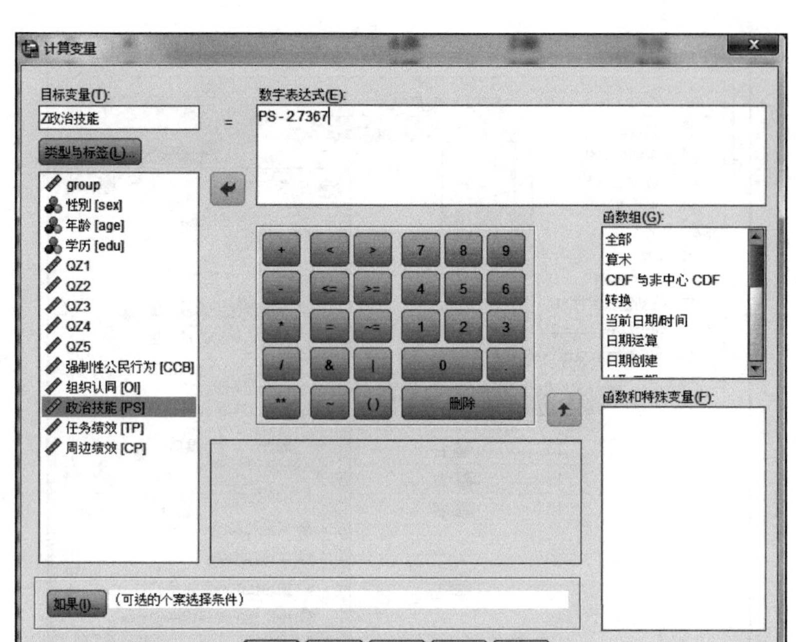

图 6-6 （续）

计算乘积项的具体操作步骤是：首先打开 SPSS →转换→计算变量，如图 6-7 所示；其次，在“计算变量”对话框之中的“目标变量”栏目中进行命名，例如“乘积项”；最后，在右边“数字表达式”栏目中输入“自变量 × 调节变量”，单击“确定”。此时在变量视图中就会得到一个以乘积项命名的新变量。

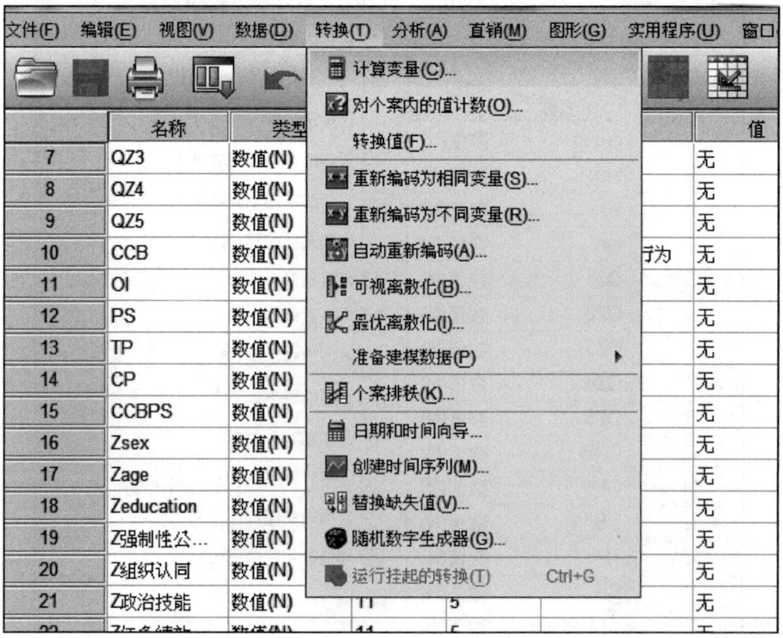

图 6-7　SPSS 计算乘积项的操作示意

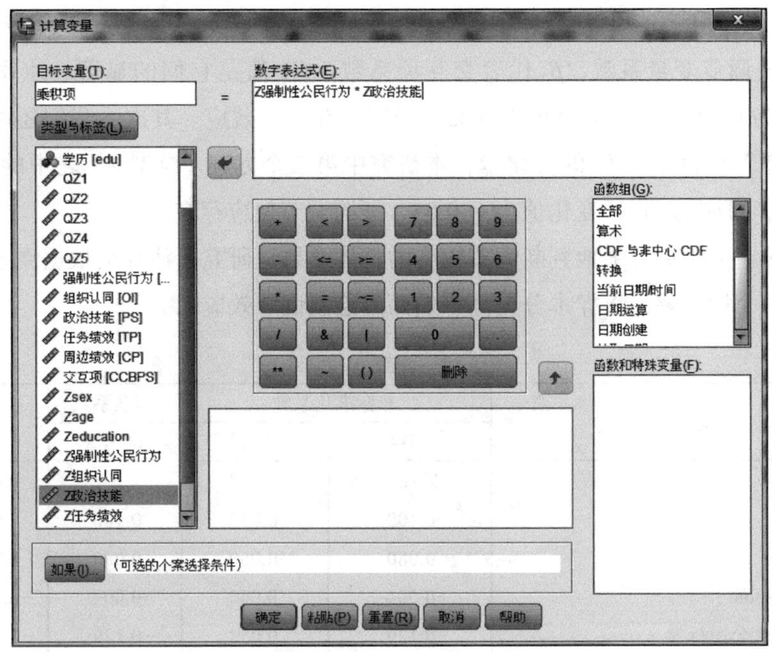

图 6-7 （续）

进行调节效应回归分析的具体操作步骤是：

- 第一步，在 SPSS 中，按照 SPSS →分析→回归→线性，打开线性回归的菜单；
- 第二步，在线性回归菜单中，我们先将因变量、自变量、调节变量放入自变量框，然后单击“下一张”，在自变量框中放入乘积项，以设置第二个方程；
- 第三步，单击“统计量”按钮，设置输出参数，如 R^2 变化、置信区间等，单击“继续”按钮，然后单击“确定”。

6.2.2　调节效应检验 SPSS 操作示例

以赵红丹（2014）发表在《经济与管理研究》上的文章为例，采用 SPSS 工具进行调节效应检验的具体操作。

- 第一步，在 SPSS 中，打开线性回归的菜单。
- 第二步，分别将因变量（组织认同）、自变量（强制性组织公民行为）、调节变量（员工政治技能）放入对应的对话框。单击“下一张”，在自变量框中放入乘积项（强制性组织公民行为 × 员工政治技能），以设置第二个方程。
- 第三步，单击“统计量”按钮，设置“ R^2 变化”这一输出参数，单击“继续”按钮，然后单击“确定”。
- 第四步，运算完成后的检验结果如图 6-8 所示。首先，我们看“系数”这一输出结果，也就是前面介绍的回归方程中的系数（见图 6-2），β_0 代表常数，β_1 代表自变量系数，β_2 代表调节变量系数，β_3 代表交互项系数，Sig 值是它们的显著性水平，乘积项系数 β_3 为 0.201，且 Sig 值小于 0.05，说明存在调节效应。其次，我们还可以参考“模型汇总”栏目之中 R^2 的变化量，本研究中第二个方程（模型 2）之中的 R^2 变化量为 0.036，对应的 Sig F 变化值小于 0.05，证明调节效应存在。

- 第五步，为了更清晰地判断调节效应的具体效果，研究者往往会根据调节变量的均值加减一个标准差，将样本分为高、低两组绘制调节效应图。

系数①

模型		非标准化系数		标准系数	t	Sig.
		B	标准 误差	试用版		
1	（常量）	−3.487E−015	0.048		0.000	1.000
	Zsex	0.100	0.050	0.100	1.981	0.048
	Zage	0.080	0.060	0.080	1.330	0.184
	Zeducation	−0.004	0.060	−0.004	−0.059	0.953
	Z 强制性公民行为	−0.129	0.050	−0.129	−2.600	0.010
	Z 政治技能	0.315	0.048	0.315	6.503	0.000
2	（常量）	0.023	0.047		0.477	0.634
	Zsex	0.109	0.049	0.109	2.202	0.028
	Zage	0.059	0.059	0.059	0.990	0.323
	Zeducation	0.010	0.059	0.010	0.164	0.870
	Z 强制性公民行为	−0.188	0.051	−0.188	−3.702	0.000
	Z 政治技能	0.287	0.048	0.287	5.977	0.000
	Z 强制性公民行为 *Z 政治技能	0.217	0.054	0.201	3.992	0.000

①因变量：Z 组织认同。

模型汇总

模型	R	R^2	调整 R^2	标准 估计的误差	更改统计量				
					R^2 变化	F 变化	df1	df2	Sig. F 变化
1	0.377①	0.142	0.130	0.93260723	0.142	12.231	5	370	0.000
2	0.421②	0.177	0.164	0.91433810	0.036	15.933	1	369	0.000

①预测变量：(常量)、Z 政治技能、Zeducation、Z 强制性公民行为、Zsex、Zage。

②预测变量：(常量)、Z 政治技能、Zeducation、Z 强制性公民行为、Zsex、Zage、Z 强制性公民行为 *Z 政治技能。

图 6-8　调节效应检验运算结果

目前较为常用的调节效应图绘制方法是采用英国谢菲尔德大学（The University of Sheffield）管理学院杰里米·道森（Jeremy Dawson）教授所提供的 Excel 宏文件（下载网址：http://www.jeremydawson.com/slopes.htm）。杰里米·道森教授所提供的 Excel 宏文件能够适用二项交互、三项交互、曲线效应等绝大多数情况。下载 Excel 宏文件之后，在左边相应的空格内输入数值即可，右边就会自动给出调节效应图。图 6-9 就是赵红丹（2014）根据研究结果所绘制的调节效应图，由图可知，对低政治技能的员工来说，强制性组织公民行为与组织认同之间是显著的负相关关系（$\beta = -0.70$，$P < 0.01$）；对高政治技能的员工来说，强制性组织公民行为与组织认同之间无显著关系（$\beta = 0.11$，*n.s.*）。所以，调节效应存在。

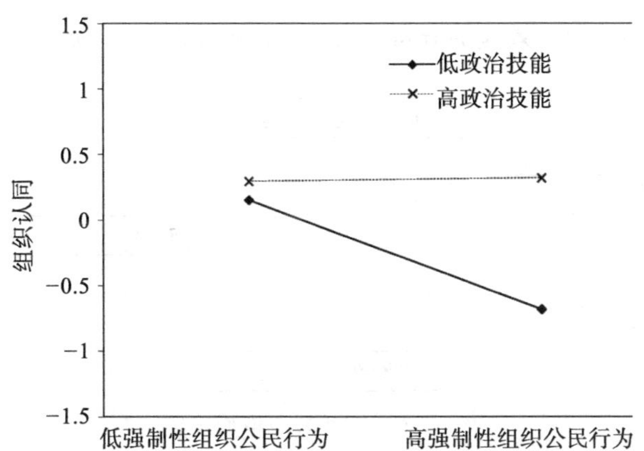

图 6-9　政治技能对强制性组织公民行为和组织认同之间关系的调节效应

6.3　调节效应的结构方程模型检验

6.3.1　调节效应的结构方程模型检验原理

以回归分析来检测调节效应时，可以通过设置自变量和调节变量的值的乘积直接作为回归方程的一个自变量，依此估计参数，来检测调节效应是否显著。但如果以结构方程模型来检测调节效应时，潜变量值的乘积并不容易计算，如何给这一交互项寻找测量指标（measurement indicator）是一个难点。在 Mplus 程序中，我们最常使用的方法是基于 Klein & Moosbrugger（2000）的潜变量调节效应结构方程（latent moderated structural equations，LMS）来进行，当中并未估计两个潜变量值的乘积，而是通过矩阵（matrix）的运算来估计潜变量值的乘积对其他变量的影响。假设 *X* 是自变量，*Y* 是因变量，*M* 是调节变量，Mplus 的基本分析代码如下。

首先是分析指令，由于包含了计算数字积分，需要加入

```
ANALYSIS: TYPE = RANDOM;
          ALGORITHM = INTEGRATION
```

其次在模型指令中，以 XWITH 计算潜变量乘积，再估计 *X*、*M*、*XM* 对 *Y* 的影响，代码如下。

```
MODEL: XM | X XWITH M;
       Y ON X M XM
```

需要注意的是，LMS 分析的结果并不提供一般的拟合指数（fit indices），因此需要**首先运算没有潜变量乘积的结构方程模型，找到满意的拟合指数的模型**，再加入潜变量乘积，来查看调节效应。

6.3.2 调节效应检验 Mplus 操作示例

我们对图 5-11 进行调整，将两个中介变量变为调节变量，构建图 6-10。使用 LMS 方法对其进行潜变量调节（交互）效应的分析，Mplus 代码如图 6-11 所示。

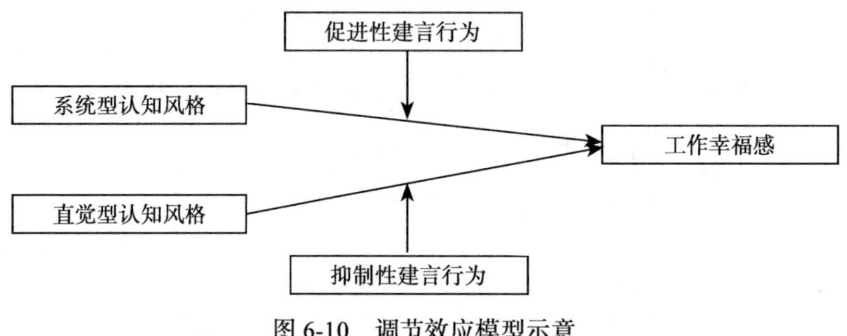

图 6-10 调节效应模型示意

```
DATA:FILE IS SEMdata.dat; ！ 读入文本格式的数据
VARIABLE:
names=CS1 CS2 CS3 CS4 CS5 CS6 CS7 CS8 CS9 CS10
WW1 WW2 WW3 WW4 WW5 WW6 VB1 VB2 VB3 VB4
VB5 VB6 VB7 VB8 VB9 VB10; ！ 数据文件中的变量顺序
ANALYSIS:
type=random;
algorithm=integration; ！ 使用 LMS 方法时都保留上面两行分析类型和算法
MODEL:
IC by CS2 CS3 CS6 CS8 CS10;
SC by CS1 CS4 CS5 CS7 CS9;
hvoice by VB6-VB10;
mvoice by VB1-VB5;
WB by WW1-WW6; ！ 测量模型
MODE1 | SC XWITH mvoice; ！ 定义 SC 与 mvoice 的乘积项为 MODE1
MODE2 | IC XWITH hvoice; ！ 定义 IC 与 hvoice 的乘积项为 MODE2
WB ON SC mvoice MODE1; ！ SC、mvoice、交互项 MODE1 均对 WB 进行回归
WB ON IC hvoice MODE2; ！ IC、hvoice、交互项 MODE2 均对 WB 进行回归
OUTPUT:
STANDARDIZED; ！ 输出标准化解
```

图 6-11 调节效应代码示意

对 LMS 方法检验调节效应结果的解读比较简单，只需要在 STDYX 标准化解部分找到我们设置的两个乘积项 MODE1 和 MODE2 对因变量 WB 的路径系数。如图 6-12 所示，MODE1 的路径系数为 0.006，P 值为 0.934；MODE2 的路径系数为 −0.082，P 值为 0.547。因此，这两个调节效应都是不显著的。这一结果也再次验证了图 5-13 中介效应模型设置的正确性。

STANDARDIZED MODEL RESULTS

STDYX Standardization

	Estimate	S.E.	Est./S.E.	Two-Tailed P-Value
WB ON				
SC	0.114	0.071	1.596	0.110
MVOICE	0.320	0.095	3.383	0.001
MODE1	0.006	0.077	0.083	0.934
IC	−0.167	0.079	−2.125	0.034
HVOICE	0.066	0.110	0.603	0.547
MODE2	−0.082	0.137	−0.602	0.547

图 6-12　调节效应结果（部分）示意

6.4　被调节的中介和被中介的调节

以上独立构建并检验的调节和中介效应，**无法清晰地描绘组织现象中可能同时存在的潜在机制和情境因素，制约了研究的潜在贡献**。例如：中介关系会不会随着某调节变量发生变化？或者调节关系会不会由某个中介变量所解释？近年来学者们开始以更为综合的方式发展和检验研究模型。这就是所谓的被调节的中介模型和被中介的调节模型。

6.4.1　模型比较

被调节的中介和被中介的调节是**同一个硬币的两面**。

对于被调节的中介模型，重心在于考虑自变量对因变量的作用机制，即中介效应；其次考虑中介过程是否受到调节，即中介效应何时较强、何时较弱。仍以赵红丹（2014）发表在《经济与管理研究》上的文章为例，作者认为强制性组织公民行为通过组织认同影响工作绩效的中介关系对不同政治技能的员工来说也是不同的。也就是说，政治技能在强制性组织公民行为通过组织认同影响员工工作绩效（包括任务绩效和周边绩效）的中介路径中起到显著的调节作用，即相较于高政治技能的员工，对低政治技能的员工而言，强制性组织公民行为通过组织认同影响员工工作绩效的中介效应更强。这就是一个典型的被调节的中介模型，突出的是中介效应如何随政治技能水平的高低而变化，模型如图 6-13 所示。

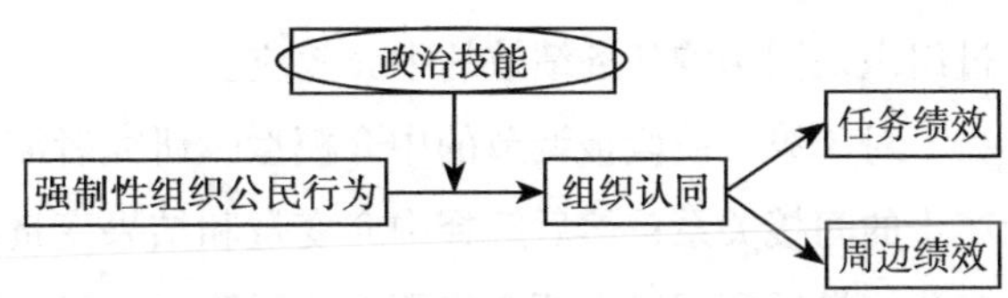

图 6-13　被政治技能调节的中介模型

而对于被中介的调节模型，重心在于考虑自变量与因变量之间关系的方向（正或负）和强弱受到的影响，即调节效应；其次考虑调节变量是如何起作用的，即是否通过中介变量而起作用。以唐汉瑛、龙立荣、周如意（2015）的研究为例，他们基于领导权变理论（contingency theories of leadership）提出了一个被中介的调节模型，认为下属权力距离对谦卑型领导行为与下属工作投入关系的调节效应通过下属组织自尊感所中介实现，即下属权力距离越高，谦卑型领导行为对其组织自尊感的影响越大，相应地，对其工作投入的影响也越强。这就是一个典型的被中介的调节模型，突出的是调节效应如何被下属组织自尊感所中介的，模型如图 6-14 所示。

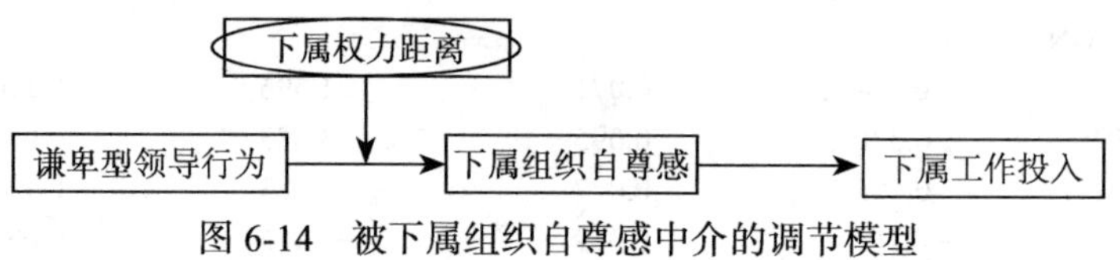

图 6-14 被下属组织自尊感中介的调节模型

6.4.2 模型类型

1. 被调节的中介模型

目前，有三种典型的被调节的中介模型：第一阶段被调节的中介模型（见图 6-15）、第二阶段被调节的中介模型（见图 6-16）、两阶段被调节的中介模型（见图 6-17）。

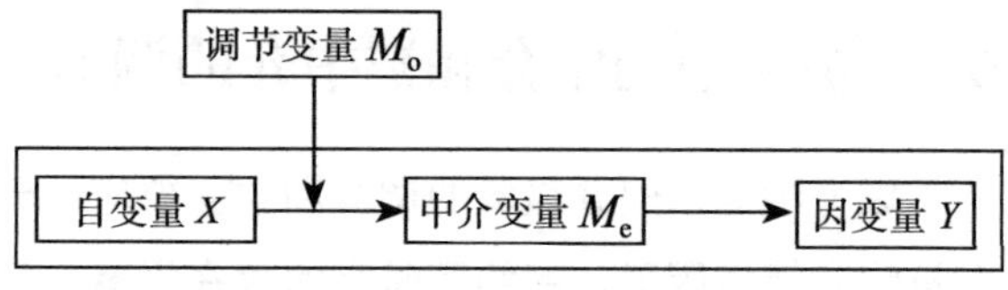

图 6-15 第一阶段被调节的中介模型

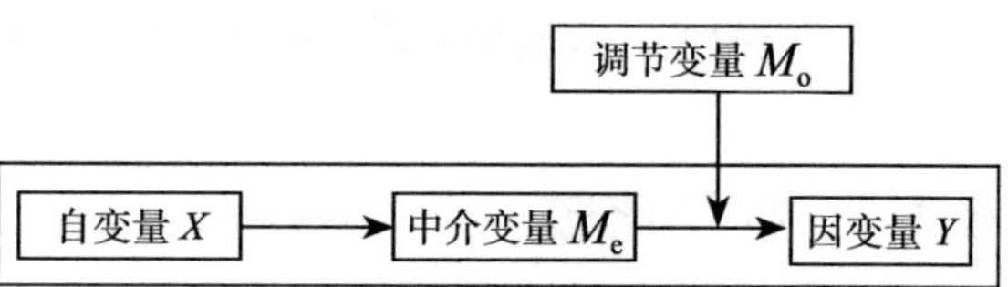

图 6-16 第二阶段被调节的中介模型

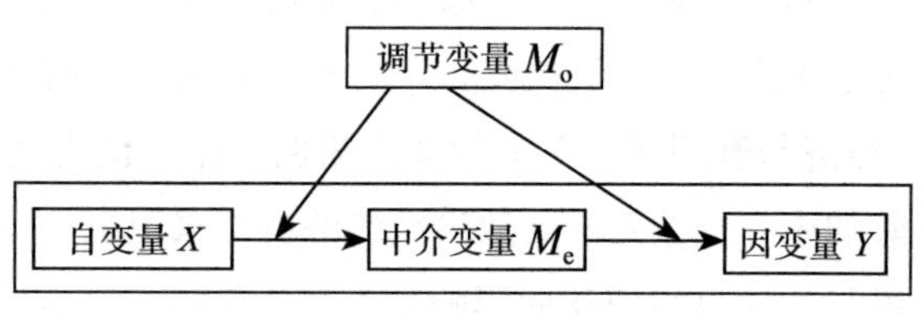

图 6-17 两阶段被调节的中介模型

对于第一阶段被调节的中介模型，研究者需要首先论证自变量通过中介变量对结果变量产生的间接关系；然后解释自变量和中介变量之间的关系如何随着调节变量的不同水平而变化；基于以上两个关键点，研究者应接着论证为何当调节变量取值较高或较低时，这种中介效应会增强、减弱甚至变化方向。一个示例是赵红丹（2014）在文章中所提出的第一阶段被调节的中介模型，作者首先假设组织认同在强制性组织公民行为与员工任务绩效之间起中介效应；然后指出政治技能调节强制性组织公民行为与组织认同之间的关系；最后假设政治技能显著调节强制性组织公民行为通过组织认同影响任务绩效的中介效应。

对于第二阶段被调节的中介模型，研究者需要首先论证自变量通过中介变量对结果变量产生的间接关系；然后解释中介变量和结果变量之间的关系如何随着调节变量的不同水平而变化；最后利用以上两个步骤来证明第二阶段被调节的中介模型，即自变量对因变量的间接效用会随着调节变量对中介和结果变量之间关系的调节而发生变化。一个示例是俞明传、顾琴轩、朱爱武（2014）所提出的第二阶段被调节的中介模型，他们首先假设内部人身份认知中介员工 – 组织关系与员工创新行为之间的关系；然后指出创新氛围正向调节内部人身份认知与员工创新行为之间的关系；最后假设创新氛围正向调节员工 – 组织关系对员工创新行为影响的中介效应。

对于两阶段被调节的中介模型，研究者应该阐明第一阶段调节变量对自变量和中介变量之间的关系起到的调节效应；然后阐明第二阶段调节变量对中介变量和因变量之间的关系起到的调节效应；基于以上分析提出两阶段被调节的中介模型。一个示例是李燕萍、涂乙冬（2011）所提出的两阶段被调节的中介模型，他们首先假设心理授权在领导 – 部属交换与员工职业成功间起着中介效应；然后指出政治技能调节领导 – 部属交换与心理授权之间的关系以及心理授权与员工职业成功之间的关系；最后假设政治技能调节领导 – 部属交换通过心理授权对员工职业成功影响的中介效应。

2. 被中介的调节模型

目前，有两种典型的被中介的调节模型：类型Ⅰ（见图 6-18a）和类型Ⅱ（见图 6-18b）。

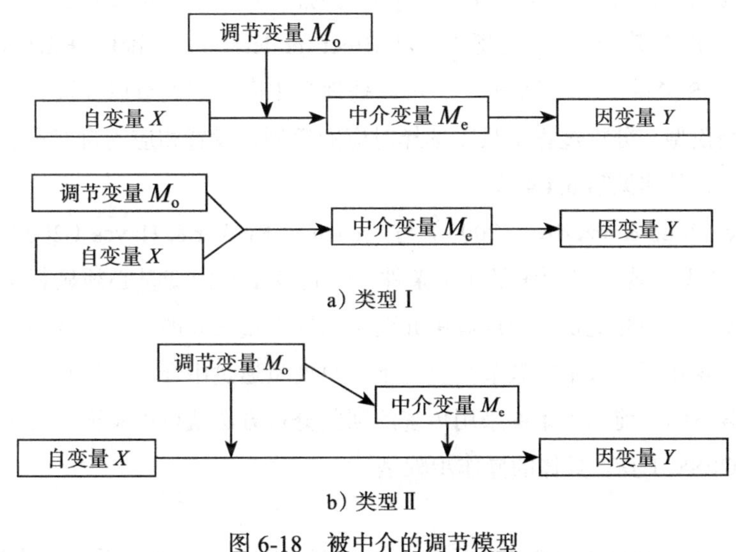

图 6-18　被中介的调节模型

对于类型Ⅰ，研究者需要首先解释调节变量为何及如何改变自变量和中介变量之间的关系：是加强还是减弱；然后阐明中介变量和结果变量之间为何存在显著关系；进而整合上述两个关键点，讨论为何中介变量可以传递自变量与调节变量交互效应对结果变量的影响。一个示例是唐汉瑛等（2015）所提出的被中介的调节模型，他们认为下属权力距离对谦卑型领导行为与下属工作投入关系的调节效应通过下属组织自尊感所中介实现。

对于类型Ⅱ，研究者需要使用具体理论来证明调节变量在自变量和因变量之间可能存在的调节效应；然后提供有说服力的证据来证明调节变量对中介变量的影响；其次需要阐明为何中介变量将同样调节自变量和因变量之间的关系，并传递原始调节变量的调节效应；最后，综合以上假设及论证构建被中介的调节模型。一个示例是马君、赵红丹（2015）所提出的被中介的调节模型，他们认为奖励对任务意义与创造力关系的调节效应，通过创造力角色认同的中介效应实现。也就是说，奖励通过提高创造力角色认同来加强任务意义对创造力的影响。

6.4.3 PROCESS 模型检验原理

如前所述，虽然被调节的中介模型和被中介的调节模型在模型构建的思维及过程方面有所差异，但在**模型检验方面差别不大**。目前比较常用的检验方法是中介效应差异检验，基本原理是只要 X 通过 M_e 影响 Y 的中介效应（indirect effect）与 M_o 有关，或者说随 M_o 变化，则中介效应是有调节的。具体而言，有亚组分析法和 Bootstrap 法（拔靴法）两种。其中，亚组分析法是指只要对某个 M_o 值的中介效应显著，则存在条件中介效应；如果还有另一个 M_o 值，中介效应不显著了，说明中介效应随 M_o 变化。Bootstrap 法用以检验 M_o 的不同取值上的中介效应之差是否显著。例如，取 M_o 的平均值上下一个标准差的值，分别记为 M_{oH} 和 M_{oL}，如果在两种取值之下的中介效应显著差异，则说明中介效应受到 M_o 的调节。

基于上述思路，国外研究者提出了两种不同的检验工具：PROCESS for SPSS and SAS（Hayes，2017）和总效应调节模型（total effect moderation model ; Edwards & Lambert，2007）。PROCESS 提供了 70 多个模型，可以处理多中介、多调节以及被调节的中介、被中介的调节等复杂模型。分析过程中只需选择对应的模型，设置相应的自变量、因变量、中介或调节变量即可，具体见第 6.4.4 节。

按照 Muller、Judd & Yzerbyt（2005）与 Preacher、Rucker & Hayes（2007）建议的方法，“被调节的中介模型”成立必须满足 4 个条件：①自变量与因变量必须显著相关；②调节变量显著调节自变量与中介变量之间或者中介变量与因变量之间的关系；③中介变量与因变量必须显著相关；④在不同水平的调节变量之下，自变量通过中介变量影响因变量的“条件性间接效应”显著不同。前三个条件采用传统的回归分析方法就可以验证，对于第四个条件则需要借助 PROCESS 工具。具体的操作步骤是：

- 第一步，安装 PROCESS。打开 SPSS →实用程序→定制对话框→安装自定义对话框→选择安装文件。
- 第二步，在 SPSS 中，按照 SPSS →分析→回归→ PROCESS，打开 PROCESS 的菜单。
- 第三步，在 PROCESS 菜单中，从 Model Number 下拉单中给出的 70 多个备选模型中选择适当的模型。
- 第四步，分别将因变量、自变量、调节变量放入各自的框中。
- 第五步，选择 Bootstrap Samples（一般为 5000）和置信区间（一般为 95%），然后单击“确定”。

6.4.4 PROCESS 检验操作示例

仍以赵红丹（2014）发表在《经济与管理研究》上的文章为例，采用 PROCESS 工具进行被调节的中介效应检验的具体操作。

（1）在 SPSS 中，按照 SPSS →分析→回归→ PROCESS，打开 PROCESS 的菜单。

（2）根据本研究的理论模型，在 PROCESS 菜单中，从 Model Number 下拉菜单中选择 Model 7。

（3）分别将因变量（以工作绩效中的任务绩效为例）、自变量（强制性组织公民行为）、调节变量（政治技能）、控制变量（性别、年龄、学历）放入各自的对话框中，如图 6-19 所示。

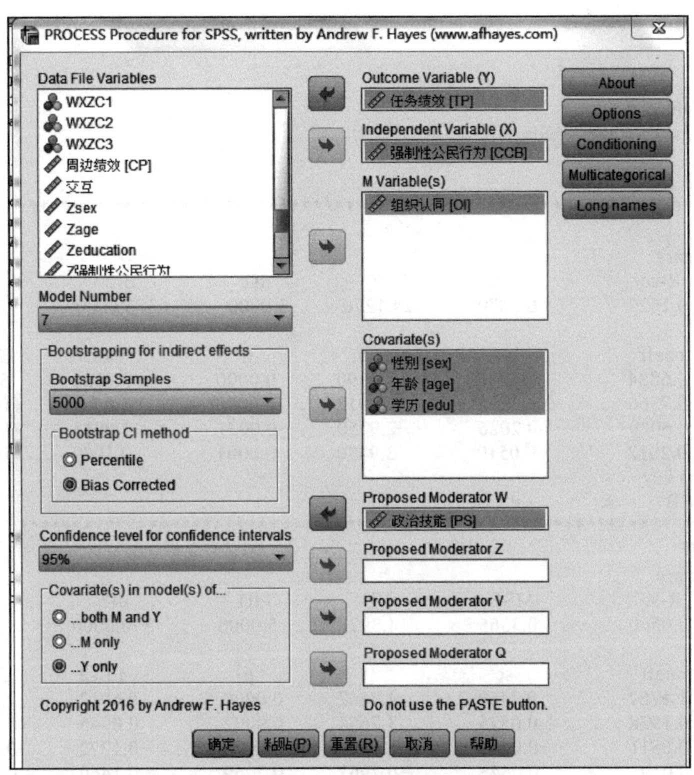

图 6-19　PROCESS 操作示意

（4）选择 Bootstrap Samples（为 5000）和置信区间（为 95%），然后单击“确定”。

（5）运算完成后的检验结果如图 6-20 所示。首先，我们看“conditional indirect effect (s)”这一输出结果，1.7607、2.7367、3.7127 分别代表低、中、高三种水平之下的政治技能水平，BootLLCI 和 BootULCI 分别代表低和高水平之下的置信区间值，Effect 代表不同水平之下的间接效应值。结果表明，对低政治技能（1.7607）的员工来说，强制性组织公民行为对其任务绩效的“条件性间接效应”显著［间接效应值 = −0.0755，Boot SE = 0.0338，在 95% 置信水平下的置信区间为（−0.1689，−0.0265），不包含 0］；对高政治技能（3.7127）的员工来说，这一“条件性间接效应”不显著［间接效应值 = 0.0022，Boot SE = 0.0154，在 95% 置信水平下的置信区间为（−0.0321，0.0308），包含 0］。这说明在两种取值（取 M_o 的平均值上下一个标准差的值）之下的中介效应显著差异，被调节的中介效应模型得到验证。其次，我们可以看“Index of Moderated Mediation”这一输出结果，本研究中该指数值为 0.0398 且在 95% 置信水平下的置信区间为（0.0116，0.0918），不包含 0，达到显著性水平，进一步支持了假设。

```
Run MATRIX procedure:

************* PROCESS Procedure for SPSS Release 2.16.3 ******************
     Written by Andrew F. Hayes, Ph.D.      www.afhayes.com
  Documentation available in Hayes (2013) . www.guilford.com/p/hayes3
**************************************************************************
Model = 7
  Y = TP
  X = CCB
  M = OI
  W = PS
Statistical Controls:
CONTROL= sex     age     edu
Sample size
        376
**************************************************************************
Outcome: OI
Model Summary
R           R-sq          MSE         F          df1         df2          p
0.4036      0.1629        0.2870      24.1270    3.0000      372.0000     0.0000
Model
            coeff         se          t          p           LLCI         ULCI
constant    4.6884        0.6388      7.3390     0.0000      3.4322       5.9445
CCB         -0.7360       0.1603      -4.5918    0.0000      -1.0512      -0.4208
PS          -0.6029       0.2026      -2.9750    0.0031      -1.0013      -0.2044
int_1       0.2012        0.0510      3.9430     0.0001      0.1009       0.3016
Product terms key:
 int_1      CCB        X         PS
**************************************************************************
Outcome: TP
Model Summary
R           R-sq          MSE         F          df1         df2          p
0.2367      0.0560        0.3365      4.3927     5.0000      370.0000     0.0007
Model
            coeff         se          t          p           LLCI         ULCI
constant    1.1767        0.2469      4.7662     0.0000      0.6912       1.6622
OI          0.1978        0.0525      3.7654     0.0002      0.0945       0.3011
CCB         -0.0811       0.0489      -1.6597    0.0978      -0.1772      0.0150
sex         -0.0191       0.0645      -0.2967    0.7669      -0.1460      0.1077
age         0.0459        0.0453      1.0125     0.3119      -0.0432      0.1351
edu         -0.0611       0.0348      -1.7566    0.0798      -0.1295      0.0073
******************** DIRECT AND INDIRECT EFFECTS *******************
Direct effect of X on Y
Effect      SE            t             p           LLCI          ULCI
-0.0811     0.0489        -1.6597       0.0978      -0.1772       0.0150
Conditional indirect effect (s) of X on Y at values of the moderator (s) :
Mediator
            PS          Effect       Boot SE      BootLLCI      BootULCI
OI          1.7607      -0.0755      0.0338       -0.1689       -0.0265
OI          2.7367      -0.0367      0.0187       -0.0912       -0.0107
OI          3.7127      0.0022       0.0154       -0.0321       0.0308
Values for quantitative moderators are the mean and plus/minus one SD from mean.
Values for dichotomous moderators are the two values of the moderator.
******************** INDEX OF MODERATED MEDIATION ***************
Mediator
           Index      SE (Boot)    BootLLCI     BootULCI
OI         0.0398     0.0189       0.0116       0.0918
******************** ANALYSIS NOTES AND WARNINGS ****************
Number of bootstrap samples for bias corrected bootstrap confidence intervals:
  5000
Level of confidence for all confidence intervals in output:
  95.00
------ END MATRIX -----
```

图 6-20 PROCESS 运算结果

6.4.5　Mplus 模型检验操作

以图 6-20 所示的一阶段被调节的中介效应模型为例，使用 LMS 法对包含潜变量的被调节的中介效应模型进行估计，Mplus 代码如图 6-21 所示。

```
DATA: FILE IS xx.dat; !  xx.dat 是原始数据文件
VARIABLE: NAMES ARE x1-x3 mo1-mo3 me1-me3 y1-y3; ! 变量名称
ANALYSIS:
type=random;
algorithm=integration;
estimator=ml; ! 使用极大似然估计
bootstrap=500; !  bootstrap 方法抽样 500 次
MODEL:
Y by y1-y3; MO by mo1-mo3; ME by me1-me3; X by x1-x3; ! 如果 X,MO, ME, Y 是潜变量，
需要先用 by 语句定义测量模型；如果是显变量，该步骤可略过
XM | X XWITH MO; ! 定义 X 和 MO 的乘积项为 XM
Y on X (b)
ME; ! 因变量对自变量、中介变量回归的回归
M on X (a1)
MO (a2)
XM (a3); ! 中介变量对自变量、调节变量和乘积项的回归
MODEL CONSTRAINT
NEW (ind)
Ind = a3*b; ! 利用系数乘积法检验被调节的中介效应
OUTPUT:
standardized cinterval (bcbootstrap); ! 输出各系数的偏差校正的非参数百分位 Bootstrap 法
置信区间和标准化解
```

图 6-21　Mplus 被调节的中介效应检验代码

需要特别注意的是，加入潜变量的被调节的中介效应或被中介的调节效应计算过程非常复杂，模型也很难拟合。一般情况下，使用显变量直接计算即可。如果一定需要使用潜变量，为了减少模型估计的系数，降低模型拟合的难度，也减少 LMS 法的时耗，有两种方式简化被调节的中介模型。第一，**适当减少潜变量的数目**，部分潜变量可以直接计算出显变量或交互项代入 Mplus。第二，必须使用潜变量时，使用**打包法**（parcel）来减少潜变量指标数，可通过 DEFINE 语句计算几个指标的平均值，将其打包为 1 个指标。例如，如果 *X* 有 *x*1 ～ *x*6，共计 6 个指标，可以通过任意组合，或者按照变量本来的子维度进行组合的方式，将其打包为 2 个指标，DEFINE 命令为：

XX1 = MEAN（x1 x2 x3）；

XX2 = MEAN（x4 x5 x6）

6.5　发表历程与体会

调节效应模型目前已成为研究论文中的“家常便饭”，被调节的中介模型或被中介的调

节模型在研究（尤其是微观层面的研究）中也正在发挥着越来越强的作用，成为文章理论创新或实践启示的侧重点。调节变量在引入、论述和检验的过程中与中介变量存在着部分类似问题，基于本章内容，作者结合投稿、审稿、发表等实际经历，总结以下两点经验。

1. 在调节变量的引入方面要有扎实的理论基础

在新手看来，调节变量或许是可以随便选取的，于是在可选的变量包里面挑选看起来可行、检验起来显著的调节变量放入模型，将检验过程变成以寻找模型边界条件、丰富模型为目的的一种形式。然而，这种寻找调节变量的方法到审稿阶段是会饱受质疑的，审稿人最常问的问题就是："为什么选 M 作为调节变量？有什么理论依据？"调节变量的选取，一定要与主效应的论述逻辑或基础理论紧密相关。以贾迎亚等（2021）发表在《研究与发展管理》上的文章为例，审稿人 2 在第一轮审稿回复中有一条意见非常中肯，希望可以对大家在选取调节变量进行模型构建时产生一定的启发。

> # 审稿人 2：调节变量的选取理论基础不扎实。既然多元化职能经历赋予了 CEO 充足的先验知识、认知能力和社会资本，进而影响企业可持续性，那么应该从主效应的影响机制去寻找调节变量。CEO 自我超越价值观怎么会强化或弱化多元化职能经历伴随的先验知识、认知能力和社会资本效应呢？总体上，CEO 价值观是在主效应理论框架之外的变量。

此外，审稿人还经常会提出"为什么选 M 作为调节变量，而不选 N"的问题，尤其是当该调节变量还存在并列维度或类似概念时，更需要在模型设定时就想清楚充分的理由。可以从三点着手考虑：第一，该调节变量的特殊性和影响力，这点可以结合理论与实践双重依据；第二，与该模型的适配度，使用该调节变量的理论意义；第三，提供过往研究的相关证据。例如，贾迎亚等（2021）发表在《研究与发展管理》上的文章即有审稿人 2 提问。

> # 审稿人 2：为什么是 CEO 自我超越价值观，而不是其他价值观维度有调节作用？这方面需要在理论上进行说明，并且把其他维度的价值观作为控制变量。另外，需要控制 CEO 的社会责任意识或社会责任感。要控制这些变量是因为 CEO 的个性特质会影响职能经历选择，也会影响企业可持续性。

2. 调节变量与自变量之间最好不要存在理论关联

我们一般认为，调节变量有两组最佳选择：一是选取性别、年龄、组织性质等客观变量，给具有不同特征的群体提供不同的实践启示；二是选取不同层面的调节变量，例如，在个人层面的研究中选取团队氛围或组织文化做调节变量，在组织层次的研究中选取产业竞争或区域发达度做调节变量。这两组调节变量的选择可以有效避免调节变量与自变量之间存在紧密的因果关联，导致调节效应变得并不"纯粹"。以贾迎亚等（2021）发表在《研究与发展管理》上的文章为例，由于选用了 CEO 价值观作为 CEO 多元职能经历通过决策周密性影响可持续性的间接关系的调节变量，因此审稿人 1 对自变量与调节变量的相互作用提出疑问。

 # 审稿人 1：研究变量之间关系的严谨性考量，CEO 的多元职能经历是否也对自我超越价值观存在影响？

小结

本章由上海大学赵红丹教授和贾迎亚副教授共同撰写，首先介绍了探索模型边界条件（调节变量）的重要性及必要性。然后，分别对调节变量的内涵、检验方法、软件操作等进行了阐述。在此基础上，进一步提出了同时探索中介机制和调节机制的重要意义，并通过模型比较、模型类型、模型检验、实际操作等内容详细介绍了被调节的中介和被中介的调节两种模型。最后，结合个人的投稿、审稿、发表等实际经历，总结出一些需要关注的问题。

参考文献

[1] AIKEN L S, WEST S G.Multiple regression: testing and interpreting interactions[M]. Newbury Park, CA: Sage, 1991.

[2] EDWARDS J R, LAMBERT L S. Methods for integrating moderation and mediation: a general analytical framework using moderated path analysis [J]. Psychological methods, 2007, 12(1):1-22.

[3] HAYES A F. Introduction to mediation, moderation, and conditional process analysis: a regression-based approach[M]. New York: Guilford Publications, 2017.

[4] KLEIN A, MOOSBRUGGER H. Maximum likelihood estimation of latent interaction effects with the LMS method[J]. Psychometrika, 2000, 65(4):457-474.

[5] MULLER D, JUDD C M, YZERBYT V Y. When moderation is mediated and mediation is moderated[J]. Journal of personality and social psychology, 2005, 89(6):852-863.

[6] PREACHER K J, RUCKER D D, HAYES A F. Addressing moderated mediation hypotheses: theory, methods, and prescriptions[J]. Multivariate behavioral research, 2007, 42(1): 185-227.

[7] ZHAO H, KESSEL M, KRATZER J. Supervisor-subordinate relationship, differentiation, and employee creativity: a self - categorization perspective[J]. Journal of creative behavior, 2014, 48(3):165-184.

[8] 贾迎亚，相佩蓉，于晓宇 . CEO 多元化职能经历对创业企业可持续性的影响机理：基于高阶理论的被调节的中介模型 [J]. 研究与发展管理，2021，33（4）：82-96.

[9] 李燕萍，涂乙冬 . 与领导关系好就能获得职业成功吗？一项调节的中介效应研究 [J]. 心理学报，2011，43（8）：941-952.

[10] 马君，赵红丹 . 任务意义与奖励对创造力的影响：创造力角色认同的中介

作用与心理框架的调节作用 [J]. 南开管理评论，2015，18（6）：46-59.

[11] 唐汉瑛，龙立荣，周如意．谦卑领导行为与下属工作投入：有中介的调节模型 [J]. 管理科学，2015，28（3）：77-89.

[12] 汪林，储小平，倪婧．领导：部属交换、内部人身份认知与组织公民行为：基于本土家族企业视角的经验研究 [J]. 管理世界，2009（1）：97-107.

[13] 俞明传，顾琴轩，朱爱武．员工实际介入与组织关系视角下的内部人身份感知对创新行为的影响研究 [J]. 管理学报，2014，11（6）：836-843.

[14] 赵红丹．强扭的瓜到底甜不甜？：员工感知到的强制性组织公民行为对工作绩效的影响 [J]. 经济与管理研究，2014（11）：71-79.

第7章

实验研究方法及其操作

在诸多研究方法中，实验研究是最具“艺术感”的。在整个实验研究过程中，研究者就像是导演，可以根据拟定的剧本，布置好场景、设计好情节，再招聘些许演职人员，就可以制造出美妙的化学反应，甚至得到一场超越剧本的精妙绝伦的演出。在实验研究过程中，剧本就是最初的理论假设，戏剧场景变成了实验研究场景，情节即为实验研究的操作程序，而美妙的化学反应则是变量之间发生的相互作用，最后的演出则是实验研究的最终结果。显然，实验研究比其他研究都来得更为灵动、巧妙，特别是实验研究的设计部分，充分考验了研究者的创造力与想象力，这也正是很多学者着迷于此的原因。下面，我们将会带领大家领略实验的“艺术之美”。

7.1 实验研究概述

7.1.1 实验研究的概念

实验研究是定量研究中的一种，指针对某一研究问题，根据相应的理论与假设，通过对变量的操纵、观察和控制，探寻自变量与因变量之间的因果关系，进而得到科学规律或结论。通俗来说，实验研究就是基于研究的目的与假设，通过对某些因素进行人为的控制，来研究自变量的不同水平对因变量的影响。因此，实验研究又称为控制研究，研究者可以有目的、有意识地对实验变量、实验环境或者抽样施加控制。

在我们的日常生活中，也经常使用实验研究方法来解决问题。例如，管理者通常在决定升职员工时，可能会让两名或多名候选人分别完成相同或类似的工作任务，再根据其工作完成度与质量决定最终的升职人选；又如，在企业产品推新前，会聘请多名试用官来使用新产品，对比多名试用官的体验来决定是否推出新产品。在进行实验研究时，首先要将与研究主题相关的影响因素筛选出来，确定要研究的因素和需要施加控制的因素，再进一步建立研究假设和模型。举例来说，我们要研究员工薪酬与工作绩效之间的关系，那么员工薪酬就是自变量，工作绩效就是因变量。但除了员工薪酬，影响工作绩效的因素还有很多，如学历、性别、工作环境等，这些因素是需要人为控制的。在严格控制这些变量不变的条件下，测量员工薪酬（自变量）的变化与相应的工作绩效（因变量）的变化，然后通过对数据的定量分析，来验证员工薪酬与工作绩效之间的因果关系是否存在，即验证研究的假设与模型是否成立。

7.1.2 实验研究的原理

实验研究的本质是在测量变量的过程中对实验环境进行人为的操控或干预，使得研究变量呈现不同的取值或水平，并控制其他无关变量，观察在此情况下因变量的变化，由此推断自变量与因变量之间的因果关系，使实验研究结果可用以解释和预测其他同类现象。具体而言，首先要提出研究假设，内容是对某一因果关系的陈述，即假设某一自变量的变化会（正向或负向地）引起因变量的变化。随后按照如下步骤进行操作：①在实验研究开始之前，对因变量进行事先测量（前测，pre-test）；②引入自变量，并使之发挥作用；③在实验研究结束前，对因变量进行事后测量（后测，post-test）；④比较因变量的前测与后测的差异值，检验研究假设。倘若前测与后测没有差异，则说明自变量对因变量没有影响，即研究假设不成立；倘若二者之间存在差异，则表明研究假设可能是正确的，而后再通过实验研究结果具体分析其正负影响。

7.1.3 实验研究法的优缺点

任何一种研究方法都有利有弊，实验研究法也不例外。实验研究法的优点主要有以下几点。

（1）便于探索因果关系。由于研究者可以控制其他因素的影响，通过操纵自变量来观测因变量的变化，因此可以将自变量对因变量的影响独立出来，从而推断因果关系。同时，实验研究者还可以通过设立控制组来衡量操纵的强度。

（2）可控性强。相较于其他研究方法，实验研究法能够更有效地控制其他变量对因变量的影响，将研究变量分离出来并估计其对因变量的影响。实验研究者可以按照先前提出的研究假设设定自变量的水平，甚至可以通过调整相关变量或实验条件以观测正常条件下很难出现的极端值。

（3）具有可重复性。可重复性是指实验研究结论的可靠性和前后一致性程度，即结论可以重复验证。实验研究法能够严格有效地控制其他变量对因变量的影响，将所要研究的因果关系尽量独立出来，使实验能够在一种相对“纯化”的条件下进行，因此，实验研究法是便于重复的，这也是实验研究法科学性的重要体现。

（4）能够观测到变量的动态变化。从时序角度来看，实验研究法是一种纵贯式的研究，实验研究是在一段时间内进行的，因此在实验研究过程中，研究者可以在多个时间点施测，以更好地研究相关变量的动态变化。

（5）可以更便捷地复制自然环境的变化。在实验室环境下进行研究时，可以复制较为复杂的外界条件（如 CEO 战略决策的转型），以便更好地测量结果变量。这使得研究人员能够更好地控制可能存在的外部变量，有效避免在自然环境中开展研究的不可预测性。

实验研究法的缺点主要表现在以下几个方面。

（1）外部效度的不足。在实验研究的过程中，研究者会人为地营造所需要的实验条件（如控制其他因素对因变量的干扰），然而在现实情境下，各种因素之间都是相互影响的，人为操控的实验条件会远离现实生活中的“自然状态”，对实验的外部效度造成威胁。

（2）容易受到实验人员的影响。在实验研究过程中，特别在实验室环境下，参与者会产生“这是在做实验”的心理暗示，可能使他们的行为表现与平常不同，影响实验研究的结果。此外，在实验研究过程中，实验研究者的态度和行为也可能会对参与者产生某种暗示，使得他们故意违背或迎合研究者的期望，进而影响研究结果的准确性。

（3）仅限于对现状的研究。实验研究法仅限于研究当前的问题，对于历史研究和预测研究，单独使用实验研究方法对研究人员来说是不可行或非常困难的，因此实验研究仅限于对研究问题现状的研究。

（4）高成本问题。实验研究过程中必须分离每个变量并对其进行测试，还必须考虑变量的组合问题，这个过程需要消耗非常多的时间、金钱、人力和社会资源，条件有限的研究者也许会难以承受。

（5）伦理和法律的约束。由于实验研究的对象是人，所以受到了伦理道德、法律法规以及其他社会因素的限制，如著名的米尔格拉姆的服从权威实验以及津巴多的监狱实验产生的伦理问题一直备受争议。

针对此问题，研究者需要做好一些基础工作。第一，检查与获取研究许可，甄别实验研究过程中潜在的法律风险。可从组织中各个部门获取许可与知情同意书，包括人力、财务等，如从伦理审查委员会获得研究许可。另外，需要对参与者提出具体要求，如签署匿名与保密协议、出版协议，同意后续数据处理方式等。第二，若使用基于欺骗的实验操控、改变人的行为或环境、收集个人数据等操作，不仅要获得伦理审查委员会的许可，也要征求参与者的同意。第三，敏感问题，如不道德行为、骚扰和歧视等往往触及法律的问题，考虑到研究结果很有可能成为证据（即可以在法庭上提出的证据），研究者应在实验研究开始之前向律师咨询。

综合上述对实验研究法优缺点的阐述，可以总结出实验研究法的一般性适用条件：①实验研究法仅限于研究当前的问题，不太适用于历史研究和预测研究；②实验研究法适用于需要严格控制研究环境才能凸显研究变量的研究问题；③客观条件容许实验研究所需施加的控制或干预；④实验研究过程不会违反当地的伦理道德和相关的法律法规等。

在管理学研究中，问卷调查法也是常用的研究方法之一。表 7-1 展示了实验研究法与问卷调查法的比较，以便读者更好地理解实验研究法。尽管实验研究法可以独立地取得研究成果，但是很多研究者常常将其与其他研究方法结合起来，形成互补，得到更令人信服的研究结论。

表 7-1 实验研究法与问卷调查法的比较

	实验研究法	问卷调查法
变量操纵	可人为操纵变量	变量不可人为操纵
因果关系断定	因果关系较强	因果关系较弱
外源变量的影响	有效控制外源变量的影响	易受外源变量的影响
可重复性	可重复性强	可重复性弱
效度问题	易产生效度问题	较不易产生效度问题
成本	成本较高	成本较低

注：比较结果根据文献资料总结得出。

7.1.4 实验室实验与现场实验

根据实施场所的不同，实验研究可以分为实验室实验与现场实验两种类型。**实验室实验**（lab experiment）是指在人为控制的实验室环境中进行的实验。在实验室实验中，研究者可以对其他因素进行人为的控制或干预，只改变想要研究的自变量，并观测因变量的相应变化。**现场实验**（field experiment）是指在自然环境下进行的实验，即在自然条件下，通过对自变量的操控来检验其对因变量的影响，探索二者之间的因果关系，而并未对其他变量进行人为控制。McFerran 等（2010）的实验就是典型的实验室实验：研究者让实验组和控制组的参与者想象自己在一家饭店准备吃饭，然后分别观察两张图片，图片里为同一名女服务员，不同的是实验组的图片中该服务员体形较丰满，而控制组的体形更纤瘦，再测参与者此时愿意的进食量，进而研究饭店服务员的体形是否会影响来饭店就餐的人的饮食选择。我们如果对这个实验进行调整，变成在真实饭店环境下，让参与者进入餐厅享受午餐，此时走过来一名丰满或纤瘦的服务员，观察两组参与者分别做出的饮食选择。此时，被我们改变后的实验则为现场实验。

一般而言，实验研究的好坏会依据两个效度指标来简单判定，分别是内部效度和外部效度。**内部效度**（internal validity）是衡量自变量和因变量之间因果关系明确程度的指标，即研究者能够在多大程度上确定因变量的变化是由自变量的变化所引起的。如果对实验研究中的额外变量控制不充分，这些额外因素的效应可能与自变量发生混淆，得出不完全有把握的因果关系，这就说明实验研究缺乏内部效度。因为现场实验存在诸多不确定性干扰因素，而实验室实验通过对其他变量的控制排除了已知的干扰因素，故相较于实验室实验，现场实验的内部效度较差。**外部效度**（external validity）是指实验研究的普及性，即参与者（participant）、处理（treatment）、结果（outcome）和情景（setting）在多大程度上能够被推广到其他的实验研究中使用，进而表现出实验研究的可重复性。由于实验室实验是在“非自然”的实验环境下进行的，条件有限难以实施大规模的实验，故其外部效度相对于现场实验较差。因此，实验室实验与现场实验各有利弊，研究人员应根据不同的研究需求和条件选择合适的实验研究方法。

7.1.5　实验研究的研究范式

研究范式是一门学科的基本研究规范和研究框架，决定着一门学科的着眼点。实验研究的研究范式[⊖]大致可分为两类：一类是情景实验研究范式；另一类是多方法结合的研究范式。其中，情景实验研究范式又分为基于经典实验的研究范式和基于情景模拟实验的研究范式。基于经典实验的研究范式是指研究者采用经典实验任务，或根据研究目标对经典实验任务进行适当改编来进行研究的一种范式。这一范式的优势在于经典任务经过多次检验，更容易被学者所接受。其劣势在于经典实验任务高度抽象，任务设计相对固定，且常与所研究的问题不直接相关，研究者只有对研究问题具有非常深刻的认识，才能将经典实验任务与研究问题有机结合。基于情景模拟实验的范式是研究者将现实中的活动或现象进行抽象，并在实验室中模拟场景的一种研究范式。相较于经典实验任务，情景模拟实验任务能够更好地与研究问题相契合。当然，该范式也对情景模拟实验的设计提出了很高要求。如果实验设计对变量控制不到位，会使得研究的信度和效度受到挑战。为兼顾实验研究结论的内部效度和外部效度，克服真实场景与实验情景的差异，增强研究结论的可靠性，诸多学者采用情景实验与现场实验或与问卷调查法、访谈法等多方法结合的研究范式。该范式通过对比、验证多项研究的结论，能提高研究结论的有效性，有利于实验结论的检验和推广（于晓宇等，2019）。

7.2　实验研究的效度问题

效度是指实验研究结果所反映出的变量间关系达到研究者所期望的真实程度，是判断实验研究正确程度的一个重要指标。在实验研究设计和实施过程中，有些因素会对实验研究的内部有效性和外部有效性造成威胁，进而影响实验研究结论的正确性和真实性。接下来，我们将对常见的内外部效度的威胁因素及其改善措施进行阐述。

7.2.1　内部效度的主要威胁

实验研究内部效度的威胁因素主要表现在以下几个方面。

（1）历程因素。在实验研究过程中，可能会发生某些外部事件干扰了实验研究结果。如果在前测和后测之间，外界环境发生了某种事先未曾料到的事件并干扰了实验研究结果，就称为历程因素。举例而言，研究者想要研究某种促销方式对产品销售量的影响，首先在采取这种促销方式前的 t_1 时刻，测得该产品的销售量为 O_1，然后在采取这种促销方式后的 t_3 时刻，测得该产品的销售量为 O_2，而在 t_1 与 t_3 时刻之间的某一时刻 t_2，举办了地区旅游节，但这一事件是研究者事先未料想到的，且这一事件的发生会影响该产品的销售量，使得研究者无法判别销售量的变化到底是因为采取了该种促销方式，还是因为旅游节，这就是历程因

⊖ 于晓宇等《实验法在创业研究中的应用：文献综述与未来展望》一文中对创业领域中的实验范式进行了详细阐述，以供读者参考。

素的影响。为了避免历程因素的干扰，实验研究人员应当在实验研究实施前做好相关的调查，避免发生外部干扰事件。

（2）成熟程度。随着时间的推移，实验研究参与者的心理和生理会发生变化，例如感到疲倦、经验增加等，进而影响实验研究的研究结果。一般来说，当实验研究的持续周期较长时，研究者就需要考虑这个问题。举例而言，研究者想要研究不同的薪酬制度对工作效率的影响，在前半年使用A种薪酬制度，在后半年使用B种薪酬制度，最后员工的工作效率提高了。但这并不能说明B种薪酬制度优于A种薪酬制度，因为在这一时间段内实验研究对象可能是出于经验增加而导致工作效率的提高，这就是成熟程度因素。在实验研究过程中，研究人员可以设置随机化的对照组来应对这一威胁。

（3）测试经验。倘若实验研究对象需要接受多次测试，可能会在此过程中产生学习效果，增加其对实验研究的熟悉与敏感性，影响实验研究的结果。例如，实验研究对象多次参与智商测试，可能会受学习效果的影响导致其后续测试成绩的提高。对于此类威胁，实验研究者可以加入对照组以提高实验研究的内部效度。

（4）测试工具。实验研究工作人员在实验研究过程中的变化，例如疲倦、熟练程度，以及施测人员、测量方法、测量工具的更换等都是测试工具方面的威胁因素。因此，在实验研究开始之前，应对实验研究工作人员进行相关的培训，并尽量避免工作人员、测量方法和测量工具等的更换。

（5）选择效应。在选择实验研究对象进入不同的实验组时，可能会出现受主观意愿或客观条件等因素影响的实验研究结果。不同实验组的实验研究对象要具有可比性，即应尽量避免不同实验组的实验研究对象的重要变量的属性存在重大差别。对实验研究对象进行随机分配可以有效地改善这一问题。

（6）统计回归。当出现极端组（即样本的变量平均值极高或极低）时，该组测试值的变化会比一般组的变化大得多，且极端组的变量平均值会在下一次测试中向总体的变量平均值靠拢。因此，实验研究人员应当尽量避免这种极端组的产生，必须对实验研究对象进行随机分配，甚至增加对照组。

（7）参与者的流失。如果一项实验研究开展了，要保持原实验研究参与者的人数不变是相当困难的。即使开始实验研究的参与者是经过随机取样和随机分配的，但会有部分参与者中途退出，常常使流失后的样本难以代表原来具备自身特点的参与者样本，这就会降低实验研究的内部效度。为了避免这种情况的产生，实验研究人员可以在正式实验之前做预实验，预先了解实验研究对象的特性。另外，前期参与者的随机分配也会有一定的改善作用。

7.2.2 外部效度的主要威胁

实验研究外部效度的威胁因素主要表现在以下几个方面。

（1）样本的代表性。实验研究所采用的样本应当能够有效地代表其所来自的总体。假如样本的代表性较低，那么实验研究结果就很难推广到总体当中去说明变量之间的因果关系。然而在实际操作过程中，要在已知总体中找到能够真正代表总体的样本绝非易事。实验研究的对象一般都采取自愿参与的原则，实验研究人员也一般根据便利原则选择实验研究对象，这就有可能对实验研究的外部效度造成威胁。当然，这一问题只能尽量改善而无法避免，研究人员不可能对整个总体进行实验。因此，研究人员在考虑实验研究成本的同时，应当尽量选取相对具有代表性的实验研究对象。

（2）实验研究环境效应。实验研究环境会使实验研究参与者失去“平常心”，采取不同于往常的行为。一方面，当实验研究者在场时，实验研究对象可能会因为紧张等原因而表现出与寻常不同的行为，著名的霍桑实验就发现了实验研究环境本身对实验研究对象的影响。研究人员可以通过设立对照组来测试霍桑效应，也可以设法消除霍桑效应，例如不让研究人员在实验研究现场。另一方面，研究对象在实验研究过程中可能会自然而然地去猜测实验研究的意图，进而影响他们在实验研究过程中的行为，实验研究人员的态度和行为可能也会对实验研究对象的行为造成影响。因此，在实验研究实施之前，应当缜密地进行实验研究设计，避免实验研究对象猜出实验研究意图，同时对实验研究工作人员进行相关的培训，避免他们对实验研究对象产生影响。

（3）测试手段。测试手段主要包括测量仪器以及量表两个方面。在实验研究过程中，应当尽量选择准确性和精确度较高的测量仪器，并在实验研究正式开始之前，对仪器进行检查、校准等，避免在实验研究过程中出现故障。对于量表而言，如果所选取的量表结构效度不好，就可能威胁实验研究的外部效度，因此，研究人员应当选择结构效度较好的、经过前人验证的量表。

7.3　实验设计的基本概念

7.3.1　控制与操纵

如前文所述，当研究自变量和因变量之间的因果关系时，可能会存在其他变量对因变量产生影响。因此，研究者应对干扰变量进行有效控制。举例来说，某公司的人力资源部门经理对一组新招聘的员工进行了某种专业培训，以向总经理证明这种培训能让新员工工作更加高效。但是，可能会存在一些员工的工作效率高于其他员工，这可能是因为他们之前有过类似的经验。在这种情况下，该经理无法证明仅仅是这种培训导致了员工更高的工作效率，因为员工之前的经验是一个干扰因素。如果要评估培训对工作效率的真正影响，那么员工之前的经验就必须得到有效的控制，实验研究人员可以通过事先剔除那些有过类似经验员工的方法来解决。

为了检验自变量的变化对因变量带来的影响，实验研究者需要对自变量施加某种操纵。**操纵**（manipulation）是指研究人员可以创造自变量的不同水平以评估其对因变量的影响。举例来说，我们想检验员工工作的自主性是否会提高他们的工作绩效，那么我们可以赋予不同实验组的成员以不同水平的工作自主性，来观测他们工作效率的不同。

7.3.2 配对与随机化

在实验研究中，实验组和控制组要具有可比性，即实验组和控制组的构成要素（如实验对象的年龄、性别比例等）应当尽可能地相似，排除外部变量的干扰。举例而言，某研究人员要验证新的技术会提高员工的工作绩效，他将车间一的员工作为实验组采用新的技术，将车间二的员工作为对照组采用原有的技术，过了一段时间后发现车间一的员工绩效比车间二的员工绩效要好，那么是否就可以得到新技术比原有技术好的结论呢？答案是否定的，因为可能是车间一和车间二的样本差异性造成了上述结果。为了解决这类问题，研究人员需要在实验研究开始时就采用配对和随机化来进行样本处理。

配对（matching）是指将具有相似特征的实验研究对象进行配对，并将它们分别分入实验组与控制组。比如说，在上例中，可以将工作年限相同的员工分别分配到实验组和控制组中去。同理，年龄、性别等可能对实验研究结果造成干扰的因素也可以经过配对分配到各组中去。这样一来，干扰实验研究结果的因素在各个组中是匹配的，得到的实验研究结论就会更加可靠。

随机化（randomization）是指随机将实验研究对象分配在实验组和控制组中，即每位研究对象被分配到任一组的概率是相等的。例如，研究人员可以对实验研究对象的名单进行编码，由计算机进行随机抽样，将实验研究对象随机分配到实验组和控制组中。随机化分配运用了概率的原理，使得实验组和控制组能够具有可比性，而无须事先对实验研究对象的各种属性（如年龄、性别等）进行研究。

7.3.3 因子设计与交互效应

因子设计（factorial design）能够同时考察两个或两个以上自变量对因变量的影响。也就是说，因子设计可以同时测量两个实验刺激对因变量的作用，包括这两种实验刺激各自的单独效应以及它们的联合效应（交互作用）。

举例而言，有两种工作设计方案，即方案 A 和方案 B，员工的创新能力有高和低之分，考察它们对员工创新绩效的影响。在这个实验中，有 2 个自变量，即工作设计方案和员工创新能力，每个自变量分别有 2 个水平，即方案 A 与方案 B 以及高创新能力与低创新能力的员工，这一实验设计即 2×2 的因子设计。如图 7-1 所示的实验结果，对高创新能力的员工采用方案 A 进行工作设计后，其创新绩效为 8；若采用方案 B 进行工作设计，其创新绩效为 4。对低创新能力的员工采用方案 A 进行工作设计后，其创新绩效为 6；若采用方案 B 进行工作设计，其创新绩效为 2。无论员工的创新能力是高还是低，方案 A 都优于方案 B，工作设计方案与员工的创新能力并未产生交互效应。如图 7-2 所示的实验结果，对高创新能力的员工采用方案 A 进行工作设计后，其创新绩效为 8；若采用方案 B 进行工作设计，其创新绩效为 6。对低创新能力的员工采用方案 A 进行工作设计后，其创新绩效为 2；若采用方案 B 进行工作设计，其创新绩效为 4。对于高创新能力的员工而言，方案 A 要优于方案 B，而对于低创新能力的员工而言，方案 B 优于方案 A，工作设计方案与员工的创新能力产生了交互效应。由此可见，因子设计可以同时考察两个自变量对因变量的影响，并且可以得到二者的交互效应。因子设计还可以扩展到两个以上的自变量，每个变量的水平也可以超过两种，但是却会使实验的复杂性大大增加，最直观的就是实验组数的大大增加，使得实验研究的可行性降低、成本升高。

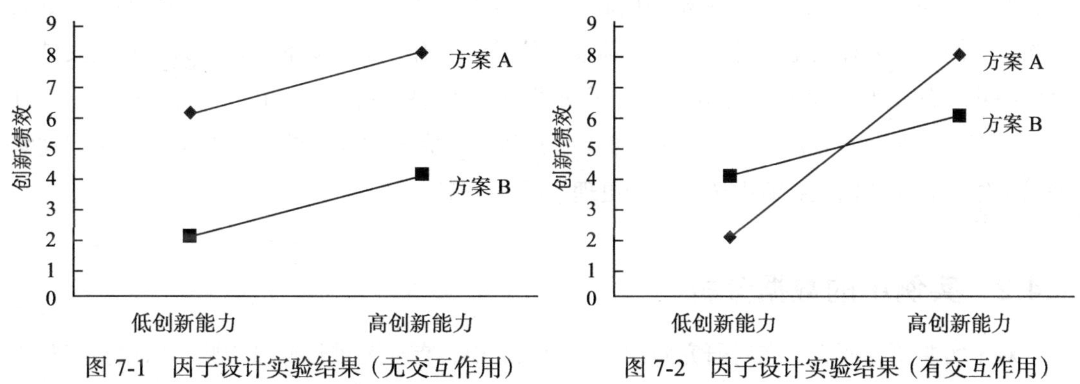

图 7-1　因子设计实验结果（无交互作用）　　图 7-2　因子设计实验结果（有交互作用）

7.4　实例解读

“纸上得来终觉浅”，上述内容主要帮助大家了解实验研究方法的基本知识与理论，以下根据 Wang 等在 2022 年发表于 *Journal of Business Research* 期刊的“ Lighting Up the Dark: How the Scarcity of Childhood Resources Leads to Preferences for Bright Stimuli”一文对实验研究法进行进一步的解析，帮助大家了解实验研究方法的具体实操过程，解析包括实验研究方案的设计和数据分析过程，以期帮助大家掌握实验研究法的实际运用。

7.4.1　实验设计实例

“ Lighting Up the Dark: How the Scarcity of Childhood Resources Leads to Preferences for Bright Stimuli”一文通过实验研究方法探讨消费者在童年时的资源稀缺是否会导致其对明亮刺激物（stimuli）的偏好。该研究通过感知参与者的童年资源，观察其对明亮刺激物的评价，所采用的实验设计方案如下。

实验一：参与者被随机分配到童年资源稀缺组或控制组中，他们被要求从事一项想象任务。更具体地说，在资源匮乏实验组中向参与者展示了一张照片，即贫困地区儿童的恶劣生活条件，并描述了儿童如何遭受食物不足、生活条件恶劣和频繁的疾病等威胁。相反，对照组的参与者看到的是普通儿童的照片，并且没有提供有关经济状况的资料。在阅读完这些材料后，参与者被要求写下他们在照片中看到的景象和他们的感觉。随后，作为童年时期资源的操纵检验，所有参与者都表明了他们对以下两种说法的认同程度：“我看到的孩子很穷”和“我看到的孩子在一个很穷的环境中长大”。回答采用五分制的李克特量表形式（1= 完全不同意；5= 完全同意）。为了测量他们对明亮物体的偏好，参与者被告知一家饮料公司正在设计新的包装，并希望从他们那里收集反馈。随后向参与者展示了一幅饮料包装的图片，并简要介绍了该饮料，要求他们按照五分制的标准评价该包装（1= 非常不喜欢；5= 非常喜欢）。得分越高，表明参与者对明亮刺激的偏好越强。

实验二：使用与实验一相同的程序来操纵童年时期资源的情况。在完成操纵任务后，参与者回答了与实验一相同的操纵检验问题。以五分制（1= 完全不同意；5= 完全同意）量表来测量他们在多大程度上同意照片中的场景：孩子希望有一个光明的未来。为了测量受试者对明亮物体的偏好，研究人员给他们看了两张同一办公室的照片，除了一张照片中开着灯（亮），另一张照片中关着灯（暗）外，照片的其他元素完全相同。然后让参与者想象在这家公司工作，并让他们在脑海中选择一个更理想的办公室。

7.4.2　实例中的数据分析

对于实验研究而言，在对研究假设进行验证之前，首先要进行操纵检验，以检验实验研究过程中对于变量的操纵是否达到了预期的效果，只有当操纵检验显著时，后续的假设检验才具有意义。

1. 实验一

（1）操纵检验。验证相较于控制组（control group；condition=0）的参与者而言，资源稀缺组（scarcity group；condition=1）参与者对童年时期资源的感知是否显著低于控制组。在 SPSS 中，论文作者采用以下代码（见图 7-3）进行资源稀缺组的操纵检验，其中 mc 为童年时期资源感知量表的分数，该量表共有两道题，mc1 为其中的一道题目：你在多大程度上同意以下的说法（图片中的孩子很贫穷）？ mc2 为其中的另一道题目：你在多大程度上同意以下的说法（图片中孩子的成长环境十分恶劣）？操纵检验输出结果如图 7-4 所示。

```
COMPUTE mc=mean(mcl,mc2)

ONEWAY mc BY condition
/STATISTICS DESCRIPTIVES
```

图 7-3　实验一操纵检验代码

Descriptives

		N	Mean	Std. Deviation	Std. Error	95% Confidence Interval for Mean		Minimum	Maximum
						Lower Bound	Upper Bound		
mc	0	38	1.8158	0.72987	0.11840	1.5759	2.0557	1.0	3.0
	1	49	4.5510	0.74474	0.10639	4.3371	4.7649	1.0	5.0
	Total	87	3.3563	1.54940	0.16611	3.0261	3.6865	1.0	5.0

图 7-4　实验一操纵检验输出结果

ANOVA

		Sum of Squares	df	Mean Square	F	Sig.
mc	Betwen Groups	160.121	1	160.121	293.750	0.000
	Within Groups	46.333	85	0.545		
	Total	206.454	86			

图 7-4 （续）

根据 SPSS 的输出结果，方差分析（为同论文中的结果保持一致，本章展示的结果均保留小数点后两位有效数字）显示，与控制条件下相比，童年时期资源稀缺条件下的参与者对童年时期资源的感知更稀缺（Mscarcity = 4.55，SD = 0.74 ；Mcontrol = 1.82，SD = 0.73 ；F（1，85）= 293.75，P < 0.001）。这代表论文作者对童年时期资源的操纵是有效的。

（2）假设检验。为了测量参与者对明亮度的偏好，论文作者采用资源稀缺组与控制组对亮色饮料包装进行评分的手段来验证假设。package1 为对饮料包装的亮度评分。参与者的得分越高，就表示其对明亮刺激的偏好就越强。在 SPSS 中，可以采用以下代码（见图 7-5）来进行操纵检验，并检验消费者在童年时期的资源稀缺程度对明亮刺激偏好的影响。假设检验输出结果如图 7-6 所示。

```
ONEWAY packagel BY condition
/STATISTICS DESCRIPTIVES
/MISSING ANALYSIS.
```

图 7-5　实验一假设检验代码

Descriptives

		N	Mean	Std. Deviation	Std. Error	95% Confidence Interval for Mean		Minimum	Maximum
						Lower Bound	Upper Bound		
packagel	0	38	2.74	0.828	0.134	2.46	3.01	2.0	4.0
	1	49	3.16	0.825	0.118	2.93	3.40	1.0	5.0
	Total	87	2.98	0.849	0.091	2.80	3.16	1.0	5.0

ANOVA

		Sum of Squares	df	Mean Square	F	Sig.
packagel	Betwen Groups	3.892	1	3.892	5.697	0.019
	Within Groups	58.062	85	0.683		
	Total	61.954	86			

图 7-6　实验一假设检验输出结果

论文作者以包装评级为因变量，以童年时期的资源稀缺度为自变量，进行方差分析。根据 SPSS 的输出结果，童年时期的资源稀缺度存在显著的主效应（F（1，85）= 5.70，P < 0.05）。与作者的假设一致，童年时期资源稀缺条件下的参与者对所提供的明亮饮料包装进行了更高的评价（Mscarcity = 3.16，SD=0.83；Mcontrol =2.74，SD = 0.83）。

2. 实验二

（1）操纵检验。论文作者使用与实验一相同的代码（见图 7-3）来操纵个体在童年时期的资源稀缺度。在完成操作任务后，童年资源稀缺组与控制组参与者回答了与实验一相同的操纵检验问题。实验二操纵检验输出结果如图 7-7 所示。

Descriptives

		N	Mean	Std. Deviation	Std. Error	95% Confidence Interval for Mean		Minimum	Maximum
						Lower Bound	Upper Bound		
mc	0	42	1.8690	0.70762	0.10919	1.6485	2.0896	1.0	3.0
	1	52	4.4904	0.89383	0.12395	4.2415	4.7392	1.0	5.0
	Total	94	3.3191	1.54128	0.15897	3.0035	3.6348	1.0	5.0

ANOVA

		Sum of Squares	df	Mean Square	F	Sig.
mc	Betwen Groups	159.651	1	159.651	239.704	0.000
	Within Groups	61.275	92	0.666		
	Total	220.926	93			

图 7-7 实验二操纵检验输出结果

方差分析的结果显示，与对照组相比，童年时期资源稀缺条件下的参与者对资源的感知更稀缺（Mscarcity = 4.50，SD = 0.89；Mcontrol = 1.87，SD= 0.71；F（1，92）=239.70，$P < 0.001$)。结果表明，论文作者对童年时期资源稀缺程度的操纵是成功的。

（2）假设检验。论文作者认为童年时期的资源稀缺会通过对光明未来的渴望来影响个体对明亮物品的偏好，即对光明未来的渴望为上述因果关系中的中介变量。在实验二中，为了测量个体对明亮物品的偏好，论文作者向参与者展示了同一张办公室的照片，除了其中一张亮和另一张暗之外（见论文的附录材料），其余是相同的。然后，论文作者让参与者回答他们更喜欢哪一个办公室。在 SPSS 操作中，我们采用以下代码来检验童年时期缺乏资源是否会增加个体对光明未来的渴望，进而增加他们对明亮刺激的偏好的假设。illumination2 为参与者对办公室的照片的选择，mediator2 为对光明未来渴望的量表得分，condition 为对资源稀缺度的两种分组。回收的原始数据显示，90.4% 的童年时期资源稀缺条件下的参与者更喜欢明亮的办公室，而 69.0% 的控制组参与者更喜欢明亮的办公室。

由于个体对办公室的选择（因变量）是二分变量，论文作者使用逻辑回归（logistic regression）检验主效应，代码如图 7-8 所示，检验结果如图 7-9 所示。

```
LOGISTIC REGRESSION VARIABLES illumination2
/METHOD=ENTER condition
/CRITERIA=PIN(.05) POUT(.10) ITERATE(20) CUT(.5).
```

图 7-8 实验二检验主效应的代码

Variables in the Equation

		B	S.E.	Wald	df	Sig.	Exp(B)
Step 1[①]	condition	−1.438	0.577	6.219	1	0.013	0.237
	Constant	−0.802	0.334	5.779	1	0.016	0.448

① V ariable(s) entered on step 1：condition.

图 7-9　实验二主效应的检验结果

结果显示，在童年时期资源稀缺条件下的参与者更有可能选择明亮的办公室（Mscarcity = 90.4%，Mcontrol = 69.0%；β = 0.24，Wald χ^2 =6.22，$P < 0.05$）。

接下来，论文作者采用以下代码（见图 7-10）检验自变量对中介变量的作用，输出结果如图 7-11 所示。

```
ONEWAY mediator2 BY condition
/STATISTICS DESCRIPTIVES
/MISSING ANALYSIS.
```

图 7-10　实验二检验自变量与中介变量关系的代码

Descriptives

mediator2

	N	Mean	Std. Deviation	Std. Error	95% Confidence Interval for Mean		Minimum	Maximum
					Lower Bound	Upper Bound		
0	42	3.29	0.995	0.153	2.98	3.60	1	5
1	52	4.38	0.745	0.103	4.18	4.59	3	5
Total	94	3.89	1.021	0.105	3.68	4.10	1	5

ANOVA

	Sum of Squares	df	Mean Square	F	Sig.
Betwen Groups	28.057	1	28.057	37.475	0.000
Within Groups	68.879	92	0.749		
Total	96.936	93			

图 7-11　实验二检验自变量与中介变量的关系输出结果

对光明未来渴望的方差分析显示，与对照组（M = 3.29，SD = 1.00）相比，童年时期资源稀缺条件下的参与者对光明的渴望（M = 4.38，SD = 0.75）也更强烈（F（1，92）= 37.48，$P < 0.001$）。

最后，论文作者采用以下代码（见图 7-12）检验中介效应，检验输出结果如图 7-13 所示。

```
BOOTSTRAP
/SAMPLING METHOD=SIMPLE
/NARIABLES TARGET=illumination2 INPUT=condition mediator2
/CRITERIA CILEVEL=95 CITYPB=PERCENTILE NSAMPLES=1000
/MISSING USERMISSING=EXCLUDE.
LOGISTIC REGRESSION VARIABLES ilumination2
/METHOD=ENTER condition mediator2
/ORIGIN
/CRITERIA=PIN(0.05) POUT(0. 10) ITERATE(20) CUT(0.5).
```

图 7-12 实验二检验中介效应的代码

Variables in the Equation

		B	S.E.	Wald	df	Sig.	Exp(B)
Step 1①	Condition	−1.092	0.637	2.938	1	0.087	0.336
	mediator2	−0.266	0.100	6.997	1	0.008	0.767

① V ariable(s) entered on step 1：condition，mediator2.

		B	Bias	Std.Error	Sig. (2-tailed)	95% Confidence Interval	
						Lower	Upper
Step 1	condition	−1.092	−0.259	2.092	0.061	−2.791	0.105
	mediator2	−0.266	−0.010	0.102	0.004	−0.515	−0.087

图 7-13 实验二中介效应的检验输出结果

结果显示，当中介变量（个体对光明的渴望）加入到回归方程中后，自变量（童年时期的资源稀缺度）对因变量（对明亮办公室的选择）的回归系数变得不再显著（$P = 0.087$），而中介变量对因变量的回归系数显著（$P < 0.01$）。论文作者用拔靴法进行 1000 次随机抽样，得出该中介效应的 95% 置信区间为 [−0.515，−0.087]，不包含 0，则该中介效应显著。

通过以上对于例文的实验设计和数据分析的解读，我们希望可以帮助读者从实际操作中深入了解实验研究法，掌握实验设计和对应的数据分析技能。我们期待越来越多的读者在阅读本章之后能够学会使用实验研究法，并利用实验研究法创作出优秀的论文。

小诀窍

实验设计是充满创造力和想象力的艺术。但并不是所有实验都是“无中生有”，完全由研究者设计出来的，在漫漫的学术长河中，有不少学者创造出了很多非常有意义的实验范式。在范式被发表之后，相关领域的研究者可以借用，并根据自己的研究目的，系统地改变一些变量，用来研究个体的种种动机和行为。比如著名的公共资源困境实验范式和群体实验范式。

严谨的实验设计是实验研究法的“灵魂”，研究者在进行实验设计时，尤其需要注意以下三点，这也是主流期刊的主编和审稿人判断一篇实验研究论文质量的重要依据。首先，研究者要充分做到分组的随机化，这是实验研究的重要原则。其次，研究者要确保实验研究的内部效度，即验证该实验的实验操纵有效，这是验证假设的基础。最后，研究者应当对实验效应进行严格的把关，谨防安慰剂效应、皮格马利翁效应等。

7.5　发表历程与体会

上述研究的想法源自论文作者对日常生活的观察：即使在现代社会，也有相当多的儿童生活在贫困之中。童年时期资源的状况会影响一个人成年后的决策吗？有研究表明，童年时期的环境对青少年有重大影响，也有研究表明，童年环境是人们教育程度、健康状况和一生幸福感的有力预测因素。例如，早年的福利收入已被证明与入学准备分数高度相关，而入学准备分数反过来又可以预测学业失败、学业完成和识字率（Baydar 等，1993）。同样，与童年时期资源较多的人相比，资源较少的人主观预期寿命较短（Mittal & Griskevicius，2016）。迄今为止，很少有研究探究童年时期的资源如何影响个体的感官偏好。考虑到感官线索在消费环境中的重要作用，论文作者决定设计一项实验研究，来探究童年时期的资源对成年人消费偏好的影响。基于补偿性消费理论，论文作者认为童年时期资源匮乏的消费者在成年后对较明亮的物品表现出更强的偏好，而该效应的中介机制是这些消费者对光明未来的渴望。

实验研究往往需要使用不同的实验情境、实验材料和参与者来增强实验的外部效度。在实验一和实验二中，论文作者对同一变量也采用了不同的测量方式，以增强研究结论的可信度。在完成这项研究之后，论文作者就将其投稿到 *Journal of Business Research* 期刊上，所幸的是两位审稿专家均对这项研究比较感兴趣，也提出了很多非常好的建议，帮助论文作者进行修改。审稿专家针对论文理论视角的选择、实验方案的设计、数据分析方法、研究贡献的提炼等，均给予了大量的指导。作者团队根据这些建议也重新打磨文章的逻辑及研究贡献。经过多次修改，论文的质量也得到了显著提升，并最终成功发表。

从发表的角度来看，目前也有一些实验研究中的新方法值得关注，譬如：随机对照试验（randomized controlled trial，RCT）、神经科学实验等。RCT 是一种对医疗卫生服务中某种疗法或药物的效果进行检测的手段，常用于医学、药学、护理学研究中，近年来该方法逐渐被应用于管理学领域中，例如，Camuffo 等（2020）学者以随机对照试验法探索了创业者在创业训练营中所学习到的科学决策对其创业绩效的作用，Stevenson 等（2020）学者也指出在创业背景下的随机对照试验法有相当大的潜力推进创业理论，以及组织科学的其他领域，包括组织行为和战略管理。神经科学实验探索性地被应用于管理学的研究中。例如，Lahti 等（2019）学者将功能性磁共振成像（functional magnetic resonance imaging，FMRI）技术运用在探索创业者如何将新创企业纳入自身的认知连接中。

此外，为了提高研究的透明度，促进研究的规范性，增加公众对最新科研成果的了解与监督，很多期刊（如 *Journal of Consumer Research*）开始推广实验预注册制。作者需要在 OSF（https://osf.io/）等网站上发布预注册信息。投稿时将该链接分享给审稿人，增加实验可信度。因此，OSF 等网站积累了大量的一手实验数据与信息，可供研究者进行挖掘与参考。

小结

本章由西交利物浦大学厉杰副教授撰写，主要介绍了实验研究的相关概念、效度问题、实验设计等，并以一篇论文为例全面解读实验研究的全过程。我们基本解决了实验研究是什么、实验场景如何划分、研究原理是怎样的以及实验研究的优缺点有什么等问题；在实验研究的效度问题上，我们介绍了两种常见的效度即内部效度和外部效度，并分析了其威胁因素及相应的改善措施；根据实验场所的不同，我们介绍了实验室实验和现场实验的特点并进行对比；在实验研究中，我们需遵守有利和无害原则、诚信与责任原则、公正原则及尊重人权原则。读者可根据本章总结对内容进行简单回顾与梳理。

实验研究法不仅仅要了解其理论知识，还需注重实践的应用。前沿成果往往会通过学术文章来体现，读者需要阅读实验研究方法的相关论文，如 Qin 等学者（2022）利用两个随机实验验证了创业背景下创造力阴暗面的理论模型。近年来，学者往往采用多种研究方法相结合的方式进行研究设计。例如，Yam 等（2017）将实地的问卷调查与 Amazon Mturk 线上实验相结合，探讨什么情况下员工的组织公民行为会导致他们出现组织偏差行为；Berg & Yu（2021）基于档案研究和线上实验相结合的方法来考察创意实施的时机对作品创新性的影响。

厉杰是西交利物浦大学商学院副教授、博士生导师。研究方向为社会创新与创业管理，主持国家自然科学基金、教育部人文社会科学基金等多项国家级、省部级课题；担任 *Applied Psychology: An International Review* 期刊副主编等学术职务；在 *Journal of Organizational Behavior*、*Journal of Business Ethics*、《科学学研究》等期刊上发表中英文论文 30 余篇。

参考文献

[1] 陈晓萍，沈伟. 组织与管理研究的实证方法 [M].3 版. 北京：北京大学出版社，2018.

[2] 于晓宇，渠娴娴，陶奕达，等. 实验法在创业研究中的应用：文献综述与未来展望 [J]. 外国经济与管理，2019，41（5）：31-43，57.

[3] BAYDAR N, BROOKS G J, FURSTENBERG F F.Early warning signs offunctional illiteracy: predictors in childhood and adolescence[J]. Child development, 1993, 64(3): 815-829.

[4] BERG J M, YU A. Getting the picture too late: handoffs and the effectiveness of idea implementation in creative work[J]. Academy of management journal, 2021, 64(4): 1191-1212.

[5] CAMUFFO A, CORDOVA A, GAMBARDELLA A, et al. A scientific approach to entrepreneurial decision making: evidence from a randomized control trial[J]. Management science, 2020, 66(2): 564-586.

[6] DURSO G R, BRIÑOL P, PETTY R E.

From power to inaction: ambivalence gives pause to the powerful[J]. Psychological science, 2016, 27(12): 1660-1666.

[7] GRANT A M, Wall T D. The neglected science and art of quasi-experimentation: why-to, when-to, and how-to advice for organizational researchers[J]. Organizational research methods, 2009, 12(4): 653-686.

[8] GREITEMEYER T, SCHULZ H S. Preference-consistent evaluation of information in the hidden profile paradigm : beyond group-level explanations for the dominance of shared information in group decisions[J]. Journal of personality and social psychology, 2003, 84(2): 322-339.

[9] LAHTI T, HALKO M L, KARAGOZOGLU N, et al. Why and how do founding entrepreneurs bond with their ventures? Neural correlates of entrepreneurial and parental bonding[J]. Journal of business venturing, 2019, 34(2): 368-388.

[10] MCFERRAN B, DAHL D W, FITZSIMONS G J, et al. Might an overweight waitress make you eat more? How the body type of others is sufficient to alter our food consumption[J]. Journal of consumer psychology, 2010, 20(2): 146-151.

[11] MITTAL C, GRISKEVICIUS V. Silver spoons and platinum plans: how childhood environment affects adult health care decisions[J]. Journal of consumer research, 2016, 43(4): 636-656.

[12] QIN X, SHEPHERD D A, LIN D, et al. The dark side of entrepreneurs' creativity: investigating how and when entrepreneurs' creativity increases the favorability of potential opportunities that harm nature[J]. Entrepreneurship theory and practice, 2022, 46(4): 857-883.

[13] SEKARAN U, BOUGIE R. Research methods for business: a skill-building approach [M]. 7th ed. Hoboken, NJ: John Wiley & Sons, 2016.

[14] STASSER G, TITUS W. Pooling of unshared information in group decision making: biased information sampling during discussion[J]. Journal of personality and social psychology, 1985, 48: 1467-1478.

[15] STEINEL W, UTZ S, KONING L. The good, the bad and the ugly thing to do when sharing information: revealing, concealing and lying depend on social motivation, distribution and importance of information[J]. Organizational behavior and human decision process, 2010, 113(2): 85-96.

[16] STEVENSON R M, JOSEFY M, MCMULLEN J S, et al. Organizational and management theorizing using experiment-based entrepreneurship research: covered terrain and new frontiers[J]. Academy of management annals, 2020, 14(2): 1-72.

[17] YAM K C, KLOTZ A, HE W, et al. From good soldiers to psychologically entitled: examining when and why citizenship behavior leads to deviance[J]. Academy of management journal, 2017, 60(1): 373-396.

第8章

社会网络分析方法及其操作

马克思认为，人的本质是一切社会关系的总和。现代社会是一个互联互通的网络社会，人与人之间、团队与团队之间、组织与组织之间、企业与企业之间、区域与区域之间，乃至国家与国家之间都在以不同类型的关系联结在一起，形成了节点不同、形式各异的网络（贾振全，2016）。这种情况在我国这种“关系”导向的社会环境中更为显著，个体并非独立存在，而是嵌入在一系列复杂的社会关系之中。只有将个体与其所拥有的社会关系整合在一起，才能更好地揭示行为本质，这对于组织管理研究具有重要意义。

在社会网络之中，节点本身的属性会影响其所处的网络结构，网络结构也会影响节点本身的性质。从管理研究的相关文献来看，社会网络分析方法已经在团队管理、市场营销、创新创业管理和知识管理等多个领域得到了广泛的关注和应用（秦铁辉等，2007）。本章将介绍社会网络分析的基本概念、主要指标和实例应用等内容。

8.1 社会网络分析的基本概念

8.1.1 社会网络的构成

网络是由节点及节点之间的某种关系构成的集合，社会网络则是由作为节点的社会行动者及其间的关系构成的集合（廖丽平，2012）。节点和节点之间的联系是社会网络分析的主要对象。

1. 节点

节点（node）是社会网络的主体，又称**行动者**（actor），可以是任何一个层面上的社会实体，如个体、团队、公司等。节点与节点之间会有某些本质上的不同，通常用属性（attribute）来指代每个节点区别于其他节点的特性。节点的属性可以由变量来标记，如个体的性别、年龄以及公司的规模等。

在社会网络分析中，通常会涉及两类网络——整体网络和个体网络。其中整体网络（whole network）是指包含所有节点和节点间关系的社会网络；个体网络（ego network）是指从某个所关注的节点出发，与该节点直接联结的节点所构成的网络。在节点的个体网络中，所关注的节点就称为自我（ego），除该节点外的其他节点就称为他我（alter）。

2. 联结

联结（tie）是社会网络的节点之间发生联系的方式，又称为连接，具有多种具体的内容。如个体间的人际交往、团队间的协同合作、公司间的收购或兼并等。

从联结的类型来看，节点之间的联结有一元和多元之分。以个体间的联结为例，个体之间可能会存在联络关系、咨询关系或友谊关系，这些关系单独产生的联结是一元联结；但个体之间也可能同时存在联络关系、咨询关系和友谊关系，此时节点之间形成了多元联结。具体关注哪类联结或哪些联结类型，由研究需要决定。

8.1.2　社会网络分析中的模态

模（mode）是指行动者的集合，而模数是指在一个社会网络中，行动者集合的类型数目（杨冠灿，刘彤，2012）。

（1）1– 模网络。由一种类型的行动者集合及内部各个行动者之间的联结构成的网络叫作 **1– 模网络**（one-mode network）（杨冠灿和刘彤，2012）。例如，上海市各高校之间的协同创新关系网络就是 1– 模网络。

（2）2– 模网络。由一种类型的行动者集合与另一种类型的行动者集合以及两集合之间的联结构成的网络被称为 **2– 模网络**（two-mode network）（杨冠灿和刘彤，2012）。例如，上海市各高校与北京市各高校之间的协同创新关系就是 2– 模网络，因为这里涉及两个直辖市的高校之间的合作关系、高校和直辖市之间的联结关系。

（3）隶属网络。有一类特殊的 2– 模网络被称为隶属网络。具体地说，如果一种类型的行动者集合与另一种类型的行动者集合之间存在着隶属关系（罗家德，2010），如个人与部门、城市与国家等，则称这样的 2– 模网络为**隶属网络**（affiliation network）。

8.2　社会网络分析数据收集与主要指标

8.2.1　数据收集及处理

1. 数据的收集

（1）提名生成法。提名生成法是询问被调查者让其说出与自己有某种联结的一些人，再让被调查者说出这些人之间的关系信息，由此可以得到被调查者的个体网络。对于整体网络也可以利用此方法，通过让被调查者回忆与其有联系的所有人，并让其指出这些人之间的关系，通过对多个被调查者的询问，我们能够得到某一组织比较完整的整体社会网络。

在具体的研究中，如果我们已经确定了网络的边界，也可以通过让每个网络成员提名的方式来构建网络矩阵。比如，Grosser 等（2017）通过让团队 144 位成员中的每一位成员就 " Whom do you typically turn to when you need help thinking through a new or challenging problem at work?" 这一问题对其余 143 位成员进行 0 ～ 4 分制的打分，进而构建 144 × 144 的团队内问题解决网络。其中，0 代表从未向该同事寻求建议，4 代表经常向该同事寻求建议。Brennecke & Rank（2017）以企业的专利发明者提名企业研发部门的其他同事的方式来构建建议寻求网络，这些同事是发明者在遇到工作相关问题时会咨询的人。Hirst 等（2015）也用了类似的方法来构建公司销售人员之间的建议寻求网络，不同之处在于采用的是 1 ～ 6 分制的打分，其中 1 代表很少寻求建议，6 代表每天都会寻求建议。Carnabuci & Diószegi（2015）在研究设计人员在工作中相互寻求建议的关系时也采用了这种方法。Li 等（2020）在研究中给每个参与者提供所在团队的名单，并让参与者就 " To what extent do you agree with following statement: I often go to this person for work-related advice?" 这一问题进行 1(从不）～ 7（经常）打分，由此可以构建团队网络，并计算每位员工的内向度数中心度和外向度数中心度。

（2）"滚雪球" 法。"滚雪球" 法也是提名生成法的一种，但并不完全相同，在 "滚雪球" 法中，我们随机在网络中抽取一人，询问与其有关系的另一部分人，随后再对这一部分人进行询问，经过一步一步地询问，最终得到完整的网络。

（3）档案资料分析法。通过对已有的资料、档案的分析，我们可以利用其中的数据发现不同的关系网络。周静等（2017）在构建电信用户的自我中心网络时，就是利用客户的通话详单数据建立客户之间的通信网络，并计算相关的网络变量。刘善仕等（2017）利用大型职业社交网站领英上的个人公开简历数据，通过对个体的岗位信息以及相关工作经历进行分析，以构建企业人力资本社会网络，分析了上市企业人力资本社会网络的中心度和结构洞与企业创新绩效的关系。

（4）问卷调查法。根据具体的研究问题，也可以利用测量量表来进行社会网络指标的测量。比如，朱秀梅和李明芳（2011）利用调查问卷测量了新创企业的网络结构特征，包括网络规模、关系强度和关系多样性。杨隽萍等（2017）利用 "在社会网络中发挥资源或信息交换的作用" 等条目来测量结构洞，用 "与亲属、朋友等联系的频率" 等题项来测量网络强度。如果使用测量量表来测量相关的网络指标，就不再需要构建矩阵。

2. 数据处理方法

用来分析、整理社会网络数据的方法和软件有很多，比较常用的软件有 UCINET、GEPHI 和 ORA 等。

一般情况下，我们利用 Excel 将收集到的社会网络数据处理为矩阵形式，随后利用分析软件来进行分析，并得出所需的各种指标。

矩阵通常由行和列构成，行和列代表了社会网络中的不同主体，矩阵内部的不同位置则表明主体间的关系。下面将用 4 种矩阵形式来表示矩阵所代表的不同“关系”。

（1）在如表 8-1 所示的矩阵中，行和列是相同的行动者集合，矩阵中的数字代表了其所对应的行动者之间的某种关系，由该矩阵构成的网络是前文提到的 1– 模网络。从中可以看出，行动者 A 与 B 之间存在关系，A 与 D 之间没有关系。

表 8-1　对称矩阵

行动者	行动者				
	A	B	C	D	E
A	0	1	0	0	0
B	1	0	1	0	0
C	0	1	0	1	1
D	0	0	1	0	1
E	0	0	1	1	0

（2）在某些时候我们也会遇到关系不对称的情况，如表 8-2 所示。从中可以看出，行动者 B 认为 A 与其存在着某种关系，但 A 并不这么认为。

表 8-2　非对称矩阵

行动者	行动者				
	A	B	C	D	E
A	0	0	0	0	0
B	1	0	1	0	0
C	0	1	0	1	1
D	0	0	1	0	1
E	0	0	1	1	0

（3）如表 8-3 所示的矩阵中，行代表一个行动者集合，列代表这些行动者从事的事件，该矩阵中的数字代表了行动者与事件之间的隶属关系，由这种矩阵构成的网络是 2– 模网络。

表 8-3　事件 – 行动者矩阵

行动者	事件				
	a	b	c	d	e
A	0	1	0	1	1
B	1	0	1	1	0
C	0	1	0	0	1
D	0	0	0	1	0
E	0	0	1	1	0

此外，当我们不仅要研究行动者之间是否存在关系，还要思考行动者之间关系的强度时，就需要构建如表 8-4 所示的矩阵。其中，行动者 B 与 C 产生关系的次数为 2 次或关系强度为 2，行动者 D 与 E 产生关系的次数为 4 次或关系强度为 4。

表 8-4　行动者矩阵

行动者	行动者				
	A	B	C	D	E
A	0	1	0	0	0

（续）

行动者	行动者				
	A	B	C	D	E
B	1	0	2	0	0
C	0	2	0	1	1
D	0	0	1	0	4
E	0	0	1	4	0

当我们对收集到的数据进行整理并形成矩阵以后，就能够将这些矩阵格式的数据录入所选用的分析软件中，通过软件的计算得到各种指标的值，具体指标以及软件的操作将会在8.3节中进行详细的讲解。

8.2.2 主要指标及测算

图8-1展示的是一个无向社会网络，我们以图8-1为例来对社会网络的主要指标进行测算。

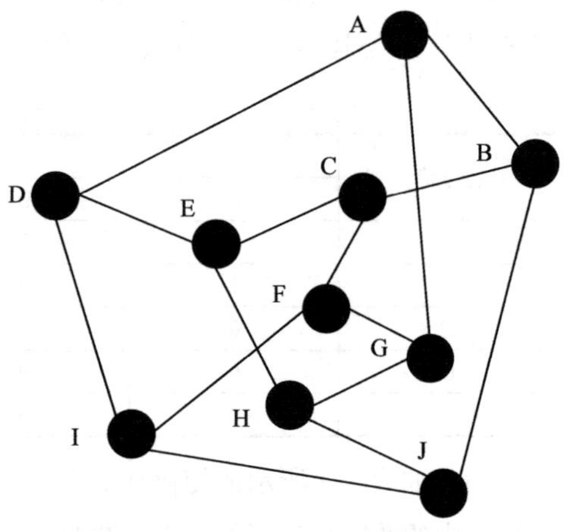

图8-1 一个无向社会网络

1. 网络规模

在一个社会网络中，网络规模（Cs）指的是网络中所包含的节点数量，网络中节点的数量越多，网络规模越大（杨小晓，2010）。如图8-1所示的社会网络的规模为10。

2. 网络的聚合程度

（1）网络密度（network density）。网络密度描述了一个社会网络中各个节点之间关联的紧密程度（约翰·斯科特，2012）。具体计算方式为网络中实际存在的联结与可容纳的联结上限的比值。一个具有个 n 个节点和 L 条实际联结的无向网络，其网络密度为 $2L/[n(n-1)]$；若为有向网络，则为 $L/[n(n-1)]$。在图8-1所示的无向社会网络中，n=10，L=15，网络密度为1/3。

（2）平均度数（average degree）。平均度数反映的是一个网络中每个节点的平均联结数量，在无向网络中具体计算方式为 $2L/n$，在有向网络中为 L/n。图8-1所示的网络平均度数为3。

（3）直径（diameter）。直径是指网络中两两节点之间的最大距离。其中，距离是指网络中两个节点之间捷径（最短路径）所包含的联结的数量。图8-1中，该网络的直径为5。

> **小诀窍**
>
> 网络密度、平均度数和直径三个指标都可以反映一个网络的聚合程度，在对不同的网络进行比较时：

（1）对于相同规模的网络进行比较时，上述三个指标均可使用；

（2）对于不同规模的网络进行比较时，建议优先使用平均度数这一指标。因为网络密度和直径都受到网络规模 n 的影响。

3. 节点的中心度

（1）度数中心度（degree centrality）。在一个社会网络中，如果一个行动者与其他很多行动者有直接的联结，即该行动者居于中心地位，拥有较大的权力。居于中心位置的行动者往往与他人有多种联结（关联），居于边缘地位的行动者则相反。在这种思路的指导下测量一个节点的度数中心度，即计算与该点有直接联结的节点的数目（在无向网络中是节点的度数，在有向网络中分为外向度数中心度和内向度数中心度）。

行动者的度数中心度可以分为两类：绝对度数中心度和相对度数中心度（刘军，2014）。前者指一个节点的度数，即与节点 i 有直接联系的节点的个数；后者为前者的标准化形式。其中，在无向网络中，节点的绝对度数中心度是其直接联系的节点个数，相对度数中心度等于绝对度数中心度除以（$n-1$）。在有向网络中，度数中心度分为外向度数中心度和内向度数中心度，分别指由某一节点出发或直接指向该节点的节点数量。

在图 8-1 所示的无向社会网络中，与 A 直接相连的节点有 3 个，A 的绝对度数中心度为 3，相对度数中心度为 1/3。

（2）中间中心度（betweenness centrality）。另一个刻画行动者中心度的指标是中间中心度，它测量的是行动者对资源控制的程度（蒙小梅，2018）。如果一个节点处于许多其他点与点的捷径（两个节点的最短途径）上，则该节点具有较高的中间中心度，在整个网络中，该节点起到沟通他人的桥梁作用。具体地说，假设节点 j 和 k 之间存在的捷径数目用 g_{jk} 来表示。第三个节点 i 能够控制 j 和 k 两节点交往的能力用 $b_{jk}(i)$ 来表示，即 i 处于节点 j 和 k 之间的捷径上的概率，节点 j 和 k 之间存在的经过点 i 的捷径数目用 $g_{jk}(i)$ 来表示，那么，$b_{jk}(i)=g_{jk}(i)/g_{jk}$（刘军，2014）。在无向网络中，标准化后的相对中间中心度等于 $2b_{jk}(i)/[(n-1)(n-2)]$。在图 8-1 中，节点 A 的绝对中间中心度为 3，相对中间中心度为 0.083。

小诀窍

孤立点也是网络的一个重要属性，它是与网络中的其他节点均没有联结的点，在计算孤立点到其他节点的距离时可以用“网络的直径 +1”或者“规模 n”来代替；孤立点到其他节点距离的倒数为 0。

（3）接近中心度（closeness centrality）。接近中心度是一个行动者与网络中所有其他行动者的接近性程度（刘军，2014）。弗里曼等学者对接近中心度的测量是根据节点与节点之间的距离来计算的。在网络中两节点之间普遍存在着捷径，捷径的长度就是两节点之间的距离。如果一个节点与网络中所有其他节点的距离都很短，则称该节点具有较高的接近中心度（又叫作整体中心度）。

一个节点的接近中心度是该节点与图中所有其他节点的捷径距离之和的倒数，用其除以（n−1）即为标准后的相对接近中心度。在图 8-1 中，节点 A 的绝对接近中心度为 15，相对接近中心度为 5/3。

> **小诀窍**
>
> 中心度指标衡量的是节点在网络中的位置、重要性和权力，常用的三个中心度的区别在于：①度数中心度衡量的是节点在网络中的直接联结，是节点之间的直接影响；②中间中心度衡量的是一个节点扮演经纪人或守门人的潜力，反映了该节点控制信息的能力；③接近中心度衡量的是一个节点与网络中其他所有节点之间的距离远近，反映了一个节点能够多快达到其他所有节点。

4. 结构洞

Burt（1992）认为结构洞（structural hole）的计算要考虑四方面因素：

（1）有效规模（effect size）。有效规模指的是个体网络的规模减去网络的冗余度（redundancy），即有效规模等于网络中的非冗余因素。

（2）效率（efficiency）。一个节点的效率等于该节点的有效规模除以该节点所在个体网络的实际规模。

（3）限制度（constraint）。限制度指的是节点在自己的网络中在多大程度上拥有运用结构洞的能力或者协商的能力。其中，个体的机会受到以下两点的限制：个体 i 曾经投入了大量时间和精力给另外一个行动者 q；行动者 q 在多大程度上向行动者 j 投入大量的精力。

（4）等级度（hierarchy）。等级度指的是限制性在多大程度上围绕着一个行动者展开，或者说集中在一个行动者身上。

5. 凝聚子群

当网络中某些节点之间的关系特别紧密，以至于结合成一个次级团体时，这样的团体在社会网络中被称为凝聚子群（cohesive subgroup）。这里介绍三种凝聚子群。

（1）基于可达性的凝聚子群：n– 派系（*n*-cliques）。所谓 n– 派系是指子群中任何两点之间在网络总图中的距离最大不超过 n。

（2）基于度数的凝聚子群：k– 核（*k*-core）。k– 核是通过限制子群中的每个成员的邻点个数而得到的。如果一个子图中的全部点都至少与该子图中的 k 个其他点邻接，则称这样的子图为 k– 核。

（3）基于子群内外关系的凝聚子群：成分（component）和“块”（blocks）。如果一个图可以分为几个部分，每个部分的内部成员之间存在关联，而各个部分之间没有任何关联，在这种情况下，我们把这些部分称为成分。如果一个图被分为一些相对独立的子图，则称各个子图为“块”。

6. 核心 – 边缘结构

核心 – 边缘结构（core-periphery structure）分析是指根据网络中节点之间联系的紧密程度，将网络中的节点分为两个区域：核心区域和边缘区域。

8.3　实例应用

本节以王海花、王蒙怡、刘钊成 2022 年发表在《科研管理》上的《跨区域产学协同创新绩效的影响因素研究：依存型多层网络视角》一文中的部分数据为例，对社会网络分析的相应操作（网络数据收集与网络构建、网络指标测算、网络图谱绘制）进行说明。

8.3.1　网络数据收集与网络构建

本例是以我国 31 个省、自治区、直辖市（以下统称为省份，本例没有选取香港、澳门、台湾的数据）之间的合作共同申请发明专利的情况作为跨区域产学协同创新网络的构建依据，是一项基于二手数据的研究，数据来源为国家知识产权局官方网站（http://www.cnipa.gov.cn）。

首先，进入中华人民共和国国家知识产权局专利检索数据库页面，并选择“高级检索”功能。

然后，输入筛选条件。在“范围筛选”中选择“中国发明申请”，在“高级检索”的“申请（专利权）人”检索栏分别输入高校与“公司”“集团”“企业”“厂”的两两组合（如“北京大学”AND“公司”），在“申请日”检索栏输入专利的申请日从 1985 年至 2017 年即“19850101 20171231”。

最后，将检索结果中的“专利名称、申请号、申请日、公开（公告）号、公开（公告）日、IPC 分类号、申请（专利权）人、发明人”整理至 Excel 文件中，从“申请（专利权）人”中提取高校和企业所在的区域进而得到区域协同创新合作矩阵。

通过收集 2017 年我国 31 个省份之间两两合作共同申请发明专利的情况，将数据输入 Excel 表格中，如图 8-2 所示，图中第一行为各省份的首字母缩写（按字母顺序排列），图中数据 1 和 0 分别代表两个省份间有无共同专利。

将 Excel 文件中的数据导入至 UCIENT 软件中，如图 8-3 所示。这里需要注意的是，该网络的横纵坐标皆为省份，即在该网络中有且仅有 1 种类型的网络节点，所以该网络为 1–模网络。故在将数据导入 UCIENT 时，数据格式类型选择“ Full matrix”，标题类型自动选择“Col headings”和“Row headings”，最后保存成为“.##h”格式的文件。本例中将数据文件命名为 Wdata。

	1AH	2BJ	3FJ	4GS	5GD	6GX	7GZ	8HN	9HB	10HN	11HLJ	12HB	13HN	14JL	15JS	16JX	17LN	18NMG	19NX	20QH	21SD	22SX	23SX	24SH	25SC	26TJ	27XZ	28XJ	29YN	30ZJ	31CQ
1AH	1	1	0	0	1	0	0	0	0	0	0	0	1	0	0	0	1	0	0	0	0	0	0	0	0	0	0	0	0	0	0
2BJ	1	1	1	1	1	0	0	0	1	1	0	0	1	1	1	1	1	1	0	1	1	1	1	1	1	1	0	1	0	1	1
3FJ	0	1	1	0	0	0	0	0	0	1	0	0	0	0	0	0	0	0	0	0	0	0	1	1	0	0	0	0	0	0	0
4GS	0	1	0	0	0	0	0	0	0	0	0	0	0	0	0	0	0	0	0	0	0	0	0	0	0	0	0	0	0	0	0
5GD	1	1	0	0	1	1	0	0	0	1	1	1	1	0	1	0	1	0	0	0	1	0	1	1	1	1	0	0	1	1	1
6GX	0	0	0	0	1	0	0	0	0	0	0	0	1	0	0	0	0	0	0	0	0	0	0	0	0	0	0	0	0	0	0
7GZ	0	0	0	0	0	0	0	0	0	0	0	0	1	0	0	0	0	0	0	0	0	0	0	0	0	0	0	0	0	0	0
8HN	0	0	0	0	0	0	0	0	0	0	0	0	0	0	0	0	0	0	0	0	1	0	0	0	0	1	0	0	0	0	0
9HB	0	1	0	0	0	0	0	0	0	0	0	0	0	0	0	0	0	0	0	0	0	0	0	0	0	1	0	0	0	1	1
10HN	0	1	1	0	1	0	0	0	0	1	0	0	1	0	1	0	0	0	0	0	0	0	1	0	0	1	0	0	0	0	0
11HLJ	0	0	0	0	1	0	0	0	0	0	0	0	0	0	0	0	1	0	0	0	1	0	0	1	0	0	0	0	0	0	0
12HB	0	0	0	0	1	0	0	0	0	0	0	1	0	0	1	0	1	0	0	0	1	0	0	1	0	0	0	1	1	0	0
13HN	1	1	0	0	1	1	1	0	0	1	0	0	1	0	1	0	1	1	0	0	1	0	0	0	0	1	0	1	1	0	1
14JL	0	1	0	0	0	0	0	0	0	0	0	0	0	1	0	0	0	0	0	0	0	0	0	1	0	0	0	0	0	1	0
15JS	0	1	0	0	1	0	0	0	0	1	0	1	1	0	1	0	1	0	0	0	1	1	1	1	1	1	0	0	0	1	1
16JX	0	1	0	0	0	0	0	0	0	0	0	0	0	0	0	0	1	0	0	0	0	0	0	0	1	1	0	0	0	1	0
17LN	1	1	0	0	1	0	0	0	0	0	1	1	1	0	1	1	1	0	0	0	0	0	0	1	0	1	0	0	0	0	0
18NMG	0	1	0	0	0	0	0	0	0	0	0	0	1	0	0	0	0	0	0	0	0	0	0	0	0	0	0	0	0	0	1
19NX	0	0	0	0	0	0	0	0	0	0	0	0	0	0	0	0	0	0	0	0	0	0	1	0	0	1	0	0	0	0	0
20QH	0	1	0	0	0	0	0	0	0	0	0	0	0	0	0	0	0	0	0	0	0	0	0	0	0	0	0	0	0	0	0
21SD	0	1	0	0	1	0	0	1	0	0	1	1	1	0	1	0	0	0	0	0	1	0	1	1	1	1	0	0	1	1	0
22SX	0	1	0	0	0	0	0	0	0	0	0	0	0	0	1	0	0	0	0	0	0	0	0	0	0	0	0	0	0	0	0
23SX	0	1	1	0	1	0	0	0	0	1	0	0	0	0	1	0	0	0	1	0	1	0	1	1	1	1	0	0	0	1	0
24SH	0	1	1	0	1	0	0	0	0	0	1	1	0	1	1	0	1	0	0	0	1	0	1	1	0	1	0	0	0	1	1
25SC	0	1	0	0	1	0	0	0	0	0	0	0	0	0	1	1	0	0	0	0	1	0	1	0	1	1	0	0	0	1	1
26TJ	0	1	0	0	1	0	0	1	1	1	0	0	1	0	1	1	1	0	1	0	1	0	1	1	1	1	0	1	0	0	0
27XZ	0	0	0	0	0	0	0	0	0	0	0	0	0	0	0	0	0	0	0	0	0	0	0	0	0	0	0	0	0	0	0
28XJ	0	1	0	0	0	0	0	0	0	0	0	1	1	0	0	0	0	0	0	0	0	0	0	0	0	1	0	1	0	0	0
29YN	0	0	0	0	1	0	0	0	0	0	0	1	1	0	0	0	0	0	0	0	1	0	0	0	0	0	0	0	0	1	0
30ZJ	0	1	0	0	1	0	0	0	1	0	0	0	0	1	1	1	0	0	0	0	1	0	1	1	1	0	0	0	1	1	1
31CQ	0	1	0	0	1	0	0	0	1	0	0	0	1	0	0	0	0	1	0	0	0	0	0	1	1	0	0	0	0	1	1

图 8-2 跨协同创新合作矩阵示意数据

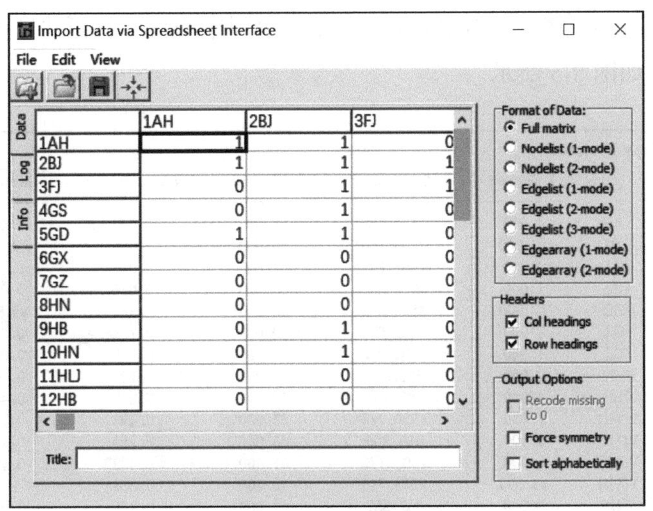

图 8-3　数据导入页面

8.3.2　网络指标测算

在《跨区域产学协同创新绩效的影响因素研究：依存型多层网络视角》一文中，关于合作网络的特征主要使用了中心度和结构洞两类指标，结合第 8.2.2 小节中对于相关指标的介绍，本节将对相关指标在软件中的实现进行说明。

1. 网络密度分析

在 UCINET 软件中执行 Network → Cohesion → Density → Density Overall 命令，则可得到整体网络密度。另外，如果数据是多值关系数据，则需要先执行 Transform → Dichotomize 命令，将数据转换为二值关系数据并保存后再进行计算密度的操作。如图 8-4 所示，2017 年我国 31 个省份之间合作申请发明专利网络的密度为 0.237。

	1 Density	2 No. of Ties	3 Std Dev	4 Avg Degree	5 Alpha
1 Wdata	0. 237	220	0. 425	7. 097	0. 906

图 8-4　网络密度分析结果

2. 中心度分析

当需要计算每个节点在网络中处于中心的程度或者对整个网络进行整体的中心势分析时，执行 Network → Centrality → Degree 命令，在“Treat data as symmetric”项下选择是否对图形进行“对称化”处理之后，可查看该网络的度数中心度分析结果，执行 Network → Centrality → Closeness 命令可查看该网络图的接近中心度分析结果，执行 Network → Centrality → Freeman Betweenness → Node Betweenness 命令可查看中间中心度分析结果，执行 Network → Centrality → Eigenvector 命令可查看特征向量中心度分析结果。如果想同时计算多种中心度，则可执行 Network → Centrality → Multiple Measures 命令。本例在 Multiple Measures 命令中选取度数中心度、中间中心度、接近中心度等 5 个中心度指标，最后输出结果如图 8-5 所示。

Centrality Measures

		1 Degree	2 BetaCent	3 Closeness	4 Eigenvector	5 Betweenness
1	1AH	4.000	1139.789	60.000	0.302	0.000
2	2BJ	22.000	3778.158	40.000	1.000	125.207
3	3FJ	4.000	1042.822	62.000	0.276	0.167
4	4GS	1.000	323.827	68.000	0.086	0.000
5	5GD	17.000	3527.923	45.000	0.935	39.885
6	6GX	2.000	524.299	69.000	0.139	0.000
7	7GZ	1.000	221.853	76.000	0.059	0.000
8	8HN	2.000	507.396	70.000	0.135	0.000
9	9HB	4.000	988.364	62.000	0.262	0.402
10	10HN	7.000	1859.288	55.000	0.493	2.713
11	11HLJ	4.000	989.906	66.000	0.263	0.125
12	12HB	7.000	1592.775	61.000	0.422	3.196
13	13HN	14.000	2584.718	48.000	0.684	54.379
14	14JL	3.000	867.387	63.000	0.230	0.000
15	15JS	14.000	3252.940	48.000	0.862	17.201
16	16JX	5.000	1200.211	59.000	0.318	0.511
17	17LN	10.000	2250.326	52.000	0.596	11.031
18	18NMG	3.000	728.555	63.000	0.193	0.000
19	19NX	2.000	482.239	72.000	0.128	0.000
20	20QH	1.000	323.827	68.000	0.086	0.000
21	21SD	13.000	2896.064	49.000	0.766	24.321
22	22SX	2.000	602.777	66.000	0.160	0.000
23	23SX	11.000	2597.641	52.000	0.689	14.009
24	24SH	13.000	2868.075	50.000	0.760	18.894
25	25SC	9.000	2345.825	54.000	0.622	2.219
26	26TJ	15.000	3022.757	47.000	0.801	43.549
27	27XZ	0.000	0.000	120.000	0.000	0.000
28	28XJ	4.000	1031.167	59.000	0.273	1.333
29	29YN	5.000	1131.890	62.000	0.300	0.983
30	30ZJ	12.000	2590.889	51.000	0.687	14.451
31	31CQ	9.000	2128.540	55.000	0.564	6.422

图 8-5　中心度分析结果

在《跨区域产学协同创新绩效的影响因素研究：依存型多层网络视角》一文中，使用中间中心度进行相关理论假设的验证，使用接近中心度进行实证结果的稳健性检验。

3. 结构洞分析

执行 Network → Ego Networks → Structural Holes 命令进行结构洞分析，分析结果可看到常用的结构洞测量指标：有效规模、效率、限制度和等级度，如图 8-6 所示。在《跨区域产学协同创新绩效的影响因素研究：依存型多层网络视角》一文中，使用结构洞有效规模进行相关理论假设的验证，使用结构洞效率进行实证结果的稳健性检验。

4. 凝聚子群分析

凝聚子群是针对整体网络的结构特征进行的分析，《跨区域产学协同创新绩效的影响因素研究：依存型多层网络视角》一文并未涉及相关的分析，但凝聚子群分析也是社会网络分析的一个重要组成部分，因此在此处对相关指标的软件实现过程进行说明。

（1）n– 派系分析。执行 Network → Subgroups → N-Cliques 命令进行 n– 派系的分析，2017 年我国 31 个省份之间合作申请发明专利网络中共发现了 15 个 2– 派系。以图 8-7 中第 1 个 2– 派系为例，表示 1AH、2BJ、3FJ 等 23 个节点之间的最远距离都不超过 2，即表示

23 个省份之间有直接的合作关系（距离为 1）或者通过一个共同省份存在间接合作关系（距离为 2）。

Structural Hole Measures

		1 EffSize	2 Efficie	3 Constra	4 Hierarc	5 Indirec
1	1AH	1.000	0.250	0.364	0.000	0.207
2	2BJ	16.000	0.727	0.140	0.057	0.674
3	3FJ	1.500	0.375	0.369	0.006	0.212
4	4GS	1.000	1.000	1.000	1.000	0.000
5	5GD	9.824	0.578	0.183	0.038	0.718
6	6GX	1.000	0.500	0.567	0.000	0.065
7	7GZ	1.000	1.000	1.000	1.000	0.000
8	8HN	1.000	0.500	0.574	0.000	0.072
9	9HB	2.000	0.500	0.331	0.006	0.148
10	10HN	2.429	0.347	0.266	0.011	0.357
11	11HLJ	1.500	0.375	0.355	0.003	0.190
12	12HB	3.857	0.551	0.234	0.016	0.271
13	13HN	9.571	0.684	0.173	0.076	0.480
14	14JL	1.000	0.333	0.431	0.000	0.137
15	15JS	6.714	0.480	0.199	0.033	0.634
16	16JX	2.200	0.440	0.297	0.006	0.216
17	17LN	5.200	0.520	0.219	0.031	0.451
18	18NMG	1.000	0.333	0.443	0.001	0.152
19	19NX	1.000	0.500	0.582	0.000	0.079
20	20QH	1.000	1.000	1.000	1.000	0.000
21	21SD	6.846	0.527	0.197	0.030	0.571
22	22SX	1.000	0.500	0.560	0.000	0.058
23	23SX	4.818	0.438	0.229	0.025	0.563
24	24SH	7.000	0.538	0.199	0.035	0.573
25	25SC	3.000	0.333	0.246	0.012	0.479
26	26TJ	9.400	0.627	0.173	0.050	0.557
27	27XZ	0.000	0.000	0.000		0.000
28	28XJ	2.500	0.625	0.299	0.003	0.092
29	29YN	2.200	0.440	0.304	0.010	0.228
30	30ZJ	6.500	0.542	0.208	0.042	0.538
31	31CQ	4.333	0.481	0.235	0.034	0.428

图 8-6　结构洞分析结果

```
15 2-cliques found.

  1:  1AH 2BJ 3FJ 4GS 5GD 9HB 10HN 13HN 14JL 15JS 16JX 17LN 18NMG 20QH 21SD 22SX 23SX 24SH 25SC 26TJ 28XJ 30ZJ 31CQ
  2:  1AH 2BJ 5GD 9HB 10HN 13HN 14JL 15JS 16JX 17LN 18NMG 21SD 23SX 24SH 25SC 26TJ 28XJ 29YN 30ZJ 31CQ
  3:  2BJ 3FJ 5GD 9HB 10HN 13HN 15JS 16JX 17LN 19NX 21SD 23SX 24SH 25SC 26TJ 28XJ 30ZJ
  4:  2BJ 5GD 8HN 9HB 10HN 13HN 15JS 16JX 17LN 19NX 21SD 23SX 24SH 25SC 26TJ 28XJ 30ZJ
  5:  2BJ 5GD 8HN 9HB 10HN 13HN 15JS 16JX 17LN 21SD 23SX 24SH 25SC 26TJ 28XJ 29YN 30ZJ
  6:  1AH 2BJ 3FJ 5GD 10HN 12HB 13HN 14JL 15JS 16JX 17LN 21SD 22SX 23SX 24SH 25SC 26TJ 28XJ 30ZJ 31CQ
  7:  1AH 2BJ 5GD 10HN 12HB 13HN 14JL 15JS 16JX 17LN 21SD 23SX 24SH 25SC 26TJ 28XJ 29YN 30ZJ 31CQ
  8:  2BJ 5GD 8HN 10HN 12HB 13HN 15JS 16JX 17LN 21SD 23SX 24SH 25SC 26TJ 28XJ 29YN 30ZJ
  9:  1AH 2BJ 3FJ 5GD 10HN 11HLJ 12HB 13HN 14JL 15JS 16JX 17LN 21SD 23SX 24SH 25SC 26TJ 30ZJ 31CQ
 10:  1AH 2BJ 5GD 10HN 11HLJ 12HB 13HN 14JL 15JS 16JX 17LN 21SD 23SX 24SH 25SC 26TJ 29YN 30ZJ 31CQ
 11:  2BJ 5GD 8HN 10HN 11HLJ 12HB 13HN 15JS 16JX 17LN 21SD 23SX 24SH 25SC 26TJ 29YN 30ZJ
 12:  1AH 2BJ 5GD 6GX 10HN 13HN 15JS 17LN 18NMG 21SD 23SX 24SH 25SC 26TJ 28XJ 29YN 30ZJ 31CQ
 13:  1AH 2BJ 5GD 6GX 10HN 12HB 13HN 15JS 17LN 21SD 23SX 24SH 25SC 26TJ 28XJ 29YN 30ZJ 31CQ
 14:  1AH 2BJ 5GD 6GX 10HN 11HLJ 12HB 13HN 15JS 17LN 21SD 23SX 24SH 25SC 26TJ 29YN 30ZJ 31CQ
 15:  1AH 2BJ 5GD 6GX 7GZ 10HN 13HN 15JS 17LN 18NMG 21SD 26TJ 28XJ 29YN 31CQ
```

图 8-7　派系分析结果

（2）k– 核分析。执行 Network → Regions → K-cores 命令进行 k– 核分析。图 8-8 分析结果（1）表示在 2017 年我国 31 个省份之间合作申请发明专利网络中，可以进行 7 种分区，其度数分别为 1、2、3、4、5、6、7。对于度数 7 的分区（即 7– 核）来说，它包含 9 个省份分别是 2BJ、25SC、26TJ、5GD、21SD、30ZJ、23SX、24SH、15JS，说明这 9 个省份中的每个省份都至少与该子群中的另外 7 个省份有合作关系。图 8-9 分析结果（2）则表示分区后网络中所有节点的占比情况，如对于度数 1 的分区（1– 核）来说，0.968 的节点位于同一子群，0.032 的节点位于另外的子群。

```
K-CORE PARTITIONING

                                            1     1
            2 2   2 3 2 2 1 1 1 1 3 1 1 2   1 2 1 8     1 2       2 2
        1 2 5 6 5 1 0 3 4 5 0 3 7 1 2 6 9 3 9 H 8 4 N 6 8 9 2 4 7 0 7
        A B S T G S Z S S J H H L C H J Y F H L X J M G H N S G G Q X
        H J C J D D J X H S N N N Q B X N J B J J L G X N X X S Z H Z

            2 2   2 3 2 2 1 1 1 1 3 1 1 2   1 2 1 1     1 2       2 2
Degree  1 2 5 6 5 1 0 3 4 5 0 3 7 1 2 6 9 3 9 1 8 4 8 6 8 9 2 4 7 0 7
------  - - - - - - - - - - - - - - - - - - - - - - - - - - - - - - -
     7  . XXXXXXXXXXXXXXXXX . . . . . . . . . . . . . . . . . . . . .
     6  . XXXXXXXXXXXXXXXXXXXXXXXXX . . . . . . . . . . . . . . . . .
     5  . XXXXXXXXXXXXXXXXXXXXXXXXXXXXXXX . . . . . . . . . . . . . .
     4  XXXXXXXXXXXXXXXXXXXXXXXXXXXXXXXXXXXXXXXXX . . . . . . . . . .
     3  XXXXXXXXXXXXXXXXXXXXXXXXXXXXXXXXXXXXXXXXXXXXX . . . . . . . .
     2  XXXXXXXXXXXXXXXXXXXXXXXXXXXXXXXXXXXXXXXXXXXXXXXXXXXXX . . . .
     1  XXXXXXXXXXXXXXXXXXXXXXXXXXXXXXXXXXXXXXXXXXXXXXXXXXXXXXXXXXX .
```

图 8-8　k– 核分析结果（1）

Partition Metrics - each column is a partition

		1	2	3	4	5	6	7
1	nClusters	2.000	5.000	9.000	11.000	16.000	19.000	23.000
2	CL1	0.968	0.871	0.742	0.677	0.032	0.032	0.032
3	CL2	0.032	0.032	0.032	0.032	0.516	0.419	0.290
4	CL3		0.032	0.032	0.032	0.032	0.032	0.032
5	CL4		0.032	0.032	0.032	0.032	0.032	0.032
6	CL5		0.032	0.032	0.032	0.032	0.032	0.032
7	CL6			0.032	0.032	0.032	0.032	0.032
8	CL7			0.032	0.032	0.032	0.032	0.032
9	CL8			0.032	0.032	0.032	0.032	0.032
10	CL9			0.032	0.032	0.032	0.032	0.032
11	CL10				0.032	0.032	0.032	0.032
12	CL11				0.032	0.032	0.032	0.032
13	CL12					0.032	0.032	0.032
14	CL13					0.032	0.032	0.032
15	CL14					0.032	0.032	0.032
16	CL15					0.032	0.032	0.032
17	CL16					0.032	0.032	0.032
18	CL17						0.032	0.032
19	CL18						0.032	0.032
20	CL19						0.032	0.032
21	CL20							0.032
22	CL21							0.032
23	CL22							0.032
24	CL23							0.032

图 8-9　k– 核分析结果（2）

（3）成分分析。执行 Network → Regions → Components → Simple graphs 命令进行成分分析。图 8-10 分析结果表示在 2017 年我国 31 个省份之间合作申请发明专利网络中，一共有两个成分：除 27XZ 之外其余 30 个省份为一个成分，表示这 30 个省份之间存在合作关系；27XZ 单独为一个成分，表示 27XZ 与其余各省份均不存在合作关系。

```
2 components found.                                   NODE    COMPONENT
                                                      1 AH        1
                                                      2 BJ        1
Component Sizes                                       ...        ...
                                                      26TJ        1
 Component        Nodes        Proportion             27XZ        2
-----------    -----------    -----------             28XJ        1
     1             30            0.968                29YN        1
     2              1            0.032                30ZJ        1
                                                      31CQ        1
```

图 8-10　成分分析结果

（4）“块”分析。执行 Network → Roles & Positions → Structure → CONCOR 命令进行 CONCOR 法的凝聚子群分析。通过图 8-11 分析结果可知，在 2017 年我国 31 个省份之间合作申请发明专利网络中，31 个省份可以被划分为 8 个子群。第一子群为 1AH、31CQ、6GX、7GZ、29YN，第二子群为 10HN、28XJ、17LN，其余六个子群依此类推。

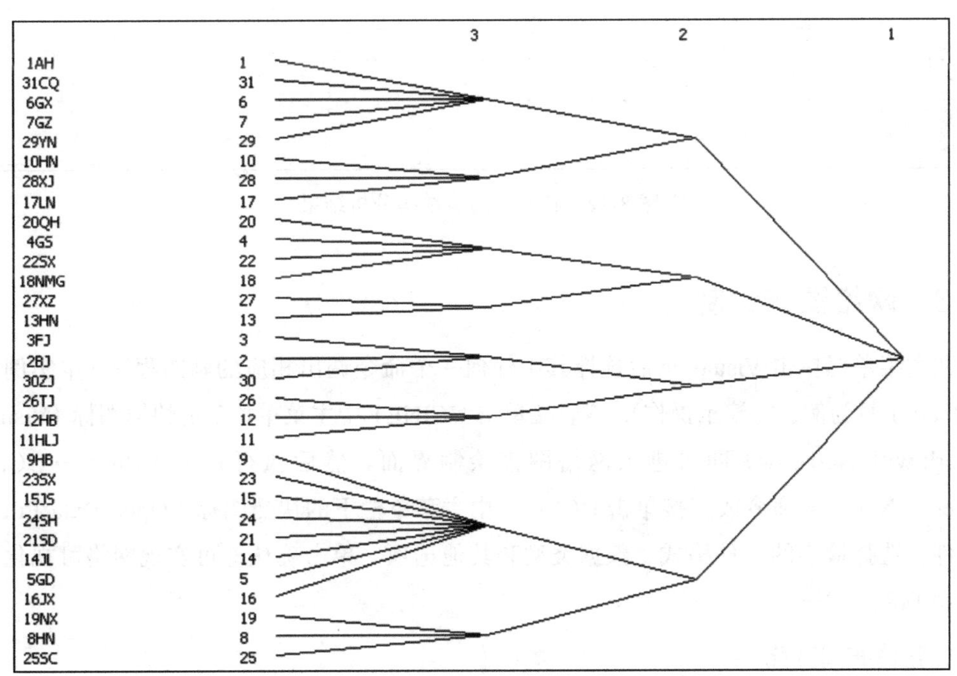

图 8-11　“块”分析结果

5. 核心 – 边缘结构分析

执行 Network → Core/Periphery → Categorical 命令，根据网络中节点之间联系的紧密程度，将网络中的节点分为核心区域和边缘区域两个部分。图 8-12 分析结果表示在 2017 年我国 31 个省份之间合作申请发明专利网络中，1AH、2BJ、5GD、10HN、13HN、15JS、17LN、21SD、23SX、24SH、25SC、26TJ、30ZJ 这些省份之间合作关系紧密，构成网络中的核心区域，其余 18 个省份与其他各省份的合作关系相对疏远，被认为是该网络中的边缘区域。

```
Core/Periphery Class Memberships:

   1:  1AH 2BJ 5GD 10HN 13HN 15JS 17LN 21SD 23SX 24SH 25SC 26TJ 30ZJ
   2:  3FJ 4GS 6GX 7GZ 8HN 9HB 11HLJ 12HB 14JL 16JX 18NMG 19NX 20QH 22SX 27XZ 28XJ 29YN 31CQ

Blocked Adjacency Matrix

                1   2  10  26   5  21  17  23  24  13  25  15  30    14  12   7   3   4  19  20   6  22  16   9  18  11  27  28  29   8  31
              1AH 2BJ 10H 26T 5GD 21S 17L 23S 24S 13H 25S 15J 30Z   14J 12H 7GZ 3FJ 4GS 19N 20Q 6GX 22S 16J 9HB 18N 11H 27X 28X 29Y 8HN 31C
            -----------------------------------------------------------------------------------------------------------------------------
  1    1AH |   1   1           1       1           1             |                                                                         |
  2    2BJ |   1   1   1   1   1   1   1   1   1   1   1   1   1 |   1           1   1       1       1   1   1   1           1           1 |
 10   10HN |       1   1   1   1           1       1       1     |               1                                                         |
 26   26TJ |       1   1   1   1   1   1   1   1   1   1   1     |                       1               1   1           1       1         |
  5    5GD |   1   1   1   1   1   1   1   1   1   1   1   1   1 |       1                       1                   1           1       1 |
 21   21SD |       1       1   1   1       1   1   1   1   1   1 |       1                                           1           1   1     |
 17   17LN |   1   1       1   1       1       1   1       1     |       1                               1           1                     |
 23   23SX |       1   1   1   1   1       1   1       1   1   1 |               1           1                                             |
 24   24SH |       1       1   1   1   1   1   1           1   1 |   1   1       1                                   1                   1 |
 13   13HN |   1   1   1   1   1   1   1           1       1     |           1                   1               1           1   1       1 |
 25   25SC |       1       1   1   1       1           1   1   1 |                                       1                               1 |
 15   15JS |       1   1   1   1   1   1   1   1   1   1   1   1 |       1                           1                                   1 |
 30   30ZJ |       1           1   1       1   1       1   1   1 |   1                                   1   1                   1       1 |
            -----------------------------------------------------------------------------------------------------------------------------
 14   14JL |       1                               1           1 |   1                                                                     |
 12   12HB |                   1   1   1       1           1     |       1                                                   1   1         |
  7    7GZ |                                       1             |                                                                         |
  3    3FJ |       1   1               1   1                     |               1                                                         |
  4    4GS |       1                                             |                                                                         |
 19   19NX |               1               1                     |                                                                         |
 20   20QH |       1                                             |                                                                         |
  6    6GX |                   1                   1             |                                                                         |
 22   22SX |       1                                       1     |                                                                         |
 16   16JX |       1       1           1               1       1 |                                                                         |
  9    9HB |       1       1                                   1 |                                                                       1 |
 18  18NMG |       1                               1             |                                                                       1 |
 11  11HLJ |                   1   1   1       1                 |                                                                         |
 27   27XZ |                                                     |                                                                         |
 28   28XJ |       1       1                       1             |       1                                                   1             |
 29   29YN |                   1   1               1           1 |       1                                                                 |
  8    8HN |               1       1                             |                                                                         |
 31   31CQ |       1           1               1   1   1   1   1 |                                           1   1                       1 |
            -----------------------------------------------------------------------------------------------------------------------------
```

图 8-12　核心 – 边缘结构分析结果

8.3.3　网络图谱绘制

在主菜单栏单击 Visualize 后选择其中任何一个命令调出相应的画图程序（本实例中以 NetDraw 工具为例进行演示操作），或直接单击 UCINET 中主菜单栏下的快捷图标（Visualize network with NetDraw）即可进入网络图谱绘制界面。然后执行 File → Open → UCINET dataset → Network 命令或直接单击 UCINET 中主菜单栏下的快捷图标（Open Data File）打开文件，选择恰当的文件格式、数据类型和其他选项，单击确认即可实现网络可视化，如图 8-13 所示。

1. 整体布局变化

NetDraw 可以展示不同布局的网络图，在 Layout 布局功能列进行选择。例如，可以将初始的网络可视图改变为圆形布局（见图 8-14），也可以针对某些重要节点进行单节点网络分析（见图 8-15）等。此外，如果图形排列布局太挤，可以单击 UCINET 中主菜单栏下的快捷图标（Layout using options set in menu）进行自动布局。

2. 网络外观变化

NetDraw 可以展示不同的网络外观，在 Properties 属性功能列进行选择。执行 Properties → Nodes 命令可对节点属性进行选择，包括 Symbols 符号、Labels 标签、Rims 边框属性设置，如针对符号可以修改其颜色、大小、形状，既可以对所有节点做统一的设置，又可以根据其属性分别做设置。执行 Properties → Lines 命令可对连线属性进行选择，包括线的颜色、大小、有无箭头等。执行 Properties → Background 命令可修改背景的颜色，执行 Properties → General 命令进行一些通用性的设置。如图 8-16 所示，可依据中心度调整节点窗口。

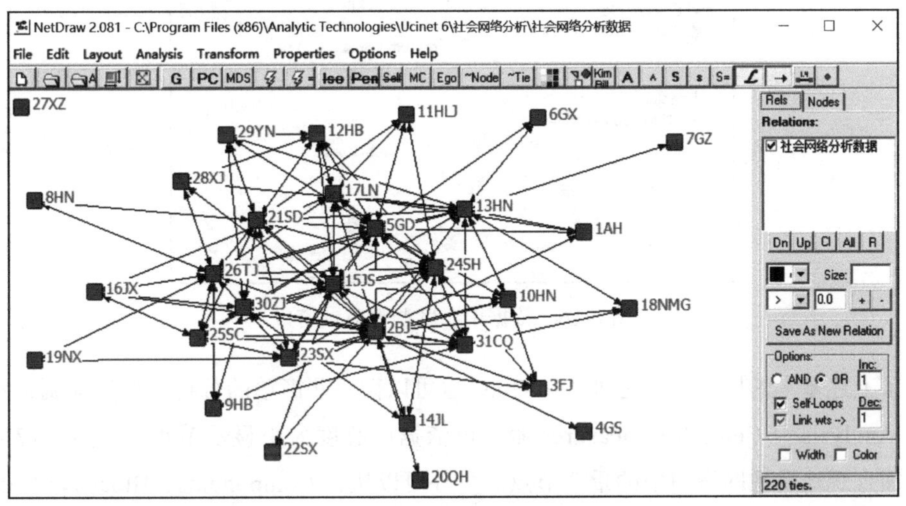

图 8-13　网络图谱绘制

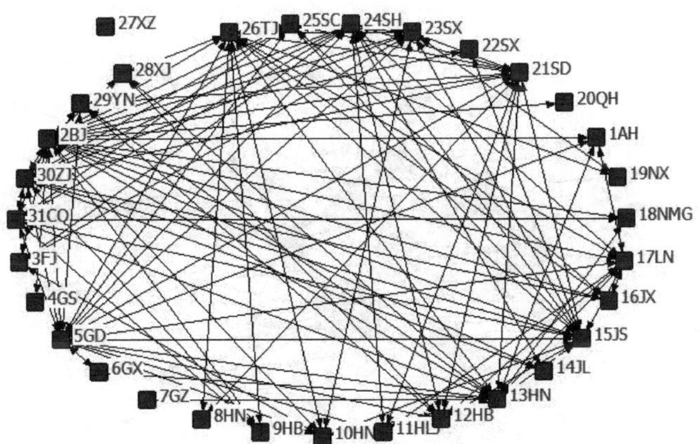

图 8-14　圆形布局

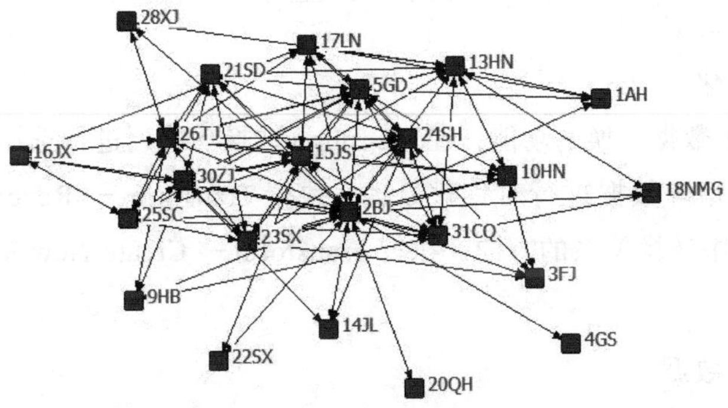

图 8-15　单节点网络布局（以 2BJ 为例）

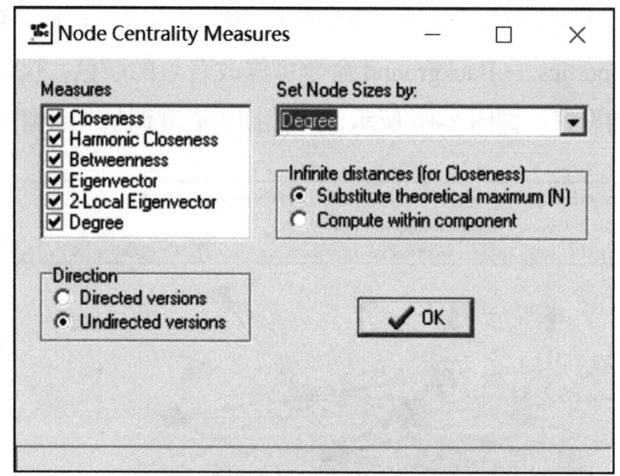

图 8-16 依据中心度调整节点窗口

除了上述基本的属性设置之外，NetDraw 也可以做一些简单的分析来更好地调整网络图，如执行 Analysis → Centrality measures 命令可依据中心度大小显示节点（见图 8-17），以便我们更加直观地发现网络图中的重要节点。另外可以执行 Components、Blocks & Cutpoints、K-cores、Subgroups 进行凝聚子群的分析，可以通过颜色或大小在网络图中清楚区分不同的小团体。

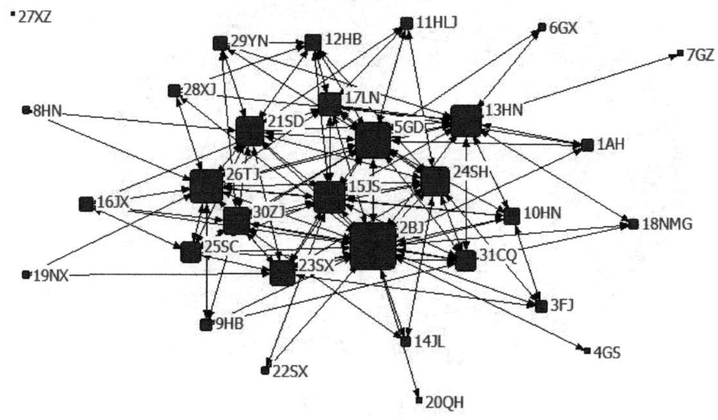

图 8-17 依据中心度进行显示节点

3. 数据分布变化

NetDraw 提供了数据转换的功能，在 Transform 转换功能列进行选择。执行 Transform → Symmetrize 命令对矩阵数据进行对称化处理，执行 Transform → Reverse Directions of ties 命令可以在有向图中转换关系的方向，执行 Transform → Create New Relations 命令创建新的关系等。

4. 保存图片和数据

在完成了网络关系图的绘制之后，我们可以通过执行 File → Save Diagram As Metafile/

Bitmap/Jpeg 命令将 NetDraw 生成的网络关系图保存成不同的格式。同样，也可以执行 File → Save Data As Pajek/Mage/UCINET/Vna 命令保存数据。另外，如果想在其他的绘图软件中继续操作，也可以执行 File → Launch Mage 或 File → Launch Pajek 的命令跳转到其他绘图软件进行后续的操作。

8.4　发表历程与体会

社会网络分析在管理学领域的应用较为广泛，在人力资源管理、创新创业管理等领域均有所应用。接下来结合王海花等人于 2020 年和 2021 年投稿的两篇文章，介绍应用社会网络分析时可能遇到的问题，包括网络的构建、网络指标概念的界定等。

第一篇文章是 2020 年 7 月投稿的《长三角城市群协同创新网络对协同创新绩效的影响研究》一文，在第一轮审稿意见中，与社会网络分析方法相关的评审意见有一个。

> #评审 1：网络中心性和结构洞的概念没有给出明确的定义，作者需要通过现有文献搜索，定义本文中这两个词的概念。

这一个评审意见是关于社会网络分析中基本概念和指标界定的，针对这一评审意见，王海花等对相关指标进行了梳理，在论文修改稿中对这两个概念进行了界定，并做如下回复：

通过查阅文献，中心度和结构洞是当前社会网络研究中网络位置的两个特征指标。其中，“中心度”是指网络中的某一个节点在该网络中处于核心地位的程度（刘军，2014）。中心度可以反映一个节点获取或控制资源的程度和方式。在网络中，节点的中心度越高，与其维持直接关系的其他节点数量就越多（Ahuja，2000），那么该节点在利用、整合和共享知识与技能等异构资源方面更具优势。结构洞用来衡量网络中节点之间的非冗余联系（刘军，2014），即结构洞是网络中不存在联结的主体间的空隙（Burt，1992）。在网络中，占据结构洞位置的创新主体在没有直接联结的另外两个创新主体之间，充当着知识和信息控制“枢纽”（Burt，2004）的角色。

第二篇文章是 2021 年 3 月投稿的《区域创新生态系统适宜度、双元网络与创新绩效——一个有调节的中介》一文，在第一轮审稿意见中与社会网络分析方法相关的评审意见有两个。

> #评审 1：建议加强对双元网络的内涵界定，并在文献回顾中增加有关双元网络与城市创新绩效关系的观点。
>
> #评审 2：建议在“研究设计”下的“1. 数据收集与网络构建”中补充选取 139 所本科院校为检索点作为专利搜索的相关依据。

其中，第一个评审意见是关于双元网络的概念界定，王海花等梳理了已有关于双元网络的研究：“双元网络指的是同一主体同时处于两个不同网络中（谭云清等，2020）”，并在修改稿中进行了界定，且梳理了其与城市创新绩效的关系。

第二个评审意见是关于网络的构建问题，王海花等在梳理了网络构建相关的文献后，在修改稿中指出：

参考王海花等（2020）进行长三角城市群协同创新网络研究的数据收集方法，参考 Guan 等（2016）应用专利数据测度合作网络与知识网络的研究，本文以长三角 41 个城市联合申请专利的合作关系构建城市间合作网络。根据联合申请专利数据 IPC 分类号的前四位共现关系构建城市间知识网络，考虑城市－知识元素间的隶属关系。

小结

本章由上海大学王海花副教授和硕士生李树杰共同撰写，首先从社会网络分析的简介出发，梳理了社会网络分析的基本概念、模态、数据的收集与处理，以及社会网络分析方法中常用的指标，包括网络规模，网络密度、平均度数和直径等反映网络聚合程度的指标，度数中心度、中间中心度和接近中心度等反映节点重要性的指标，以及有效规模、效率、限制度、等级度等反映结构洞的指标。最后，对社会网络分析软件 UCINET 的应用进行了详细的说明，并结合实例介绍了论文投稿过程中可能遇到的问题。总之，社会网络分析方法已经在多个学科得到应用，在管理学相关研究中的应用也越来越广泛，希望本章的介绍能够帮助读者了解和掌握这一方法的基本概念、相关指标、数据处理和应用等。

王海花是上海大学管理学院管理科学与工程系副教授，长期从事创新创业与知识管理领域的相关研究，尤其是利用社会网络、依存型多层网络分析方法在创业网络、产学研协同创新网络、区域创新生态系统、众创空间扶持政策等方面发表了多篇学术论文，主持国家社会基金后期资助项目、国家社会科学基金青年项目和教育部人文社会科学基金一般项目等多项课题。

参考文献

[1] AHUJA G. Collaboration networks,structural holes,and innovation: a longitudinal study[J]. Administrative science quarterly, 2000, 45(3): 425-455.

[2] BRENNECKE J, RANK O. The firm's knowledge network and the transfer of advice among corporate inventors: a multilevel network study[J]. Research policy, 2017, 46(4): 768-783.

[3] BURT R S. Structural holes: the social structure of competition[M]. Cambridge, Harvard University Press,1992.

[4] BURT R S. Structural holes and good ideas[J]. American journal of sociology, 2004, 110(2): 349-399.

[5] CARNABUCI G, DIOSZEGI B. Social networks, cognitive style, and innovative performance: a contingency perspective[J]. Academy of management journal, 2015, 58(3):881-905.

[6] FREEMAN L C. Centrality in social networks: conceptual clarification[J]. Social networks, 1979(1):215-239.

[7] GROSSER T J, VENKATARAMANI V, LABIANCA G. An alter-centric perspective on employee innovation: the importance of alters' creative self-efficacy

and network structure[J]. Social science electronic publishing, 2017, 102(9): 1360-1374.

[8] GUAN J, LIU N. Exploitative and exploratory innovations in knowledge network and collaboration network: a patent analysis in the technological field of nano-energy[J]. Research policy, 2016,45(1):97-112.

[9] HIRST G, VAN K D, ZHOU J, et al. Heard it through the grapevine: indirect networks and employee creativity[J]. Journal of applied psychology, 2015, 100(2):567-574.

[10] LI, R, ZHANG, H, ZHU X, et al. Does employee humility foster performance and promotability? Exploring the mechanisms of LMX and peer network centrality in China[J]. Human resource management, 2021, 60(3):399-413.

[11] LI Y, LI N, LI C, et al. The boon and bane of creative "stars": a social network exploration of how and when team creativity is (and is not) driven by a star teammate[J]. Academy of management journal, 2020,(6): 613-635.

[12] YUAN Z, LI N, MAI Y, et al. Making the right friends: a social network perspective on newcomer socialization in teams[J]. Human resource management, 2020, 59(6):585-597.

[13] 贾振全 . 社会关系网对小企业生存和发展的影响研究 [D]. 北京：北京联合大学，2016.

[14] 廖丽平 . 模糊社会网络分析（FSNA）及企业技术创新影响因素研究 [D]. 广州：广东工业大学，2012.

[15] 刘军 . 整体网分析：UCINET 软件实用指南 [M]. 2 版 . 上海：格致出版社，2014.

[16] 刘善仕，孙博，葛淳棉，等 . 人力资本社会网络与企业创新：基于在线简历数据的实证研究 [J]. 管理世界，2017（7）：88-98，119，188.

[17] 罗家德 . 社会网分析讲义 [M]. 2 版 . 北京：社会科学文献出版社，2010.

[18] 蒙小梅 . 社会网络视角下广西圩镇社区公共空间适应性优化策略研究 [D]. 重庆：重庆大学，2018.

[19] 秦铁辉，刘宇，杨薇薇 . 竞争情报与人际网络研究述评 [J]. 情报科学，2007（12）：1761-1768.

[20] 谭云清，马永生 . OFDI 企业双元网络与双元创新：跨界搜索的调节效应 [J]. 科研管理，2020，41（9）：170-177.

[21] 王海花，孙芹，杜梅，等 . 长三角城市群协同创新网络演化及形成机制研究：依存型多层网络视角 [J]. 科技进步与对策，2020，37（9）：69-78.

[22] 王海花，王蒙怡，刘钊成 . 跨区域产学协同创新绩效的影响因素研究：依存型多层网络视角 [J]. 科研管理，2022，43（2）：1-15.

[23] 杨冠灿，刘彤 . 基于隶属网络的竞争态势分析方法研究：以 WI-FI 联盟认证产品为例 [J]. 图书情报工作，2012，56（10）：81-88，137.

[24] 杨隽萍，于晓宇，陶向明，等 . 社会网络、先前经验与创业风险识别 [J]. 管理科学学报，2017，20（5）：35-50.

[25] 杨小晓 . 基于社会网络的科技咨询专家库及其构建方法研究 [D]. 南京：南京理工大学，2010.

[26] 斯科特 . 社会网络分析法：第 2 版 [M]. 刘军，译 . 重庆：重庆大学出版社，2009.

[27] 周静，周小宇，王汉生 . 自我网络特征对电信客户流失的影响 [J]. 管理科学，2017，30（5）：28-37.

[28] 朱秀梅，李明芳 . 创业网络特征对资源获取的动态影响：基于中国转型经济的证据 [J]. 管理世界，2011（6）：105-115.

第 3 部分　管理研究中的常见问题及解决实例

第9章 非线性问题及其检验操作

在研究中，我们发现变量之间并不都是线性关系，自变量和因变量之间可能存在某种曲线关系。如果对此强行建立线性回归模型，那么就会影响预测的准确性。更极端的情况是，强制线性回归的结果违背了线性回归问题中数据的正态性、方差齐性和独立性等假设条件。

事实上，世界的运行并不是线性的。很多时候，事物的影响效应不仅取决于情境诱因、事物变化带来的影响，还取决于事物自身量的大小，因而难以用线性思维解释。大前研一在《思考的技术》一书中举例，树叶掉落的方位和速度之所以不像苹果掉落那样可以简单套用万有引力计算，“是因为树叶掉落时除了受到重力和风力的影响外，还受到树叶形状和与树枝的关系等自身属性的影响”。非线性的复杂性不仅在于变量的变化与外部环境有关，还与变量自相关，揭示非线性成因一直是科学家关心的问题。1834 年，英国科学家约翰·拉塞尔（J. S. Russel）发现，河道内货船停下后被带动的水团仍以一个平滑滚圆的孤立波峰继续前行直到消失在逶迤的河道中。1965 年，美国数学家克鲁斯卡（M. D. Kruskal）和扎布斯基（N. Zabusky）通过数值模拟法揭示孤立波是两种作用效果相反的力量相互碰撞后的平衡产物，后孤立波被命名为一个美好的名字——孤子（soliton）。孤子被广泛应用到诸多领域，特别是发现加入微小的调制信号后，孤子的振幅会突然增加，这为人类研究海啸、引力波等现象奠定了基础。

同样，在人文社会科学领域，在行为输入与输出之间也因为人自身固有的认知、情感等属性，存在大量的非线性关系。自然科学的发展特别是对“孤子”的揭示启发我们，因存在相互掣肘的多重作用机制导致因果关系不明时，非线性能够帮助我们更好地揭示变量间的关系。

那么，如何处理非线性关系呢？科学研究的目的是简化思维，正如后现代管理学家玛格丽特·惠特利（Margaret J. Wheatley）所言，“科学关注的是预测，而对非线性进行预测是困难的。为了避免麻烦，实现‘确定性’的梦想，学者将非线性方程‘线性化’，这样就可以通过数学方法对系统进行处理了”。[⊖]在组织管理的研究中，对非线性关系的处理基本遵循这一思路。在本章，我们主要解决如下问题：

（1）非线性关系及非线性回归方法概述；

（2）组织管理中常见非线性关系产生的根源；

（3）非线性关系假设的提出与检验方法；

（4）非线性调节效应假设的提出与检验方法；

（5）非线性中介效应检验；

（6）响应面分析及非线性三项交互等复杂分析技术。

9.1 非线性关系及非线性回归方法概述

9.1.1 非线性关系的含义与研究趋势

非线性关系是相对于线性关系而言的。线性关系是指量与量之间按比例、呈直线的关系，或者说函数的斜率在其定义域内处处存在且相等。非线性关系（non-linear relationship）则是指变量之间存在不断变化的、不成比例的复杂关系。是否存在非线性关系最直观的判断是看变量间的变化率是否恒定，或者函数的斜率在其定义域中是否不存在或不相等，换言之，至少有一个变量的指数不是 1，则可以判断为非线性关系存在。

非线性关系的例子比比皆是。最经典的例子是边际效用递减规律，即连续消费某种商品给我们带来的主观效用在一段时间内尽管总量在增加，但增量在减少。再比如美国学者洛克（Locke，1967）提出的目标设置理论认为，低目标和高目标都无法产生激励作用，只有中等程度的目标才能产生激励效应，因此激励曲线呈现倒 U 形。

来自荷兰蒂尔堡大学的三位研究者（Haans、Pieters & He，2016）在一篇经典文献中系统回顾了战略研究中 U 形和倒 U 形关系的理论与检验[⊜]。他们对 *Strategic Management Journal*（SMJ）从 1980 年成立到 2012 年所有刊登的文章（包括研究笔记在内），以“倒 U 形”“U 形”“曲线”和“二次”等关键词进行了全文搜索，又经过 490 篇文章的手动检查，最终得出有 110 篇文章假设并检验了 U 形关系，其中有 30 篇额外检验了调节效应。

图 9-1 显示了随着时间变化在 SMJ 上发表有关 U 形（包括倒 U 形）关系研究文章的情况，呈现明显的上升趋势，其中 2012 年所有文章中有 13% 的文章论证和检验了 U 形 / 倒 U 形关系，在这 13% 的文章中有 40% 包含了调节效应假设。这 110 篇文章提出了 163 个 U 形 / 倒 U 形关系的假设以及 50 个相关的调节效应假设。

近五年（2017 年 5 月至 2022 年 5 月），组织管理中的非线性研究越来越多。我们在 Web of Science 数据库中共检索到 551 篇文章，其中包括 *Academy of Management Journal*、*Academy*

⊖ WHEATLEY M J. Leadership and the new science[M].San Francisco:Berrett-Koehler Publishers, 1999.

⊜ HAANS R F, PIETERS C, HE Z L. Thinking about U: theorizing and testing U-and inverted Ushaped relationships in strategy research[J]. Strategic management journal, 2016,37(7): 1177-1195.

of Management Annals、*Journal of Marketing* 等在内的 UTD 期刊共检索到 86 篇，并呈现年平均 30% 的增长趋势。

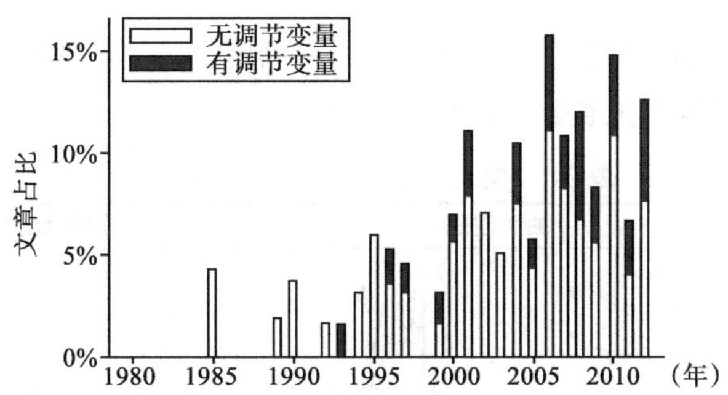

图 9-1　1980—2012 年 SMJ 期刊发表 U 形 / 倒 U 形关系文章的趋势

9.1.2　非线性关系处理方法

非线性关系一般分为三类。第一类是已知曲线类型，可转化为线性关系的非线性关系，例如幂函数、指数函数、对数函数、S 型函数、双曲线函数等；第二类是无法确定曲线类型的非线性关系，但可转换为多项式；第三类是函数较为复杂，无法转换为线性处理的非线性关系。对于不可转化为线性的模型，数据拟合较为复杂，一般对曲线函数做泰勒级数展开，并采用数值迭代。在组织管理研究中，我们一般关注前两类非线性关系，并采用曲线回归的方法进行数据处理。

1. 已知曲线类型

对于已知曲线类型，我们需要根据理论推演和经验，并结合样本数据的散点分布趋势加以判断，进行曲线方程线性化。

例如人的身高增长曲线，根据经验和相关理论推演，并结合数据散点图，我们可以大致判断自变量（X：年龄）对因变量（Y：高度）的影响可能呈现如图 9-2 所示的趋势关系。

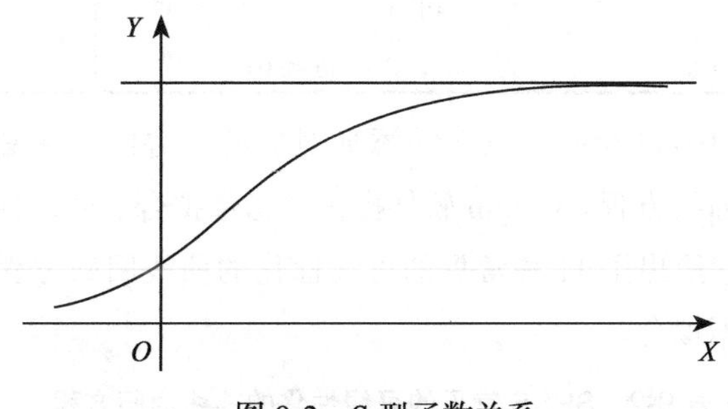

图 9-2　S 型函数关系

此时可以考虑引入 S 型函数关系，即

$$Y = \frac{1}{\alpha + \beta e^{-X}}$$

随后进行线性化处理，过程为

$$\frac{1}{Y}=\alpha+\beta\mathrm{e}^{-X}\rightarrow Y'=\alpha+X'$$

这样自变量与因变量之间复杂的 S 型函数关系就转化为简单的线性关系进行处理了。几种常见的曲线形态及变换公式如表 9-1 所示。

表 9-1　常见非线性关系的线性化过程

曲线方程	曲线图形		转换公式	变换后的线性形式
$Y=aX^b$	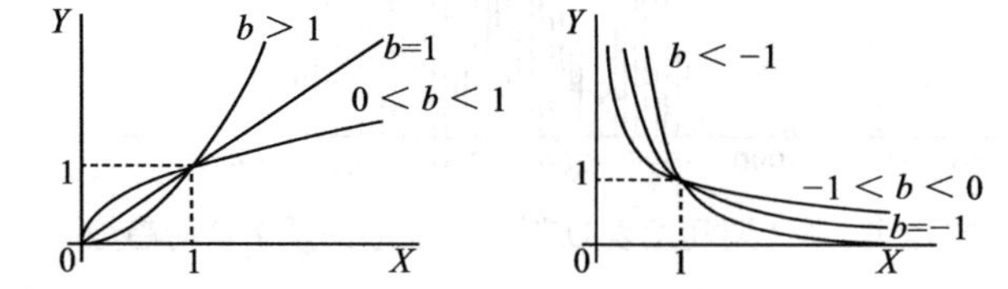 (a=1, $b>0$)	(a=1, $b<0$)	$c=\ln a$ $v=\ln X$ $u=\ln Y$	$u=c+bv$
$Y=a\mathrm{e}^{bX}$	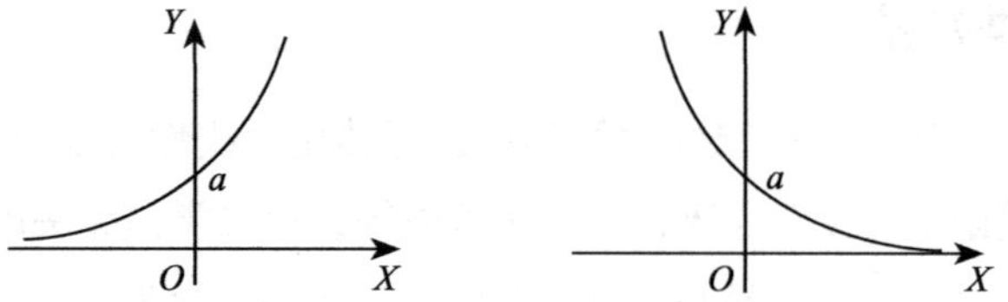 ($a>0$, $b>0$)	($a>0$, $b<0$)	$c=\ln a$ $u=\ln Y$ $v=X$	$u=c+bv$
$Y=a\mathrm{e}^{b(1/X)}$	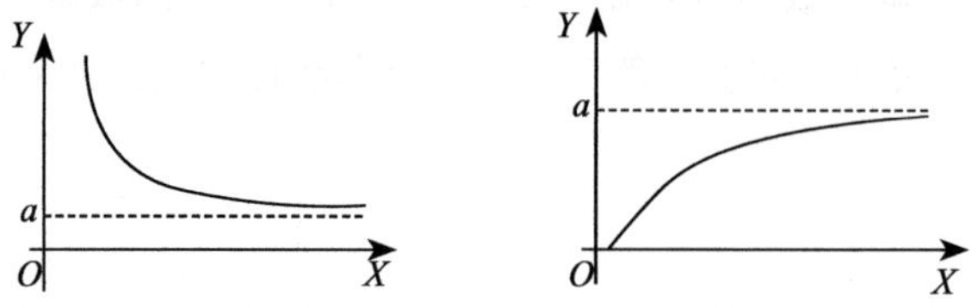 ($a>0$, $b>0$)	($a>0$, $b<0$)	$c=\ln a$ $v=\frac{1}{X}$ $u=\ln Y$	$u=c+bv$
$Y=a+b\ln X$	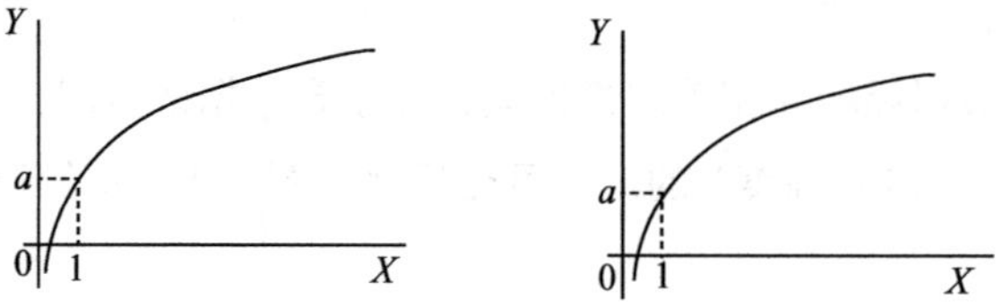 ($b>0$)	($b<0$)	$v=\ln X$ $u=Y$	$u=a+bv$

曲线拟合可以运用 Excel 绘制散点图并添加对应的趋势线，从 Excel 自带的诸多选项中，找到并建立适合的曲线方程。Origin 软件提供了指数拟合、非线性曲面拟合等方法。最常用的是 SPSS 软件，它给出了 11 种常见的可线性化的曲线回归方程（见表 9-2），可以直接运行曲线估计进行数据拟合。

表 9-2　SPSS 常见的可线性化的曲线回归方程

英文名称	中文名称	方程形式
Linear	线性函数	$Y=b_0+b_1t$
Logarithm	对数函数	$Y=b_0+b_1\ln t$
Inverse	逆函数	$Y=b_0+b_1/t$

（续）

英文名称	中文名称	方程形式
Quadratic	二次曲线	$Y=b_0+b_1t+b_2t^2$
Cubic	三次曲线	$Y=b_0+b_1t+b_2t^2+b_3t^3$
Power	幂函数	$Y=b_0t^{b_1}$
Compound	复合函数	$Y=b_0b_1^t$
S	S 型函数	$Y=\exp(b_0+b_1/t)$
Logistic	逻辑函数	$Y=\dfrac{1}{\dfrac{1}{u}+b_0b_1^t}$ u 是预先给定的常数
Growth	增长曲线	$Y=\exp(b_0+b_1t)$
Exponent	指数函数	$Y=b_0\exp(b_1t)$

处理流程为：单击“分析→回归→曲线估计”命令，进入曲线回归主对话框，如图 9-3 所示，选定自己设定的曲线模型即可处理。

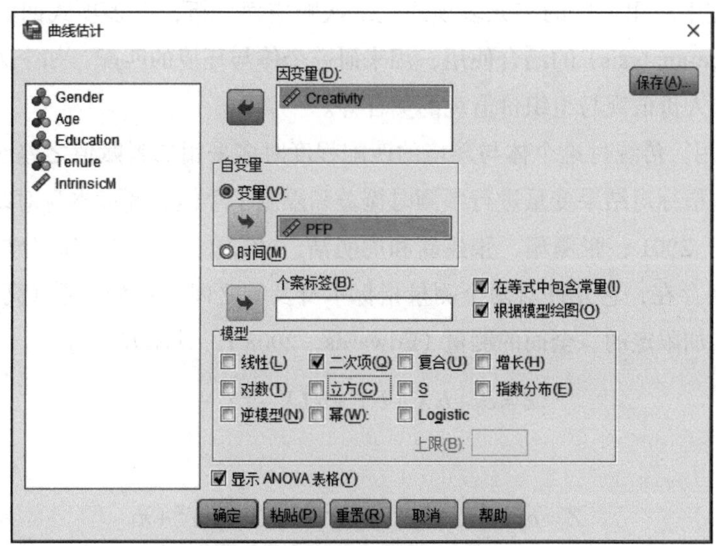

图 9-3　非线性处理主对话框

需要特别强调的是，非线性回归的数据变换必然导致随机误差项分布的变化，这对线性回归的基本条件（正态性、方差齐性、独立性等）产生影响，因此，在线性变换后采用最小二乘法得出的模型最佳参数估计值，不一定是原模型的最佳估计。

2. 未知曲线类型

在组织研究中，我们经常会遇到随着变量感知强度的变化，个体通过收益 – 风险的权衡，不再遵循经济利益最大化决策原则，行为选择会呈现非线性变化，呈现忽高忽低等状态。当两个变量间的关系复杂难以确定时，可以使用多项式回归（polynomial regression）来拟合数据。多项式回归的最大优点，就是可以通过增加 X 的高阶项，对实测点不断逼近，直至拟合效果最好为止。多项式回归一般包括一元多项式和多元多项式。

（1）一元多项式。第一类是一元多项式，只有单个预测变量（自变量），包含一次项、二次项或其他高次项，拟合的图形为曲线。多项式回归模型可以表示为

$$Y = b_0 + b_1 X + b_2 X^2 + \cdots + b_k X^k + \varepsilon$$

在处理中，令 $X_1 = X$，$X_2 = X^2$，…，$X_k = X^k$，即可转换为线性回归方程：

$$Y = b_0 + b_1 X + b_2 X_2 + \cdots + b_k X_k + \varepsilon$$

线性化后便可以通过最小二乘法求解。鉴于组织管理研究中包含调节效应和非线性关系的假设主要以单调递增（或递减）的曲线关系或 U 形 / 倒 U 形函数的形式出现（Aiken & West，1991；Miller、Stromeyer & Schwieterman，2013），我们接下来会重点研究二次非线性关系及其复杂的中介和调节关系。

（2）多元多项式。第二类为多元多项式，包含两个及以上变量，变量有一次项、二次项或高次项，图形为曲面。

在组织研究中应用最广的多元多项式是二次响应面分析，即多项式回归与响应面分析（response surface analysis）的结合使用，用来研究个体与环境的匹配，如个人目标与组织目标的一致性、个人价值观与组织价值观的契合等。

1）基本应用。传统讨论个体与环境的匹配程度时多采用二者赋值之差或绝对差、平方差，然而用这些指标对结果变量进行预测时掩盖和限制了个体、环境本身对结果变量的预测作用（Edwards，2001；张珊珊、张建新和周明洁，2012）。二次响应面分析是为了克服差分分析的缺陷而存在，它允许对两个测量指标本身及其之间的各种关系（高低的各种组合）进行直接的、未加限定的、全面的测量（Edwards，2008）。具体方程为

$$Z = b_0 + b_1 X + b_2 Y + b_3 (X - Y)^2 + \varepsilon$$

即

$$Z = b_0 + b_1 X + b_2 Y + b_3 X^2 + b_4 XY + b_5 Y^2 + \varepsilon$$

在具体的研究中，我们关注的是一致线（$X=Y$）与不一致线（$X=-Y$）上的斜率和曲率，以判断当自变量 X 与自变量 Y 匹配或不匹配时的影响效应。

沿着 $X=Y$ 轴线的一致线的公式为

$$X = Y : Z = b_0 + (b_1 + b_2) X + (b_3 + b_4 + b_5) X^2 + \varepsilon$$

其中，

斜率为 $a_1 = b_1 + b_2$，$t = \dfrac{a_1}{\sqrt{(\mathrm{SE}_{b1}{}^2 + \mathrm{SE}_{b2}{}^2) + 2\mathrm{cov} b_1 b_2}}$

曲率为 $a_2 = b_3 + b_4 + b_5$，

$$t = \frac{a_2}{\sqrt{(\mathrm{SE}_{b3}{}^2 + \mathrm{SE}_{b4}{}^2 + \mathrm{SE}_{b5}{}^2) + 2\mathrm{cov} b_3 b_4 + 2\mathrm{cov} b_4 b_5 + 2\mathrm{cov} b_3 b_5}}$$

沿着 $X=-Y$ 轴线的不一致线的公式为

$$X=-Y: Z=b_0+(b_1-b_2)X+(b_3-b_4+b_5)X^2+\varepsilon$$

其中，

斜率为 $a_3=b_1-b_2$ ，$t=\dfrac{a_3}{\sqrt{(\mathrm{SE}_{b1}{}^2+\mathrm{SE}_{b2}{}^2)-2\mathrm{cov}b_1b_2}}$

曲率为 $a_4=b_3-b_4+b_5$ ，

$$t=\frac{a_4}{\sqrt{(\mathrm{SE}_{b3}{}^2+\mathrm{SE}_{b4}{}^2+\mathrm{SE}_{b5}{}^2)-2\mathrm{cov}b_3b_4+2\mathrm{cov}b_4b_5-2\mathrm{cov}b_3b_5}}$$

假设模型中自变量为 X，因变量为 Y，其他控制变量包括 sex（性别）、age（年龄）、teamN(团队规模)、occu(职位)。b_1+b_2 的值是一致线的斜率，$b_3+b_4+b_5$ 的值是一致线的曲率，b_1-b_2 的值是不一致线的斜率，$b_3-b_4+b_5$ 的值是不一致线的曲率，运用 Stata 15.1 软件计算一致线和不一致线的斜率与曲率。代码[⊖]如图 9-4 所示（注意变量要先进行标准化处理）。

```
lincom   ZX + ZY
lincom   ZXX + ZXY+ZYY
lincom   ZX - ZY
lincom   ZXX - ZXY+ZYY
```

图 9-4　一致线和不一致线斜率和曲率 Stata 运算代码

在实际研究中，一般需要先提供自变量 X 与自变量 Y 的描述性统计，以及构建交互项和平方项带来的 R^2 变化情况，进行理论判断。然后拟合二次响应面方程 Z，计算出一致线（X=Y）与不一致线（X=$-Y$）在响应面上横截线的斜率和曲率，结合 t 值判断其显著性，当曲率小于 0 时，该影响效应呈倒 U 形，即越趋于中心点（两个变量越趋于一致），影响越大；反之，则呈 U 形，即越趋于中心点（两个变量越趋于一致），影响越小。最后运用 Origin 软件绘制三维图。

主轴描述了曲面在什么方向上升（或者下降）得最快或者最慢。沿着曲面在驻点的法线，能够得到无数个剖切平面，每一个平面分别与曲面相交并形成对应的一簇曲线。将这些曲线中具有最大曲率的曲线投影到 X-Y 平面上，得到第一主轴；同时，将其中曲率最小的曲线投影到 X-Y 平面上，得到第二主轴。计算公式如下。

第一主轴：

$$Y=P_{10}+P_{11}X$$

第一主轴斜率：

$$P_{11}=\frac{b_5-b_3+\sqrt{(b_3-b_5)^2+b_4^2}}{b_4}$$

第二主轴：

$$Y=P_{20}+P_{21}X$$

⊖ 在运行程序前先进行回归，在 Stata 命令窗口输入 reg ZZ sex age teamN occu ZX ZY ZXX ZXY ZYY。

第二主轴斜率：

$$P_{21} = \frac{b_5 - b_3 - \sqrt{(b_3 - b_5)^2 + b_4^2}}{b_4}$$

响应面的主轴、一致线、不一致线示意如图 9-5 所示。

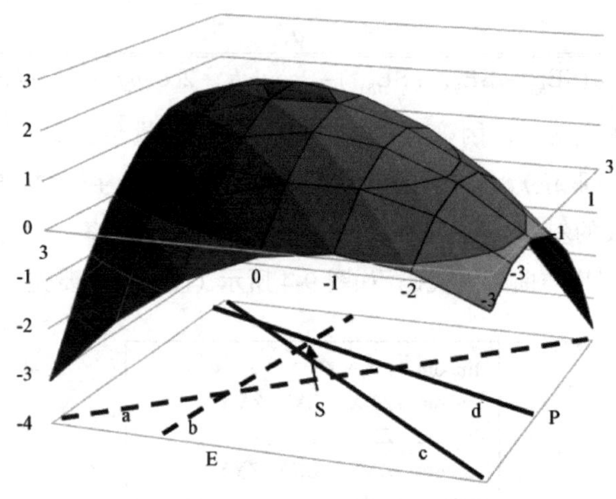

图 9-5 响应面主轴、一致线、不一致线示意

资料来源：柏帅蛟，井润田，李璞，等．匹配研究中使用响应面分析的方法 [J]. 管理评论，2018，30（3）：161-170.

对上述值使用 Stata 15.1 软件进行 Bootstrap 法运算，代码如图 9-6 所示。

```
bootstrap P10=(([_b[ ZX ] * _b[ ZXY ] - 2 * _b[ ZY ] * _b[ ZXX ]]/[4 * _b[ ZXX ] * _b[ ZYY ] - _b[ ZXY ]
        ^2]) - ([_b[ ZYY ] - _b[ ZXX ] + sqrt([_b[ ZXX ] - _b[ ZYY ]]^2 +_b[ ZXY ]^2)]/_b[ ZXY ]) *
        ([_b[ ZY ] * _b[ ZXY ]-2 * _b[ ZX ] * _b[ ZYY ]]/[4 * _b[ ZXX ] * _b [ ZYY ] - _b[ ZXY ]^2])),
        bca reps(10000) seed (43215679): reg ZZ sex age teamN occu ZX ZY ZXX ZXY ZYY ,
        vce (robust)

bootstrap P11=([_b[ ZYY ]-_b[ ZXX ]+ sqrt([_b[ ZXX ]-_b[ ZYY ]]^2 +_b[ ZXY ]^2)]/_b[ ZXY ]) , bca reps
        (10000) seed (4321569): reg ZZ sex age teamN occu ZX ZY ZXX ZXY ZYY,vce(robust)

bootstrap P20=(([_b[ ZX ] * _b[ ZXY ] - 2 * _b[ ZY ] * _b[ ZXX ]]/[4 * _b[ ZXX ] * _b[ ZYY ] - _b[ ZXY ]^2]) -
        ([_b[ ZYY ] - _b[ ZXX ] - sqrt([_b[ ZXX ] - _b[ ZYY ]]^2 +_b[ ZXY ]^2)]/_b[ ZXY ]) *
        ([_b[ ZY ] * _b[ ZXY ]-2 * _b[ ZX ] * _b[ ZYY ]]/[4 * _b[ ZXX ] * _b [ ZYY ] - _b[ ZXY ]^2])),
        bca reps(10000) seed (43215679): reg ZZ sex age teamN occu ZX ZY ZXX ZXY ZYY , vce
        (robust)

bootstrap P21=([_b[ ZYY ]-_b[ ZXX ]- sqrt([_b[ ZXX ]-_b[ ZYY ]]^2 +_b[ ZXY ]^2)]/_b[ ZXY ]) , bca reps
        (10000) seed (4321569): reg ZZ sex age teamN occu ZX ZY ZXX ZXY ZYY,vce(robust)
```

图 9-6 主轴截距和斜率 Stata 运算代码

采用多项式回归和响应面分析来检验一致性的效应需要考察以下三个方面的内容。第一，检验响应面是否以原始的 X 轴和 Y 轴为中心，即拐点是否在点（0，0）处以及两个主

轴是否分别与 $Y=X$ 和 $Y=-X$ 重合。通过检验第一和第二主轴的斜率是否显著不为 1 和 −1 可以判断响应面是否显著旋转，检验 $-P_{10}/(1+P_{11})$ 和 $-P_{20}/(1+P_{21})$ 的值是否显著不为 0 可以判断响应面是否沿 $Y=X$ 和 $Y=-X$ 平移。第二，考察响应面沿两条主轴的斜率和曲率。如果斜率显著不为 0，表明响应面在跨越 Y 轴处（或者说是响应面沿两条主轴的横截线在 XY 平面上与 Y 轴的交叉点）不是水平的；如果曲率显著不为 0，则响应面的脊（曲率大于 0，横截线是凸形的）或槽（曲率小于 0，横截线是凹形的）就不是平整的。第三，如果第一和第二主轴与 $Y=X$ 和 $Y=-X$ 线并不重合，则还需要考察响应面沿 $Y=X$ 和 $Y=-X$ 的斜率和曲率以进一步判断响应面的形状。如果响应面沿 $Y=X$ 的横截线的曲率或斜率显著不为 0，则意味着在不同水平上的一致性效应并不相同；响应面沿 $Y=-X$ 的曲率和斜率则直接说明了不同一致性程度的效应。$-P_{10}/(1+P_{11})$ 和 $-P_{20}/(1+P_{21})$ 的值可以使用 Stata 15.1 软件进行 Bootstrap 法运算，代码如图 9-7 所示。

```
bootstrap shift1=((-(([_b[ ZX ] * _b[ ZXY ] - 2 * _b[ ZY ] * _b[ ZXX ]]/[4 * _b[ ZXX ] * _b[ ZYY ] -
        _b[ ZXY ]^2]) - ([_b[ ZYY ] - _b[ ZXX ] + sqrt([_b[ ZXX ] - _b[ ZYY ]]^2 +_b[ ZXY ]^2)]/
        _b[ ZXY ]) * ([_b[ ZY ] * _b[ ZXY ]-2 * _b[ ZX ] * _b[ ZYY ]]/[4 * _b[ ZXX ] * _b [ ZYY ] -
        _b[ ZXY ]^2]))) / (([_b[ ZYY ] - _b[ ZXX ] + sqrt([_b[ ZXX ]-_b[ ZYY ]]^2 + _b[ ZXY ]^2)]/
        _b[ ZXY ]) + 1)) , bca reps(10000) seed (43215679): reg ZZ sex age teamN occu ZX ZY ZXX ZXY ZYY ,
        vce (robust)

bootstrap shift2=((-(([_b[ ZX ] * _b[ ZXY ] - 2 * _b[ ZY ] * _b[ ZXX ]]/[4 * _b[ ZXX ] * _b[ ZYY ] -
        _b[ ZXY ]^2]) - ([_b[ ZYY ] - _b[ ZXX ] - sqrt([_b[ ZXX ] - _b[ ZYY ]]^2 +_b[ ZXY ]^2)]/
        _b[ ZXY ]) * ([_b[ ZY ] * _b[ ZXY ]-2 * _b[ ZX ] * _b[ ZYY ]]/[4 * _b[ ZXX ] * _b [ ZYY ] -
        _b[ ZXY ]^2]))) / (([_b[ ZYY ] - _b[ ZXX ] - sqrt([_b[ ZXX ]-_b[ ZYY ]]^2 + _b[ ZXY ]^2)]/
        _b[ ZXY ]) + 1)) , bca reps(10000) seed (43215679): reg ZZ sex age teamN occu ZX ZY ZXX ZXY ZYY ,
        vce (robust)
```

图 9-7　$-P_{10}/(1+P_{11})$ 和 $-P_{20}/(1+P_{21})$ 值 Stata 运算代码

进一步地，将 $Y=P_{10}+P_{11}X$ 代入 $Z=b_0+b_1X+b_2Y+b_3X^2+b_4XY+b_5Y^2+\varepsilon$，得到表达式 $Z=b_0+b_1X+b_2(P_{10}+P_{11}X)+b_3X^2+b_4X(P_{10}+P_{11}X)+b_5(P_{10}+P_{11}X)^2+\varepsilon=b_0+b_2P_{10}+b_5P_{10}^2+(b_1+b_2P_{11}+b_4P_{10}+2b_5P_{10}P_{11})X+(b_3+b_4P_{11}+b_5P_{11}^2)X^2+\varepsilon$，则 $b_1+b_2P_{11}+b_4P_{10}+2b_5P_{10}P_{11}$ 的值表示响应面在沿第一主轴的横截线在 X=0 处的斜率（即第一主轴与 Y 轴的交点处），$b_3+b_4P_{11}+b_5P_{11}^2$ 的值表示了整条横截线的曲率。只要将方程的 P_{10} 和 P_{11} 用 P_{20} 和 P_{21} 代替就可以获得响应面沿第二主轴的相应数据。第一主轴和第二主轴横截线的斜率 k 与曲率 s 通过 Stata 15.1 软件进行 Bootstrap 法运算，代码如图 9-8 所示。

下面我们结合马君和张锐（2022）的一项研究实例介绍如何分析响应图。该研究主要聚焦权力大而威望不足（低地位）的领导者何以引发消极的辱虐管理风格。为了便于分析，作者巧妙地通过反向计分将因变量转换为“不实施辱虐管理的程度”，从而更好地探索权重望寡（权力＞地位）沿着不一致线运动时，领导者实施辱虐管理的变动轨迹。

首先，如表 9-3 所示，响应面沿不一致线（$Y=-X$）是凹形曲线（曲率 =−0.70, $P<0.001$），

条件 1 满足；其次如表 9-4 所示，第一主轴斜率 P_{11} 与 1 没有显著差异（95% 的置信区间为 [0.52, 1.35]），但第一主轴截距 P_{10} 与 0 有显著差异（95% 的置信区间为 [0.30, 0.95]），条件 2 不完全满足；最后，一致线（Y=X）如表 9-3 可知，一致线的横截线的斜率和曲率均负向显著（斜率 =−0.14，$P < 0.001$；曲率 =−0.13，$P < 0.001$），条件 3 也不满足。尽管如此，根据 Edwards & Cable（2009）的研究，当只有条件 1 成立时，也被认为在中等程度上支持了一致性效应假设。其一，条件 3 只是评估了与理想曲面的偏差情况，其满足与否并不影响一致性效应是否成立；其二，条件 1 是支持一致性效应的必要条件，而条件 2 只是为了确保当两个自变量匹配时，因变量达到最大值，不支持该条件并不能排除一致性效应，且作者关注的并非最大值出现何处，而是随着这种层级不一致的加大，领导不实施辱虐管理的程度是不是存在显著的减小，因此条件 2 是否成立并不影响这里提出的一致性效应假设。

```
bootstrap K1=(_b[ ZX ]+_b[ ZY ]*([_b[ ZYY ]-_b[ ZXX ]+ sqrt([_b[ ZXX ]-_b[ ZYY ]]^2 +_b[ ZXY ]^2)]/_b[ ZXY ])+
        _b[ ZXY ]*(([_b[ ZX ] * _b[ ZXY ] - 2 * _b[ ZY ] * _b[ ZXX ]]/[4 * _b[ ZXX ] * _b[ ZYY ] -
        _b[ ZXY ]^2]) - ([_b[ ZYY ] - _b[ ZXX ] + sqrt([_b[ ZXX ] - _b[ ZYY ]]^2 +_b[ ZXY ]^2)]/_b[ ZXY ]) *
        ([_b[ ZY ] * _b[ ZXY ]-2 * _b[ ZX ] * _b[ ZYY ]]/[4 * _b[ ZXX ] * _b [ ZYY ] - _b[ ZXY ]^2]))+
        2*_b[ ZYY ]*(([_b[ ZX ] * _b[ ZXY ] - 2 * _b[ ZY ] * _b[ ZXX ]]/[4 * _b[ ZXX ] * _b[ ZYY ] -
        _b[ ZXY ]^2]) - ([_b[ ZYY ] - _b[ ZXX ] + sqrt([_b[ ZXX ] - _b[ ZYY ]]^2 +_b[ ZXY ]^2)]/_b[ ZXY ]) *
        ([_b[ ZY ] * _b[ ZXY ]-2 * _b[ ZX ] * _b[ ZYY ]]/[4 * _b[ ZXX ] * _b [ ZYY ] - _b[ ZXY ]^2]))*
        ([_b[ ZYY ]-_b[ ZXX ]+ sqrt([_b[ ZXX ]-_b[ ZYY ]]^2 +_b[ ZXY ]^2)]/_b[ ZXY ])), bca reps (10000)
        seed (4321569): reg ZZ sex age teamN occu ZX ZY ZXX ZXY ZYY,vce(robust)

bootstrap K2=(_b[ ZX ]+_b[ ZY ]*([_b[ ZYY ]-_b[ ZXX ]- sqrt([_b[ ZXX ]-_b[ ZYY ]]^2 +_b[ ZXY ]^2)]/_b[ ZXY ])+
        _b[ ZXY ]*(([_b[ ZX ] * _b[ ZXY ] - 2 * _b[ ZY ] * _b[ ZXX ]]/[4 * _b[ ZXX ] * _b[ ZYY ] -
        _b[ ZXY ]^2]) - ([_b[ ZYY ] - _b[ ZXX ] - sqrt([_b[ ZXX ] - _b[ ZYY ]]^2 +_b[ ZXY ]^2)]/_b[ ZXY ]) *
        ([_b[ ZY ] * _b[ ZXY ]-2 * _b[ ZX ] * _b[ ZYY ]]/[4 * _b[ ZXX ] * _b [ ZYY ] - _b[ ZXY ]^2]))+2*
        _b[ ZYY ]*([_b[ ZYY ]-_b[ ZXX ]- sqrt([_b[ ZXX ]-_b[ ZYY ]]^2 +_b[ ZXY ]^2)]/_b[ ZXY ])*
        (([_b[ ZX ] * _b[ ZXY ] - 2 * _b[ ZY ] * _b[ ZXX ]]/[4 * _b[ ZXX ] * _b[ ZYY ] - _b[ ZXY ]^2]) -
        ([_b[ ZYY ] - _b[ ZXX ] - sqrt([_b[ ZXX ] - _b[ ZYY ]]^2 +_b[ ZXY ]^2)]/_b[ ZXY ]) * ([_b[ ZY ] *
        _b[ ZXY ]-2 * _b[ ZX ] * _b[ ZYY ]]/[4 * _b[ ZXX ] * _b [ ZYY ] - _b[ ZXY ]^2]))), bca reps (10000)
        seed (4321569): reg ZZ sex age teamN occu ZX ZY ZXX ZXY ZYY,vce(robust)

bootstrap S1=(_b[ ZXX ]+_b[ ZXY ]*([_b[ ZYY ]-_b[ ZXX ]+ sqrt([_b[ ZXX ]-_b[ ZYY ]]^2 +_b[ ZXY ]^2)]/
        _b[ ZXY ])+_b[ ZYY ]*([_b[ ZYY ]-_b[ ZXX ]+ sqrt([_b[ ZXX ]-_b[ ZYY ]]^2 +_b[ ZXY ]^2)]/
        _b[ ZXY ])^2), bca reps (10000) seed (4321569): reg ZZ sex age teamN occu ZX ZY ZXX ZXY
        ZYY,vce(robust)

bootstrap S2=(_b[ ZXX ]+_b[ ZXY ]*([_b[ ZYY ]-_b[ ZXX ]- sqrt([_b[ ZXX ]-_b[ ZYY ]]^2 +_b[ ZXY ]^2)]/
        _b[ ZXY ])+_b[ ZYY ]*([_b[ ZYY ]-_b[ ZXX ]- sqrt([_b[ ZXX ]-_b[ ZYY ]]^2 +_b[ ZXY ]^2)]/
        _b[ ZXY ])^2), bca reps (10000) seed (4321569): reg ZZ sex age teamN occu ZX ZY ZXX ZXY
        ZYY,vce(robust)
```

图 9-8　主轴对应横截线斜率和曲率 Stata 运算代码

表 9-3 响应面主要指标分析

响应面检验		估计值	标准差
一致线	斜率 (b_1+b_2)	-0.14^{***}	0.03
	曲率 $(b_3+b_4+b_5)$	-0.13^{***}	0.03
不一致线	斜率 (b_1-b_2)	-0.47^{***}	0.07
	曲率 $(b_3-b_4+b_5)$	-0.70^{***}	0.07
第一主轴	斜率 $(b_1+b_2P_{11}+b_4P_{10}+2b_5P_{11}P_{10})$	-0.22^{***}	0.06
	曲率 $(b_3+b_4P_{11}+b_5P_{11}^2)$	-0.12^{*}	0.06
第二主轴	斜率 $(b_1+b_2P_{21}+b_4P_{20}+2b_5P_{21}P_{20})$	-1.37	89.41
	曲率 $(b_3+b_4P_{21}+b_5P_{21}^2)$	-0.75^{*}	0.32

注：N=373；* 代表 $P < 0.05$；** 代表 $P < 0.01$；*** 代表 $P < 0.001$，双尾检验。

表 9-4 辱虐管理驻点与主轴结果

因变量	驻点		第一主轴			第二主轴		
	X_0	Y_0	P_{10}	P_{11}	$-P_{10}/(P_{11}+1)$	P_{20}	P_{21}	$-P_{20}/(P_{21}+1)$
主管不辱虐	−0.92	0.23	0.63 [0.30, 0.95]	0.94 [0.52, 1.35]	−0.32 [−0.53, −0.11]	−1.21 [−146.65, 144.24]	−1.07 [−1.69, −0.44]	−19.10 [−1355.54, 1320.08]

注：N=373；X_0，Y_0 代表在 X,Y 坐标平面的驻点。P_{10} 和 P_{11} 分别代表第一主轴的截距和斜率，P_{20} 和 P_{21} 分别代表第二主轴的截距和斜率。95% 显著性水平是根据 10000 个 Bootstrap 样本的系数构建而来。结果可知，P_{11} 与 P_{21} 置信区间分别包括 ±1，表明第一主轴和第二主轴并没有明显沿着一致线和不一致线旋转。$-P_{10}/(P_{11}+1)$ 与 0 有显著差异，响应面沿 $Y=X$ 略微平移；$-P_{20}/(P_{21}+1)$ 与 0 没有显著差异，响应面没有沿 $Y=-X$ 平移。

如图 9-9 所示，响应面沿第一主轴为斜率和曲率均为负的凸形曲线（斜率 =−0.22，$P < 0.001$；曲率 =−0.12，$P < 0.05$）。响应面沿第二主轴也是凸形的（斜率 =−1.37，*n.s.*；曲率 =−0.75，$P < 0.05$）。响应面沿不一致线（$Y=-X$）是一条斜率和曲率均为负的凸形曲线（斜率 =−0.47，$P < 0.001$；曲率 =−0.70，$P < 0.001$），呈倒 U 形，表明对于领导者而言层级不一致会显著增加其实施辱虐管理的可能性。

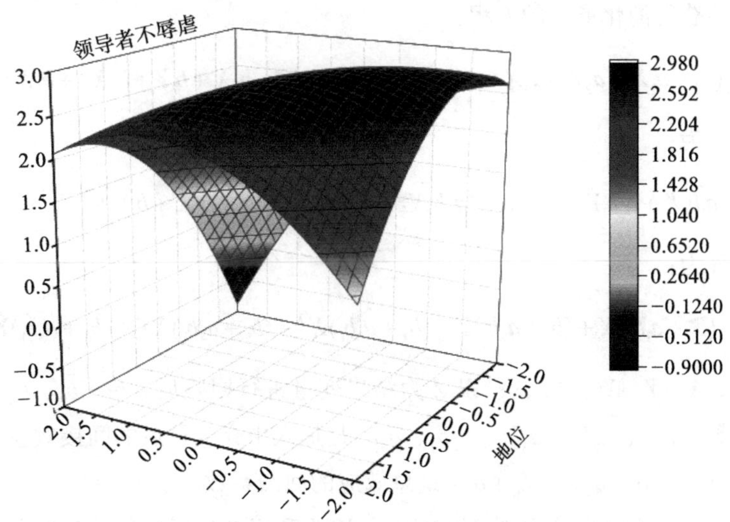

图 9-9 领导者不实施辱虐管理的响应面图

其实，一致线（$Y=X$）和不一致线（$Y=-X$）的截线图更方便分析。如图 9-10 所示，因 $-P_{10}/(1+P_{11})$ 与 0 差异显著，响应面沿 $Y=X$ 略微平移，最高点出现在 −0.64 个单位而非 0。初始点 2 代表权力最大、地位最小情形，即权力与地位不匹配程度最高，0 代表权力和地位差异性最小，即匹配。从 2 → 0 沿着不一致线向左侧走，下属感知到的领导者权力大于地位的层级差异逐渐减小，领导者不实施辱虐管理的可能性也逐渐升高。反过来从 0 → 2 看，随着权力大于地位的层级差异逐渐扩大，主管不实施辱虐管理的可能性也逐渐降低，支持了作者的观点。

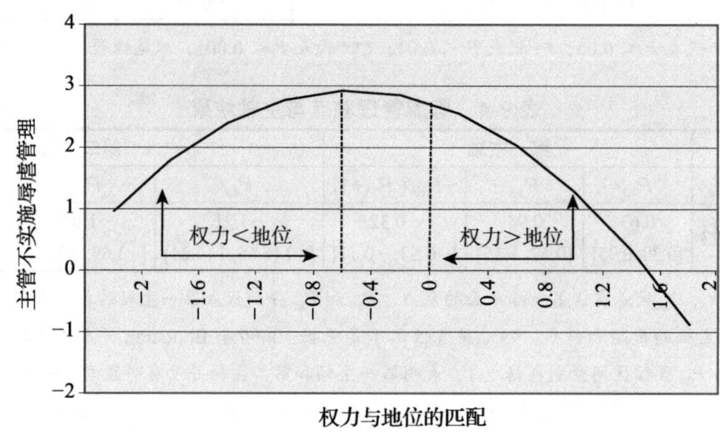

图 9-10 响应面沿不一致线的截线图

2）中介效应。可以使用两个回归方程来分析加入中介变量后的间接效应回归系数和直接效应回归系数，以及总效应回归系数：

$$M = a_0 + a_1X + a_2Y + a_3X^2 + a_4XY + a_5Y^2 + e_M$$
$$Z = b_0 + b_1M + b_2X + b_3Y + b_4X^2 + b_5XY + b_6Y^2 + e_Z$$

经过合并后获得简化形式的方程：

$$Z = b_0 + b_1(a_0 + a_1X + a_2Y + a_3X^2 + a_4XY + a_5Y^2 + e_M) + b_2X + b_3Y + b_4X^2 + b_5XY + b_6Y^2 + e_Z$$

进一步分解为：

$$Z = b_0 + a_0b_1 + a_1b_1X + a_2b_1Y + a_3b_1X^2 + a_4b_1XY + a_5b_1Y^2 + b_1e_M + b_2X + b_3Y + b_4X^2 + b_5XY + b_6Y^2 + e_Z$$

进一步整理为：

$$Z = b_0 + a_0b_1 + (b_2 + a_1b_1)X + (b_3 + a_2b_1)Y + (b_4 + a_3b_1)X^2 + (b_5 + a_4b_1)XY + (b_6 + a_5b_1)Y^2 + (e_Z + b_1e_M)$$

因此认为，X、Y、X^2、XY、Y^2 以 Z 为结果变量进行回归后，b_2、b_3、b_4、b_5、b_6 是直接效应的回归系数；a_1b_1、a_2b_1、a_3b_1、a_4b_1、a_5b_1 是加入中介变量后的间接效应系数；$b_2 + a_1b_1$、$b_3 + a_2b_1$、$b_4 + a_3b_1$、$b_5 + a_4b_1$、$b_6 + a_5b_1$ 是总效应的回归系数。

关于检验响应面的中介效应的方法，主要采用 Edwards 等（2009）提出的块变量

(block variable）方法，以评估一致和不一致对中介模型的直接和间接效应，运用块变量不会改变方程中其他变量的评估系数和总的解释率。具体地，将变量 X、Y、X^2、XY、Y^2 的原始值与其多项式回归系数 a_1、a_2、a_3、a_4、a_5 相乘后加总作为一致性匹配的集区变量，然后将该集区变量视为自变量，随后分别进行：①控制变量和集区变量对中介变量影响的回归分析；②控制变量、集区变量和中介变量对结果变量影响的回归分析。

彭坚和王霄（2016）的一项研究探究了追随者工作投入在追随原型一致性与员工工作绩效之间所起的中介作用。先依据 Edwards & Cable（2009）的方法生成追随原型集区变量后，再进行中介效应检验，结果如表 9-5 所示。追随原型集区变量显著正向影响工作投入（r=0.25, $P<0.001$）。工作投入显著影响任务绩效（r=0.12, $P<0.05$）和关系绩效（r=0.19, $P<0.01$）。追随原型集区变量通过工作投入影响任务绩效的中介效应值为 0.03，95% 的置信区间为 [0.01，0.08]。追随原型集区变量通过工作投入影响关系绩效的中介效应值为 0.05，95% 的置信区间为 [0.02，0.10]。

表 9-5　中介效应检验结果

模型	前半段路径系数	后半段路径系数	中介效应	95% 置信区间
追随原型集区变量→工作投入→任务绩效	0.25**	0.12*	0.03	[0.01，0.08]
追随原型集区变量→工作投入→关系绩效	0.25***	0.19**	0.05	[0.02，0.10]

资料来源：彭坚，王霄. 与上司“心有灵犀”会让你的工作更出色吗？：追随原型一致性、工作投入与工作绩效 [J]. 心理学报，2016，48(9)：1151-1162.

3）调节效应。将调节变量 w 纳入二次回归方程（Edwords，2002），会得到下式：

$$Z=b_0+b_1X+b_2Y+b_3X^2+b_4XY+b_5Y^2+b_6w+b_7Xw+b_8Yw+b_9X^2w+b_{10}XYw+b_{11}Y^2w+\varepsilon$$

进一步可以整理为

$$Z=b_0+b_6w+(b_1+b_7w)X+(b_2+b_8w)Y+(b_3+b_9w)X^2+(b_4+b_{10}w)XY+(b_5+b_{11}w)Y^2+\varepsilon$$

当将调节变量纳入多项式回归和响应面分析时，Lee（2014）开发了邹氏检验法的两步法结构方程分析（two-stage structural model with Chow test），将样本按照调节变量的中位数进行分割，分别在高于中位数和低于中位数的样本中进行了两步法结构方程分析，首先纳入新的分类变量 w，即将调节变量高于中位数的分组定为 1，将调节变量低于中位数的分组定为 0，进一步使用 Stata 的“SUEST”命令检验多项式系数是否在两个群体有显著差异，按照步骤依次输入 Stata 代码，如图 9-11 所示。

```
*-Step1: 分别针对两个样本组执行估计
reg ZZ sex age edu time ZX ZY ZXX ZXY ZYY if W==0
est store L
reg ZZ sex age edu time ZX ZY ZXX ZXY ZYY if W==1
est store H
*-Step 2: SUR
suest L H
*-Step 3: 检验系数差异
test [L_mean] = [H_mean]
```

图 9-11　调节效应检验“SUEST”命令 Stata 运算代码

孔茗等（2017）在检验个人－领导匹配对领导－成员喜欢一致性与心理授权之间关系的调节效应时，使用邹氏检验法分析了多项式回归系数在高低个人－领导匹配的两个分样本中是否有显著差异。在个人－领导匹配度低的分组中，曲率检验显示沿着一致的对角线的曲面向上弯曲（曲率 =0.26），但并不显著；在个人－领导匹配度高的分组中，曲率沿着一致的对角线的曲面显著向上弯曲（曲率 =0.27，$P < 0.05$），表明领导与员工喜欢的“高—高”一致对心理授权的影响在个人－领导匹配高的组中更加明显。而邹氏检验的结果显示，这五项式在两个组群中有显著差异（R^2=17.86，$P < 0.05$），如图 9-12 所示，在个人－领导匹配度较低的情况下（见图 9-12a），即使领导与员工相互喜欢（“高—高”一致），员工的心理授权也很低；在个人－领导匹配度较高的情况下（见图 9-12b），领导与员工相互喜欢（“高—高”一致）带来了较高的心理授权，并且也改善了领导与员工相互不喜欢（“低—低”一致）对心理授权带来的消极影响。

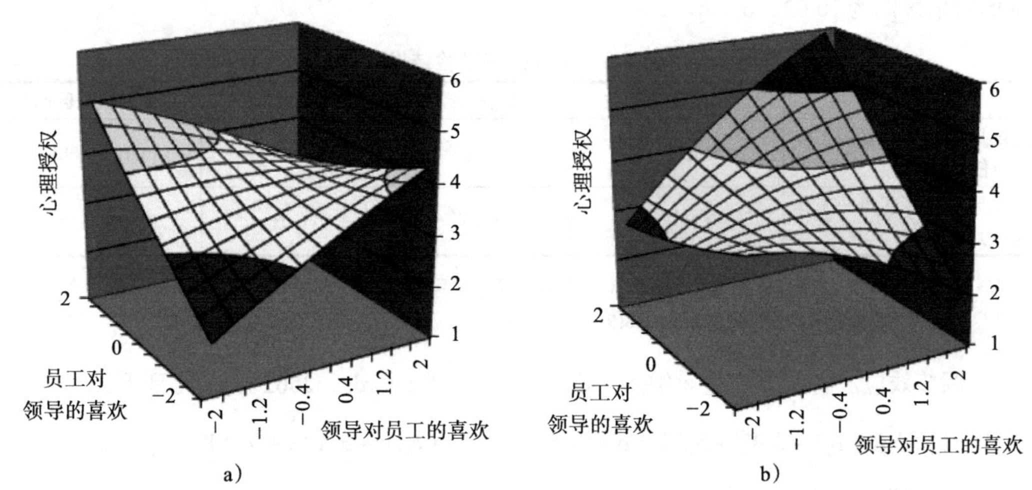

图 9-12 个人－领导匹配对领导－成员喜欢一致性与心理授权之间关系的调节效应

9.2 组织研究中非线性关系产生的潜在根源

在组织管理研究中，应用最多的是一元多项式，即采用高阶关系来揭示非线性关系。根据组织研究进展，归纳起来非线性关系产生的根源有以下几种。

1. 受个体特质的影响

非线性关系的产生可能与个体的特质有关。首先，个体在生理、心理、认知等方面总存在一定的最优状态。其次，个体总存在一定的认知和行为上的稳定特质，例如风险厌恶、参照依赖、特质激活、偏好逆转等。这些特征都会使得变量的预测作用出现突变。

以著名的 Yerkes-Dodson 定律（Yerkes & Dodson，1908）为例，该定律揭示心理激活（psychological arousal）和绩效之间呈现“倒 U 形”关系，也就是说，在中间状态下的心理激活水平对员工行为的影响最大。这是个体的一种重要特质。

Baer & Oldham（2006）在一项关于创造活动过程中的时间压力与创造力的关系研究中，[⊖]基于这一点做了扩展，发现创造性时间压力（指员工在多大程度上感觉没有足够的时间来开发创意）影响个体的激活水平。当个体感受到的时间压力越高时，他们的激活水平就越高；但在过高或过低的激活水平下个体都无法有效调动自身的积极性或激活内在动机（Singh，1998；Zivnuska 等，2002）；只有在中等水平的时间压力下，个体的行为表现处于最佳状态，中等水平的时间压力所导致的激活水平与个体行为理想的激活水平要求相一致（Gardner & Cummings，1988）。因此创造性时间压力与创造力呈现倒 U 形关系。

他们发现，员工的经验开放性（人格因素）以及组织对创造性的支持（环境因素）与员工的创造力只有很弱的直接关系，但是与创造性时间压力相互结合的作用下，能激发员工的创造力。他们在此非线性关系的基础上引入两个调节变量：经验开放性和创造支持。其中，组织支持的调节作用如图 9-13 所示。图中显示高水平的组织支持能够促使个体在中等时间压力下产生高水平创造力。

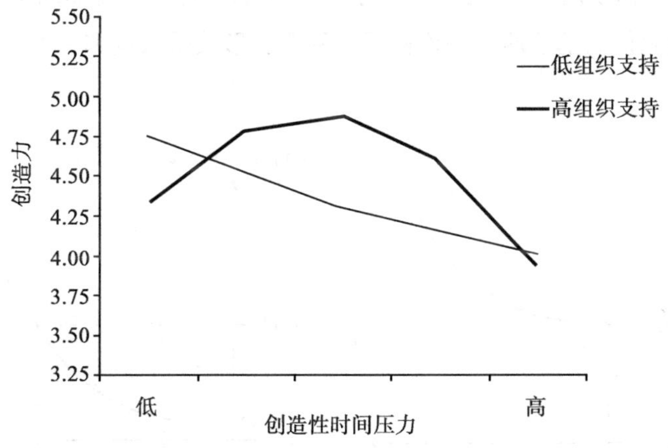

图 9-13　组织支持与创造性时间压力的交互作用对创造力的影响

在他们的研究中尽管没有发现个体经验开放性的调节效应，但是经验开放性与组织支持的交互作用调节创造性时间压力与创造力的关系，即存在三项交互效应。开放的个体有强烈的动机去积极寻找新的和不同的经历，在组织的支持下，他们可以接触到各种各样的想法和观点，在中等时间压力下，越有可能去寻求解决问题的方法，产生高水平创造力。具体如图 9-14 所示，即高经验开放性的个体在高组织支持和中等时间压力下产生更高的创造力。

2. 个体心理决策过程的影响

第二种原因是个体特质的延伸，主要是因为行为决策建立在参照依赖、风险厌恶、心理禀赋效应等特质的基础上，导致预测变量的影响呈非线性。

⊖ BAER M,OLDHAM G R.The curvilinear relation between experienced creative time pressure and creativity:moderating effects of openness to experience and support for creativity[J].Journal of applied psychology,2006,91(4):963-970.

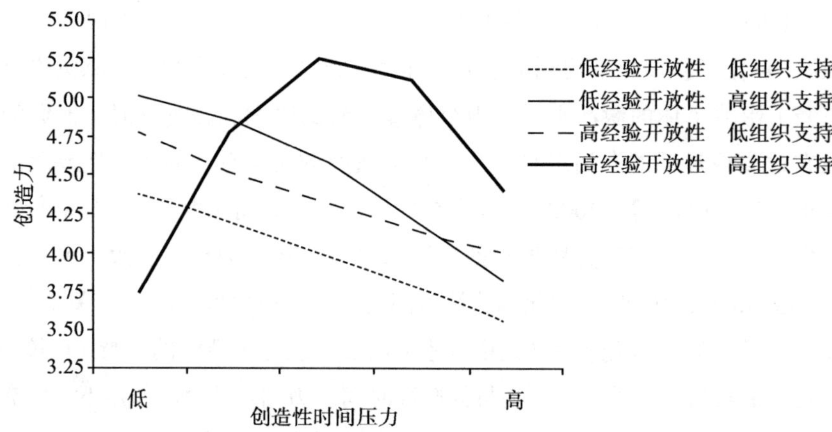

图 9-14 经验开放性、组织支持与创造性时间压力的三项非线性交互效应

例如 Homburg、Koschate & Hoyer（2005）在研究中发现，尽管顾客满意度（CS）可以有效预测支付意愿，但是由于心理预期的作用，这种影响可能呈现非均衡变化，不同的理论有不同的判断，由此他们基于两种理论做了一种倒 S 形关系假设和一种 S 形辅助假设，[⊖]如图 9-15 所示。

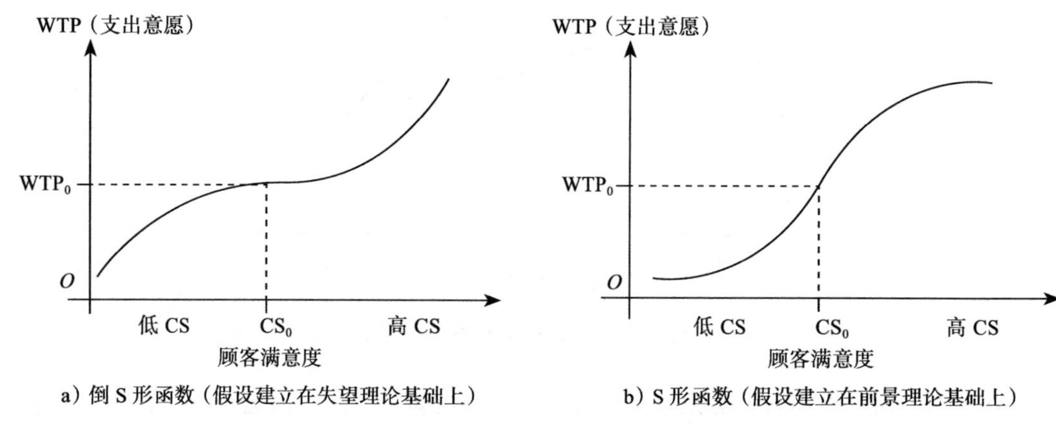

a）倒 S 形函数（假设建立在失望理论基础上）　b）S 形函数（假设建立在前景理论基础上）

图 9-15 顾客满意度影响支出意愿的两种不同函数形式

他们首先基于失望理论（disappointment theory）假设顾客满意度与其支付意愿之间呈倒 S 形关系（见图 9-15a）。失望理论将失望和高兴的情绪纳入个体的效用公式（Bell，1985；Loomes & Sudgen，1986），CS_0 为预期满意度，当选择的结果低于先前的预期满意度时会产生失望，而当选择的结果超过先前的预期满意度时会出现高兴。而且当结果与期望之间的差距越大，一个人的失望或高兴程度就会大幅增加，也就是高兴（失望）会产生情感价值增量（减量），导致左端失望值下凹和右端高兴值上凹。因此，简单的期望满足并不会增加消费或使用体验的情绪，支出意愿的变化不大，但是满足或不满足带来的影响会大幅度影响支出意愿。

⊖ HOMBURG C,KOSCHATE N,HOYER W D.Do satisfied customers really pay more?A study of the relationship between customer satisfaction and willingness to pay[J].Journal of marketing,2005,69(2):84-96.

他们基于前景理论（prospect theory）提出二者关系也可能呈 S 形的假说（见图 9-15b）。该理论认为，满意度的判断依赖于参考点。在这种情况下，参考点是预期满意度（CS_0）。高于参考点的满意度（$CS > CS_0$）将被视为增益，低于此标准的满意度将被视为损失（$CS < CS_0$）。根据前景理论，个体在收益框架下会表现出风险厌恶，趋向采取保守行为；在损失框架下则表现出风险偏好，趋向采取主动的行为（Kahneman & Tversky，1979；马君和闫嘉妮，2020）。同时，个体对满意度的评估会表现出敏感度降低的特点。也就是说，随着满意度或不满意程度的增加，收益和损失的边际值会减小，因此，这种函数结构在中间是陡峭的，在两端是平坦的，左端损失函数为上凹，右端收益函数为下凹。

最终运用 Cubic 回归检验，发现三次方项显著且为正值（Cubic+），结果支持了失望理论的倒 S 形假说。

3. 存在此消彼长的互斥作用机制

正如事物是“对立统一”的，预测变量可能会产生两种不同的预测机制影响结果变量，并且这两种机制随着预测变量强度的变化，可能此消彼长，导致预测变量的影响呈现非线性特点。

Jourdan & Kivleniece（2017）发表在 *Academy of Management Journal* 上的一篇文献，研究了公众赞助对组织绩效的非线性影响。[⊖]他们认为，公众赞助会对资源积累和分配机制产生不同影响，而这两种影响对企业会产生两种相反的作用效果。这种互斥的作用机制随着公众捐赠数量的增加此消彼长，导致公众赞助与企业市场绩效之间呈倒 U 形关系。

首先，公共赞助通过增加企业的资源池，暂时屏蔽市场的不利变化，减轻市场或技术不确定性的影响，发挥缓冲作用（Amezcua 等，2013）。缓冲效应表明，资源池的增加会产生更高的“应急储备”，特别是在内部资源短缺的情况下。竞争条件出现意外变化的组织（例如需求转移或外国竞争对手进入），可以利用公共政策干预所累积的资源库存（例如补贴），来缓冲其不利的短期绩效（Lazzarini，2015），帮助企业复苏。

其次，资源积累机制可能只能预测公众赞助效应的一部分。分配机制是与资源积累同等重要的企业竞争力来源。赞助意味着在资源持有者和接受者之间缺乏相应的市场交换和价值机制，使得公共资源分配缺乏严格的约束，降低了资源分配效率。换言之，公共资源的可用性扭曲了组织资源分配效率，使得公共赞助对企业市场绩效的积极影响被削弱。

因此，当两种相反的效应结合在一起时，公共赞助和市场绩效之间呈非线性关系。在低赞助水平下，考虑到缓冲效应，与资源积累相关的绩效收益可能占主导地位；然而，随着赞助数量的增加，资源分配效率带来的负向影响加重，抵消了资源积累的有利影响。具体而言，接受低到中等水平赞助的生产商很可能从适当的缓冲效应中获益，但随着赞助水平的提高，超过一定限度，将有更多资源用于开发新项目。尽管存在一定的积极的“孤立”效应，但由于越来越多的资源缺乏外部约束，导致资源分配效率降低，从总体上降低企业市场绩

⊖ JOURDAN J,KIVLENIECE I.Too much of a good thing?The dual effect of public sponsorship on organizational performance[J].Academy of management journal,2017,60(1):55-77.

效，带来的负面影响更大。因此，公共赞助的累计数量与市场绩效之间存在倒U形关系。

马君和张锐（2021）在一篇关于辱虐管理与员工绩效倒U形关系的研究中，用“鱼状图”揭示了两种潜在机制的叠加效应，如图9-16所示。其中，收益函数——辱虐管理驱动自我努力是下凹的倒U曲线，成本函数——辱虐管理导致自我损耗是上凹的U形曲线。二者叠加导致辱虐管理对下属绩效有倒U形影响。从横轴看，随着辱虐管理持续，所激发的纠偏努力达到峰值时（见B点），自我损耗也达到了阶段性最大值，此时收益－成本达到平衡，导致下属绩效为0（见A点）。随着辱虐管理继续进行，达到最大值时（见C点），自我努力下降但自我损耗仍在加速增加，此时员工的绩效为负值，即进入反生产行为区间（即负绩效区间）。另外，这篇文章的精彩之处在于提出并论证辱虐管理对自我努力有凹状的倒U形影响，且转折点（B点）出现在辱虐管理较高的区域而非最大值。

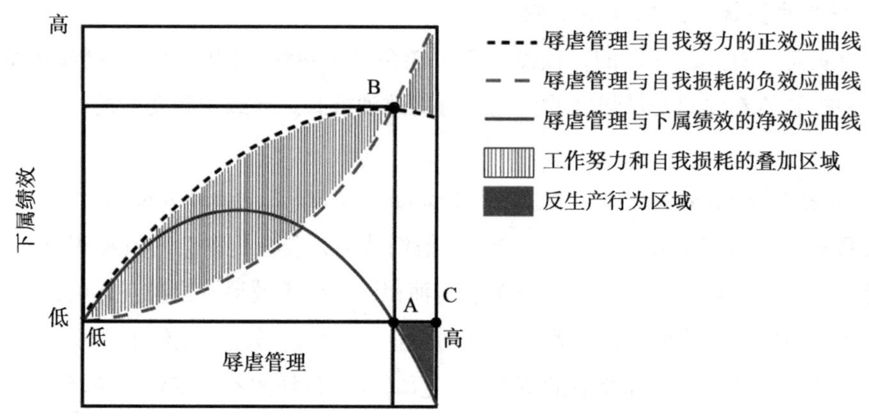

图9-16　辱虐管理倒U效应的两种潜在机制的叠加

4. 情境因素的影响

情境为理论生效创设了条件。同时情境为个体特质表达提供了相关行为线索，若这种线索与特质一致则起到放大特质影响的作用（Tett & Guterman，2000），反之则削弱特质影响。这样都会导致已建立的变量之间的关系变得模糊，甚至呈现非线性关系。

Stewart & Barrick（2000）研究了不同任务情境下团队成员之间的互赖性对团队绩效的非线性影响。[一]他们收集了来自45个生产团队（626个人）和其主管的数据来检验这些假设。具体如图9-17所示。

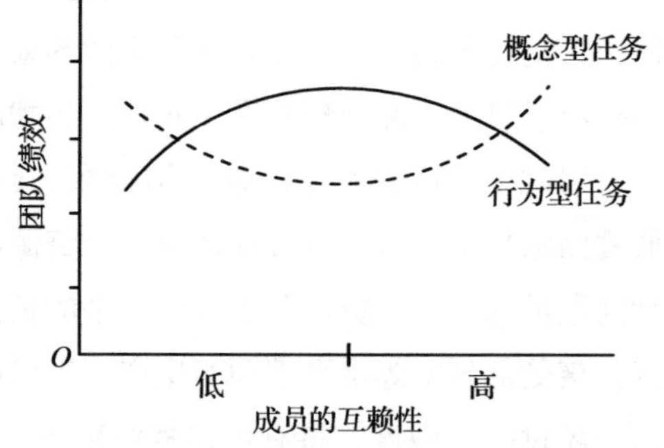

图9-17　不同任务下互赖性对团队绩效的影响

行为型任务（behavioral task）不需要更多的新方法或创新，目标和计划易于制定，要求

[一] STEWART G L, BARRICK M R. Team structure and performance: assessing the mediating role of intrateam process and the moderating role of task type[J]. Academy of management journal, 2000, 43(2):135-148.

更多的是配合执行现有流程而不是交流、沟通和谈判等团队互动。当团队互赖性低时，团队之间的交流和合作少，各自为战，当个人遇到困难时或需要别人代班时难以获得同伴的支持，也不利于通过与优秀者比较来驱赶懒惰，此时团队绩效较低；当团队互赖性高时，成员之间的交流密切，无形中会占用很多的工作时间，同时交流过程中难免会产生一些冲突，进一步降低工作效率。只有当互赖性处于中等水平时，既有利于协作（任务过程），又有利于减少不必要的社会互动（社会过程），因而此时团队绩效最优。由此，对于行为型任务而言，互赖性与团队绩效呈倒 U 形关系。

概念型任务（conceptual task）则需要使用新方法去解决目标实现过程中遇到的新问题和挑战。当互赖性低时，团队以个体工作为主，团队进程中的交流、冲突等水平较低，工作更加灵活，自主性更好，个体可以发挥自己的才能，团队绩效水平较高；当互赖性高时，团队以团队合作为主，团队之间交流增加，也更渴望达成一致，效率也高。当互赖性处于中等水平时，团队进程中的交流和冲突就会存在，既影响个体自我发挥又影响团队达成一致意见，工作效率降低，绩效水平也处于低位。由此，对于概念型任务而言，互赖性与团队绩效呈 U 形关系。

9.3　组织研究中一般非线性关系的处理

回归模型中多项式关系的最基本形式是包含了一个独立变量的二次项（Cohen 等，2003），这也是组织管理研究中应用最广泛的一种非线性研究模型（罗胜强和姜嬿，2014）。二次曲线关系一般呈现两种形态。如果因变量 Y 首先随自变量 X 增加以递减的速率降低到最小值，之后随着自变量 X 的继续增加因变量 Y 以递增的速率增加则说明 U 形关系存在。如果因变量 Y 首先随自变量 X 增加以递减的速率增加到最大值，之后随着自变量 X 的继续增加因变量 Y 以递增的速率减小则说明倒 U 形关系存在（Haans 等，2016）。

管理活动中高于二次方的关系很少，即使存在的话，也可以将二阶关系的处理方法推广到更高阶关系的处理（Aiken & West，1991）。

9.3.1　二次曲线类型

在研究中，一般我们使用下面的回归方程式代表二次曲线关系。[⊖]

$$\hat{Y} = \beta_0 + \beta_1 X + \beta_2 X^2$$

X 和 X^2 表示主效应的线性和二次关系，每项都有一个自由度。在处理中 X 和 X^2 项必须被包含在方程中，即使我们的理论预期中 X 和 Y 之间只存在二次关系。

对预测因子进行中心化，β_1 系数表示 X 和 Y 观测数据之间关系的整体线性趋势（正或

⊖ AIKEN L S,WEST S G. Multiple regression:testing and interpreting interactions [M]. Newbury Park, CA: Sage Publications,1991.

负）。如果线性趋势是正向的，如图 9-18a、图 9-18b 所示，则 β_1 符号是正；如果线性趋势是负向的，如图 9-18c 所示，则 β_1 符号为负。如果图形是正 U 形或倒 U 形，如图 9-18d 和图 9-18e 所示，则 β_1 为 0。

β_2 系数表示曲线曲率的方向。如果曲线向上凹，如图 9-18a、图 9-18d 所示，则 β_2 符号为正；如果曲线向下凹，如图 9-18b、图 9-18c、图 9-18e 所示，则 β_2 符号为负。当曲线向上凹（β_2 符号为正）时，我们通常关注在 Y 最低点时的 X 值，即曲线的最小值，如图 9-18a、图 19-18d 所示。当曲线向下凹（β_2 符号为负）时，我们通常关注 Y 最高点的 X 值，即曲线的最大值，如图 9-18b、图 9-18c、图 9-18e 所示。当 $X=-\beta_1/2\beta_2$ 时函数取得最大值或最小值。如果这个值落在 X 有意义的范围内，那么这个关系就是非单调的，并且可能出现在图 9-18d、图 9-18e 中。如果这个值落在数据的有意义范围之外，那么这种关系就是单调的，如图 9-18a、图 9-18b、图 9-18c 所示。

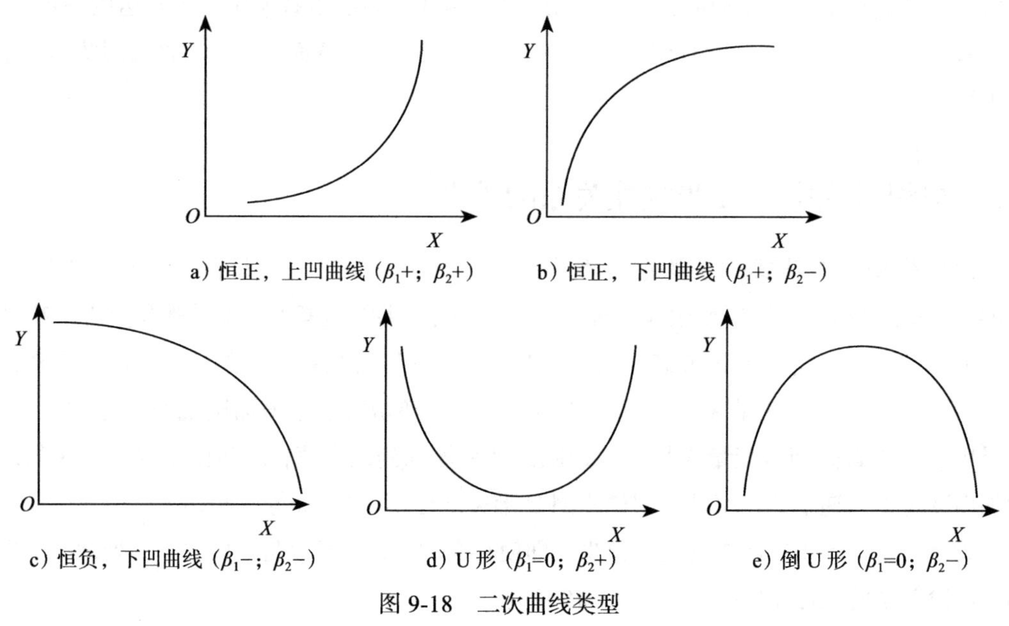

图 9-18　二次曲线类型

9.3.2　二次曲线效应假设的提出

倒 U 形关系一般可以概念化为两个潜在的函数共同作用的结果。虽然潜在的函数通常不可观测，但它们可以相加或相乘来解释倒 U 形关系，以揭示 X 对 Y 的净效应。加法原理是指结果由两个独立的机制分别决定，即每一个机制都对结果产生独立的影响，总效用取决于两种机制的加总。乘法原理是指结果由两个不可或缺的机制共同完成，缺一不可，因而总效用取决于两种机制的乘法。Haans 等（2016）在他们的经典文献中提出构建倒 U 形关系的 3 种不同组合，如图 9-19 所示，其中前两个组合基于加法原理，第三个组合为基于乘法原理，这些都有助于我们挖掘理论假设。

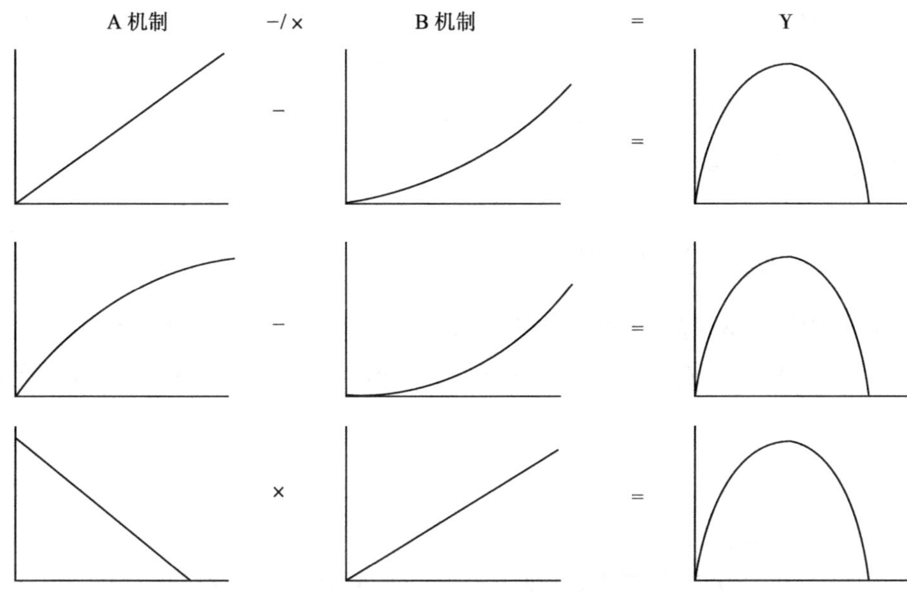

图 9-19　导致倒 U 形关系的潜在机制的加法和乘法组合

组合 1：加法原理。这种组合建立在收益 – 成本框架下，即收益随自变量线性增加，然而，成本往往随自变量迅速升高，形成上凹的或指数的成本曲线。从收益中减去成本就会引起自变量和绩效产出间的倒 U 形关系。

例如，Jone（2003）认为，虽然提升产品开发率有很多好处，但产品开发率的提升也会使像品牌替换、规模经济限制和复杂性增加等不经济现象升级。在某一点之后，成本开始超过产品开发的效益起主导作用，因此预测产品开发效率和公司绩效间呈倒 U 形关系。

组合 2：加法原理。这种组合类似上面的收益 – 成本框架，只是收益线采用凹形或对数形状的改变，成本线仍是凸状的或指数的成本曲线。A 和 B 两种机制的净效应是倒 U 形关系。例如，Chang & Park（2005）认为，特定区域的集聚不仅能够提供合法性、知识溢出等有利条件，同时也能加剧竞争、增加业务成本、导致群体思维。然而，推动力量以减缓的速率增加直至实现平稳，阻碍力量随着集聚迅速上升，因此，企业进入特定区域的可能性最初会增加，然后，随着区域集聚而减少。马君和张锐（2021）提出的“鱼状图”能够更好地揭示两种潜在机制的叠加效应。

组合 3：乘法原理。这种组合是通过一个正线性函数和一个负线性函数来构造倒 U 形关系。这种组合与前两种最大的区别在于，前者是独立的关系，因此要叠加；后者是相关关系，因而采取乘法原理。

尽管在已发表的研究中并不常见，但典型的情况是机会和动机对结果产生综合影响，二者缺一不可，共同决定了战略选择。比如，Ang（2008）通过结合负线性机会函数和正线性动机函数构建了竞争强度与合作间的倒 U 形关系。面临竞争激烈程度较低的公司往往拥有独特的资源，这使它们有更多的合作机会，因为这些资源使它们对潜在的商业伙伴更具吸引力（A 机制）。然而，这些公司也没有什么动力去合作以降低竞争强度，因为竞争强度对它们而言已经很低了（B 机制）。相反，面临高水平竞争程度的公司为降低竞争强度更有动力合作，但缺乏吸引合作伙伴的独特资源。两种函数相互作用使得在中等竞争强度下合作动力最高。这一论点即第三种组合。

9.3.3 二次曲线效应的检验

二次曲线方程 $Y=\beta_0+\beta_1X+\beta_2X^2$ 在组织管理研究中可以用图 9-20a 来表示。鉴于二次曲线方程又可以写成：$Y=\beta_0+\beta_1X+\beta_2X\cdot X$，等同于说：变量 X 调节自身与 Y 的关系（见图 9-20b）。

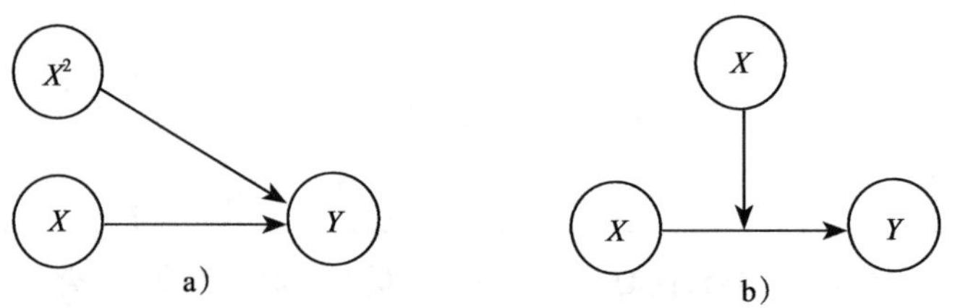

图 9-20　二次曲线在组织管理中的含义

X 对 Y 的影响表达的是“X 变化一个单位，Y 改变的速率”（rate of change of Y with respect to X）（罗胜强和姜嬿，2014）。一般通过简单斜率估计来讨论 X 对 Y 的影响，即通过对 $Y=\beta_0+\beta_1X+\beta_2X^2$ 中的 X 求一阶偏导，来确定瞬时变化率：

$$\frac{\partial Y}{\partial X}=\beta_1+2\beta_2X$$

这表明，在二次曲线关系中，X 对 Y 的影响还取决于 X 自身的大小。这一结果与图 9-20b 中 X 扮演自身的调节变量的逻辑一致。这一点在我们后续研究曲线调节效应时非常重要。

判断 X 对 Y 的非线性影响是否显著，传统的方法是将 X 中心化后生成高阶项变量 X^2，然后再进行线性回归。通过观察 β_2 是否显著，判断曲线效应是否存在。这种方法不够严谨，还需要结合选点法或者 Johnson-Neyman 法，加以判断。

1. 选点法

选点法（pick-a-point）一般通过假设检验或构造一个置信区间，用来确定给定值 X 的简单斜率是否显著。具有二次项的简单斜率的标准误差、t 值以及置信区间计算公式如下：

$$\mathrm{SE}=\sqrt{s_{11}+4Xs_{12}+4X^2s_{22}}$$

$$t=\frac{\beta_1+2\beta_2X}{\sqrt{s_{11}+4Xs_{12}+4X^2s_{22}}}$$

$$\mathrm{IC}=\left[(\beta_1+2\beta_2X)\pm t_{1-\frac{a}{2}}(n-k-1)\times\sqrt{s_{11}+4Xs_{12}+4X^2s_{22}}\right]$$

其中 s_{ii} 和 s_{ij} 的值来自预测变量的方差 - 协方差矩阵（Aiken & West，1991）。我们在用

SPSS 软件进行回归分析时，单击分析→回归→线性→ statistics，然后进入如图 9-21 所示的界面，勾选协方差矩阵即可获得方差和协方差值，带入模型即可计算 t 值，来判断 X 在特定点对 Y 的影响是否显著。

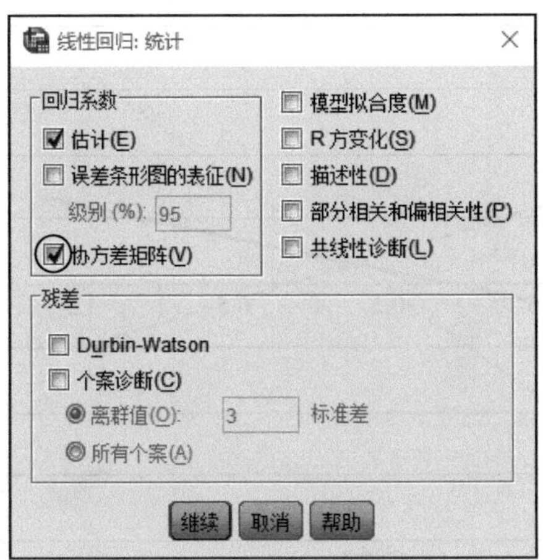

图 9-21　SPSS 协方差矩阵对话框

我们以 Aiken & West（1991）提供的模拟数据为例，进一步说明非线性关系的检验方法。自变量 X 为自我概念（self concept，即一个人对自身存在的主观感知），因变量 Y 为自我表露（self-disclosure，即向他人表达自己的观点、想法和情感的过程）。中心化后的曲线拟合结果如图 9-22 所示。

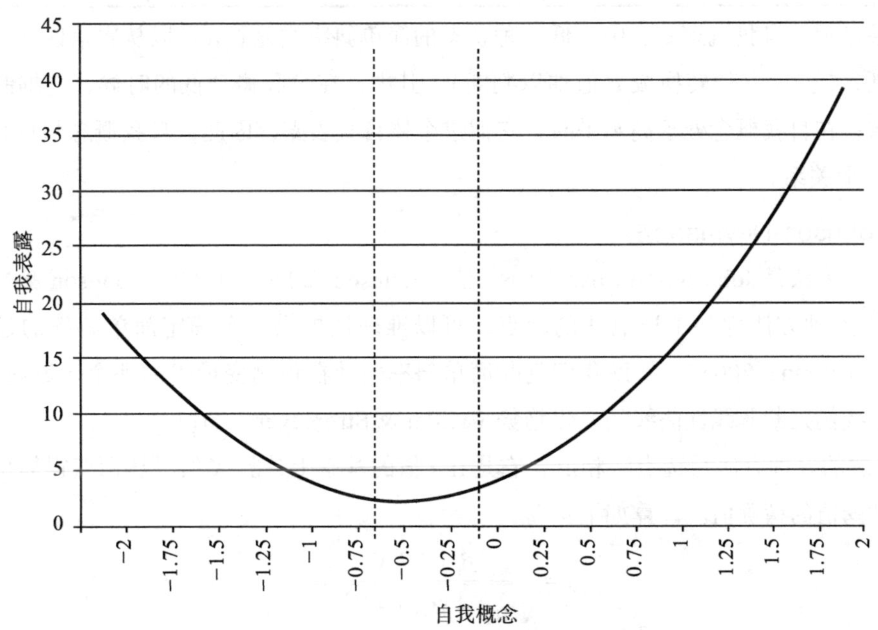

图 9-22　自我概念与自我表露的回归方程图

随后，根据选点法，选取均值和均值 ±1 个标准差三个点，计算斜率，从而得到三条与曲线相切的直线（见图 9-23）。然后进行显著性检验，以确定这条切线的斜率是否不等于 0。计算结果如表 9-6 所示。

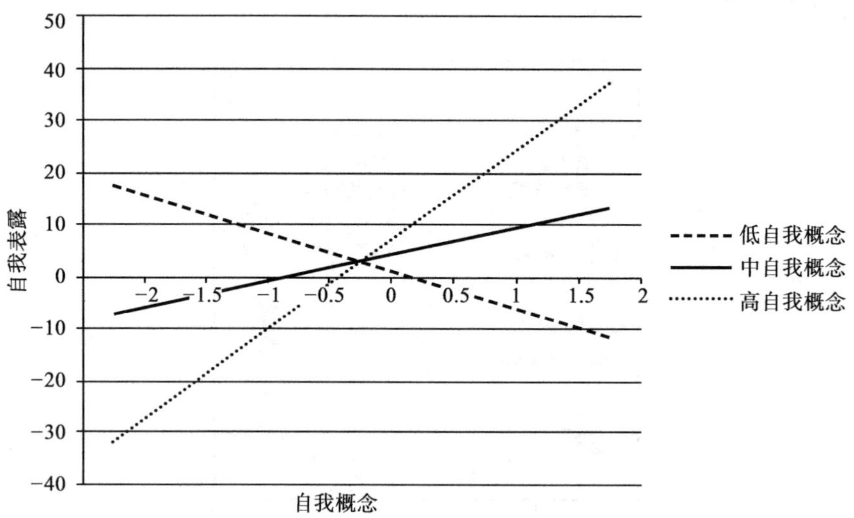

图 9-23 自我概念高、中、低水平下的简单斜率

表 9-6 自我概念高、中、低水平简单斜率的显著性检验

		值	简单斜率值	SE	t 值	95% 置信区间的上限	95% 置信区间的下限
自我概念	低	−0.945	−7.205	2.657	−2.712	−12.4288	−1.9813
	中	0	4.993	1.464	3.410	2.1140	7.8720
	高	0.945	17.191	2.504	6.865	12.2677	22.1144

结果显示，自我概念高、中、低三种状态的简单斜率均显著（可以从置信区间将 0 排除出去判断，或者将 t 值转换成 P 值加以判断）。其中，在自我概念低的时候，它抑制个体的自我表露；在自我概念处于高水平时，它促进个体自我表露，因此，自我概念与自我表露之间呈现 U 形关系。

2. Johnson-Neyman 法

另一种方法是 Johnson-Neyman（J-N）法（Johnson & Fay，1950；Johnson & Neyman，1936）。[⊖]这种方法弥补了选点法的缺点，可以准确地提供一个确定简单斜率的显著区域（Bauer & Curran，2005），帮助我们判断简单斜率估计在预测变量 X 的那个区域内不显著，进而帮助我们判断非线性曲线的变化趋势（Miller & Stromeyer，2013）。

J-N 法的处理方法与选点法相反，它是在 t 值的基础上计算 X 值，从而获得简单斜率跨过显著性阈值的精确值。计算如下：

$$t = \frac{\beta_1 + 2\beta_2 X}{\sqrt{s_{11} + 4Xs_{12} + 4X^2 s_{22}}}$$

⊖ MILLER J W, STROMEYER W R, SCHWIETERMAN M A. Extensions of the Johnson-Neyman technique to linear models with curvilinear effects: derivations and analytical tools[J]. Multivariate behavioral research, 2013, 48(2): 267-300.

$$\downarrow$$

$$t^2 = \frac{\beta_1{}^2 + 4\beta_1\beta_2 X + 4\beta_2{}^2 X^2}{s_{11} + 4Xs_{12} + 4X^2 s_{22}}$$

$$\downarrow$$

$$t^2 s_{11} + 4t^2 X s_{12} + 4t^2 X^2 s_{22} - \beta_1{}^2 - 4\beta_1\beta_2 X - 4\beta_2{}^2 X^2 = 0$$

$$\downarrow$$

$$(4t^2 s_{22} - 4\beta_2{}^2)X^2 + (4t^2 s_{12} - 4\beta_1\beta_2)X + (t^2 s_{11} - \beta_1{}^2) = 0$$

$$\downarrow$$

$$X = \frac{-(4t^2 s_{12} - 4\beta_1\beta_2) \pm \sqrt{(4t^2 s_{12} - 4\beta_1\beta_2)^2 - 4(4t^2 s_{22} - 4\beta_2{}^2)(t^2 s_{11} - \beta_1{}^2)}}{2(4t^2 s_{22} - 4\beta_2{}^2)}$$

由此，我们根据显著性的临界值可以计算出一个区间 $[X_{低}, X_{高}]$，如果任意 X 取值在这个区间之外，则简单斜率显著；如果 X 取值在这个区间内则简单斜率不显著。

仍以上面的研究为例，纵轴为简单斜率估计值，经过计算 X 的精确值为 −0.733 和 −0.154（见图 9-22），我们可以绘制出 J-N 图，该图比选点法下的简单斜率图（见图 9-23）提供了更多的信息。它为简单斜率估计值提供了显著性和非显著性的区域。基于 J-N 图（见图 9-24），当自我概念小于 −0.733 单位时，自我概念的简单斜率为负，显著不等于 0，说明自我概念的增加在统计上显著地降低了自我表露。当自我概念范围从 −0.733 到 −0.154 时，0 线穿过置信带，因而不显著，意味着自我概念的增加并不会对自我表露产生显著影响。当自我概念高于 −0.154 单位时，自我概念的增加将会导致自我表露的显著增加。由此，J-N 也验证了自我概念对自我表露产生 U 形影响。

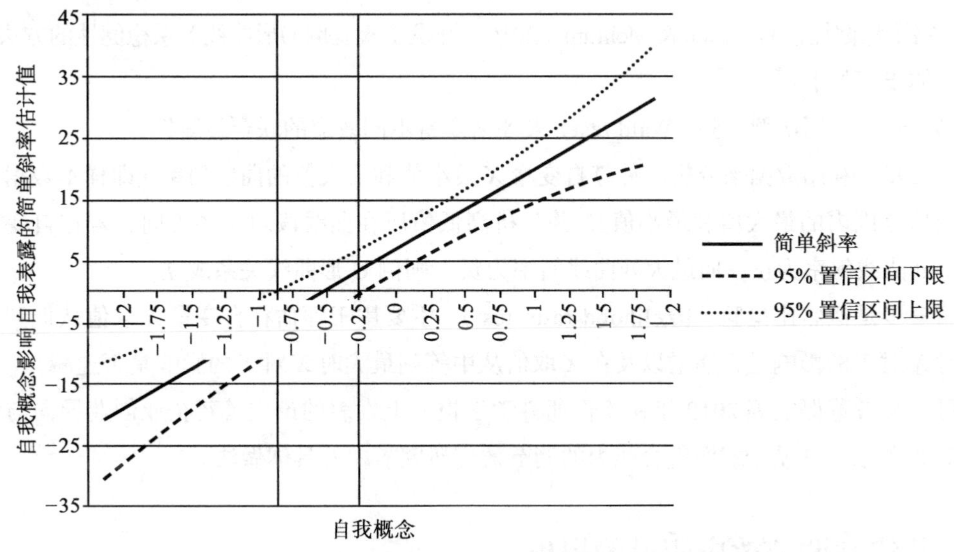

图 9-24 简单斜率估计值的显著区域 J-N 图

3. Lind 和 Mehlum 三步法

需要注意的是，尽管辅以图示，这种构建并检验高阶项变量 X^2 的检验方法是不够充分的（Haans 等，2016）。因此，本章推荐采用 Lind & Mehlum（2010）提出的（倒）U 形关系检验三步法。

第一步，运用回归分析，判断自变量二次项系数（β_2）的估计值是否显著。若显著，正表示 U 形，负表示倒 U 形。

第二步，数据范围两端（X 的最大值和最小值）的斜率必须都是显著的。若只有一个显著，则为（倒）U 形的一半；X 最值斜率的置信区间为

$$\mathrm{IC}=[(\beta_1+2\beta_2X)\pm t_{1-\frac{\alpha}{2}}(n-k-1)\times\sqrt{s_{11}+4Xs_{12}+4X^2s_{22}}\,]$$

第三步，（倒）U 形曲线的转折点需要在数据范围内，并且进一步求解转折点的 95% 置信区间。求解转折点置信区间的方法一般有两种，即 Fieller 法（Fieller, 1954）和 Delta 法（Rao, 1973），不过考虑到有限样本偏差校正，推荐采用 Fieller 法计算置信区间。

$$\mathrm{IC}=\left[\frac{t_{\frac{\alpha}{2}}^2s_{12}-\hat{\beta}_1\hat{\beta}_2\pm\sqrt{(\hat{\beta}_1\hat{\beta}_2-t_{\frac{\alpha}{2}}^2s_{12})^2-s_2^2s_1^2(\hat{t}_2^2-t_{\frac{\alpha}{2}}^2)(\hat{t}_1^2-t_{\frac{\alpha}{2}}^2)}}{2s_2^2(\hat{t}_2^2-t_{\frac{\alpha}{2}}^2)}\right]$$

若置信区间在自变量 X 取值范围内，则（倒）U 形关系存在。若上限或下限在 X 取值范围外，则为（倒）U 形关系的一半。

第四步是进行 Fieller 和 Delta 置信区间检验，即主要考察曲线的极点是否落在了 X 的高低值区间之内，若极点在区间内，则倒 U 形曲线关系成立。

需要指出的是，（倒）U 形关系是种比较特殊的曲线关系，这种关系会因很多因素的改变而发生变化，检验变量之间的这种曲线关系需要检验其稳健性，而目前多数关于曲线型关系的检验均忽略了稳健性检验。Lind & Mehlum（2010）开发了检验倒 U形曲线关系稳健性的方法。具体步骤如下：

第一步，利用沃德检验（Wald test）来评估变量不同效应的联合显著性；

第二步，利用数据来分析、计算自变量 X 最小值和最大值的曲线斜率（即样本数据中自变量取值范围内的最大值和最小值），并分析高低值所在曲线段斜率的方向，若在自变量取值最小处曲线斜率为正，而最大处曲线斜率为负，则倒 U 形曲线关系成立；

第三步是似然比检验（likelihood ratio test），主要用于评估在自变量 X 取值从低到中等程度时 X 对 Y 的影响是否递增以及在 X 取值从中等到最大时 X 对 Y 的影响是否递减。

可以参考董保宝等 2019 年在《管理科学学报》上发表的论文《新企业创业导向与绩效的倒 U 形关系——基于资源整合能力的调节效应研究》中的具体做法。

9.4 非线性调节效应假设的提出

正如我们在前面章节中讨论的一样，如果第三个变量 Z 影响 X 和 Y 之间的关系，使得

它随 Z 的变化值而变化，则发生调节效应。当人们通过理论推导调节效应的时候，驱动观测关系的潜在机制成为焦点：调节变量通过影响一个或两个潜在的机制，进而影响 U 形关系。我们仍然以 Haans 等（2016）的研究加以说明。

Z 可以通过两种不同的方式对 U 形关系进行调节：使转折点左移或者右移，以及使曲线变缓或陡。当调节变量影响被观测关系的位置，而曲线的形状不变时，说明发生了转折点的移动。考虑潜在机制的附加组合：从线性收益函数中减去凸成本曲线，得到倒 U 形。

假设 X 对 Y 有二次曲线效应影响：

$$Y=\beta_0+\beta_1X+\beta_2X^2 \tag{9-1}$$

同时我们假设只有线性收益函数受 Z 影响：

$$A=a_0+(a_1+Z)X \tag{9-2}$$

不受 Z 影响的上凹的成本曲线可表示为：

$$B=b_0+b_1X+b_2X^2 \tag{9-3}$$

其中 b_2 为正。式（9-2）减去式（9-3），观察到的 X 和 Y 之间的关系，由 Z 调节：

$$Y=A-B=(a_0-b_0)+(a_1-b_1+Z)X-b_2X^2 \tag{9-4}$$

取 X 的一阶导数并将其设为零，我们得到：

$$X^*=\frac{a-b_1+Z}{2b_2} \tag{9-5}$$

转折点取决于调节变量，对于每一个 Z 值，存在唯一的调节点，在式（9-5）中，X^* 随着 Z 增加而增加，使得转折点向右移动。

由于在式（9-4）中 X^2 和 Z 之间没有相互作用，观察到的关系的曲率不会改变，因此不会发生平缓或陡峭。

当调节变量影响被观测的关系的总体形状变化而转折点的位置不变这一潜在机制时，发生曲线变缓或变陡。

再次考虑潜在机制的附加组合，线性收益函数现在不受调节变量的影响：

$$A=a_0+a_1X \tag{9-6}$$

假设现在上凹成本曲线的曲线随着 Z 的增加而衰减：

$$B=b_0+b_1X+(b_2-Z)X^2 \tag{9-7}$$

式（9-6）减去式（9-7）得到如下 X 与 Y 间的关系：

$$Y=A-B=(a_0-b_0)+(a_1-b_1)X-(b_2-Z)X^2 \tag{9-8}$$

式（9-8）包含了 X^2 和 Z 之间的正向关系，随着 Z 值的增加，X 与 Y 之间的倒 U 形关系变缓。而且当 $a_1=b_1$ 时，没有转折点移动，因此式（9-8）的转折点不依赖于 Z。

需要指出的是，在实践中，曲线变平或者变陡往往与转折点的移动联系在一起，这是因为在调节关系中，转折点的移动同时依赖于一阶（X 和 XZ）和二阶（X^2 和 X^2Z），而曲线关系的曲率仅由二阶系数决定。但是，从理论和实证来看，这两种调节效应截然不同。

图 9-25 总结调节变量如何影响潜在机制的加法和乘法组合。如上所述，对于加法组合产生的转折点移动可以通过论证调节变量使得潜在的线性机制变强或变弱来实现，对于变缓或变陡可以通过论证调节变量使得潜在的曲线机制变强或变弱来实现，如图 9-25 所示的前两行。

对于两个潜在线性函数的乘法组合，转折点的移动可以通过论证调节变量使线性函数上移或下移，同时不改变斜率；变缓或变陡可以通过理论论证调节变量使潜在的线性函数变强或变弱来实现，这些体现在图 9-25 的后两行中。

两种调节类型是不同的，在理论发展方面需要进一步明确调节变量是如何作用于潜变量并表现在被观测关系中的。Folta & O’Brien（2004）明确了不确定性 X 与进入市场的可能性 Y 之间 U 形关系的转折点的变动。推迟的期权价值随着不确定性线性增加（相当于成本线），而增长的期权价值是不确定性的凸函数（相当于收益线），两种期权价值的结合产生了 U 形关系。接下来，作者认为市场准入所需投资的不可逆转性（Z）使成本线变得陡峭，使得对于更高水平的不确定性，期权价值更高。如上所述，这只能导致转折点的变动，其他的有关转折点理论发展的例子还包括 Henderson、Miller & Hambrick（2006），Oriani & Sobrero（2008）。

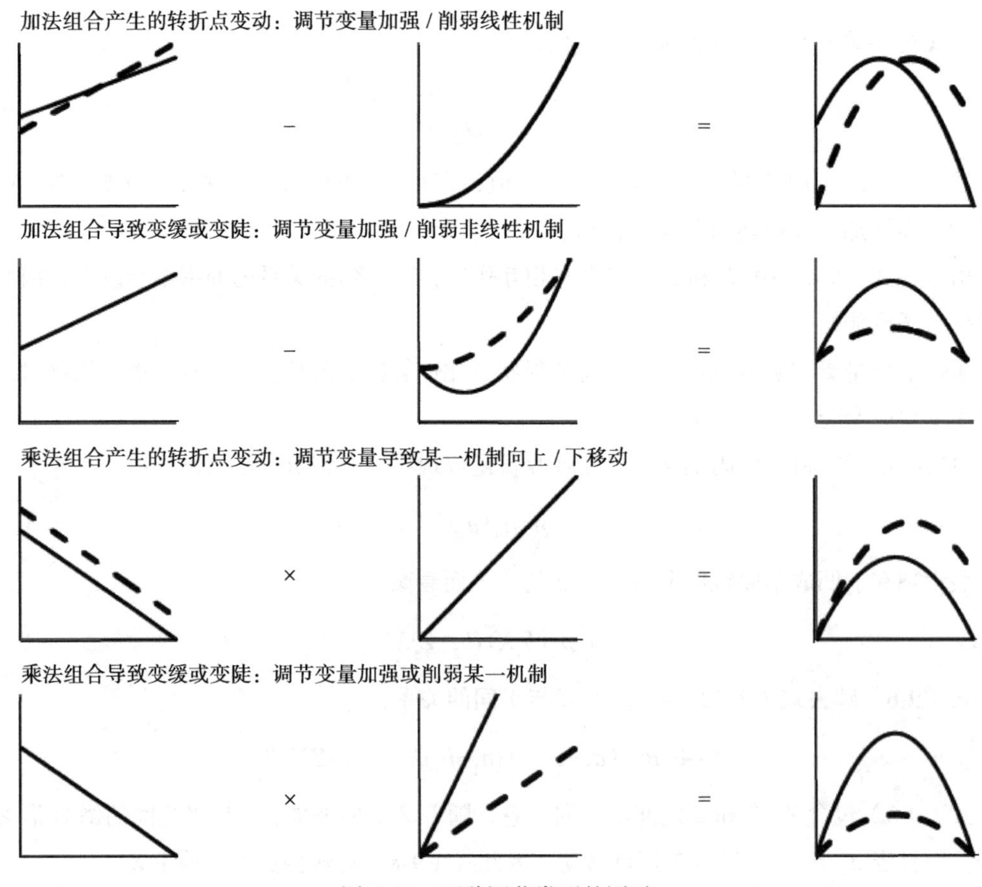

图 9-25 两种调节类型的图示

Ang（2008）明确使用两者潜在机制的乘法组合提出关于调节效应变陡的假设，首先，负线性机会函数与正线性动机函数相互作用产生了竞争强度（X）和协作（Y）间的倒 U 形关系。接下来，Ang（2008）论证作为行业背景变量的技术强度调节这一关系，使机会线变陡。当变陡的线与未受影响的正线性动机函数相互作用，倒 U 形关系曲率增加，导致 U 形关系变陡。其他促使曲线关系变缓或变陡的较好的例子包括 Li、Zhou & Zajac（2009）；Zhang & Rajagopalan（2010）；Mihalache 等（2012）。

9.5 非线性调节效应的检验

调节效应为理论关系生效预设了边界条件。正因为调节变量的存在，变量之间的关系强度甚至方向会发生变化。在非线性关系中，调节变量发挥同样的作用。只不过在线性关系的调节效应分析中，自变量对因变量的影响需要考虑调节变量的大小。而在非线性调节效应的研究中，还要考虑自变量自身的强度（Aiken & West，1991）。下面我们用最经典的二阶调节效应模型加以说明。模型如下：

$$\hat{Y} = \beta_0 + \beta_1 X + \beta_2 X^2 + \beta_3 M + \beta_4 XM + \beta_5 X^2 M$$

这一模型也可以看作 M 同时调节 X 和 X^2 对 Y 的影响，或者 $X \cdot X \cdot M$ 的三项交互模型，如图 9-26 所示。

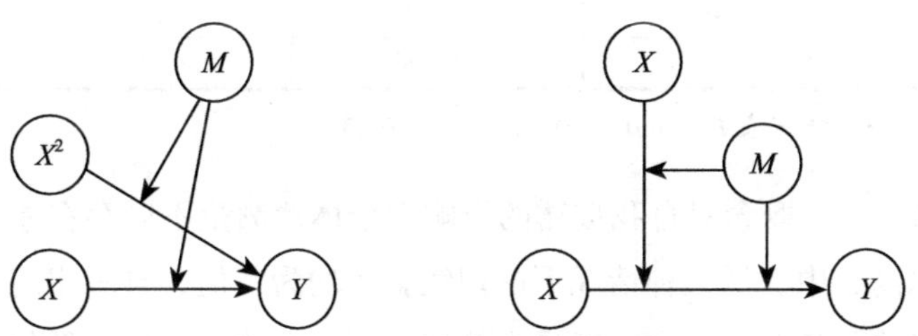

图 9-26 二次曲线的调节效应

如前所述，我们用简单斜率估计来代表 X 对 Y 的影响：

$$\frac{\partial Y}{\partial X} = \beta_1 + 2\beta_2 X + \beta_4 M + 2\beta_5 XM$$

可以看出，X 对 Y 的影响同时取决于调节变量 M 和 X 自身的强度。在实际操作中我们一般采取选点法或者 J-N 法检验调节效应是否显著。原理同二次曲线检验，判断简单斜率的标准误差和 t 值计算如下：

$$\text{SE} = \sqrt{\begin{array}{c} s_{11} + 4Xs_{12} + 2Ms_{14} + 4XMs_{15} + 4X^2 s_{22} + 4XMs_{24} + \\ 8X^2 Ms_{25} + M^2 s_{44} + 4XM^2 s_{45} + 4X^2 M^2 s_{55} \end{array}}$$

$$t = \frac{\beta_1 + 2\beta_2 X + \beta_4 M + 2\beta_5 XM}{\sqrt{\begin{array}{c} s_{11} + 4Xs_{12} + 2Ms_{14} + 4XMs_{15} + 4X^2 s_{22} + 4XMs_{24} + \\ 8X^2 Ms_{25} + M^2 s_{44} + 4XM^2 s_{45} + 4X^2 M^2 s_{55} \end{array}}}$$

选点法的操作是，通过选全三个点（均值、均值 +1 标准差、均值 −1 标准差，更多的时候是选取均值 ±1 标准差两个点），将调节变量 M 分成高、中、低三种情况，每一种情况分别对预测变量 X 的高、中、低（同样是均值、均值 ±1 标准差）时的简单斜率进行估计，来推断 X 对 Y 影响的整体趋势。下面仍以 Aiken & West（1991）的研究实例加以说明。

在随后的研究中引入了饮酒量作为自我概念与自我披露的调节变量。多项式回归拟合结果如下：

$$\hat{Y}=3.502-2.042X+3.000X^2+2.138M+2.793XM+1.960X^2M$$

非线性调节效应的显著性检验如表 9-7 所示。

表 9-7 非线性调节效应的显著性检验

自变量：自我概念		调节变量：饮酒量 低 M=−2.200	中 M=0	高 M=2.200
低：X=−0.945	简单斜率	−5.706	−7.711	−9.716
	标准误（SE）	2.963	2.801	4.439
	t 值	−1.925*	−2.753**	−2.189*
中：X=0	简单斜率	−8.188	−2.042	4.104
	标准误（SE）	2.368	1.669	2.256
	t 值	−3.457***	−1.224	1.819
高：X=0.945	简单斜率	−10.669	3.627	17.924
	标准误（SE）	4.731	2.946	2.586
	t 值	−2.255*	1.231	6.930***

注：* 代表 $P<0.05$，** 代表 $P<0.01$，*** 代表 $P<0.001$。

从表 9-7 可知，自我概念对自我披露的影响因个体饮酒量不同存在差异。在饮酒量低的情形下，自我概念高、中、低三种情况下的切线斜率均为负值，且斜率越来越大，说明自我概念对自我披露影响是负向的；在饮酒量中等情况下，个体自我概念低的时候对自我披露的影响是显著的，切线的斜率为负，表明此时自我概念对自我披露产生负向影响；在高饮酒量的情况下，自我概念低的时候简单斜率为负，即切线斜率为负，自我概念中等程度时简单斜率不显著，即切线斜率为 0，在自我概念高的时候，简单斜率为正，即切线斜率为正，表明此时自我概念对自我表露产生 U 形影响，先抑后扬。

此外，还有一种更直观的方法检验非线性调节效应。我们首先将二次调节效应模型变形：

$$\hat{Y}=\beta_0+\beta_1X+\beta_2X^2+\beta_3M+\beta_4XM+\beta_5X^2M$$
$$\hat{Y}=\beta_0+(\beta_1+\beta_4M)X+(\beta_2+\beta_5M)X^2+\beta_3M$$

然后按照均值 +1 标准差、均值、均值 −1 标准差将调节变量分成高、中、低三种情况，得到三个非线性模型，并分别估计一次项、二次项的显著性和置信区间。其中，一次项的标准误 SE、t 值和置信区间的计算公式如下，二次项同理。

$$\mathrm{SE}=\sqrt{s_{11}+2s_{14}+M^2s_{44}}$$

$$t=\frac{\beta_1+\beta_4 M}{\sqrt{s_{11}+2s_{14}+M^2 s_{44}}}$$

$$\mathrm{IC}=\left[(\beta_1+\beta_4 M)\pm t_{1-\frac{\alpha}{2}}(n-k-1)\times\sqrt{s_{11}+2s_{14}+M^2 s_{44}}\right]$$

需要注意的是，t 值和 P 值的转换可以通过 Excel 实现，具体步骤：在 Excel 中执行公式→插入函数→ TDIST（t 值的绝对值）命令。

我们根据 Aiken & West（1991）研究中提供的数据进行计算，结果如表 9-8 所示。在此基础上绘制的调节效应图如图 9-27 所示。可以看出，在饮酒量低的情况下，自我概念对自我表露的影响在总体上是负向的；在饮酒量中等情况和高的情况下，一次项不显著，二次项显著，表明曲线形态如图 9-18d 一样，是开口向上的 U 形。回看表 9-7，尽管与表 9-8 和图 9-27 的分析逻辑不同，但是结果是一致的。

表 9-8　调节效应斜率简单估计值及显著性

调节变量			简单斜率估计值	标准误差	t 值	P 值	95% 置信区间	
							下限	上限
饮酒量	− 标准差	一次方	−8.187***	2.287	−3.570	0.000	−12.669	−3.705
		二次方	−1.312	1.553	−0.845	0.399	−4.357	1.733
	0	一次方	−2.042	1.633	−1.251	0.212	−5.242	1.158
		二次方	3.000*	1.189	2.522	0.012	−0.713	6.713
	+ 标准差	一次方	4.1026	2.287	1.431	0.153	−0.380	8.349
		二次方	6.920***	1.553	4.555	0.000	4.589	9.251

注：原始模型拟合采用中心化处理，因此标准均值为 0。* 代表 $P<0.05$，** 代表 $P<0.01$，*** 代表 $P<0.001$；双尾检验。

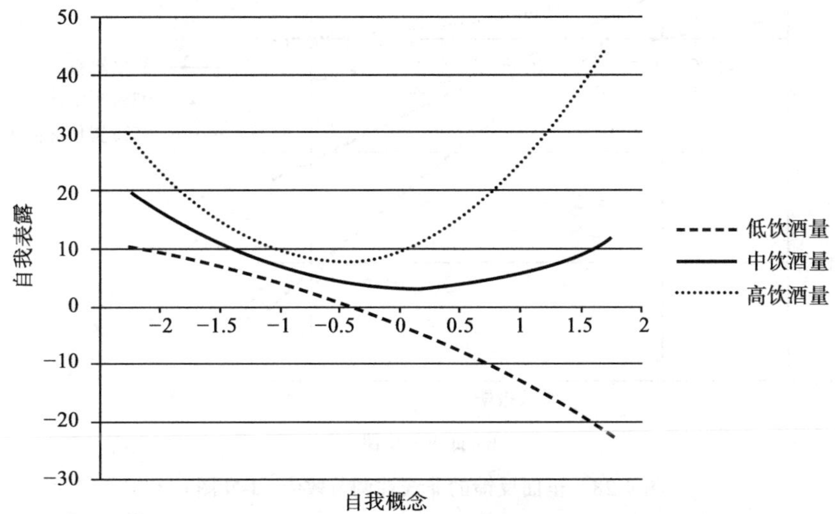

图 9-27　饮酒量对自我概念和自我表露的非线性关系的调节效应图

非线性的 J-N 法调节效应需区分高低调节变量情形，然后再处理。例如马君和闫嘉妮（2020）发表在《管理世界》上的文章中，运用 J-N 法计算并绘制不同绩效反馈条件下绩效报酬影响创造力的简单斜率的置信带，更精确地揭示调节效应（见图 9-28）。

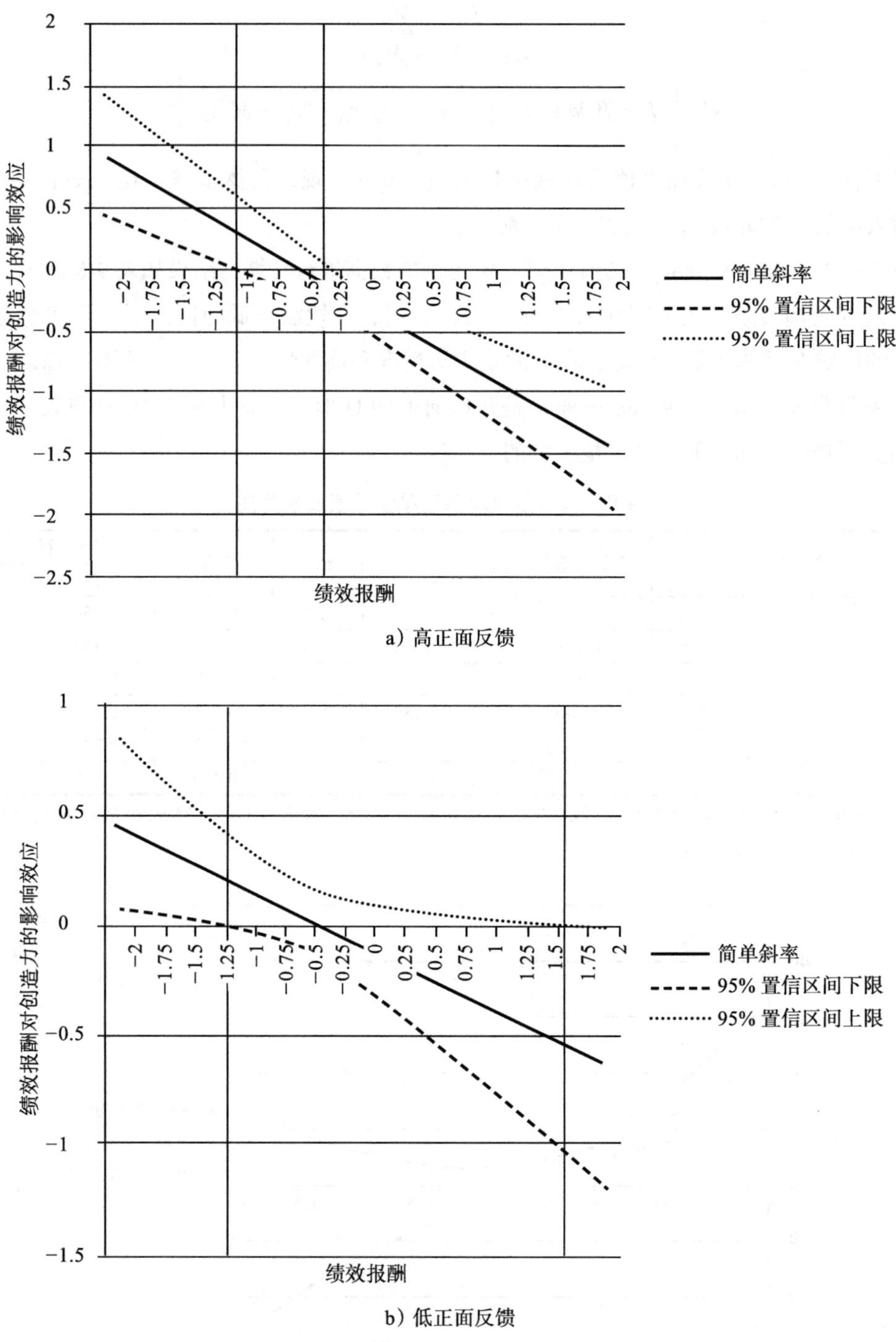

a）高正面反馈

b）低正面反馈

图 9-28 正面反馈的非线性调节效应（J-N 图）

图 9-28 显示，两条简单斜率线（黑色线）均向右下角倾斜且穿过零线（与纵坐标垂直，坐标值为 0 的线），图 9-28a 显示，在高正面反馈下，绩效报酬中心化小于 −0.88 个单位部分（代表低强度区间）的置信带排除了 0，表明简单斜率是显著的，且大于 0，意味着绩效报酬强度的增加会导致个体创造力的上升（但增量递减）；绩效报酬中心化大于 −0.21 个单位部

分（代表高强度区间）的简单斜率显著，且小于 0，表明绩效报酬强度的增加会显著导致个体创造力的下降（且呈加速趋势），因而，绩效报酬对创造力呈倒 U 形影响。图 9-28b 显示，低正面反馈下绩效报酬中心化在小于 −0.97 个单位、大于 1.71 个单位部分的置信带排除 0，这两部分的简单斜率显著，前者为正，后者为负，表明低正面反馈下绩效报酬对创造力也呈倒 U 形影响。最重要的是，高正面反馈下的简单斜率线较 X 轴（绩效报酬）更陡峭，这意味着，在绩效报酬低强度区间，高正面反馈较低正面反馈更能加强绩效报酬对创造力的促进，而在绩效报酬高强度区间，高正面反馈更能加强绩效报酬对创造力的抑制。

此外，更复杂的调节效应处理的思路和方法同上。例如包含两个调节变量（M 和 Z）的三项非线性交互：

$$\hat{Y}=\beta_1X+\beta_2X^2+\beta_3M+\beta_4Z+\beta_5XM+\beta_6X^2M+\beta_7XZ+\beta_8X^2Z+\beta_9MZ+\beta_{10}XMZ+\beta_{11}X^2MZ$$

X 影响 Y 的简单斜率估计值为

$$\frac{\partial Y}{\partial X}=\beta_1+2\beta_2X+\beta_5M+2\beta_6MX+\beta_7Z+2\beta_8ZX+\beta_{10}MZ+2\beta_{11}XMZ$$

简单斜率的标准误：

$$\begin{aligned}\mathrm{SE}&=\sqrt{\mathrm{var}(\beta_1+2\beta_2X+\beta_5M+2\beta_6MX+\beta_7Z+2\beta_8ZX+\beta_{10}MZ+2\beta_{11}XMZ)}\\&=\sqrt{\begin{array}{l}S_{1-1}+4XS_{1-2}+2MS_{1-5}+4MXS_{1-6}+2ZS_{1-7}+4ZXS_{1-8}+2MZS_{1-10}+4XMZS_{1-11}+4X^2S_{2-2}+\\4MXS_{2-5}+8MX^2S_{2-6}+4XZS_{2-7}+8X^2ZS_{2-8}+4MXZS_{2-10}+8X^2MZS_{2-11}+M^2S_{5-5}+\\4M^2XS_{5-6}+2MZS_{5-7}+4MZXS_{5-8}+2M^2ZS_{5-10}+4XM^2ZS_{5-11}+4M^2X^2S_{6-6}+4MXZS_{6-7}+\\8ZMX^2S_{6-8}+4M^2ZXS_{6-10}+8X^2M^2ZS_{6-11}+Z^2S_{7-7}+4XZ^2S_{7-8}+2MZ^2S_{7-10}+4XMZ^2S_{7-11}+\\4Z^2X^2S_{8-8}+4MZ^2XS_{8-10}+8X^2Z^2MS_{8-11}+M^2Z^2S_{10-10}+4XM^2Z^2S_{10-11}+4X^2M_2Z^2S_{11-11}\end{array}}\end{aligned}$$

t 值的计算公式为

$$t=\frac{\partial Y/\partial X}{\mathrm{SE}}$$

9.6　非线性中介效应检验

正如罗胜强和姜嬿（2014）在《管理学问卷调查研究方法》一书中归纳的那样，非线性中介一般包括“前期非线性中介”(即自变量与中介变量呈非线性关系，中介变量与因变量呈线性关系)、“后期非线性中介”(即自变量与中介变量呈线性关系，中介变量与因变量呈非线性关系)、“两期的非线性中介”（自变量与中介变量以及中介变量与因变量均呈非线性关系）三类。在本章中，我们只讨论前期非线性中介，其他类型原理相同。

为了与调节变量区别，我们假设中介变量为 M_0。因为 X 与 M_0 呈非线性关系，数学关系式为

$$\widehat{M_0}=\beta_0+\beta_1X+\beta_2X^2$$

因为 M_0 中介了 X 与 Y 的非线性关系，因此有：

$$\hat{Y}=b_0+b_1M_0$$

又因为 X 对 Y 的影响取决于 M_0 对 Y 的影响，也就是说，“X 变化一个单位会影响 M_0 随之变化，而 M_0 变化随之也影响 Y”，因此，M_0 的中介效应量就是两个改变速率的乘积，即

$$\text{中介效应量}=\frac{\partial M_0}{\partial X}\times\frac{\partial Y}{\partial M_0}=(\beta_1+2\beta_2X)b_1$$

因此，前期非线性中介效应检验必须符合两个条件：

（1）β_2 不等于 0；

（2）$(\beta_1+2\beta_2X)b_1$ 不等于 0。具体处理方法见本章第三部分内容。具体处理的 Mplus 语句如下：

```
TITLE: curvilinear mediation
DATA: file is example.dat;
VARIABLE: names are x y m xsq;
usevariables are x y m xsq;
ANALYSIS:
bootstrap = 5000;
MODEL:
m on x (a1)
xsq (a2);
y on x (c1)
xsq (c2)
m (b1);
[m] (a0);
MODEL CONSTRAINT:
new (theta1 theta2 theta3);
new (predm1 predm2 predm3);
new (x1 x2 x3); ! 注意一定要有三个点才能画出曲线
x1 = 2.1482; ! 均值减一个标准差
x2 = 3.1025; ! 均值
x3 = 4.0568; ! 均值加一个标准差
predm1 = a0+a1*x1+a2*x1*x1;
predm2 = a0+a1*x2+a2*x2*x2;
predm3 = a0+a1*x3+a2*x3*x3;
theta1 = (a1+2*a2*x1)*b;
theta2 = (a1+2*a2*x2)*b;
theta3 = (a1+2*a2*x3)*b;
OUTPUT:
cinterval (bcbootstrap);
```

注：代码中的 $xsq=x^2$。

此外，当考虑被调节的中介效应检验时，纳入调节变量 W，则数学关系式变为

$$\widehat{M_0}=\beta_0+\beta_1X+\beta_2X^2+\beta_3W+\beta_4WX+\beta_5WX^2$$

$$\hat{Y}=b_0+b_1M_0+b_2X+b_3X^2+b_4W$$

这时，上式成立条件为 $[(\beta_1+\beta_4W)+2(\beta_2+\beta_5W)X]b_1$ 不等于 0。

9.7　发表历程与体会

正如 Haans 等（2016）指出的那样，非线性关系研究的最大不足在于研究者未能阐明这种关系背后的潜在机制。在本章中提出的潜在机制的加法组合和乘法组合为我们提供了清晰的思路。

以于晓宇和陈颖颖（2020）的一篇非常有创意的文章为例，该文讨论了冗余资源与瞬时竞争优势的正 U 形曲线关系。正是两种方向相反效应的叠加导致冗余资源与瞬时竞争优势呈 U 形关系（见图 9-29），即与中等水平的冗余资源相比，低水平或者高水平的冗余更有利于提高瞬时竞争优势。具体而言，基于资源约束理论视角，冗余资源在达到中等阈值水平前，会加速带来诸如管理者自我感觉良好、额外成本等消极效应；但超过一定阈值，企业行为理论则发挥主导作用，加速带来增强企业的适应力等四个方面的积极效应。

同理，价值导向还是资源导向随着冗余资源的增加在不同区间主导作用不同，导致冗余资源和创业拼凑呈 U 形关系，并中介冗余资源和瞬时竞争优势的关系，如图 9-30 所示。

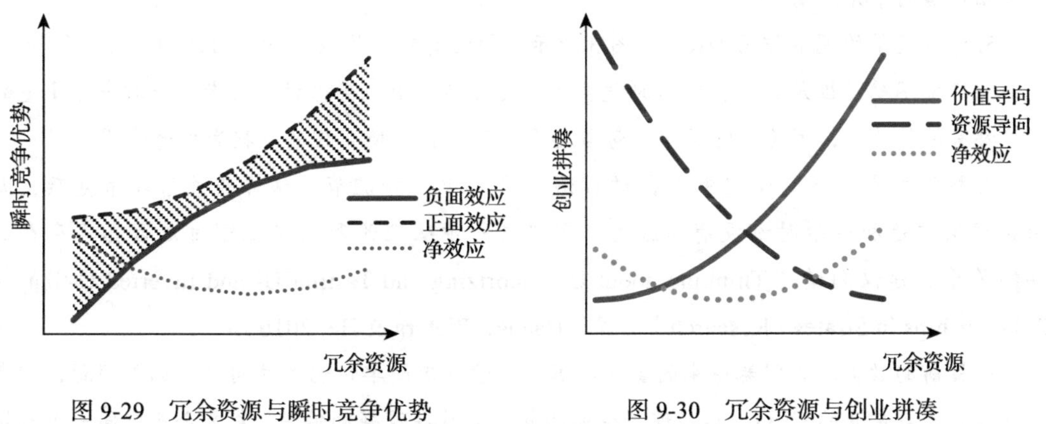

图 9-29　冗余资源与瞬时竞争优势　　图 9-30　冗余资源与创业拼凑

尽管这篇文章从两个不同的理论视角，严密地论证了两种方向相反力量的叠加效应，但是在实际投稿过程中，仍受到专家的质疑，如下所示。

论文有以下几处需要进一步改进：①引言，论文开篇提及“瞬时竞争优势”“超竞争环境”等重要概念，建议适当做些背景介绍，否则需要读到假设部分才能明白论文的具体界定；②研究假设，论文基于研究结论在先、逻辑推理等办法，得出冗余资源与创业拼凑、瞬时竞争优势、资源柔性、环境不确定性等变量之间的关系，而图 1 实际上已经清晰展示了这些关系，是否应将图 1 放到研究假设的末尾部分，以表示文字总结含义；③结论与讨论，作者缺乏对冗余资源类型进行讨论，实际上，人力资源具有双面性，资金资源则是单面性的，有一定区别，此外，论文调查问卷集中在软件行业，缺乏对结论适用性的讨论。综上所述，论文进行了相对完整的工作，建议修改后再审。

但是，本文目前无论在理论构建还是实证上都还存在非常大的问题需要解决，因此，这些会让大家对本文提出的变量之间的关系存有很大的疑问。

具体反馈的意见和建议如下，希望对作者有所帮助。

1. 理论构建时，目前关于冗余资源和瞬时竞争优势是正U形关系的论述还不足以让人信服，包括临界点和极值（例如冗余资源极大时），建议和现有文献已有的研究结论进行“对话”，尤其与文献中不一致的结论进行“对话”，基于理论提出冗余资源和瞬时竞争优势的准确的关系。同样，冗余资源和创业拼凑之间的U形关系也值得进一步在理论上进行阐述。

2. 内生性问题没有解决，无法判断企业的瞬时竞争优势来自冗余资源还是本来企业就有持续的竞争优势。同时，本文使用横截面数据，这无法判断企业存在的是瞬间竞争优势，还是长期持续竞争优势。建议解决内生性问题，同时考虑用面板数据测量瞬时竞争优势。

3. 冗余资源和创业拼凑的U形关系如何中介出冗余资源和瞬时竞争优势U形关系，在理论上没有阐述清楚。

4. 创业拼凑与瞬时竞争优势是什么样的关系并没有提及，因此理论上无法准确解释创业拼凑如何中介出冗余资源和瞬时竞争优势之间的U形关系，在实证检验时同样无法准确验证创业拼凑的中介关系。

5. 调节变量的调节作用如图2、图3所示，但没有对具体效应量做出详细的文字解释。

6. 环境不确定性是否存在对瞬时竞争优势的直接作用值得探讨，或者应该对中介变量的两边都有调节作用，因为瞬时竞争优势看起来受到各种环境变化的直接影响会较明显。

7. 整体来看，当前模型中存在对U形关系的中介和调节，这样的关系非常复杂，无论在理论构建和检验时都没有信服力，需要进一步从理论和实证上探讨是否真实存在这样的关系。建议阅读“Thinking about U: Theorizing and Testing U- and Inverted U-Shaped Relationships in Strategy Research”一文（Haans、Pieters & He, 2016）。

8. 目前的数据均为问卷得来的主观数据，尽管作者简单讨论了共同方法偏差问题，但考虑到数据来自企业的CEO、总经理等企业高管，会存在较强的偏差（都是企业中同一个人填写的）。对于之前的文献中关于冗余资源等变量的客观数据的测量方法，建议在条件允许的情况下，使用客观数据进行稳健性检验。

9. 影响瞬时竞争优势的因素可能有很多，例如高管团队相关变量等，文中应考虑对必要的变量进行控制。

10. 资源和冗余资源以及竞争优势和瞬时竞争优势在文中经常有混用的嫌疑，包括标题中的“中等资源陷阱”。

以下信息非常重要：务请逐条详细地回应审稿人的意见。对于所做修改，需要细致解释。并要求在附件部分上传以下2个文件：①修改稿（匿名）；②修改说明（匿名）。

最后，我们以Haans等（2016）经典文献中对非线性关系（U形和倒U形关系）的总结和建议（见表9-9和表9-10）作为本章的结语。正所谓“过程产生激励”，研究新手面对复杂的非线性关系时并非只能束手无策，选择逃避，在论证、提出假设到检验的过程中，反复追问这些问题，能够使得研究新手同样可以进行非线性研究，并使得研究逻辑更严谨，验证更清晰。而一旦统计分析出美妙的 U 形 / 倒 U 形关系，会让我们在研究中发现更多的研究机会和理论构建契机。

表 9-9　论证和检验（倒）U 形关系的清单

理论：

- 潜在的因果机制是否明确且单独发展而成（即独立地引起理论推理）
- 是否清楚它们为什么以及如何形成一个（倒）U 形关系（例如，基于加法原理还是乘法原理）
- 哪一种思想实验①是推理的基础？在理论化过程中，个体（组织）内或个体（组织）间的理论预测是否具有一致性
- 是否形成了完整的曲线，而非仅仅是曲线的一半

公式与检验：

- X 与 X_2 是否都被包含在公式中
- 理论与公式间是否匹配
- 是否满足以下三个条件：
  - β_2 的预期符号显著（负向为倒 U 形，正向为 U 形）
  - 在 X 范围的两端，曲线的斜率足够陡峭
  - 转折点位于数据范围内。X 的最小值和最大值都在转折点的置信区间之外
- 半参数或非参数分析表明（倒）U 形关系
- 能够排除以下替代公式吗
  - X 的对数变换
  - X 的指数变换
  - 立方公式
- 主要结论能否排除异常值或者进行缩尾（winsorizing）处理（即用两端的某个百分位的值替换数据集中的极值）
- 如何处理实证检验（empirical identification）？是否避免了“禁忌回归”②

报告：

- 转折点是否报告
  - 如果应用了转换（比如均值中心化或均值化），未转化的转折点是否报告
- X-Y 关系图是否在 X 的相关范围内绘制
- 是否完整表述所有变量（平均值、标准差、最大值、最小值）？是否包含了 X^2

① 思想实验（thought experiment）是指在头脑中设计和构造出一套理想化的研究方案来发现和获取科学事实与规律的思维活动。例如，古希腊科学家伽利略假设用绳子把铁块和木块拴在一起然后从高处坠落，考虑相互牵制，它会比质量更轻的单独的铁块坠落要慢的逻辑悖论，来证明亚里士多德的错误，是一种典型的思想实验。

② 禁忌回归（forbidden regression）可指使用来自非线性第一阶段的拟合值作为线性第二阶段中的Ⅳ，也可指将第一阶段的拟合值插入非线性第二阶段。

如果 Y 负向作用于 X，并且这种负向关系随着 X 的增加而加强，那么向下倾斜的曲线可能并不是倒 U 形曲线的部分，我们可能错误地得出存在一个倒 U 形关系的结论，而真正的关系其实是线性相关（第Ⅰ类错误）。或者由于内生没有被纠正而导致真正的倒 U 形关系没有被检测到的情况（第Ⅱ类错误）。解决二次关系的内生性问题的方法与一次关系没有什么区别，但是在二次关系的研究中经常会面临禁忌回归的风险。正确的方法应该是用工具变量分别对一次项和二次项进行替换。例如，如果 M 是测量 X 的好工具变量，那么我们可以同时使用 M 和 M^2 来测量 X 和 X^2（Angrist & Pischke，2009）。

表 9-10　论证和检验（倒）U 形调节效应的清单

理论：

- 是否明确潜在的因果机制如何受到调节变量的影响
- 结果是否可以清晰地预测两种调节效应中的哪一种会发生
- 假设是否与期望一致，它们是否分别解决了两种调节效应

（续）

公式与检验：
• 是否同时包含 X 与调节效应的交互项以及 X^2 与调节效应的交互项 • 转折点是否显著移动，移动方向是否符合预期 • 曲线是否显著变缓或变陡，是否符合预期
形状翻转：
• 形状翻转是否发生在 X 的取值范围内 ▪ 这如何影响主要假设 ▪ 这如何影响调节效应假设 ▪ 有什么理论和实践意义
报告：
• 是否完整表述所有变量（平均值、标准差、最大值、最小值），是否包含了两个相互项 • 是否报告或图示了两种调节效应的大小

小结

本章由上海大学马君教授、山东大学博士研究生马兰明、上海交通大学博士研究生张锐共同撰写，介绍了组织管理中的非线性问题及其检验操作。本章具体分为6个方面：非线性关系及非线性回归方法概述；组织管理中常见非线性关系产生的根源；非线性关系假设的提出与检验方法；非线性调节效应假设的提出与检验方法；非线性中介效应检验；响应面分析及非线性三项交互等复杂分析技术。在此基础上，进一步结合本书作者于晓宇教授及其合作者的一篇文章介绍了发表历程与体会。

马君是上海大学管理学院教授、博士生导师、中国人才研究会工资福利专业委员会理事，其研究方向为激励与创造力开发、明星员工管理等。他在《管理世界》《心理学报》《南开管理评论》等领域顶级期刊及SSCI重要刊物上发表论文100余篇，提出并论证陡峭型激励、金钱的情感价值等概念和模型，在学术领域产生积极影响。其研究成果获得上海市哲学社会科学优秀成果一等奖、二等奖，上海市决策咨询优秀成果一等奖，上海市优秀教学成果一等奖。

马兰明是山东大学博士研究生，研究方向为明星员工社交行为、高层次人才激励、反馈寻求行为等，在《管理学报》《清华管理评论》《南开管理评论》等期刊发表论文多篇。

张锐是上海交通大学博士研究生，其研究方向为组织管理情境下个体地位的负面效应，在《心理学报》《管理工程学报》《中欧商业评论》上发表过论文。

参考文献

[1] AIKEN L S, WEST S G, RENO R R. Multiple regression: testing and interpreting interactions[M]. Newbury Park,CA:Sage Publications, 1991.

[2] ANG S H. Competitive intensity and collaboration: impact on firm growth across technological environments[J]. Strategic management journal, 2008, 29(10): 1057-1075.

[3] BAER M, OLDHAM G R. The curvilinear relation between experienced creative time pressure and creativity: moderating effects of openness to experience and support for creativity[J]. Journal of applied psychology, 2006, 91(4): 963-970.

[4] CHANG S J, PARK S. Types of firms generating network externalities and

MNCs' co-location decisions[J]. Strategic management journal, 2005, 26(7): 595-615.

[5] EDWARDS J R. Alternatives to difference scores: polynomial regression and response surface methodology[J]. Perspectives on organizational fit, 2002: 350-400.

[6] EDWARDS J R, CABLE D M. The value of value congruence[J]. Journal of applied psychology, 2009, 94(3): 654-677.

[7] FIELLER E C.Some problems in interval estimation[J].Journal of the royal statistical society, 1954, 16(2) : 175-185.

[8] FOLTA T B, O'BRIEN J P. Entry in the presence of dueling options[J]. Strategic management journal, 2004, 25(2): 121-138.

[9] HAANS R F J, PIETERS C, HE Z L. Thinking about U: theorizing and testing U- and inverted U-shaped relationships in strategy research[J]. Strategic management journal, 2016, 37(7): 1177-1195.

[10] HENDERSON A D, MILLER D, HAMBRICK D C. How quickly do CEOs become obsolete? Industry dynamism, CEO tenure, and company performance[J]. Strategic management journal, 2006, 27(5): 447-460.

[11] HOMBURG C, KOSCHATE N, HOYER W D. Do satisfied customers really pay more? A study of the relationship between customer satisfaction and willingness to pay[J]. Journal of marketing, 2005, 69(2): 84-96.

[12] JONES N. Competing after radical technological change: the significance of product line management strategy[J]. Strategic management journal, 2003, 24(13): 1265-1287.

[13] JOURDAN J, KIVLENIECE I. Too much of a good thing? The dual effect of public sponsorship on organizational performance[J]. Academy of management journal, 2017, 60(1): 55-77.

[14] LEE Y, ANTONAKIS J. When preference is not satisfied but the individual is: how power distance moderates person-job fit[J]. Journal of management, 2014, 40(3): 641-675.

[15] LI J, ZHOU C, ZAJAC E J. Control, collaboration, and productivity in international joint ventures: theory and evidence[J]. Strategic management journal, 2009, 30(8): 865-884.

[16] MIHALACHE O R, JANSEN J J J P, BOSCH F A J V D, et al. Offshoring and firm innovation: the moderating role of top management team attributes[J]. Strategic management journal, 2012, 33(13): 1480-1498.

[17] MILLER J W, STROMEYER W R, SCHWIETERMAN M A. Extensions of the Johnson-Neyman technique to linear models with curvilinear effects: derivations and analytical tools[J]. Multivariate behavioral research, 2013, 48(2): 267-300.

[18] ORIANI R, SOBRERO M. Uncertainty and the market valuation of R&D within a real options logic[J]. Strategic management journal, 2008, 29(4): 343-361.

[19] RAO C R. Linear statistical inference and its applications [M].2nd ed. New York:John Wiley & Sons, 1973.

[20] STEWART G L, BARRICK M R. Team structure and performance: assessing the mediating role of intrateam process and the moderating role of task type[J].

Academy of management journal, 2000, 43(2): 135-148.

[21] WHEATLEY M J. Leadership and the new science [M]. San Francisco:Berrett-Koehler Publishers, 1999.

[22] ZHANG Y, RAJAGOPALAN N. Once an outsider, always an outsider? CEO origin, strategic change, and firm performance[J]. Strategic management journal, 2010, 31(3): 334-346.

[23] 柏帅蛟，井润田，李璞，等．匹配研究中使用响应面分析的方法 [J]. 管理评论，2018，30（3）：161-170.

[24] 大前研一．思考的技术：思考力决定竞争力：第 2 版 [M]. 刘锦秀，谢育容，译．北京：中信出版社，2010.

[25] 孔茗，袁悦，钱小军．领导—成员喜欢一致性对员工工作投入的影响及其机制 [J]. 南开管理评论，2017，20（6）：104-115.

[26] 马君，刘婷．重赏之下必有勇夫？研发人员的工作价值需求与激励错位对创造力的抑制 [J]. 管理评论，2015，27（7）：94-104.

[27] 马君，闫嘉妮．正面反馈的盛名综合症效应：正向激励何以加剧绩效报酬对创造力的抑制 ?[J]. 管理世界，2020，36（1）105-121.

[28] 马君，张锐．权重望寡：如何化解低地位领导的补偿性辱虐管理行为 ?[J]. 心理学报，2022，54（5）：566-581.

[29] 马君，张锐．不打不成器：挖掘辱虐管理的正效应、负效应和净效应 [J]. 管理工程学报，2021，35（2）：26-35.

[30] 彭坚，王霄．与上司“心有灵犀”会让你的工作更出色吗？：追随原型一致性，工作投入与工作绩效 [J]. 心理学报，2016，48（9）：1151-1162.

[31] 唐杰，林志扬，莫莉．多项式回归与一致性研究：应用及分析 [J]. 心理学报，2011，43（12）：1454-1461.

[32] 于晓宇，陈颖颖．冗余资源、创业拼凑与瞬时竞争优势 [J]. 管理科学学报，2020，23（4）：1-21.

[33] 董保宝，罗均梅，许杭军．新企业创业导向与绩效的倒 U 形关系：基于资源整合能力的调节效应研究 [J]. 管理科学学报，2019，22（5）：16.

第10章

虚拟变量及其应用实例

一般情况下，回归分析中的解释变量和被解释变量均为定量数据，如温度、距离、年龄等，不论是离散型数据还是连续型数据，它们均可通过数值来反映。但是，在管理实证研究中，除定量数据外还存在无法将其量化的文字表述型数据，这类数据通常用来表示事物属性，规定事物类别，我们称其为属性变量。采用“虚拟变量”是对属性变量进行量化的一种思路，可以有效消除定量数据与属性变量之间的鸿沟。本章重点介绍如何将虚拟变量引入模型，从而使模型更加丰富完善；并且讨论了引入虚拟变量时容易出现的问题及相应处理方法，帮助读者更好地理解和使用含虚拟变量的回归模型。

10.1　虚拟变量的定义

在实际生活中存在许多属性变量的例子，例如：性别（男性和女性）、肤色（黑和白）、国籍（本国和他国）、就业状况（就业和失业）等。属性变量在经济管理领域中也十分常见，例如：企业性质（国企和非国企）、汇率制度（固定汇率和浮动汇率）、投资（过度投资和非过度投资）、居民类型（城镇居民和农村居民）等。这类变量没有任何数量上的度量标准，仅通过事物的不同属性来规定其类别。针对此类变量通常可通过人为地构造取值进行量化，来表示两个或多个不同的级别或属性。量化过程中所使用的数值表示事物的不同特征及其分组情况，数值大小本身并没有实际意义。一般地，基础类型、肯定类型取值为“1”，比较类型、否定类型取值为“0”。例如：“1”表示男性，“0”表示女性；类似地，“1”可以表示某人被雇用，“0”则表示某人失业。在研究中，这种通过定义一个二值变量来表述的属性变量被称为虚拟变量，又称哑变量或0-1变量。

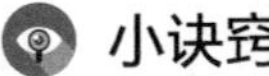

由于虚拟变量的加入，使得单调的回归分析变得丰富起来，那些无法用数字表达

的属性变量也因为被赋予 0 和 1 这样的数值而变得可以衡量。所以在研究中，如果有些问题无法采用连续变量进行定量衡量时，可以考虑引入虚拟变量加以解决。

当然，有些问题虽然可以采用连续变量进行衡量，但回归结果不显著时，可以考虑把连续变量转化为虚拟变量。转化的方法可以采用行业（年度）中位数法，比如处于行业（年度）中位数以上的定为 1，以下的定为 0；如果采用行业（年度）中位数法还不显著时，可以考虑将连续变量进行三分位或者五分位等分，然后把前 1/3 分位或者 1/5 分位定为 1，其余定为 0。

另外，在研究中我们也经常遇到三分类而不是两分类的问题。针对此类问题，可以考虑引入两个虚拟变量加以解决。例如企业性质，我们可以划分为国有企业和非国有企业，但国有企业又可以进一步划分为中央国有企业和地方国有企业，这就出现了三分类的问题。此时，可以考虑以非国有企业作为基准，引入中央国有企业和地方国有企业两个虚拟变量；当然也可以以地方国有企业为基准，引入中央国有企业和非国有企业两个虚拟变量。

对于虚拟变量的运用，要视具体问题而定，最重要的还是要在学习过程中能够知理论且善实践，举一而反三。

10.2 被解释变量为虚拟变量的估计模型

当被解释变量为虚拟变量时，其数据类型为 0-1 离散型。在这种情况下，若继续使用普通最小二乘法（OLS）估计，则会出现如图 10-1 所示的情况：被解释变量分布在两条平行于 x 轴的直线上，而无法均匀地分布在回归方程的附近。同样，依据 OLS 方法得出的回归方程，会出现 $y_i < 0$ 或者 $y_i > 1$ 的情况，那么这样的方程就失去了它的价值。

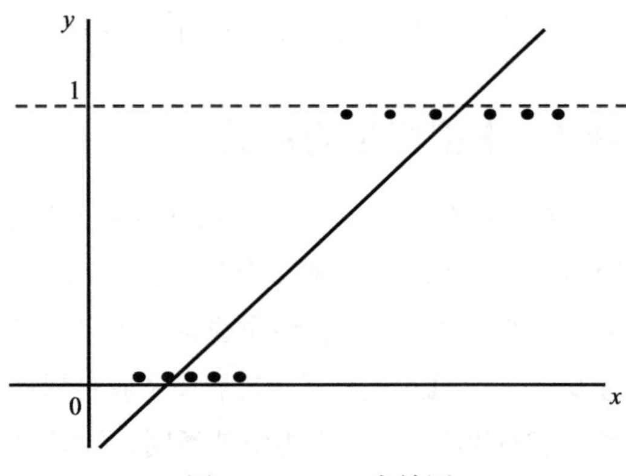

图 10-1 OLS 失效图

我们通过一个例子来演示 OLS 估计失效。为方便操作，我们使用 Stata 自带数据 auto.dta 研究国内外汽车在性能上的差异，主要关注汽车重量和里程两个变量。数据集包括以下数据：foreign（汽车产地虚拟变量，1 表示进口，0 表示国产）、weight（汽车重量）、mpg（汽车里程）。

回归方程如下：

$$foreign_i=\alpha+\beta_1 weight_i+\beta_2 mpg_i+\varepsilon_i$$

首先打开数据集：

sysuse auto,clear

OLS 回归模型的 Stata 命令如下：

reg foreign weight mpg

Stata 输出结果如表 10-1 所示。

表 10-1　OLS 模型回归结果

foreign	Coef.	Std. Err.	t	P > |t|	[95% Conf.	Interval]
weight	−0.00047	0.0000943	−4.96	0.000	−0.0006558	−0.0002797
mpg	−0.01943	0.0126701	−1.53	0.130	−0.044693	0.005834
_cons	2.123506	0.5289824	4.01	0.000	1.068745	3.178267

取 auto.dta 数据集的第 1 行数据做检验，weight_1 为 2930，mpg_1 为 22，foreign_1 为 0，代入回归方程得：foreign=0.3189；再取第 5 行数据做检验，weight_5 为 4080，mpg_5 为 15，foreign_5 为 0，代入回归方程得：foreign=−0.0855，此时所得 foreign ＜ 0。可见，根据表达式算出 y 的预测值会超出 [0，1] 的范畴。因此，当被解释变量为虚拟变量时，OLS 估计无法准确表达解释变量与被解释变量之间的数据关系。

为解决上述问题，可将 y_i 设定为连续变量，即运用 y_i 分别等于 0 或 1 时的概率分布 $P(y_i|x_i)$ 来表示。或者用事件发生的概率 P 与不发生的概率（$1-P$）之比 $P/(1-P)$ 来表示。因此虚拟变量作为被解释变量时，我们一般使用两种非线性模型：Probit 模型与 Logit 模型。其中，Probit 模型以概率 P 作被解释变量，Logit 模型以 $P/(1-P)$ 作被解释变量。

10.2.1　Probit 模型

最简单的 Probit 模型是指被解释变量 y_i 是一个 0-1 变量，事件发生的概率依赖于解释变量，即 $P(y_i=1)=f(x_i)$，也就是说，$y_i=1$ 的概率是一个关于 x_i 的函数，其中 $f(x_i)$ 服从标准正态分布。其概率分布函数和概率密度函数如式（10-1）和式（10-2）所示。

概率分布函数：

$$F(t)=\int_{-\infty}^{t}\frac{1}{\sqrt{2\pi}}\mathrm{e}^{(-x^2/2)}\mathrm{d}x \tag{10-1}$$

概率密度函数：

$$f(x)=\frac{1}{\sqrt{2\pi}}\mathrm{e}^{(-x^2/2)} \tag{10-2}$$

将标准正态分布的概率分布函数做成图形，如图 10-2 所示。

依然使用上述 Stata 自带数据 auto.dta，用 Probit 二值选择模型进行回归分析。

回归方程为：

$P(\text{foreign}_i=1)=\beta_0+\beta_1\text{weight}_i+\beta_2\text{mpg}_i+\varepsilon_i$

Probit 模型回归的 Stata 命令如下：

probit foreign weight mpg

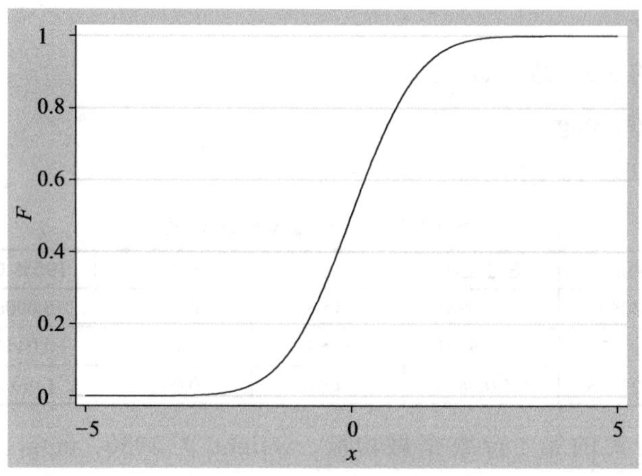

图 10-2 Probit 概率分布函数

Stata 输出结果如表 10-2 所示。

表 10-2 Probit 模型回归结果

foreign	Coef.	Std. Err.	z	P > |z|	[95% Conf.	Interval]
weight	−0.0023355	0.0005661	−4.13	0.000	−0.003445	−0.0012261
mpg	−0.1039503	0.0515689	−2.02	0.044	−0.2050235	−0.0028772
_cons	8.2754640	2.5541420	3.24	0.001	3.269437	13.28149

从表 10-2 的回归结果可以看出，自变量 weight 与 mpg 的系数分别为 −0.0023 和 −0.1040，在 1% 和 5% 水平上显著为负，表明进口汽车与汽车重量和汽车里程数均呈负相关关系。

10.2.2 Logit 模型

与 Probit 模型类似，Logit 模型中 y_i 的取值依旧不是一个具体的变量值，而是一个关于概率的比值 $P/(1-P)$，也称为“概率比”。概率比是指事件发生的概率与事件不发生的概率之比。通常，概率与概率比都是用来描述某件事情发生的可能性，其中，$P\in[0,1]$，而 $P/(1-P)\in[0,+\infty)$，对概率比取对数，则将被解释变量的取值范围扩大至 $(-\infty,+\infty)$。

建立 Logit 模型为

$$\text{Log}\,(P/(1-P))=\beta_0+\beta_1x_1 \tag{10-3}$$

在式（10-3）中，β_1 表示解释变量 x_1 增加一个微小量，所引起的“对数概率比”的边际变化，或者 x_1 每增加一个单位，所引起的概率比的变化百分比。

为和 Probit 模型对比，我们将 Logit 模型中的 $P/(1-P)$ 转换成概率 P，得：

$$P=\frac{e^{\beta_0+\beta_1x_1}}{1+e^{\beta_0+\beta_1x_1}}=1/[1+e^{-(\beta_0+\beta_1x_1)}]$$

自变量 x 和概率 P 之间的关系是非线性的，Logit 函数的图形是一条 S 形曲线；参数 β_1 控制着曲线的坡度，β_1 越大，图形越陡峭，如图 10-3 所示。

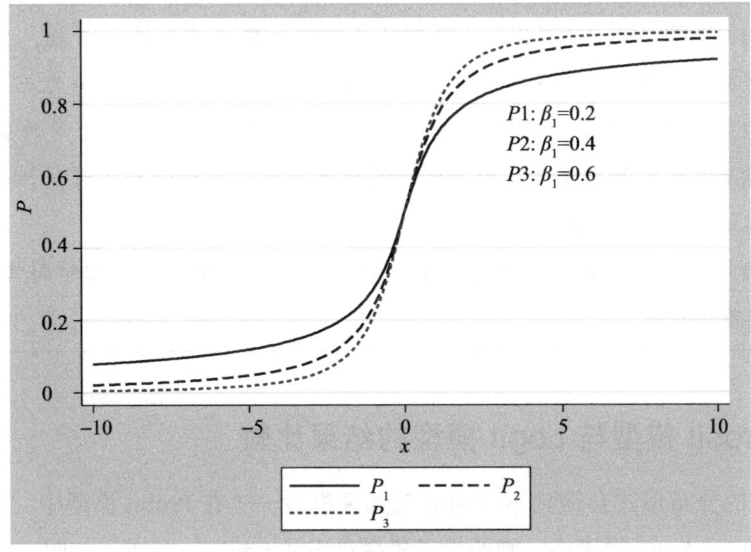

图 10-3　Logit 函数曲线

下面我们依然使用数据集 auto.dta 进行 Logit 模型的回归，建立回归方程如下：

Log（$P/(1-P)$）$=\beta_0+\beta_1\text{weight}_i+\beta_2\text{mpg}_i+\varepsilon_i$

Logit 模型回归的 Stata 命令如下：

```
logit foreign weight mpg
```

Stata 输出结果如表 10-3 所示。

表 10-3　Logit 模型回归结果

foreign	Coef.	Std. Err.	z	P > |z|	[95%Conf.	Interval]
weight	−0.0039067	0.0010116	−3.86	0.000	−0.0058894	−0.001924
mpg	−0.1685869	0.0919175	−1.83	0.067	−0.3487418	0.011568
_cons	13.70837	4.518709	3.03	0.002	4.851859	22.56487

从表 10-3 的回归结果可以看出，weight 与 mpg 的系数分别为 −0.0039、−0.1686，在 1% 和 10% 的水平上显著为负，同样可以得出结论：进口汽车与汽车重量和汽车里程数均呈负相关关系。

小诀窍

当虚拟变量作为被解释变量时，我们通常使用 Logit 回归模型或者 Probit 回归模型，那么这两种回归模型有什么区别呢？可以从函数图的分布和回归的系数两个角度来说。

对于函数分布，Logit 回归和 Probit 回归的图虽然几乎重叠，但是两个回归对 ε 的分布的设定不同。在 Logit 回归中，ε 服从标准逻辑分布；在 Probit 回归中，ε 服从标准正态分布。两个回归估算的边际效应的差异主要体现在尾部数据上。

对于回归系数，Probit 或 Logit 模型估计出的参数并不是边际系数，且其本身无意义。按照公式，边际系数等于系数乘以转化因子，因为转化因子恒为正。因此，系数的符号决定了边际效应的符号，也可以通过系数符号反映变量之间的变动方向关系，但不能反映边际效应关系。因此需计算边际效应，然后进行比较，但是通常两者边际效用的结果差异并不大。

迄今为止，对于这两种回归哪一个更好并没有准确的说法，相对而言，Logit 回归系数更具有解释性。

10.2.3 Probit 模型与 Logit 模型的结果比较

采用不同的分布形式会得到不同的离散选择模型——在 Probit 模型中，假设随机变量服从正态分布；在 Logit 模型中，则假设随机变量服从 Logistic 分布，如图 10-4 所示。由于 Logistic 分布的累积分布函数有解析表达式（而标准正态分布没有），因此计算使用 Logit 模型通常比 Probit 模型更方便。

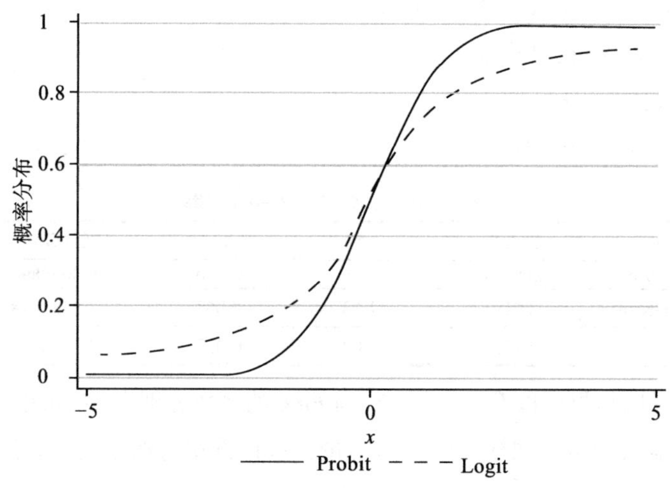

图 10-4　Logit 模型与 Probit 模型概率分布对比

在选择模型时，由于 Probit 与 Logit 使用的分布函数不同，其参数估计值并不直接可比，需计算边际效应，然后进行比较。对于本章所介绍的两个二值模型，由于是非线性模型，所以回归系数 β 并不表示边际效应。因此需要利用 margins 命令生成二者的边际效应再进行比较。常用的边际效应概念有平均边际效应、样本均值处的边际效应和在某代表值处的边际效应。

（1）平均边际效应，即分别计算在每个样本观测值上的边际效应，然后进行简单算术平均。

（2）样本均值处的边际效应，即在 $x=\bar{x}$ 处的边际效应。

（3）在某代表值处的边际效应，即给定 x^*，在 $x=x^*$ 处的边际效应。

通常计算样本均值处的边际效应最为简单，但在非线性模型中，样本均值处的个体行为并不等于样本中个体的平均行为。因此，为了使 Probit 模型与 Logit 模型的回归结果可比，使用平均边际效应（Stata 的默认方法）通常更有意义。下面依然使用数据集 auto.dta，分别计算 Probit 模型和 Logit 模型的平均边际效应。

首先计算 Probit 模型的平均边际效应，Stata 命令如下：

margins,dydx（*）

Stata 输出结果如表 10-4 所示。

表 10-4　Probit 模型平均边际效应

	dy/dx	Delta-method Std. Err.	z	P > |z|	[95% Conf.	Interval]
weight	−0.0004649	0.0000565	−8.23	0.000	−0.0005756	−0.0003542
mpg	−0.0206923	0.0092000	−2.25	0.025	−0.0387239	−0.0026607

其次计算 Logit 模型的平均边际效应，Stata 命令如下：

margins,dydx（*）

Stata 输出结果如表 10-5 所示。

表 10-5　Logit 模型平均边际效应

	dy/dx	Delta-method Std. Err.	z	P > |z|	[95% Conf.	Interval]
weight	−0.0004569	0.0000571	−8.01	0.000	−0.0005688	−0.0003451
mpg	−0.0197187	0.0096987	−2.03	0.042	−0.0387277	−0.0007096

从表 10-4 和表 10-5 可以看出：Probit 模型中 weight 的平均边际效应为 −0.0004649，mpg 的平均边际效应为 −0.0206923；Logit 模型中 weight 的平均边际效应为 −0.0004569，mpg 的平均边际效应为 −0.0197187。可以看出 Logit 模型的边际效应与 Probit 模型几乎完全相同，故可视为基本等价。

10.3　解释变量为虚拟变量的估计模型

当解释变量为虚拟变量时，我们依然可以使用 OLS 进行估计。一般情况下，虚拟变量可直接作为解释变量；特殊情况下，还存在虚拟变量与其他变量交乘的情况，主要包括虚拟变量与虚拟变量交乘、虚拟变量与连续变量交乘。

10.3.1　不含交乘项的估计模型

不含交乘项的估计模型，其实质为多元线性回归模型中某一项或多项解释变量是虚拟变量，在回归时仍使用 OLS 进行估计。

以网络数据集 nhanes2.dta 为例，研究血压水平的影响因素。该数据集包含以下变量：bpsystol（血压）、female（性别：女性为 1，男性为 0）、heartatk（是否有心脏病：是为 1，否为 0）、height（身高）、weight（体重）、age（年龄）、diabetes（是否有糖尿病：是为 1，否为 0）。

建立如下回归方程：

$$\text{bpsystol}_i=\beta_0+\beta_1\text{female}_i+\beta_2\text{heartatk}_i+\beta_3\text{height}_i+\beta_4\text{weight}_i+\beta_5\text{age}_i+\beta_6\text{diabetes}_i+\varepsilon_i$$

首先打开数据集：

webuse nhanes2,clear

OLS 回归的 Stata 命令如下：

reg bpsystol female heartatk height weight age diabetes

Stata 输出结果如表 10-6 所示。

表 10-6 不含交乘项的估计模型结果

bpsystol	Coef.	Std. Err.	t	P > |t|	[95% Conf.	Interval]
female	−3.210188	0.543462	−5.91	0.000	−4.275480	−2.144897
heartatk	−1.905019	0.931785	−2.04	0.041	−3.731498	−0.078540
height	−0.333251	0.030589	−10.89	0.000	−0.393212	−0.273291
weight	0.465097	0.014325	32.47	0.000	0.437018	0.493177
age	0.590930	0.011961	49.40	0.000	0.567484	0.614376
diabetes	5.620968	0.904987	6.21	0.000	3.847018	7.394917
_cons	126.7014	5.2575	24.10	0.000	116.3957	137.0070

结果显示：female 的回归系数为 −3.2102，与 bpsystol 在 1% 的水平上呈显著负相关关系，说明在其他变量不变的情况下，女性血压一般要低于男性。heartatk 的回归系数为 −1.9050，在 5% 的水平上与 bpsystol 显著负相关，说明在其他变量不变的情况下，心脏病患者的血压一般要低于正常人。weight 的回归系数为 0.4651，在 1% 的水平上与 bpsystol 显著正相关，说明在其他变量不变的情况下，体重越大，血压越高。

应用举例：引入单个虚拟变量作为解释变量是非常简单的回归模型，估计方法也可以采用普通最小二乘估计。以吕怀立等（2020）发表在 *Pacific-Basin Finance Journal* 上的文章为例，论文研究财务顾问经办人员的个人声誉对并购重组绩效的影响。作者定义了一个虚拟变量——财务顾问经办人员的个人声誉，如果财务顾问经办人员注重个人声誉时取值为 1，否则为 0。以吕怀立等（2021）发表在《会计研究》上的文章为例，论文研究保代在核准制市场的保荐经历对其科创板 IPO 定价的影响。作者定义了一个虚拟变量——保代是否承担过核准制保荐业务，作为回归模型的解释变量，当科创板上市公司的保代曾经在核准制市场承担过 IPO 保荐业务时取值为 1，否则为 0。将上述虚拟变量引入回归模型，采用普通最小二乘估计便可以得出回归系数的显著性水平。

10.3.2 含虚拟变量与虚拟变量交乘项的一般估计模型

当虚拟变量与虚拟变量交乘时，我们可以将其中一个虚拟变量作为调节变量，以验证在两种不同情况下，解释变量对被解释变量的影响差异。

依然以网络数据集 nhanes2.dta 为例，要若进一步研究性别不同时心脏病对血压的影响，我们就需要构建交乘项 female_heartatk，等于 female 与 heartatk 的乘积。

建立如下回归方程：

$$\text{bpsystol}_i=\beta_0+\beta_1\text{female}_i+\beta_2\text{heartatk}_i+\beta_3\text{female\_heartatk}_i+\beta_4\text{height}_i+\beta_5\text{weight}_i+\beta_6\text{age}_i+\beta_7\text{diabetes}_i+\varepsilon_i$$

首先生成交乘项 female_heartatk：

generate female_heartatk=female × heartatk

含交乘项的 OLS 回归的 Stata 命令如下：

reg bpsystol female heartatk female_heartatk height weight age diabetes

Stata 输出结果如表 10-7 所示。

表 10-7　虚拟变量与虚拟变量交乘项的一般估计模型结果

bpsystol	Coef.	Std. Err.	t	P > |t|	[95% Conf.	Interval]
female	−3.568250	0.549168	−6.50	0.000	−4.644726	−2.491775
heartatk	−4.758042	1.138022	−4.18	0.000	−6.988785	−2.527299
female_heartatk	8.370180	1.920188	4.36	0.000	4.606241	12.134120
height	−0.333032	0.030563	−10.90	0.000	−0.392940	−0.273123
weight	0.463711	0.014316	32.39	0.000	0.435649	0.491773
age	0.591446	0.011951	49.49	0.000	0.568020	0.614873
diabetes	5.594261	0.904221	6.19	0.000	3.821813	7.366710
_cons	126.9324	5.253182	24.16	0.000	116.6352	137.2297

结果显示：female 的回归系数为 -3.5683，heartatk 的回归系数为 -4.7580，这两个解释变量的回归系数依然为负，与被解释变量 bpsystol 之间的关系并未发生变化。交乘项 female_heartat 的回归系数为 8.3702，在 1% 的水平上显著为正。将性别作为调节变量，说明在心脏病对血压的负向影响中，女性对这种负面影响起到了抑制效应，即心脏病患者血压低于正常人，但若心脏病患者是女性，会使心脏病对血压的负向影响减小。

10.3.3　含虚拟变量与虚拟变量交乘项的倍差（DID）估计模型

上述例子为一个横截面数据集，若我们研究某事件所带来的影响就需要两个不同时间点的横截面数据，一个在事件之前，另一个在事件之后。但是不同时间点的样本观测值可能受其他因素的影响，不具有直接可比性，因此需要相同时间点的未被处理的样本做对照组。例如研究某项政府政策对居民收入变化的影响时，就会有一个不实施该政策的对照组和一个实施该政策的实验组。为了估计政策所带来的经济后果，我们用“实验组在实施政策前后的平均变化”减去“对照组在相同时间点自身的平均变化”得到一个差值，通常被称为倍差估计量，或者叫双重差分估计（difference-in-difference estimator，DID）。

以网络数据集 nlswork.dta 为例，研究 1977 年某政策的执行对工资薪金（wage）水平的影响。该数据集包含以下变量：idcode（地区，其中 idcode 大于 2000 为政策执行地）、year

（年份，其中 1977 年为政策执行年份）、c_city（在中心城市为 1，否则为 0）、grade（自身学历）、ttl_exp（工作经历）、hours（工作时长）。

为了控制好对照组和实验组之间的系统差异，我们以政策执行时间（1977 年）与政策执行地为标准生成两个虚拟变量：time（1997 年政策执行后为 1，否则为 0）、treated（政策执行地 idcode 大于 2000 为 1，设为 E 区；否则为 0，设为 F 区）。通过两个虚拟变量将样本划分为 4 组：变化前的对照组（treated=0，time=0）、变化后的对照组（treated=0，time=1）、变化前的实验组（treated=1，time=0）和变化后的实验组（treated=1，time=1）。为研究新政策执行在不同地区对工资的影响是否显著，我们就需要构建交乘项 did，等于 time 与 treated 的乘积。建立如下回归方程：

$$\text{ln\_wage}_i=\beta_0+\beta_1\text{time}_i+\beta_2\text{treated}_i+\beta_3\text{did}_i+\beta_4\text{c\_city}_i+\beta_5\text{grade}_i+\beta_6\text{ttl\_exp}_i+\beta_7\text{hours}_i+\varepsilon_i$$

首先打开数据集：

```
webuse nlswork,clear
```

定义虚拟变量并生成交乘项 did，Stata 命令如下：

```
gen time =（year ≥ 77）& !missing（year）
gen treated =（idcode > 2000）&!missing（idcode）
gen did = time × treated
```

含交乘项的 OLS 回归的 Stata 命令如下：

```
reg ln_wage time treated did c_city grade ttl_exp hours
```

Stata 输出结果如表 10-8 所示。

表 10-8 虚拟变量与虚拟变量交乘项的倍差模型结果

ln_wage	Coef.	Std. Err.	t	P > |t|	[95% Conf.	Interval]
time	−0.0663735	0.0086345	−7.69	0.000	−0.0832975	−0.0494496
treated	−0.1044005	0.0074024	−14.10	0.000	−0.1189097	−0.0898914
did	0.0198116	0.0097636	2.03	0.042	0.0006745	0.0389486
c_city	0.0658308	0.0049189	13.38	0.000	0.0561896	0.0754721
grade	0.0716154	0.0010471	68.39	0.000	0.069563	0.0736678
ttl_exp	0.038611	0.0006714	57.51	0.000	0.0372951	0.0399269
hours	0.0013075	0.0002416	5.41	0.000	0.0008339	0.0017811
_cons	0.5620481	0.0160524	35.01	0.000	0.5305847	0.5935115

回归结果显示：time 的回归系数为 -0.0664，表示 1977 年新政策执行后，工资对数下降 -0.0664。treated 的回归系数为 -0.1044，表示 E 区城市的工资对数比 F 区城市少 -0.1044。交乘项 did 的回归系数为 0.0198，在 5% 的水平上显著，表示因执行新政策，E 区的工资对数增加了 0.0198。

10.3.4 含虚拟变量与连续变量交乘项的估计模型

继续考虑估计模型中包含虚拟变量与连续变量交乘项的情况。我们可以将虚拟变量作为主要的调节变量，以验证在两种不同的情况下，解释变量对被解释变量的影响差异。

同样以数据集 nhanes2.dta 为例，要若进一步研究性别不同时，体重对血压的影响，就要构建交乘项 female_weight，等于 female 与 weight 的乘积。

建立如下回归方程：

$$bpsystol_i=\beta_0+\beta_1 female_i+\beta_2 weight_i+\beta_3 female\_weight_i+\beta_4 heartatk_i+\beta_5 height_i+\beta_6 age_i+\beta_7 diabetes_i+\varepsilon_i$$

首先生成交乘项 female_weight：

generate female_weight = female × weight

含交乘项的 OLS 回归的 Stata 命令如下：

reg bpsystol female weight female_weight heartatk height age diabetes

Stata 输出结果如表 10-9 所示。

表 10-9　虚拟变量与连续变量交乘项的模型结果

bpsystol	Coef.	Std. Err.	t	P > |t|	[95% Conf.	Interval]
female	−10.35445	2.013030	−5.14	0.000	−14.30038	−6.408523
weight	0.406600	0.021374	19.02	0.000	0.364702	0.448497
female_weight	0.100167	0.027177	3.69	0.000	0.046894	0.153439
heartatk	−1.912774	0.931221	−2.05	0.040	−3.738148	−0.087401
height	−0.319618	0.030794	−10.38	0.000	−0.379979	−0.259257
age	0.589784	0.011958	49.32	0.000	0.566345	0.613224
diabetes	5.601287	0.904453	6.19	0.000	3.828384	7.374189
_cons	128.9367	5.289175	24.38	0.000	118.5689	139.3045

结果显示：female 的回归系数为 −10.3545，weight 的回归系数为 0.4066，同表 10-6 相比，与被解释变量 bpsystol 之间的关系并未发生变化，交乘项 female_weight 的回归系数为 0.1002，在 1% 的水平上显著为正，说明在体重对血压的影响上，女性性别起到了正向作用。也就是说，从样本整体上看，体重越大，血压越高，若样本为女性，体重对血压的正向影响更大。

10.4　问题解决

在上述虚拟变量作被解释变量与解释变量的回归中，我们都直接使用样本数据进行回归，其实，现实的数据并不一定切合我们所建立的模型，往往会出现多重共线性、异方差、内生性、样本自选择以及样本区间不连续等问题。在论文投稿时，评审人往往会要求作者解决上述问题。下面我们将详细阐述如何识别并解决这些问题。

10.4.1　多重共线性

如果某一解释变量可以由其他解释变量线性表出，则存在“完全多重共线性”。在现实数据中很少出现完全多重共线性，较常见的是近似多重共线性。在近似多重共线性的情况下，系数的估计通常不准确，表现出的“症状”是：虽然整个回归方程的 R^2 较大、F 检验也很显著，但单个系数的 t 检验却不显著，或者系数估计值不合理，甚至符号与理论预期相反。

为避免多重共线性引起的估计不准问题，我们可以通过计算“方差膨胀因子”（VIF）来验证模型是否存在多重共线性问题。方差膨胀因子是指解释变量之间存在多重共线性时的方差与不存在多重共线性时的方差之比。

在回归方程中，我们定义第 k 个解释变量 x_k 的“方差膨胀因子”(VIF) 为：

$\text{VIF}_k=1/(1-R_k^2)$

其中，R_k^2 指以 x_k 作为被解释变量，其他自变量对 x_k 进行回归所得。VIF 越大，显示共线性越严重。经验判断方法表明：当 $0<\text{VIF}<10$，不存在多重共线性；当 $10\leqslant\text{VIF}<100$，存在较强的多重共线性；当 $\text{VIF}\geqslant 100$，存在严重多重共线性。

仍然以数据集 nhanes2.dta 为例，在上述回归方程的基础上加入解释变量 tcresult（血清胆固醇），研究血清胆固醇对血压的影响，建立如下回归方程：

$\text{bpsystol}_i=\beta_0+\beta_1\text{female}_i+\beta_2\text{tcresult}_i+\beta_3\text{heartatk}_i+\beta_4\text{weight}_i+\beta_5\text{height}_i+\beta_6\text{age}_i+\beta_7\text{diabetes}_i+\varepsilon_i$

OLS 回归的 Stata 命令如下：

reg bpsystol female tcresult heartatk weight height age diabetes

Stata 输出结果如表 10-10 所示。

表 10-10 OLS 回归模型结果

bpsystol	Coef.	Std. Err.	t	P > |t|	[95% Conf.	Interval]
female	−3.312425	0.5428272	−6.10	0.000	−4.376471	−2.248378
tcresult	0.0252764	0.0042386	5.96	0.000	0.0169679	0.0335849
heartatk	−1.905046	0.9302321	−2.05	0.041	−3.728481	−0.0816116
weight	0.455093	0.014399	31.61	0.000	0.4268681	0.4833178
height	−0.3166602	0.0306646	−10.33	0.000	−0.3767687	−0.2565517
age	0.5639892	0.0127671	44.18	0.000	0.5389631	0.5890152
diabetes	5.829073	0.9041524	6.45	0.000	4.05676	7.601387
_cons	120.4626	5.351968	22.51	0.000	109.9717	130.9535

从样本整体上看，血清胆固醇的回归系数为 0.0253，在 1% 的水平上，与血压显著正相关，说明人体内血清胆固醇越高，血压越高。若要区别男性与女性体内血清胆固醇对血压的影响，需加入交乘项 female_tcresult，等于 female 乘以 tcresult，建立如下回归方程：

$\text{bpsystol}_i=\beta_0+\beta_1\text{female}_i+\beta_2\text{tcresult}_i+\beta_3\text{female\_tcresult}_i+\beta_4\text{heartatk}_i+\beta_5\text{weight}_i+\beta_6\text{height}_i+\beta_7\text{age}_i+\beta_8\text{diabetes}_i+\varepsilon_i$

首先生成交乘项 female_tcresult，Stata 命令如下：

generate female_tcresult = female × tcresult

含交乘项的 OLS 回归的 Stata 命令如下：

reg bpsystol female tcresult female_tcresult heartatk weight height age diabetes

Stata 输出结果如表 10-11 所示。

表 10-11　含交乘项的 OLS 回归模型结果

bpsystol	Coef.	Std. Err.	t	P > |t|	[95% Conf.	Interval]
female	−9.732416	1.787111	−5.45	0.000	−13.2355	−6.229334
tcresult	0.0084015	0.0061624	1.36	0.173	−0.003678	0.020481
female_tcresult	0.0295793	0.0078454	3.77	0.000	0.0142009	0.0449577
heartatk	−1.77651	0.9302632	−1.91	0.056	−3.600006	0.0469854
weight	0.4551326	0.0143898	31.63	0.000	0.4269258	0.4833395
height	−0.317529	0.0306459	−10.36	0.000	−0.3776009	−0.2574572
age	0.5604116	0.0127942	43.80	0.000	0.5353324	0.5854907
diabetes	5.815501	0.9035824	6.44	0.000	4.044305	7.586697
_cons	124.3706	5.44806	22.83	0.000	113.6913	135.0498

结果显示，加入交乘项后，解释变量 tcresult 的回归系数不显著，考虑有可能存在多重共线性的问题，我们可以采用以下命令来进行检验：

estat vif

Stata 输出结果如表 10-12 所示。

表 10-12　方差膨胀因子检验结果

Variable	VIF	1/VIF
female_tcresult	23.43	0.042675
female	22.17	0.045113
tcresult	2.58	0.387978
height	2.44	0.410379
weight	1.36	0.735815
age	1.35	0.740672
heartatk	1.06	0.9462
diabetes	1.04	0.958912
Mean VIF	6.93	

结果显示：交乘项 female_tcresult 的 VIF 值为 23.43，female 的 VIF 值为 22.17，tcresult 的 VIF 值为 2.58，根据方差膨胀因子判断可知，解释变量 female 与交乘项 female_height 的 VIF 值较高，由此可以判断回归方程存在较强的多重共线性。当模型存在较强的多重共线性问题时，一般常用的解决方案有两种。

1. 剔除解释变量法

剔除解释变量法是指剔除回归方程中多重共线性比较严重的一个或多个解释变量，使得回归结果变得显著。由于我们要研究交乘项与被解释变量之间的关系，因此首先剔除解释变量 female，重新建立回归方程：

$\text{bpsystol}_i = p_0 + p_1\text{tcresult}_i + c_2\text{female\_tcresult}_i + c_3\text{heartatk}_i + e_4\text{weight}_i + \beta_5\text{height}_i + e_6\text{age}_i + g_7\text{diabetes}_i + \varepsilon_i$

含交乘项的 OLS 回归的 Stata 命令如下：

reg bpsystol tcresult female_tcresult heartatk weight height age diabetes

Stata 输出结果如表 10-13 所示。

表 10-13 剔除一个解释变量的 OLS 回归模型结果

bpsystol	Coef.	Std.Err.	t	P > |t|	[95% Conf.	Interval]
tcresult	0.0314047	0.0044932	6.99	0.000	0.0225971	0.0402123
female_tcresult	−0.0111298	0.0023848	−4.67	0.000	−0.0158044	−0.0064552
heartatk	−1.847929	0.9314587	−1.98	0.047	−3.673768	−0.0220893
weight	0.4561138	0.0144086	31.66	0.000	0.4278701	0.4843575
height	−0.2836743	0.0300503	−9.44	0.000	−0.3425787	−0.2247699
age	0.568889	0.0127168	44.74	0.000	0.5439617	0.5938163
diabetes	5.811301	0.9048333	6.42	0.000	4.037653	7.584949
_cons	112.8468	5.027279	22.45	0.000	102.9923	122.7012

结果显示：剔除解释变量 female 后，tcresult 的显著性得到提高。交乘项 female_tcresult 的回归系数为 -0.0111 可以看出，相较于男性，女性的血清胆固醇对血压的正向影响小，即女性的血清胆固醇对血压的正向影响小于男性。此时，我们再对其进行多重共线性检验。输入 Stata 命令如下：

estat vif

Stata 输出结果如表 10-14 所示。

表 10-14 方差膨胀因子检验结果

Variable	VIF	1/VIF
height	2.44	0.410403
female_tcresult	2.04	0.489597
weight	1.36	0.735816
age	1.34	0.744768
tcresult	1.22	0.821136
heartatk	1.06	0.947473
diabetes	1.04	0.958927
Mean VIF	1.5	

结果显示：解释变量的 VIF 值均小于 3，可见多重共线性问题被有效解决了。上述例子演示了虚拟变量与连续变量交乘时的共线性问题，当虚拟变量与虚拟变量相乘时，共线性问题的解决与上述情形相同，在这里便不做赘述。

2. 分组回归法

分组回归法是指将研究的数据集按照某一解释变量的属性分成 n 组分别进行回归，研究在不同的属性下被解释变量与解释变量之间的关系。同样以数据集 nhanes2 为例，根据解释变量 female 进行分组，将原始数据分为女性和男性两组，在此基础上，研究血清胆固醇与血压之间的关系。建立如下回归方程：

$$\text{bpsystol}_i=p_0+p_1\text{tcresult}_i+c_2\text{heartatk}_i+e_3\text{weight}_i+\beta_4\text{height}_i+e_5\text{age}_i+g_6\text{diabetes}_i+\varepsilon_i$$

首先研究女性组别，Stata 命令如下：

reg bpsystol tcresult heartatk weight height age diabetes if female==1

Stata 输出结果如表 10-15 所示。

表 10-15 分组的 OLS 回归模型结果（女性组）

bpsystol	Coef.	Std. Err.	t	P > |t|	[95% Conf.	Interval]
tcresult	0.0141194	0.0058402	2.42	0.016	0.0026703	0.0255684
heartatk	1.432377	1.601944	0.89	0.371	−1.708076	4.572831
weight	0.4817988	0.0189682	25.40	0.000	0.4446136	0.518984
height	−0.2850306	0.0434554	−6.56	0.000	−0.3702207	−0.1998405
age	0.7058581	0.0184189	38.32	0.000	0.6697498	0.7419665
diabetes	5.732248	1.220625	4.70	0.000	3.339334	8.125163
_cons	105.8885	7.153624	14.80	0.000	91.86449	119.9124

其次研究男性组别，Stata 命令如下：

reg bpsystol tcresult heartatk weight height age diabetes if female==0

Stata 输出结果如表 10-16 所示。

表 10-16 分组的 OLS 回归模型结果（男性组）

bpsystol	Coef.	Std.Err.	t	P > |t|	[95% Conf.	Interval]
tcresult	0.0265039	0.0061471	4.31	0.000	0.0144528	0.038555
heartatk	−2.162024	1.119139	−1.93	0.053	−4.356037	0.0319894
weight	0.3899949	0.0220305	17.70	0.000	0.3468053	0.4331845
height	−0.3146747	0.0431245	−7.30	0.000	−0.3992179	−0.2301314
age	0.4171351	0.01748	23.86	0.000	0.3828664	0.4514038
diabetes	5.996247	1.324177	4.53	0.000	3.400267	8.592226
_cons	131.9042	7.371962	17.89	0.000	117.4519	146.3566

为了使两组数据中 tcresult 的回归系数可比，我们应当分别获取这两组数据的标准化回归系数，Stata 命令如下：

reg bpsystol tcresult heartatk weight height age diabetes if female==1,beta

reg bpsystol tcresult heartatk weight height age diabetes if female==0,beta

得到女性组 tcresult 的回归系数为 0.0292，男性组 tcresult 的回归系数为 0.0581，可知相比于女性而言，男性的血清胆固醇越高，导致血压越高的程度更大。

10.4.2 异方差

异方差是相对于同方差而言的。所谓同方差，是为保证回归参数估计量具有良好的统计性质，假定总体回归函数中的随机误差项具有相同的方差。如果不满足这一假定，则称回归模型存在异方差性。线性回归模型一旦出现异方差性，普通最小二乘法参数估计虽然仍具有线性、无偏性，但失去了有效性。在变量的显著性检验中，t 检验也失去意义。因为 t 统计量是建立在随机扰动项方差 σ^2 不变且正确估计了参数方差的基础上。

标准的 Probit 和 Logit 模型同样假设扰动项为同方差，并据此写出似然函数。对于这个同方差假设，可以进行似然比检验。在似然比检验过程中能同时估计原方程和条件方差方程。若无法通过检验，则拒绝原假设，认为模型存在异方差问题。

似然比检验的 Stata 命令如下：

hetprob y x_1 x_2 x_3，het（varlist）

其中，选择项“het（varlist）”指定对扰动项方差有影响的所有变量。在 Stata 的输出结果中，将汇报对同方差的原假设 H_0 进行似然比检验的结果，即检验条件方差方程的联合显著性。如果接受原假设，则可使用同方差的 Probit 模型；否则，应使用异方差的 Probit 模型。

下面依然使用网络数据集 nhanes2.dta，研究性别、种族与糖尿病之间的关系。建立如下回归方程：

$P\text{（diabetes=1）}=a_0+a_1\text{sex}_i+a_2\text{race}_i+\varepsilon_i$

首先使用 Probit 回归，Stata 命令如下：

probit diabetes sex race

Stata 输出结果如表 10-17 所示。

表 10-17　Probit 回归模型结果

diabetes	Coef.	Std. Err.	z	P > |z|	[95% Conf.	Interval]
sex	0.0785007	0.0423632	1.85	0.064	−0.00453	0.1615311
race	0.1698195	0.0469383	3.62	0.000	0.0778222	0.2618168
_cons	−1.981712	0.0888818	−22.3	0.000	−2.155917	−1.807506

接下来使用 Hetprobit 回归，检验回归方程是否存在异方差问题。我们怀疑年龄（age）是对扰动项方差有影响的变量，因此，使用似然比检验法检验 age 与扰动项方差之间的关系。Stata 命令如下：

hetprob diabetes sex race, het（age）nolog

Stata 输出结果如表 10-18 所示。

表 10-18　似然比检验结果

diabetes	Coef.	Std.Err.	z	P > |z|	[95% conf.	Interval]
			diabetes			
sex	0.274051	0.1101762	2.49	0.013	0.05811	0.489992
race	0.4923202	0.1164837	4.23	0.000	0.264016	0.720624
_cons	−4.789595	0.3381394	−14.16	0.000	−5.452336	−4.126854
			lnsigma2			
age	0.015853	0.0009139	17.35	0.000	0.014062	0.017644
LR test of lnsigma2=0: chi2（1）= 357.74				Prob > chi2 = 0.0000		

表 10-18 中间部分为原方程（diabetes）的估计结果，而下部分为方差方程（lnsigma2）的估计结果。方差方程的估计结果显示 age 对扰动项方差影响很大；表的最后一行显示，似然比检验的 P 值为 0.0000，故拒绝“同方差”的原假设，模型存在异方差问题。且对比表 10-17 和表 10-18 的 P 值可知，使用异方差 Probit 回归后的结果更优，主要变现在 sex 显著性水平得到了提高。根据表 10-18 可知：sex 和 race 的系数分别为 0.274051 和 0.4923202。

10.4.3 内生性

内生性是实证研究中常见的问题之一，指解释变量 x 与扰动项 ε 相关。产生内生性的根源有三点：一是遗漏变量，工资和受教育水平同时受到能力的影响，然而，能力是不可直接观测的，这就带来了遗漏变量的内生性问题；二是联立性，在联立方程中，消费和收入同时受一些宏观因素的影响，带来了联立方程偏差；三是度量误差，由于关键变量可能存在度量误差，测量值与真实值之间也可能存在偏差，因此变量会出现内生性的问题。

解决内生性问题最有效的方法就是寻找工具变量。在二值选择模型中，若存在内生解释变量，使用通常的 Probit 或 Logit 模型将得不到一致估计。此时使用“工具变量 Probit”（简称 IV Probit）可有效解决内生性问题。IV Probit 有两种估计方法。其一是最大似然估计（MLE），尽管 MLE 最有效率，但在数值计算时，尤其存在多个内生性解释变量时，可能不易收敛。其二是两步法估计，其原理为：既然内生性是由于遗漏了变量 v_i，故将 v_i 作为控制变量加入方程中，即可得到一致估计。虽然扰动项 v_i 不可预测，但可用 OLS 残差 $\hat{v}_i$ 作为 v_i 的一致估计。其步骤如下。

第一步：以内生变量作为被解释变量进行 OLS 回归，得到残差 $\hat{v}_i$。

第二步：以残差 $\hat{v}_i$ 替代 v_i 进行 Probit 估计，得到变换后的系数估计值。

需要注意的是两步法估计系数与 MLE 系数并不直接可比。

MLE 法和两步法中含内生变量 Probit 模型的 Stata 命令分别为：

ivprobit y_1 x_1 x_2（y_2=z_1 z_2）

ivprobit y_1 x_1 x_2（y_2=z_1 z_2）, first twostep

其中，y_1 为被解释变量，y_2 为内生解释变量，x_1、x_2 为外生解释变量，而 z_1、z_2 为工具变量，选择项 twostep 表示使用两步法，默认使用 MLE 方法，选择项 first 表示显示第一步回归结果。

下面以网络数据集 laborsup.dta 为例，研究家庭因素对妇女是否就业的影响，判断是否存在内生性问题。该数据集包括以下变量：fem_work（妇女是否工作：工作时为 1，否则为 0）、fem_educ（妇女受教育程度）、kids（孩子数量）、other_inc（家庭其他收入）。

建立如下回归方程：

$$P(\text{fem\_work}_i=1)=a_0+a_1\text{fem\_educ}_i+a_2\text{kids}_i+a_3\text{other\_inc}_i+\varepsilon_i$$

通过常理分析，可能存在同时影响 fem_work 与 other_inc 的遗漏变量。因为 fem_work 与 other_inc 都会直接受 male_inc（配偶的收入水平）的影响，因此怀疑 other_inc 为内生变量。但配偶的收入水平会直接影响被解释变量 fem_work，不满足工具变量的外生性要求。为此考虑选取 male_inc 的替代变量 male_educ（配偶受教育程度）作为工具变量。一方面，配偶受教育程度与家庭其他收入直接相关，满足工具变量的相关性；另一方面，配偶的受教育程度不直接影响妇女是否就业，故满足工具变量的外生性。因此使用此工具变量进行 MLE，可有效检测 other_inc 是否为内生变量。

首先打开数据集：

webuse laborsup,clear

MLE 估计的 Stata 命令如下：

ivprobit fem_work fem_educ kids（other_inc = male_educ）

Stata 输出结果如表 10-19 所示。

表 10-19 MLE 结果

	Coef.	Std.Err.	z	P > |z|	[95% Conf.	Interval]
other_inc	−0.0542756	0.0060854	−8.92	0.000	−0.0662027	−0.0423485
fem_educ	0.211111	0.0268648	7.86	0.000	0.1584569	0.2637651
kids	−0.1820929	0.0478267	−3.81	0.000	−0.2758316	−0.0883543
_cons	0.3672083	0.4480724	0.82	0.412	−0.5109975	1.245414
/athrho	0.3907858	0.1509443	2.59	0.010	0.0949403	0.6866313
/lnsigma	2.813383	0.0316228	88.97	0.000	2.751404	2.875363
rho	0.3720374	0.1300519			0.0946561	0.5958135
sigma	16.66621	0.5270318			15.66461	17.73186
Instrumented: other_inc						
Instruments: fem_educ kids male_educ						
Wald test of exogeneity (/athrho = 0) : chi2（1）= 6.70					Prob > chi2 = 0.0096	

表 10-19 底部提供了对外生性原假设的检验结果，其 P 值为 0.0096，故可在 1% 的水平上拒绝原假设，other_inc 为内生变量，验证了我们的怀疑。根据模型的估计结果，遗漏变量和扰动项的相关系数 $\hat{\rho}$ =0.3720，这表明，未度量的遗漏变量（配偶受教育程度 male_educ）在增加家庭其他收入的同时，也会降低妇女的就业倾向。

下面进行两步法估计，Stata 命令如下：

ivprobit fem_work fem_educ kids（other_inc = male_educ）, first twostep

Stata 输出结果如表 10-20 和表 10-21 所示。

表 10-20 两步法估计结果（其一）

other_inc	Coef.	Std.Err.	t	P > |t|	[95%Conf.	Interval]
male_educ	2.845253	0.283884	10.02	0.000	2.28749	3.403016
fem_educ	0.3351866	0.283734	1.18	0.238	−0.2222829	0.892656
kids	0.8329056	0.54977	1.52	0.130	−0.2472597	1.913071
_cons	9.872562	5.049432	1.96	0.051	−0.0483506	19.79347

表 10-21 两步法估计结果（其二）

	Coef.	Std. Err.	z	P > |z|	[95% Conf.	Interval]
other_inc	−0.05847	0.0093364	−6.30	0.000	−0.07677	−0.04017
fem_educ	0.227437	0.0281628	8.08	0.000	0.172239	0.282635
kids	−0.19617	0.0496323	−4.00	0.000	−0.29345	−0.0989
_cons	0.395606	0.4982649	0.79	0.427	−0.58098	1.372187
Instrumented: other_inc						
Instruments: fem_educ kids male_educ						
Wald test of exogeneity: chi2（1）= 6.50				Prob > chi2 = 0.0108		

表 10-21 底部对于 other_inc 外生性原假设的检验结果表明，P 值为 0.0108，故在 5% 水平上认为 other_inc 为内生变量。此外，第一步的回归结果表明，工具变量 male_educ 对于内生性变量 other_inc 具有较强的解释力，说明选取 male_educ 做工具变量可有效消除模型的内生性问题。

应用举例：解决内生性问题的关键就是寻找有效的工具变量。一个有效的工具变量既要满足相关性，又要满足外生性的特征，即工具变量要与存在内生性的自变量相关，同时又不影响被解释变量。对于大多数研究者而言，选择一个合适且有效的工具变量是一个非常棘手的问题。同样以吕怀立等（2021）发表在《会计研究》上的文章为例，论文研究保代在核准制市场的保荐经历对其科创板 IPO 定价的影响。保代在核准制市场的保荐经历可能存在内生性，例如科创板 IPO 定价也许是基于公司对保代的特殊“要求”，而不是基于保代的个人能力，只有那些服从公司定价需求的才被选作科创板保荐代表人。因此，论文需要控制变量“保代在核准制市场的保荐经历”的内生性，作者选择保代获得资格证书当年的考试通过率作为工具变量，通过率越低，代表资格考试难度越大，保代的胜任能力越强。

10.4.4　样本自选择

在一般的计量经济学研究中，用于估计系统参数的样本数据都是随机抽取的。但是现实中，经常出现样本不是随机抽取的情况，即样本存在自选择问题。这时根据这些样本数据所估计的参数就不能准确反映所研究的总体。例如，研究妇女的工资收入，虽然我们可以观测有工作的妇女的实际工资收入，但是不知道没有工作的妇女的“保留工资”（即愿意工作的最低工资）。于是我们收集数据时就会缺失没有工作的妇女的样本，由此产生样本自选择问题。

Heckman 两步法是实证研究中处理样本自选择问题的常用方法，主要用于解决所获得数据不能代表总体所导致的样本自选择问题。采用 Heckman 两步法的基本思想是：第一，根据经济理论设计出一个模型（称为“选择模型”），来计算考察对象出现某种行为的概率；第二，在原来的模型中加入考察对象做出该行为的概率，作为一个额外的解释变量，以修正自选择行为。另一种更有效率的方法是用最大似然来估计模型，在两步法中，第一步的误差会被带进第二步，因此其效率不如 MLE。

以网络数据集 womenwk.dta 为例，该数据集包括以下变量：wage（工资薪金）、age（年龄）、married（婚否：已婚为 1，未婚为 0）、children（子女数）和 education（教育年限）。当 wage 为空缺值时，我们认为该女性尚未就业。因为收入的波动性一般较大，为缓解这种波动趋势，使结果更稳健，我们定义新变量 lwf=ln（wage）。使用因素 married、children、education 和 age 构造选择模型估算出女性工作的概率，并将其带入回归模型中，若该变量显著，则说明“是否工作”确实影响了回归结果，即存在自选择问题。若存在问题，带入虚拟变量以后得到的结果即为修正的结果。

建立如下模型：

$$\text{lwf}_i=\beta_0+w_1\text{education}_i+\beta_2\text{age}_i+\varepsilon_i$$

首先打开数据集：

webuse womenwk,clear

生成新变量 lwf：

generate lwf=ln（wage）

Heckman 两步法的 Stata 命令如下：

heckman lwf education age,select（married children education age）nolog

Stata 输出结果如表 10-22 所示。

表 10-22 Heckman 检验（构造选择方程法）结果

lwf	Coef.	Std. Err.	z	P＞|z|	[95% conf.	Interval]
			lwf			
education	0.041669	0.002379	17.51	0.000	0.037006	0.046331
age	0.008363	0.00092	9.09	0.000	0.00656	0.010167
_cons	2.196209	0.047613	46.13	0.000	2.10289	2.289528
			select			
married	0.462935	0.07203	6.43	0.000	0.321759	0.604111
children	0.470022	0.028077	16.74	0.000	0.414991	0.525053
education	0.054654	0.010956	4.99	0.000	0.033181	0.076126
age	0.035036	0.004228	8.29	0.000	0.02675	0.043323
_cons	−2.487702	0.192476	−12.92	0.000	−2.86495	−2.11046
/athrho	0.520678	0.074781	6.96	0.000	0.374111	0.667246
/lnsigma	−1.33972	0.023322	−57.44	0.000	−1.38543	−1.29401
rho	0.478223	0.057679			0.357582	0.583166
sigma	0.261919	0.006109			0.250216	0.27417
lambda	0.125256	0.01694			0.092055	0.158457
LR test of indep.eqns.（rho = 0）:chi2（1）=40.10				Prob ＞ chi2 = 0.0000		

表 10-22 底部的似然比检验显示 P 值为 0.0000，因此，可以拒绝原假设"H_0：$\rho=0$，样本中不存在自选择问题"，说明模型中确实存在样本选择偏差，即应该使用样本选择模型。

上述方法构造的选择方程中的被解释变量是虚拟变量"是否工作"，如果我们手动生成这个虚拟变量，则 Heckman 两步法的 Stata 命令还有一种做法：

先对是否工作生成虚拟变量 w，如工作即为 1，不工作即为 0。Stata 命令如下：

generate *w*=（wage<.）

在选择方程中指定被解释变量为 w，Stata 命令如下：

heckman lwf education age,select（*w*=married children education age）nolog

Stata 输出结果如表 10-23 所示。

表 10-23 Heckman 检验（手动生成变量法）结果

	Coef.	Std. Err.	z	P＞|z|	[95% Conf.	Interval]
			lwf			
education	0.041669	0.002379	17.51	0.000	0.037006	0.046331
age	0.008363	0.00092	9.09	0.000	0.00656	0.010167

（续）

	Coef.	Std. Err.	z	P > |z|	[95% Conf.	Interval]
_cons	2.196209	0.047613	46.13	0.000	2.10289	2.289528
			w			
married	0.462935	0.07203	6.43	0.000	0.321759	0.604111
children	0.470022	0.028077	16.74	0.000	0.414991	0.525053
education	0.054654	0.010956	4.99	0.000	0.033181	0.076126
age	0.035036	0.004228	8.29	0.000	0.02675	0.043323
_cons	−2.4877	0.192476	−12.92	0.000	−2.86495	−2.11046
/athrho	0.520678	0.074781	6.96	0.000	0.374111	0.667246
/lnsigma	−1.33972	0.023322	−57.44	0.000	−1.38543	−1.29401
rho	0.478223	0.057679			0.357582	0.583166
sigma	0.261919	0.006109			0.250216	0.27417
lambda	0.125256	0.01694			0.092055	0.158457
LR test of indep.eqns.（rho = 0）:chi2（1）=40.10			Prob > chi2 = 0.0000			

表 10-23 底部的似然比检验显示，*P* 值同样为 0.0000，可以拒绝原假设“H_0: $\rho=0$”，与第一种命令得出的结果完全相同，可见两种命令的实质是一样的，任选其中一种检验即可。因此，该模型确实存在选择偏差，应该使用样本选择模型。

10.4.5 样本选择偏误

我们在研究某一事件所带来的后果时需要对比事件发生与不发生对同一样本的不同影响。然而现实生活中，我们只能得到其中一组数据。例如，我们考察 A 同学读完研后的就业机会比没读研的时候大多少，就需要在平行时空里有一个“没有读研的 A 同学”与之对比。而这个平行时空显然无法获得，若我们随便选取未读研的 B 同学与之对比，可能 A、B 两位同学本身就存在影响就业机会的差异，便会带来样本选择偏误。

解决样本选择偏误常用的方法是倾向得分匹配法（propensity score matching，PSM）。倾向得分匹配法的理论框架是基于“反事实推断模型”：假定所有研究对象都存在已观测到的和未被观测到的两种结果，即实验组和对照组。我们可以通过构建虚拟变量来区分实验组和对照组，取值为 1 时，表示为实验组；取值为 0 时，表示为对照组。面对无法观测的对照组，PSM 的思路是，如果可以找到与实验组样本“相似”的未被处理的样本，就可以估计实验组样本反事实情况下的发展水平，这一过程被称为匹配过程。然后要对匹配的结果进行平衡性检验，以检测研究的匹配结果是否可靠。如果匹配结果良好，则两组样本在匹配变量上不存在显著差异，表明选取的匹配变量和匹配方法都是合适的，匹配后的实验组和对照组所有的特征变量都基本一致。

下面以网络数据集 ldw_exper.dta 为例进行演示，研究是否参加就业培训对工资薪金的影响。该数据集包括以下变量：被解释变量 re78（1978 年实际收入）、解释变量 *t*（是否参加就业培训）、控制变量 age（年龄）、educ（教育年限）、black（是否黑人）、hisp（是否拉丁裔）、

married（是否已婚）、re74（1974 年实际收入）、re75（1975 年实际收入）、u74（1974 年是否失业）、u75（1975 年是否失业）。

首先打开数据集，Stata 命令如下：

```
webuse ldw_exper,clear
```

生成随机数，将数据库进行随机整理，Stata 命令如下：

```
set seed 10101
gen ranorder = runiform()
sort ranorder
```

进行近邻匹配，Stata 命令如下：

```
psmatch2 t age educ black hisp married re74 re75 u74 u75, outcome（re78）n（1）ate ties logit
```

Stata 输出结果如表 10-24 和表 10-25 所示。

表 10-24　总体样本执行 Logit 模型结果

t	Coef.	Std. Err.	z	P > |z|	[95%Conf.	Interval]
age	0.0142619	0.0142116	1.00	0.316	0.0135923	0.0421162
educ	0.0499776	0.0564116	0.89	0.376	−0.060587	0.1605423
black	−0.347664	0.3606532	−0.96	0.335	−1.054531	0.3592032
hisp	−0.9284851	0.50661	−1.83	0.067	−1.921422	0.0644521
married	0.1760431	0.2748817	0.64	0.522	−0.3627151	0.7148012
re74	0.0339278	0.0292559	−1.16	0.246	−0.0912683	0.0234127
re75	0.01221	0.0471351	0.26	0.796	−0.0801731	0.1045932
u74	−0.1516037	0.3716369	−0.41	0.683	−0.8799987	0.5767913
u75	−0.3719486	0.317728	−1.17	0.242	−0.9946841	0.2507869
_cons	−0.4736308	0.8244205	−0.57	0.566	−2.089465	−1.142204

表 10-25　匹配结果汇总

psmatch2:	psmatch2: Common		Total
Treatment	support		
assignment	Off support	On support	
Untreated	11	249	260
Treated	2	183	185
Total	13	432	445

表 10-24 显示的是对总体样本执行 Logit 模型，估计出每个观测对象参加培训的概率是多少，目的是针对每一个参加培训的观测对象，匹配一个其他条件类似但没有参加培训的观测对象。表 10-25 根据匹配结果汇报观测值是否在共同取值范围中。在 445 个总体观测样本中，对照组（Untreated）共有 11 个不在共同取值范围中（Off support），实验组（Treated）共有 2 个不在共同取值范围中（Off support），其余 432 个观测值均在共同取值范围中（On support）。因此，匹配后实验组并不会丢失太多样本，可进行无放回匹配。

检验协变量在实验组与对照组之间是否平衡，Stata 命令如下：

pstest age educ black hisp married re74 re75 u74 u75, both graph

均衡性检验 Stata 输出结果如表 10-26 所示。

表 10-26　均衡性检验结果

Variable	Unmatched	Mean		%reduct		t-test	
	Matched	Treated	Control	%bias	bias	t	p > |t|
age	U	25.816	25.054	10.7		1.12	0.265
	M	25.781	25.383	5.6	47.7	−0.49	0.626
educ	U	10.346	10.088	14.1		1.50	0.135
	M	10.322	10.415	−5.1	63.9	−0.23	0.816
black	U	0.84324	0.82692	4.4		0.45	0.649
	M	0.85246	0.86339	−2.9	33.0	1.02	0.307
hisp	U	0.05946	0.10769	−17.5		−1.78	0.076
	M	0.06011	0.04372	5.9	66.0	0.02	0.982
married	U	0.18919	0.15385	9.4		0.98	0.327
	M	0.18579	0.19126	−1.4	84.5	−1.91	0.057
re74	U	2.0956	2.107	−0.2		−0.02	0.982
	M	2.0672	1.9222	2.7	−1166.6	−1.00	0.317
re75	U	1.5321	1.2669	8.4		−0.87	0.382
	M	1.5299	1.6446	−3.6	56.7	−2.42	0.016
u74	U	0.70811	0.75	−9.4		−0.98	0.326
	M	0.71038	0.75956	−11.1	−17.4	0.78	0.436
u75	U	0.6	0.68462	−17.7		−1.85	0.065
	M	0.60656	0.63388	−5.7	67.7	2.07	0.039

由均衡性检验结果可知，匹配后（Matched）大多数变量的标准化偏差（%bias）小于 10%，只是变量 u74 的偏差为 11.1%，似乎可以接受；而且大多数 t 检验结果不拒绝实验组与控制组无系统差异的原假设（re75 与 u75 为例外）。对比匹配前（Unmatched）的结果，大多数变量的标准化偏差均大幅缩小，但变量 re74 与 u74 的偏差反而有所增加。

10.4.6　样本区间不连续

在研究某一因素对结果变量的影响时，通常会对整体样本进行回归，但解释变量可能存在不连续的现象。例如，大学 A 录取新生，采取高考分数高于 600 分的学生授予全额奖学金，低于 600 分的学生自费的政策，研究“全额奖学金的授予能否提高大学生的期末成绩”。高考分数高于 600 分的甲，其期末成绩为 95 分；低于 600 分的学生乙，其期末成绩为 85 分，但是这并不能说明授予奖学金能够帮助学生提高成绩。因为甲同学其他方面的能力可能都比乙同学要优秀。因此选取整个样本区间无法获得有效的因果关系。

断点回归可以通过随机性加以解决。以 90 分为临界点，期末成绩为 88 分、89 分、91 分、92 分的学生在其他方面的能力差异不大，可以认为这种细微差异是随机的，且在 x=90 分处，可以看出学生的期末成绩有跳跃性，这个跳跃即是否获得全额奖学金 D（当 $x>90$ 时，D=1，反之 D=0）对期末成绩 y 的因果效应。因此，我们选取小邻域 [90−h，90+h] 之间的学生样本进行回归，h 在 Stata 回归中叫作带宽。由于此回归存在一个断点，故称之为“断点回归”。

下面以网络数据集 votex.dta 为例，使用民主党候选人的得票比例作为分组变量，以 0.5 作为断点（在两党政治中，得票比例大于或等于 0.5 则当选，反之落选），研究美国国会选区如果有一名民主党众议员对该选区联邦支出的影响。该数据集包含以下变量：lne（选区内联邦支出）、d（民主党候选人获得的选票份额）、win（民主党是否赢得了选举）、i（是否为现任民主党众议员）、votpop（达到投票年龄人口的比例）、black（黑人比例）、blucllr（蓝领比例）、farmer（农民比例）、fedwrkr（在职员工比例）、forborn（国外出生人口比例）、manuf（制造业人口比例）、unemplyd（失业人口比例）、union（工会成员比例）、urban（城市人口比例）、veterans（老兵比例）。

Stata 命令如下：

use votex.dta,clear

在实践中，断点回归建议按照以下四个步骤，以确保结果的稳定性。

第一步，使用最优带宽（h=100%）和三角核进行精确断点回归（回归结果见表 10-27）。在 Stata 中带宽有三种选择，通过 rd 命令 mbw（100 50 200）实现，即最优带宽 100% 及其二分之一带宽 50% 或两倍带宽 200%。通过 rd 命令 mbw（100）实现。

rd lne d, gr mbw（100）

表 10-27　三角核回归结果

lne	Coef.	Std. Err.	z	P > |z|	[95% Conf.	Interval]
lwald	−0.0773955	0.1056062	−0.73	0.464	−0.28438	0.1295889

其中，最优带宽 h 约为 0.29，因此选择得票率在 [0.21，0.79] 之间的样本进行了回归。在表 10-27 中，局部沃尔德估计值（lwald）为负且不显著，说明拥有民主党众议员并不能带来更多的联邦支出。

如图 10-5 所示，条件期望函数 E（lne|d）只是在断点 d =0 处稍微向下跳跃。

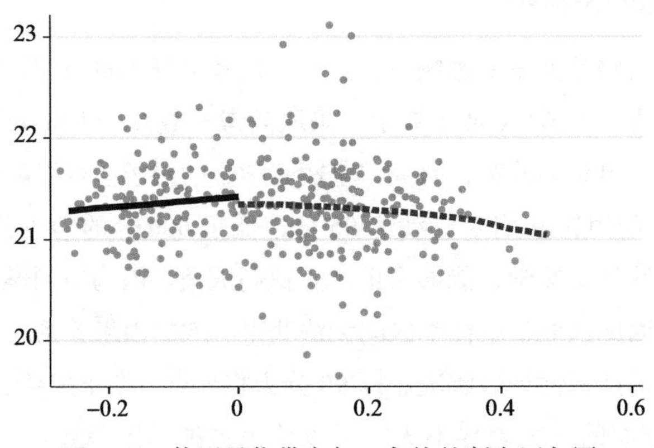

图 10-5　使用最优带宽与三角核的断点回归图

第二步，使用不同带宽 h 进行回归，对比结果是否有所变化，加入协变量的回归结果如

表 10-28 所示。

rd lne d, gr mbw（100 50 200）

表 10-28　加入协变量的回归结果

lne	Coef.	Std. Err.	z	P > |z|	[95% Conf.	Interval]
lwald	−0.0774	0.105606	−0.73	0.464	−0.28438	0.129589
lwald50	−0.09491	0.145444	−0.65	0.514	−0.37998	0.190151
lwald200	−0.05431	0.091179	−0.6	0.551	−0.23302	0.124399

从表 10-28 中可以看出，改变带宽并未改变因果变量的正负关系以及显著性。

第三步，加入协变量重复上述估计，结果如表 10-29 所示。

rd lne d, mbw（100）cov（i votpop black blucllr farmer fedwrkr forborn manuf unemplyd union urban veterans）

表 10-29　加入协变量的重复估计结果

lne	Coef.	Std. Err.	z	P > |z|	[95% Conf.	Interval]
lwald	0.0543733	0.0921634	0.59	0.555	−0.1262636	0.23501

表 10-29 显示，虽然局部沃尔德估计值为 0.05，表明拥有一名民主党众议员与联邦支出正相关，但是这种关系依然不显著。

第四步，进行断点回归后，检验协变量和分组变量在断点处的条件密度是否连续。

首先，检验协变量的条件密度函数是否连续。如果协变量 w_i 在 $x=c$ 处的密度函数也存在跳跃，则不宜将 $\hat{\delta}$ 全部归功于该项目的处理效应。为了检验此假设，需考察协变量的分布在 $x=c$ 处是否有跳跃，可使用 Stata 命令 rd 的选择项 “x（varlist)” 来实现，协变量的条件密度回归结果如表 10-30 所示。

rd lne d, mbw（100）x（i votpop black blucllr farmer fedwrkr forborn manuf unemplyd union urban veterans）

表 10-30　协变量的条件密度回归结果

lne	Coef.	Std. Err.	z	P > |z|	[95% Conf.	Interval]
i	−0.0044941	0.120801	−0.04	0.97	−0.2412592	0.232271
votpop	−0.0082128	0.006235	−1.32	0.188	−0.0204326	0.004007
black	−0.0036113	0.020048	−0.18	0.857	−0.0429046	0.035682
blucllr	0.0026193	0.005732	0.46	0.648	−0.0086144	0.013853
farmer	−0.0078737	0.003757	−2.1	0.036	−0.0152366	−0.00051
fedwrkr	0.0001617	0.003758	0.04	0.966	−0.0072046	0.007528
forborn	−0.015235	0.012068	−1.26	0.207	−0.0388882	0.008418
manuf	0.0147223	0.010035	1.47	0.142	−0.0049463	0.034391
unemplyd	−0.0007393	0.001907	−0.39	0.698	−0.0044769	0.002998
union	−2.25e-06	3.66e-06	−0.61	0.54	−9.43e-06	4.94e-06
urban	0.0370978	0.055988	0.66	0.508	−0.072637	0.146833
veterans	0.0015796	0.003621	0.44	0.663	−0.0055164	0.008676
lwald	−0.0773955	0.105606	−0.73	0.464	−0.28438	0.129589

表 10-30 显示，除了 farmer 外，所有协变量的条件密度在断点处都是连续的。

其次，检验分组变量的条件密度函数是否连续。如果存在内生分组，即断点附近存在非随机分组，将会导致在断点两侧的数据分布不均匀，即分组变量 x 的密度函数在断点 $x=c$ 处不连续。检验分组变量的连续性使用 DCdensity 命令，分组变量的条件密度回归结果如表 10-31 所示。

DCdensity d, breakpoint（0）generate（Xj Yj r0 fhat se_fhat）graphname（ed.eps）

表 10-31　分组变量的条件密度回归结果

Statistics	Value
Using default bin size calculation, bin size =	0.017174107
Using default bandwidth calculation, bandwidth =	0.10514868
Discontinuity estimate（log difference in height）=	−0.429396753
Standard Error=	0.444361558

从表 10-31 可知，θ=−0.43，而标准误为 0.44，故可接受密度函数在 c 处连续的假设。

从图 10-6 也可以看出，断点两侧密度函数估计值的置信区间有很大部分重叠，故断点两侧的密度函数不存在显著差异。

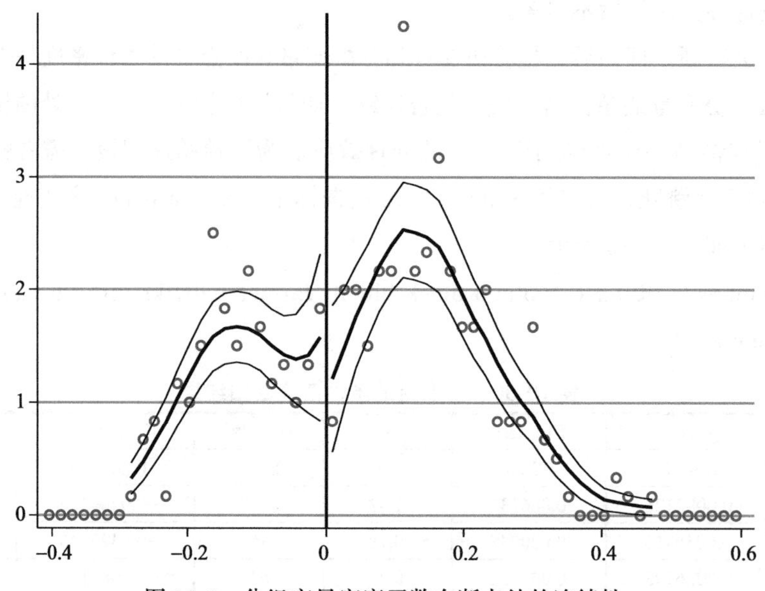

图 10-6　分组变量密度函数在断点处的连续性

10.5　发表历程与体会

以吕怀立等（2021）发表在《金融研究》上的文章为例，作者以新冠疫情这一突发公共卫生事件作为外生冲击，通过构建双重差分模型（DID），用于检验相比国有企业，民营企业的融资成本在疫情发生前后的变化情况。作者认为在疫情期间，相比国有企业，民营企业的融资成本明显降低。双重差分模型的具体形式如下：

$$\text{credit spread}=\beta_0+\beta_1\text{NSOE}+\beta_2\text{after}+\beta_3\text{NSOE}\times\text{after}+\beta_4\sum\text{controls}+\varepsilon$$

其中，credit spread 为债券信用利差，用于衡量企业的融资成本；NSOE 为发债企业的产权性质虚拟变量，当发债企业为民营企业时取值为 1，否则为 0。after 用于衡量疫情是否发生的虚拟变量，当债券发行公告日位于疫情发生之后为 1，否则为 0。controls 为控制变量，包括债券特征变量和企业特征变量，有债券规模、债券评级、企业规模、盈利能力等。

作者还进一步检验了发债企业的供应链支持对于其融资成本的影响。作者认为在疫情期间，为供应链提供商业信用支持的民营企业，其融资成本降低的幅度更大。为此，论文构建含虚拟变量与连续变量交乘项的估计模型，模型具体形式如下：

$$\text{credit spread}=\beta_0+\beta_1\text{NSOE}+\beta_2\text{TC support}+\beta_3\text{NSOE}\times\text{TC support}+\beta_4\sum\text{controls}+\varepsilon$$

其中，TC support 为供应链支持连续变量，用于衡量发债企业对供应链上下游企业的商业信用支持。文章采用应收账款、应收票据和预付款项的总和与总资产之比表示发债企业对供应链上下游企业的商业信用支持。这一比值越大，代表发债企业授予上下游企业的商业信用越多，体现了发债企业对整条供应链的商业信用支持。

在论文投稿中，评审人对我们构建的 DID 模型产生疑问，认为文章虽然使用了 DID 方法，但发行债券的主体在疫情发生前后并不相同，这意味着使用 DID 方程应不同于传统的 DID 方程，因为传统方程要求实验组和控制组在冲击前后应该一样。实验组和控制组的变化可能引发的担忧是，在疫情期间，好的民营企业才有资格发债，看起来融资成本降低了，而差的国有企业会选择发债自救，市场也认可其背后的政府隐性担保，但看起来发债成本上升了。而上述解释并不符合竞争中性原则。

为解决这一问题，我们采用 PSM-DID 的方法（倾向得分匹配 - 双重差分模型）进行稳健性检验。具体而言，以非国有企业作为实验组，以国有企业作为控制组，以债券规模和期限作为混淆变量，使用 Logit 模型计算倾向得分，并基于最邻近方法进行一对一精确匹配。将匹配后的结果代入 DID 模型，结果显示在进行精确匹配后，交乘项 NSOE×after 的回归系数同样显著为负，与主回归结果一致，说明在疫情发生后民营企业的债券利差有所下降，竞争中性原则在债券市场得到贯彻。

小结

本章由上海大学吕怀立教授撰写，介绍了如何把取值为 0 和 1 的属性变量，即虚拟变量引入回归模型。属性变量是一个“数据分类器”，它根据样本的属性将样本分为各个不同的子群体，并对每个子群体进行回归分析。本章将虚拟变量分成被解释变量为虚拟变量的估计模型和解释变量为虚拟变量的估计模型两种情况，在被解释变量为虚拟变量的估计模型部分重点介绍了 Probit 和 Logit 模型；在解释变量为虚拟变量的估计模型部分除了介绍虚拟变量直接作为解释变量的一般情况，还重点介绍了虚拟变量与其他变量的交乘，主要包括虚拟变量与虚拟变量交乘、虚拟变量与连续变量交乘。

本章还进一步讨论了含虚拟变量的方程中出现多重共线性、异方差、内生性、样本自选择、样本选择偏误和样本区间不连续等问题，并提出了检验方法和解决方案。虽然虚拟变量对回归分析十分有用，但在使用时仍需谨慎。若使用不当，会出现一系列问题，引起模型拟合不良或参数估值不准等后果。当然，先验地识别估计模型和样本数据缺陷并非易事。因此，在具体分析中，经验是至关重要的，尤其要依靠经济理论的指导。

吕怀立为上海大学管理学院会计系副教授，主要从事债券定价、会计信息质量、公司治理等领域的研究。主持国家社会科学基金、国家自然科学基金等多项课题，在*Journal of Banking and Finance*、*Pacific-Basin Finance Journal*、《会计研究》《金融研究》《审计研究》等国内外知名期刊发表论文30余篇，长期开发公司财务、公司治理等领域的教学案例，其中入选全国百篇优秀管理案例2篇、清华经管中国工商管理案例1篇。

参考文献

[1] 施图德蒙德．应用计量经济学：第7版[M]. 杜江，李恒，译．北京：机械工业出版社，2017.

[2] 巴尔塔基．计量经济学方法与应用：第5版[M]. 聂巧平，攸频，魏学辉，译．北京：中国人民大学出版社，2015.

[3] 古扎拉蒂，波特．经济计量学精要[M]. 张涛，译．北京：机械工业出版社，2010.

[4] 斯托克，沃森．计量经济学：第3版：升级版[M]. 王立勇，译．北京：机械工业出版社，2018.

[5] 斯托克，沃森．计量经济学：第3版[M]. 上海：格致出版社，2015.

[6] 伍德里奇．计量经济学导论[M]. 张成思，李红，张步昙，译．北京：中国人民大学出版社，2015.

[7] 埃尔霍斯特．空间计量经济学[M]. 肖光恩，译．北京：中国人民大学出版社，2015.

[8] HAMILTON L C. 应用STATA做统计分析：更新至STATA 12：第8版[M]. 巫锡炜，焦开山，李丁，等译．北京：清华大学出版社，2017.

[9] LYU H, WANG W. Individual financial advisor's reputation concern and M&A performance: evidence from China [J]. Pacific-basin finance journal, 2020, 60: 101281.

[10] LYU H, WANG W, XU S, et al. Individual investment bankers' reputation concerns and bond yield spreads: evidence from China [J]. Journal of bank & finance, 2022, 140: 106508

[11] 陈强．高级计量经济学及Stata应用[M]. 2版．北京：高等教育出版社，2014.

[12] 李子奈，潘文卿．计量经济学[M]. 5版．北京：高等教育出版社，2020.

[13] 马慧慧．Stata统计分析与应用[M].3版．北京：电子工业出版社，2016.

[14] 谢宇．回归分析：修订版[M]. 北京：社会科学文献出版社，2013.

[15] 张晓峒．计量经济学[M]. 北京：清华大学出版社，2017.

[16] 吕怀立，王文明，鄢姿俏，等．金融政策竞争中性与民营企业融资纾困：来自突发公共卫生事件的准自然实验[J]. 金融研究，2021（7）：95-114.

[17] 吕怀立，贾琬娇，李婉丽．核准制保荐经历与科创板IPO定价：来自保荐代表人的经验证据[J]. 会计研究，2021（5）：95-106.

第11章

内生性问题及其控制

2021年的诺贝尔经济学奖一半颁给了加州大学伯克利分校（UC Berkeley）的戴维·卡德（David Card），表彰他在实证劳动经济学方面的贡献，他用的方法主要是因果推断；另一半奖颁给了麻省理工学院（MIT）的乔舒亚·D. 安格里斯特（Joshua D. Angrist）以及斯坦福大学的吉多·W. 因本斯（Guido W.Imbens），因为他们解决了因果推断的方法论问题，使经济学家在无法按照严格的自然科学实验方法进行研究的情况下，通过自然实验（quasi-experiment）的方式也能得出关于因果关系的可靠结论。从某种意义上讲，这次诺贝尔经济学奖甚至就是颁给因果推断的（陈永伟，2021），其作为一种计量方法对经济学的意义可见一斑，在其他研究领域也有重要的应用。内生性问题与因果推断的研究方法密不可分，一方面普遍存在于管理学的研究主题之中，是研究过程中不可规避的问题；另一方面产生的原因多样，缘起复杂。但对于应用型的实证研究而言，本章并不要求大家对内生性问题的缘起有很深入的理解，而是通过对不同形式的内生性问题的例证和应对方案进行介绍，旨在引导大家了解各种内生性问题的具体处理方案。

11.1 内生性的定义

经典的多元线性 OLS 回归模型需要满足几个基本假设：小样本普通最小二乘估计要求严格外生性假定，即解释变量与扰动项同期和不同期的都不相关；大样本普通最小二乘估计要求非严格外生性假定，即解释变量与扰动项同期不相关。如果扰动项与解释变量不满足外生性假定，那么这个解释变量就是内生的，被称为内生变量，与此相关的模型存在内生性问题（endogeneity issue）。

举个例子，我们研究一个人受教育年限与其收入之间的关系：

$\text{Income}=a\text{Edu}+bX_2+cX_3+u$

其中，Income 是收入，Edu 是受教育年限；X_2 和 X_3 是控制变量，例如工作年限、是否经过职业培训等；u 是扰动项，包括了其他所有可能影响收入但没有写成解释变量的因素。如果 Edu 与 u 不相关，那么 Edu 对 Income 只会通过 aEdu 这一项产生直接影响，OLS 的系数估计量就与系数是一致的。

然而我们很容易想到，一个人的收入除了和以上几个变量有关外，还会受到很多因素的影响，比如很难测量的个人能力就包括在扰动项中，但个人能力又与受教育年限（Edu）有关，即使不是完全的正相关，也至少可以认为是正相关的。所以这个解释变量 Edu 就是内生的，被称为内生变量，上述模型存在内生性问题。

具体而言，Edu 与 u 正相关，表示更高的学历（Edu）导致更高的个人能力，更高的个人能力导致更高的收入（Income），于是受教育年限（Edu）对收入（Income）还有另外一种通过个人能力传导的间接影响，而这个影响无法体现在 Edu 的系数 a 中，此时 a 就不能代表 Edu 对 Income 的全部影响了，OLS 估计结果就是有偏的。假设我们求出 a 等于 0.5，但我们无法确定这 0.5 的影响有多少是教育年限 Edu 直接导致的，有多少是由受教育年限较长而引起的更强的个人能力所导致的，这就是由内生性问题造成的。

可见，从统计角度而言，内生性问题会导致 OLS（MLE）估计结果有偏，得到的不是我们想要的结果。而从实践角度来看，内生性问题使得我们研究的经验结果存在多种可能的解释，无法得出因果推断，审稿人可以提出多种可能来解释我们的实证结果，甚至质疑我们的假设，因此控制内生性问题非常必要。

11.2 内生性的产生

在了解如何控制内生性的方法之前，首先需要知晓内生性问题的可能来源，即哪些因素导致了内生性，本章主要介绍以下几类。

1. 遗漏变量

遗漏变量（omitted variable）是指模型中漏掉了一个或几个重要的解释变量，且这些被遗漏的解释变量与模型的解释变量相关。

我们可以这样理解，在一个回归模型中本来应该有一个重要的解释变量，但我们没有把这个解释变量放进模型，这意味着这个变量会被自动包含进扰动项中。如果这个被遗漏的解释变量与模型已有的解释变量不相关，那估计依然是无偏的，一般不会造成问题；但如果被遗漏的变量与没有被遗漏的变量相关，这就会造成解释变量与扰动项相关，也就是内生性问题。

比如研究收入的影响因素时，解释变量有受教育年限，但没有个人能力，意味着个人能力会被自动包含进扰动项中，而被遗漏的个人能力变量其实与解释变量受教育年限是相关的，从而造成解释变量受教育年限与扰动项相关，即产生内生性问题。

选择偏差也可能造成遗漏变量（Heckman，1979），进而带来内生性问题。例如，我们要研究人们对某个问题的看法，于是在大学发放问卷，填问卷的人往往是在校大学生，无法代表整个人群的看法。那么那些没有填写问卷的群体的看法就被划到了扰动项。而在校大学生对某个问题的看法与非在校大学生的看法极有可能是相关的，因此造成解释变量与扰动项相关，也就是内生性。

选择偏差主要有两种形式：样本选择偏差（sample selection bias）和自选择偏差（self-selection bias）。

（1）样本选择偏差。当研究者使用非随机选取的样本来推断因果关系时就产生了样本选择偏差，这个样本显然无法代表总体。

比如，估计受教育程度对妇女工资的影响。显然，研究者只能观测到那些参加工作的人的工资，而无法观测到没有参加工作的人的工资，因此工资变量存在截尾。而个体是否参加工作具有内生性，可能受到一系列影响个体工资的遗漏变量的影响，如果使用这个受限的样本进行推断就会造成有偏，无法正确估计出教育对女性工资带来的回报。

（2）自选择偏差。所谓自选择偏差是指个体是否接受处置并非随机分配而带来的偏差。与样本选择偏差不同，样本中所有个体的被解释变量都可以观测到，不存在截尾。

比如，估计参加就业培训对找工作的影响。显然，是否参加就业培训并不是随机的，而是受到一系列因素的影响，并且某些因素无法被观测到（如勤奋程度、能力、心理健康)，这些因素同样会影响个体能否找到工作，能力强的人往往不参与这类就业培训，他本身就更容易找到工作，因此在自选择偏差的背景下，很难识别出就业培训对找工作的因果关系。

总之，选择性偏差是建立在潜在结果框架下的，而内生性问题是建立在高斯 – 马尔科夫假定下的，当我们使用回归模型进行因果推断时，选择偏差就会具体表现为回归模型中扰动项与解释变量相关，也就是我们所说的内生性问题。

2. 度量误差

由于关键变量的度量上存在误差，使其与真实值之间存在偏差，因此这种偏差可能会成为回归误差的一部分，导致内生性问题。

假设对于一个变量 X，我们仅能观测到其中能够观测到的部分，比如 X_1，而对于 X 无法观测到的部分 X_2（$X= X_1+ X_2$，X 由可观测的 X_1 和不可观测的 X_2 两部分组成)，就被自动地放到了扰动项。那么 X_2 是否与其他解释变量相关就不确定了，如果相关，就会造成解释变量与扰动项相关，也就是内生性问题。

比如个体收入数据主要来自问卷调查数据和社会保障数据，多数研究者指出，在问卷收集过程中会存在谎报收入的情况，因此，问卷调查中关于个体收入的数据往往存在度量误差。

3. 互为因果

经济变量通常是相互依赖的，或者说是互为因果的。换句话说，当至少一个解释变量被确定为被解释变量的函数，反向（双向）因果就出现了。如果解释变量 X 被部分地确定为被解释变量 Y 的函数，这意味着 X 与 Y 相关，而 Y 与扰动项相关，因此，解释变量 X 与扰动项相关，产生内生性问题。

比如受教育年限影响收入，收入反过来影响受教育年限；又比如公司的某项投资会影响公司绩效，但反过来，公司的绩效也会影响公司的该项投资，因为绩效好意味着公司有更多的钱来进行这种投资。

其实，导致内生性的因素可能不止一个，要把所有可能的情形都列出，逐个分析原因，确认是模型设定偏误、变量的衡量还是互为因果，然后再确定具体的应对方案。

11.3 内生性的判断

首先要立足个体经验，结合自身理论知识和直观专业性来判断是否存在内生性问题。判断某个变量是不是内生变量一般从文献和常识出发，看看其他文献有没有提到，如果没有文献提到，自己可以稍微解释下原因，自圆其说即可。如果很多类似研究都指出某个变量具有很强的内生性，那就需要寻找工具变量了。如果没有类似的研究，就从研究问题本身的关系出发，思考两个变量之间是否存在反向因果关系。

实证分析中，可以用 Hausman 和 DWH 的检验，有异方差时就用 DWH 检验，*P* 值越小越好。如果假定存在内生性问题，直接使用两阶段最小二乘回归或者 GMM 估计即可。

但是一般不建议完全依照检验来判断是否存在内生性，结合检验和专业理论知识综合判断较为可取。

> **小诀窍**
>
> 当前，财务会计领域的实证研究对内生性问题进行讨论已经成为不可缺少的步骤，所以不需要做内生性判断检验，直接控制就对了，同时要注意配合使用各种内生性控制方法，向读者证明研究结论的稳健性。

11.4 内生性的控制

内生性问题虽然有多种不同的来源，但控制的方法却较为一致，一般有如下几种。

11.4.1 控制代理变量

代理变量用来代替观测数据中难以得到或无法测量的信息，好的代理变量满足三个假设，为了便于理解，在此举例进行说明。

研究是否上大学对收入的影响，需要控制住上大学这个条件之外所有对收入可能造成影响的条件，比如能力、家庭条件等，会有很多难以测量的信息被遗漏。当我们想看是否上大学（College）对收入（Income）的影响时，原本的关系满足：

$\text{Income}=\alpha_0+\alpha_1\text{College}+u$

若我们找到了衡量“能力”(Ability）的代理变量 IQ，满足：

$\text{Ability}=\beta_0+\beta_1\text{IQ}+e$

则原本的关系就变成：

$\text{Income}=\alpha_0+\alpha_1\text{College}+\alpha_2\text{Ability}+\varepsilon$

衡量 IQ 是不是一个好的代理变量，需要满足以下三个假设：

假设一，代理变量与所缺失的混杂因素相关，即 IQ 与 Ability 相关，β_1 不为 0；

假设二，如果将该代理变量纳入方程，内生性问题则不存在，即将 Ability 放入 Income 式中，方程原本的内生性不存在，即新产生的 ε 不与 College 或 IQ 相关；

假设三，无法被代理变量所解释的那部分缺失变量与其他自变量无相关，即 e 不与 College 或 IQ 相关。

代理变量可以大概率减少该变量所在模型的内生性问题，但是无法完全替代我们研究中所忽略的那个变量。

11.4.2　工具变量法

工具变量法是一种处理内生性问题的经典方法，使用工具变量进行估计。工具变量（instrumental variable）是指某一个变量与模型中解释变量高度相关，但不与扰动项相关，估计过程中被作为工具使用，以替代模型中与扰动项相关的解释变量的变量。工具变量法就是找到一个变量和内生解释变量相关，但是和随机扰动项不相关。工具变量法可以解决遗漏变量、样本选择、互为因果和度量误差等违背经典线性回归假定情况的内生性问题。一般来讲，如果确定研究中存在内生性问题，又无法确定产生原因，可以考虑使用工具变量法。

1. 两阶段最小二乘法

工具变量法最常用的估计方法为两阶段最小二乘法（TSLS）。两阶段是指以下两个阶段。

第一阶段：将内生解释变量对所有外生解释变量和工具变量进行回归，得到内生解释变量的估计值，这一步消除了潜在内生解释变量的内生性，通过外生变量的预测回归，分离出内生解释变量的外生部分。

第二阶段：用第一阶段估计得到的内生变量的估计值替换内生变量，再进行最小二乘估计，为的是对第一阶段得到的外生变量的预测回归的拟合值进行回归，进而消除偏误。

TSLS 的难点不在于估计方法，而在于恰当的工具变量的选择。若存在 N 个潜在的内生解释变量，则至少需要 N 个工具变量。

2. 广义矩估计方法

广义矩估计方法（GMM）常用来解决因使用动态面板数据而产生的内生性问题。动态面板数据模型的典型特征是解释变量中包含被解释变量的滞后项。其意义在于，有些经济理论认为个体的当前行为取决于过去行为，比如企业投资决策。

广义矩估计方法有两种。

（1）差分 GMM。对基本模型进行一阶差分去掉固定效应的影响，然后用一组滞后的解释变量作为相应变量的工具变量（Arellano & Bond，1991）。

（2）系统 GMM。Arellano & Bond（1998）认为差分 GMM 估计量容易受弱工具变量的影响，进一步提出了系统 GMM 方法。系统 GMM 前提假定：工具变量的一阶差分与固定效应项不相关，但目前并没有方法对该前提进行检验。

田国强和李双建（2020）在研究经济不确定性对银行流动性创造的影响时，首先采用了不包含银行流动性滞后项的静态面板模型，之后考虑到银行流动性具有自相关性，在模型中加入了流动性的滞后变量，采用差分和系统 GMM 估计排除动态面板偏误的影响。

3. 工具变量的检验

首先，应该判断该模型是否存在内生性问题，若模型不存在内生性问题，就没有必要使用工具变量进行估计；若在没有内生性问题条件下使用了工具变量进行估计，根据两阶段最小二乘法原理，第一阶段回归的外生部分与原有的解释变量相比将损失部分信息，而这部分信息的损失会降低回归结果的有效性。

其次，若存在内生性问题，应判断工具变量是否为过度识别情形。当工具变量个数等于内生解释变量个数时，即恰好识别情形，此时无法进行过度识别检验；当工具变量个数大于内生解释变量个数时，需要检验工具变量的有效性，即是否存在工具变量不具有外生性。

最后，如果运用了工具变量法估计，还需要对工具变量进行弱工具变量检验，即内生解释变量与工具变量之间的相关性是否较低。若存在弱工具变量，可以通过其他方法进行弥补。

4. 工具变量的选择

工具变量法最大的问题是难以找到满足研究条件的工具变量，而不合乎条件的工具变量只能带来更严重的估计问题。寻找适合的工具变量是一件困难的事情，研究者在处理内生性问题时，会花费大量的时间用于寻找适合的工具变量。

首先，我们可以根据理论，列出所有与内生解释变量相关的变量的清单，从清单中剔除与扰动项相关的变量，因为工具变量必须具有外生性；其次，我们可以考虑相关政策或制度、外生的冲击，比如自然灾害、意外事件等，在实际中，地理因素在很大程度上具有独立性，历史变量也先于当前的经济指标生成；最后一个常用的方法是将内生解释变量的时间（空间）滞后作为工具变量。

比如 Angrist & Krueger（1991）使用了一个经典的工具变量——是否出生在第一季度（弱工具变量）研究受教育时间对工资的影响，使用的数据是美国 1970 年和 1980 年人口统计数据，发现对于那些因义务教育法被迫上学的人来说，再多上一年学所带来的经济回报约为 7.5%；Acemoglu（2001）在研究制度对经济的影响时，使用殖民地时期的死亡率作为制度的工具变量，发现制度对经济有很大的影响，具体来看，制度差异大约解释了前殖民地人均收入差异的四分之三；沈坤荣和李莉（2005）在研究银行监管对于防范危机、促进发展的作用时，使用了英美、法国、德国和斯堪的纳维亚四种法系作为工具变量来表示国别差异；何玉梅和孙艳青（2011）为了解决以管理费用率衡量代理成本产生的内生性问题，使用了滞后一期的代理成本作为当期的代理成本的工具变量等。

11.4.3　固定效应模型

随机扰动项里是无法控制的其他影响因变量的因素，这些因素可以分为两类：一类是随时间变化的因素，另一类是不随时间变化的因素。固定效应模型可以消除不随时间变化因素导致的内生性问题，但无法消除随时间变化因素导致的内生性问题。如教育回报的研究中，能力无法被观测，且一般不随时间变化，用固定效应模型就可以消除能力偏差的影响。Flannery（2006）建立了公司向目标资本结构动态调整的模型，在整理后的目标资本结构方程中也加入了固定效应。

除了控制个体的固定效应，研究中还经常引入时间的固定效应，即只与时间相关、不随个体变化的因素，如经济环境等。这样的模型被称为双向固定效应模型。比如曹廷求和张光利（2020）在研究公司自愿信息披露对股价崩盘风险的影响时，同时控制了个体、时间（季度和年度）固定效应；蔡庆丰等（2020）研究信贷可得性与企业创新的关系时，引入了行业、年份和企业的固定效应；高晶晶等（2019）探究影响农户化肥使用量高低的因素时，为了削弱内生性，模型中控制了年份和个体的固定效应。

需要注意的是，固定效应模型只能消除部分内生性，因此它通常与工具变量法、双重差分法等其他内生性处理方法混合使用。如工具变量需要与扰动项无关，且与内生解释变量强相关，前一个条件（外生性）往往很难满足，加入固定效应后，扰动项中部分内生因素被剔除，此时再引入工具变量时，外生性条件更容易被满足，工具变量的质量得到提高。

11.4.4　Heckman 选择模型

Heckman 两阶段模型主要是针对性解决样本选择偏误（sample selection bias）导致的内生性问题。Heckman 模型解决的样本选择问题，是被解释变量部分观测值的缺失或不可观测导致的，其实是一个因遗漏变量而导致内生性的特例（陈强，2014），回归方程中被遗漏的变量叫作逆米尔斯比率（inverse Mill’s ratio，IMR），也被称为风险函数（hazard function）。

Heckman 两阶段模型的估计思路是：第一步使用 Probit 回归模型，并根据回归结果计算逆米尔斯比率，第二步是将遗漏变量 IMR 代入原模型进行回归。Heckman（1979）使用了 Heckman 模型估计女性劳动供给和工资率水平。石晓军和王骜然（2017）在研究双层股权制度对企业创新的影响时，为了处理部分企业没有研发支出导致的样本偏差，使用 Probit 模型对是否进行研发投入进行回归，并计算逆米尔斯比率，之后将逆米尔斯比率带入模型进行回归。

11.4.5　处理效应模型

在经济学中评估项目或政策实施效果是一类很重要的研究，此类研究又被称为项目效应评估或政策效应分析，主要使用的是处理效应模型。该模型包含一个内生的指示变量，通常和自然科学实验一样分为实验组和对照组（D=1 或 0），由于实验组和对照组成员初始条件不同，会产生选择偏差。

处理效应模型与两阶段最小二乘法的区别在于，由于内生解释变量是虚拟变量，处理效应模型第一阶段回归不使用 OLS 回归，而是使用 Logit 或 Probit 回归计算出 hazard ratio，在第二段回归中加入 hazard ratio 调整偏误。Imbens & Wooldridge（2009）总结了评估政策和项目的因果效应的研究方法与历史。

Angrist（1990）曾使用越南战争时期的兵役抽签来估计退伍军人地位对收入的影响，工具变量是随机分配到出生日期的抽签号码（号码被用于确定征兵的优先级，于是服兵役的概率与抽签号码有关），是否服兵役形成了实验组和对照组，他认为退伍军人身份的平均影响是那些本来会以小的抽签号码服兵役的男性，而不是以大的抽签号码服兵役的男性。王德文等（2008）借助政府实施农村迁移劳动力就业服务和培训计划将农村迁移劳动力是否接受培训分为两组，使用平均处理效应模型应对劳动力是否参加培训存在的个人选择问题。

11.4.6 双重差分法

倘若出现了一次外部冲击，这次冲击影响了一部分样本，对另一部分样本无影响，而我们想看一下这次外部冲击到底有何影响时，双重差分法就能用来研究这次冲击的净效应。其基本思想是，将受冲击的样本视作实验组，再按照一定标准在未受冲击的样本中寻求与实验组匹配的对照组，而后做差，做差剩下来的便是这次冲击的净效应。双重差分法实际上是固定效应的一个变种，差分的过程实际上是排除固定效应的过程。

我们使用双重差分法检验一个假设：学区房因素导致房价上升。差分再差分，这个方法要奏效的秘诀是：学区房因素发生变化，而其他因素基本维持不变。例如教育管理机构重新划分学区，一所重点小学突然在某个没学校的地方建分校，或者一所重点小学搬迁，这些因素导致房子是否属于学区房发生了变化。以建分校为例。建分校后周围一片区域 A 的房子都属于学区房，这个区域以外附近区域 B 的其他房子就不算该校学区房。然后收集建分校前后两个时间点 A 和 B 区域房价的数据。所谓的差分再差分法，就是 A 区域两个时间点的平均房价差距 −B 区域两个时间点的平均房价差距 = d，这个 d 就是建分校对房价的影响了。d 是两个差距之间的差距，所以才叫作差分再差分。

杜兴强等（2018）基于中国高速列车这一典型的自然实验背景，以 2001—2014 年 A 股上市公司为样本，采取双重差分模型，检验了交通基础设施改进对审计师选择的地缘偏好的影响。

11.4.7 断点回归

断点回归的思路是研究某一断点处的政策效应，因为在特定断点处，实验组和对照组在本质上的差异不大。断点回归分为清晰断点回归和模糊断点回归，区别是断点是否能完全分割实验组和对照组。

比如田文佳等（2019）研究工业用地出让价格与官员晋升激励程度的关系时，认为官员为了晋升，可能会压低地块出让价格来吸引企业投资，达到提高经济绩效的效果。模型以官员任职时间作为晋升激励大小的代理解释变量，用工业用地出让价格对其回归。为了消除不可测的地理因素对地块本身价值的影响，文章选取城市边界附近的地块作为样本，设计了断点回归。

刘生龙等（2016）研究 1986 年《义务教育法》的出台对教育经济回报率的影响，认为出生日期在 1971 年 9 月之后的样本会受到《义务教育法》影响（15 岁），之前的则不会，因此可以作为断点。而考虑到不是所有人都严格完成九年义务教育，该断点并不能完全分开是否受影响的人群，所以文章采用模糊断点回归，采用两阶段最小二乘法估计。

关于断点回归的更多详细介绍，请见第 10 章内容。

11.4.8　自然实验法

自然实验法指的是在研究中，因为某些外部事件使得研究对象被随机分成了实验组和对照组。其关键在于寻找一个影响被解释变量而不影响解释变量的外部事件。自然实验法本质上是一种观察实验，它是现场和实验室实验之外的另一种选择。

Fuchs-Schündeln & Hassan（2016）将“自然实验”中的“自然”定义为“研究人员没有有意识地设计要分析的情节，但仍然可以利用它来学习因果关系”。

以德国 1949 年的东西分裂和 1989 年的东西合并为例，“柏林墙”将大量的人口分为生活在不同经济环境下的两部分，这相对于人的偏好、经济条件等其他因素而言是外生的，有很多宏观和微观经济研究基于这一“自然”事件来开展。Fuchs-Schündeln & Schündeln（2005）首先利用这个实验研究了基于风险规避的职业自我选择，及其对预防性储蓄的影响；Fuchs-Schündeln & Alesina（2007）利用“柏林墙”研究经济政策的内生性偏好；Redding & Sturm（2008）研究市场准入的重要性；Burchardi & Hassan（2013）研究社会关系对经济的影响。

11.4.9　倾向得分匹配

倾向得分匹配（PSM）模型类似于多元线性回归。不过多元线性回归的无偏估计依赖于函数形式的正确设定，否则会出现函数形式误设（functional form misspecification，FFM），导致估计量有偏。PSM 模型通过匹配可以减少对函数形式的依赖，放松对多元回归模型的线性假设，进而缓解 FFM 问题。

关于 PSM 更多详细介绍，请参考第 12 章。

11.5　内生性控制实例

以 Sudarshan & Todd（2012）研究的股票流动性对经理人激励合约设计的影响为例，当流动性提高的时候，经理人会更加倾向于选择现金比重更小（股票比重更高）的激励合同，因为这时股票的变现成本较低；同时，高流动性意味着股票中的信息含量更高，因此薪酬与股价市场回报的敏感性（pay-for-performance sensitivity，PPS）会更高。两个被解释变量分别是现金激励占总薪酬的比重、薪酬与股价市场回报的敏感性，关键解释变量是股票流动性。

首先，作者进行最基础的计量应用，建立一个固定效应回归模型。

其次，关注股票流动性与薪酬合约可能出现的内生性问题。

（1）典型的共同驱动因素所引起的内生性问题。在薪酬合约设计中，更多的股权比例意味着管理者与投资者利益的绑定，代理问题可能被削弱，会吸引更多的投资者交易，这体现为良好的股票流动性；在薪酬合约设计中，更多的股权比例自然会减少现金薪酬的比例，薪酬与股价市场回报的敏感性也会增强。

（2）遗漏变量引起内生性问题。假定公司的信息披露质量很高，投资者很放心购买该股票，该股票逐渐具有价值贮藏功能，类似可口可乐股票，其交易流动性很高；高的信息披露质量使得股价在反映经理人行为时成为良好的业绩指标，根据标准的代理理论，这会加强其在薪酬合约中的权重，薪酬与股价市场回报的敏感性也越强，而信息披露质量似乎并未出现在作者文章的变量中。

最后，对内生性问题进行控制。

（1）工具变量与两阶段最小二乘法。使用的是滞后一期的股票流动性和行业平均股票流动性来作为本期股票流动性的工具变量。滞后一期的股票流动性和行业平均股票流动性与遗漏变量的相关性是存疑的，从这个角度讲，选取的工具变量并不令人满意。

（2）利用自然实验的方法。选取股票拆分作为事件，因为这一事件会影响流动性，但对薪酬合约设计没有影响。另一个事件是公司股票被选入标准普尔 500 指数，这同样是外生的，对股票流动性有影响，但对薪酬合约设计没有影响。

（3）双重差分法。该法通过组内的差分来考察变量之间的动态关系。差分可以消除一部分不随时间变化的遗漏变量所导致的内生性问题，比如信息披露质量，可以认为在一定时期内企业的信息披露质量是稳定的，这一方法可以削弱内生性对结论的影响。

11.6 发表历程与体会

杜颖洁（2013）以 2004—2010 年的民营上市公司为研究对象，实证研究了高管具有的银行关系对公司的银行借款可得性、借款抵押要求以及借款成本的影响。

在投稿过程中，审稿人提出了与内生性问题相关的意见：

> （1）企业与银行间的“经济合同关系”（诸如以往借贷历史、企业与银行业务往来数目）等因素都将对企业能否获得贷款及获得贷款数量的多寡产生实质性影响。然而作者在随后的实证模型中并未控制这些变量。不控制这些变量将极大影响回归结果，很有可能导致因果关系谬误，因此建议作者在实证研究中控制这些变量。
>
> （2）本文的估计方法利用 OLS 分年度进行回归。如果考虑到上市公司的银行贷款

业务是个长期动态的过程，可能各家上市公司具有不可观测的异质性（unobserved heterogeneities），而这些不可观测的异质性将影响银行对公司的贷款数量与贷款结构。仅仅使用 OLS 可能会导致内生性问题，而文中并没有体现出作者是如何处理该问题的。以往文献对该问题的处理方法主要有以下几种方法：①利用动态面板（DPD）方法进行估计；②可以考虑使用某公司 LOAN 减去其所在行业特定年份的行业平均 LOAN。利用该差额作为研究对象，使用包含滞后项控制变量的 OLS 模型进行估计；③利用倾向得分匹配（PSM）方法选出经营状况、资产负债结构、行业等因素与研究企业相近似的无"高管关系"的企业，分析这类配比后的企业与研究企业在获得银行贷款上是否存在显著差异。

针对上述问题，作者一方面从逻辑和数据可得性进行了解释，另一方面根据审稿人的建议补充了一系列对内生性问题的处理方案：①控制变量采用了一期滞后数据；②利用经某公司所在行业特定年份所调整的银行借款作为因变量，重新检验所提假设；③采用倾向得分匹配方法，选出在一系列公司特征方面，以及所在省份和行业，相似、相同于具有银行关系上市公司（干预组）的无银行关系上市公司（控制组），分析干预组的观测值和控制组的观测值，是否在银行借款的各个方面存在显著差异。

小结

本章由上海大学杜颖洁副教授撰写，在界定内生性含义的基础上，对内生性的产生、内生性的判断和内生性的控制进行了阐述。首先介绍了内生性的三类主要来源，即遗漏变量（包括选择偏差）、度量误差和互为因果，以举例为主，方便理解；接着概括了内生性判断的做法，并逐一介绍了内生性控制的具体方法，包括控制代理变量、工具变量法、固定效应模型、Heckman 选择模型、处理效应模型、双重差分法、断点回归、自然实验法、倾向得分匹配等，侧重于原理的简单概括和相关的文献引入，便于引导读者进一步深入学习。最后是内生性控制的综合实例。

杜颖洁是上海大学管理学院会计系副教授、上海大学数字财务研究中心副主任，研究方向为资本市场会计与审计问题，主持教育部人文社会科学基金、上海市政府决策咨询工商联专项等省部级课题，在 *Journal of Business Ethics*、*Asia Pacific Journal of Management*、《会计研究》等国内外知名期刊发表论文多篇。

参考文献

[1] ANGRIST J D. Lifetime earnings and the Vietnam era draft lottery: evidence from social security administrative records[J]. The American economic review, 1990: 313-336.

[2] ANGRIST J D, KEUEGER A B. Does compulsory school attendance affect schooling and earnings?[J]. The quarterly journal of economics, 1991, 106(4): 979-1014.

[3] ACEMOGLU D, JOHNSON S, ROBINSON J A. The colonial origins of

comparative development: an empirical investigation[J]. The American economic review, 2001, 91(5): 1369-1401.

[4] BURCHARDI K B, HASSAN T A. The economic impact of social ties: evidence from German reunification[J]. The quarterly journal of economics, 2013, 128(3): 1219-1271.

[5] FUCHS-SCHÜNDELN N, HASSAN T A. Natural experiments in macroeconomics [M]// TAYLOR J B，WOODFORD M. Handbook of macroeconomics. North-Holland, Elsevier, 2016, 2: 923-1012.

[6] FUCHS-SCHÜNDELN N, SCHÜNDELN M. Precautionary savings and self-selection: evidence from the German reunification "experiment" [J]. The quarterly journal of economics, 2005, 120(3): 1085-1120.

[7] HECKMAN J J. Sample selection bias as a specification error[J]. Econometrica: journal of the econometric society, 1979: 153-161.

[8] JAYARAMAN S, MILBOURN T T. The role of stock liquidity in executive compensation[J]. The accounting review, 2012：537-563.

[9] REDDING S J, STURM D M. The costs of remoteness: evidence from German division and reunification[J]. The American economic review, 2008, 98(5): 1766-1797.

[10] 施图德蒙德.应用计量经济学：第7版[M]. 杜江，李恒，译.北京：机械工业出版社，2017.

[11] Zerana. 计量论文写作和发表的黑客教程1：计量速成法：让初学者瞬间开窍[EB/OL].（2010-12-15）[2022-08-18]. https://bbs.pinggu.org/thread-988937-1-1.html.

[12] 陈强.高级计量经济学及Stata应用[M]. 2版.北京：高等教育出版社，2014.

[13] 陈永伟.因果推断：利剑和2021诺贝尔经济学奖三剑客的故事[EB/OL].（2021-10-12）[2022-08-18]. http://www.eeo.com.cn/2021/1012/507055.shtml.

[14] 杜颖洁.银行关系是否导致了贷款歧视?：基于中国民营上市公司的经验证据[J].投资研究，2013，32（7）：84-107.

[15] 何玉梅，孙艳青.不完全契约、代理成本与国际外包水平：基于中国工业数据的实证分析[J]. 中国工业经济，2011（12）：57-60.

[16] 刘生龙，周绍杰，胡鞍钢.义务教育法与中国城镇教育回报率：基于断点回归设计[J]. 经济研究，2016，51（2）：154-167.

[17] 安格里斯特，皮施克.基本无害的计量经济学：实证研究者指南[M]. 郎金焕，李井奎，译.上海：格致出版社，2012.

[18] 沈坤荣，李莉.银行监管：防范危机还是促进发展?：基于跨国数据的实证研究及其对中国的启示[J]. 管理世界，2005（10）：6-23.

[19] 田国强，李双建.经济政策不确定性与银行流动性创造：来自中国的经验证据[J]. 经济研究，2020，55（11）：19-35.

[20] 田文佳，余靖雯，龚六堂.晋升激励与工业用地出让价格：基于断点回归方法的研究[J]. 经济研究，2019，54（10）：89-105.

[21] 王德文，蔡昉，张国庆.农村迁移劳动力就业与工资决定：教育与培训的重要性[J]. 经济学（季刊），2008（4）：1131-1148.

[22] 赵西亮.基本有用的计量经济学[M]. 北京：北京大学出版社，2017.

[23] 王宇，李海洋.管理学研究中的内生性问题及修正方法[J]. 管理学季刊，2017，2（3）：20-47，170-171.

[24] 石晓军，王骜然.独特公司治理机制对企业创新的影响：来自互联网公司双层股权制的全球证据[J]. 经济研究，2017, 52(1): 149-164.

第12章

倾向得分匹配模型及其应用

学术研究中我们经常需要综合评估某项政策实施后的效果。如评估政府实施的再就业培训对劳动力工资收入的影响时有两组变量：参加再就业培训的劳动力和没有参加再就业培训的劳动力，前者为实验组或者处理组，后者为控制组或者参照组。通过简单比较这两组劳动力的收入，我们“似乎”就可以得到再就业培训对劳动力工资收入的影响，从而帮助政府决定是否继续投入再就业培训。

然而，这种简单做法的背后存在一个重大缺陷，即处理组和控制组的特征可能存在本质区别，两者并不匹配，这是由于被选择进入处理组或者控制组的对象并不是随机结果，而是存在自选择偏差。以上述再就业培训项目为例，选择接受再就业培训和没有接受再就业培训的对象存在差异。选择再就业培训的人员一般是被企业辞退暂时没有工作，或者在就业方面存在困难的人群，这类人群经过政府部门组织的简单培训，掌握相应技能后可以实现再就业的目标，他们未来就业的岗位大多为中、低收入岗，这些岗位的收入可能天然地就比控制组低。如果简单比较两类人群的收入，可能会得到接受再就业培训的人群收入更低这一结论。这显然与政府培训目的相违背。

科尔曼等人在1982年比较了不同类型的高中对12年级学生数学成绩的影响，得到的结论是美国天主教高中在教育学生方面比公立高中更有效，12年级学生的数学分数更高。这一发现受到了媒体的广泛关注。那时恰逢里根政府提出为把孩子送到非公立学校的家庭提供学费税收减免的政策，这一研究结论也为政府的政策提供了支持。

但批评者很快就对科尔曼的研究方法和结论提出了质疑。他们指出，所谓天主教高中的优势可能并不是来自学校本身的教育能力，而是可能来自选择天主教高中的学生与选择公立高中的学生背后的家长。由于天主教高中的费用更高，因此只有那些深切关心子女教育质量的家长才愿意支付相应学费。而这些父母往往在家庭教育中也会更加注重提高孩子的技能，例如强调阅读的重要性，监督孩子看电视的时间，检查家庭作业是否完成等。就读于天主教高中的学生即使在公立高中就读，他们的平均学业成绩也可能会比一般公立高中的学生高。因此，可能是选择是否进入天主教高中的家长和未被观察到的家庭教育等其他因素导致了学生成绩的差异，而不完全是天主教高中本身。

由于样本自选择偏差而带来的内生性问题在理论和实证研究中比比皆是，自选择偏差的存在会对研究结论产生重要的影响，如果不进行处理，研究可能会得到错误的结论。因此，如何采用多种分析手段降低自选择偏差已经成为检验一篇文章结果是否稳健，研究质量高或者低的关键因素。在实际操作中学者会通过许多方法降低样本的自选择偏差，匹配模型是其中用得最广泛的方法之一。本章将对此进行简要介绍，主要探讨如下问题：

（1）处置效应和自选择偏差；

（2）精确匹配方法介绍和应用；

（3）模糊匹配方法介绍和应用；

（4）Stata 程序介绍；

（5）具体操作案例。

12.1 处理效应和自选择偏差

以天主教高中对数学成绩影响的案例为例。我们需要知道的是将同样的学生送到天主教高中和送到公立高中时的数学成绩，两者比较才能得出天主教高中对学生数学成绩的真正影响。

对于将要在 9 年级入学的学生个体 i 而言，12 年级毕业时数学成绩 y_i 可能出现两种状态：

$$y_i=\begin{cases} y_{1i}, \text{如果}i\text{选择天主教高中，定义这种状态为}D=1 \\ y_{0i}, \text{如果}i\text{选择公立高中，定义这种状态为}D=0 \end{cases}$$

由于一个人只能选择天主教高中或者公立高中，因此研究者只可以观察到 y_{1i} 或者 y_{0i}，即无法同时观察到 y_{1i} 和 y_{0i}。而从理论上说，为了研究天主教高中对学生数学成绩的影响，我们需要研究以下处理效应。随机选择一个人 i，首先让他在 9 年级去上天主教高中，记录其 12 年级毕业时的数学成绩 y_{1i}。之后抹平他的所有记忆，穿越回同样的时间点送去上公立高中，记录其 12 年级毕业时的数学成绩 y_{0i}，比较两者差异 $(y_{1i}-y_{0i})$。由于 i 为随机个人，因此统计中实际求的是期望值，即 $E(y_{1i}-y_{0i})$，也被称为平均处理效应（average treatment effect，ATE）。

其实研究者或政府并不关心随机一个人的处理效应，他们关心的是上天主教高中的这群人在上了天主教高中后的数学成绩能提高多少分，即关心的是处理组的处理效应（average treatment effect on the treated，ATT），如下式所示：

$$\underbrace{E((y_{1i}-y_{0i}|D=1))}_{\substack{\text{入学天主教高中的同学上天主教高中} \\ \text{与上公立高中的成绩差异，ATT}}} = \underbrace{E(y_{1i}|D=1)-E(y_{0i}|D=1)}_{\text{ATT}}$$

同理，我们可以定义控制组的处理效应（average treatment effect on the untreated，ATU），即选择上公立高中的同学如果上天主教高中，其数学成绩提高多少：

$$\underbrace{E((y_{1i}-y_{0i}|D=0))}_{\text{入学公立高中的同学如果上天主教高中与上公立高中的成绩差异，ATU}}=\underbrace{E(y_{1i}|D=0)-E(y_{0i}|D=0)}_{\text{ATU}}$$

考虑到一个人无法同时上天主教高中和公立高中，我们为了研究处理组的处理效应（ATT），只能选择另外一个观察对象j作为参照组进行研究，即以上了公立高中的同学j的数学成绩$E(y_{0j}|D=0)$，代替上了天主教高中的同学i如果在平行空间上了公立高中的数学成绩$E(y_{0i}|D=0)$。这样处理组的处理效应（ATT）变为

$$\underbrace{E(y_{1i}|D=1)-E(y_{0i}|D=1)}_{\text{ATT}}=\underbrace{E(y_{1i}|D=1)-E(y_{0j}|D=0)}_{\text{观察到的结果，即假定的处理效应}}+\underbrace{E(y_{0j}|D=0)-E(y_{0i}|D=1)}_{\text{选择偏差}}$$

可以看出，如果观察对象i和j的区别很大，即选择偏差较大，就会导致假定的处理效应（观察到的结果）和真实的处理效应（ATT）之间存在较大的差距。

理想状态下我们可以设计如下实验解决上述选择偏差问题：随机选择一批学生在 9 年级送去公立高中学习 4 年，记录其 12 年级毕业时的数学成绩；然后穿越回去将这批同学在 9 年级时送去天主教高中学习 4 年，比较他们在天主教高中的数学成绩和在公立高中的数学成绩。由于是同一批人的不同选择，我们就可以得到一个相对干净的实验环境以分析天主教高中对数学成绩的影响。显然这样的平行空间假设和随机实验不切实际，因此社会学科无法像自然学科一样进行随机实验，而且人道主义因素也会进一步制约随机实验在社会学科中的应用。

除了上述理想状态下的处理方法外，研究中还可以采用匹配模型的方法来降低选择偏差。匹配模型的核心思想是对于处理组样本i，我们从控制组中选择样本j，使得两者尽可能相似（匹配），这样样本j的结果就可以代替样本i如果被列入控制组的结果。具体匹配方法可以分为精确匹配和模糊匹配两种。

12.2 精确匹配方法介绍和应用

精确匹配是指要求处理组和控制组的某个或某些指标完全相同。由于连续变量完全相同的可能性较小，因此匹配指标大多为性别、年龄等离散变量。精确匹配的优点是确保控制组和处理组的特征完全相同，缺点是精确匹配适应于离散变量，不适应于连续变量，而且精确匹配存在较大的样本损失。

Stata 中 ccmatch 和 vmatch 命令可以帮助实现多变量的精确匹配，使用之前需要通过 ssc install 命令安装。

12.2.1 ccmatch 命令

ccmatch 是进行简单精确匹配的最佳选择，其优点是语法结构简单，便于上手；缺点是使用者可调节的变化空间有限，适用场景比较单一。

ccmatch 的语法结构是：

ccmatch variable_list, cc() id()

- variable_list 是需要进行精确匹配的变量，比如性别、教育水平等；
- cc(var) 是区别控制组和处理组的变量名称；
- id(var) 是给每个样本赋予一个身份代码，这样可以区别每个样本。

ccmatch 命令执行后会形成两个新变量：match_id 和 matched_pair。

- match_id 列示了每个样本匹配后对应的样本 id；
- matched_pair 是匹配对子的编号，从 1 开始，编号相同的两个样本表示组成了一个对子。

我们通过 Stata 自带的数据集 nlsw88.dta 说明 ccmatch 命令的使用。我们按照年龄（age）、种族（race）、是否上大学（collgrad）、婚姻状况（married）、所属行业（industry）和所属职业（occupation）进行匹配。在"do file"中首先输入以下命令：

```
❍ sysuse nlsw88, clear
❍ drop if union == .
❍ tab union
```

然后运行 ccmatch 命令，在"do file"中继续输入以下命令：

```
❍ sort idcode
❍ local mx "age race collgrad married industry occupation"
❍ local treat "union"
❍ keep idcode `mx' `treat' hours wage
❍ ccmatch `mx', cc(`treat') id(idcode)
❍ keep if match!=.
❍ gsort match -union
❍ list in 1/20, sepby(match)
```

ccmatch 命令运行后的结果如图 12-1 所示。在删除是否加入工会（union）值之后，总样本中处理组和控制组的样本分别为 1417 个和 461 个。而 ccmatch 匹配后最终获得 502 条数据，处理组和控制组分别为 251 条。原处理组中有 211 条数据没有匹配成功，造成了 45.77% 的样本损失。

进一步查看匹配后的对子情况，如图 12-2 所示。可以看出，编号为 2951 的处理组样本与编号为 1618 的控制组样本完成了 1 对 1 匹配，两者的年龄（age）、种族（race）、是否上大学（collgrad）、婚姻状况（married）、所属行业（industry）和所属职业（occupation）均完全相同。此时两者工资的差异不再受到这些变量的影响，主要由是否加入工会导致（union）。[⊖] 匹配降低了样本的选择偏差。

⊖ 这句话可能过于绝对。除了是否加入工会外，工资的差异还可能受其他没有纳入分析的变量的影响，例如所在地区的最低工资标准等。我们在此只是探讨进行匹配后，工资差异不再受到匹配变量年龄（age）、种族（race）、是否上大学（collgrad）、婚姻状况（married）、所属行业（industry）和所属职业（occupation）的影响，降低了之前存在的样本选择偏差。

```
tab union

     union
    worker |      Freq.     Percent        Cum.
-----------+-----------------------------------
  nonunion |      1,417       75.45       75.45
     union |        461       24.55      100.00
-----------+-----------------------------------
     Total |      1,878      100.00

 sysuse nlsw88, clear
(NLSW, 1988 extract)

 drop if union == .
(368 observations deleted)

 sort idcode

 local mx "age race collgrad married industry occupation"

 local treat "union"

 keep idcode `mx' `treat' hours wage

 ccmatch `mx', cc(`treat') id(idcode)
Cotal Matches: 251

 keep if match!=.
(1,376 observations deleted)

 count
 502
```

图 12-1　ccmatch 命令运行后的结果

```
1.  | idcode   age    race   married            collgrad                industry |
    |   2951    34   white   married   not college grad           Manufacturing |
    |------------------------------------------------------------------------------|
    |         occupation     union       wage   hours    match    match_id        |
    |         Operatives     union   4.420288      35        1        1618        |

2.  | idcode   age    race   married            collgrad                industry |
    |   1618    34   white   married   not college grad           Manufacturing |
    |------------------------------------------------------------------------------|
    |         occupation     union       wage   hours    match    match_id        |
    |         Operatives  nonunion   4.750401      40        1        2951        |
```

图 12-2　ccmatch 命令运行后匹配对子对比

匹配完成后，我们比较匹配前后的处理效应差异，分别对匹配前后的工资差异比较，结果如图 12-3 所示。

```
. ttest wage,by(union)

Two-sample t test with equal variances

   Group |     Obs        Mean    Std. Err.   Std. Dev.   [95% Conf. Interval]
---------+--------------------------------------------------------------------
nonunion |   1,417    7.204669    .1090159    4.103694    6.990819    7.418519
   union |     461    8.674294    .1944277    4.174539    8.292218    9.056371
---------+--------------------------------------------------------------------
combined |   1,878    7.565423    .0961874    4.168369    7.376778    7.754069
---------+--------------------------------------------------------------------
    diff |           -1.469625    .2209702               -1.902999   -1.036252
------------------------------------------------------------------------------
    diff = mean(nonunion) - mean(union)                           t =  -6.6508
Ho: diff = 0                                     degrees of freedom =     1876

    Ha: diff < 0                 Ha: diff != 0                 Ha: diff > 0
 Pr(T < t) = 0.0000         Pr(|T| > |t|) = 0.0000          Pr(T > t) = 1.0000
```

a）匹配前

图 12-3　ccmatch 命令匹配前后处理效应对比

```
Two-sample t test with equal variances
------------------------------------------------------------------------------
   Group |     Obs        Mean    Std. Err.   Std. Dev.   [95% Conf. Interval]
---------+--------------------------------------------------------------------
nonunion |     251    6.842222    .1916527     3.03635    6.464762    7.219682
   union |     251    8.418974    .2708752     4.29147    7.885485    8.952462
---------+--------------------------------------------------------------------
combined |     502    7.630598    .1694452    3.796481    7.297687    7.963509
---------+--------------------------------------------------------------------
    diff |           -1.576752    .3318194               -2.228684   -.9248196
------------------------------------------------------------------------------
    diff = mean(nonunion) - mean(union)                           t =  -4.7518
Ho: diff = 0                                     degrees of freedom =      500

    Ha: diff < 0                 Ha: diff != 0                 Ha: diff > 0
 Pr(T < t) = 0.0000         Pr(|T| > |t|) = 0.0000          Pr(T > t) = 1.0000
```

b）匹配后

图 12-3 （续）

可以看出，匹配前加入工会和未加入工会的工资差异（处理效应）为 1.4696，对应的 t 值为 6.6508；匹配后工资差异变为 1.5768，t 值为 4.7518。匹配后处置效应仍然存在。

12.2.2　vmatch 命令

相对于 ccmatch 命令，vmatch 命令选项多了许多。这有利于使用者根据研究需求进行语法调整，因此其语法结构更加复杂。vmatch 的语法结构是：

```
vmatch casevar [if exp] , generate(newvar)
show(idvar) save(filename) first fuzz(real 1e-6)
[r]devia(varlist1 dLo1[/dHi1] [varlist2 dLo2[/dHi2]] ...)
[r]eucli(varlist1 dist1 [varlist2 dist2] ...)
   strng(varlist)
   power(#)
```

- casevar 用来区别干预组与控制组，类似于 ccmatch 中的 cc（var）；
- generate（newvar）产生一个新变量表示观测值被匹配的数量；
- show（idvar）给每个观测值赋予身份识别；
- save（filename）匹配标识保存的新文件名称；
- first 要求生成的 newvar 包含首次调用匹配案例的标识；
- fuzz(real 1e-6）是数字比较的精度，当两个数字的差值小于指定值时，被认为是相等的；
- [r]devia 设定不同变量的匹配规则，不一定是精确匹配，可以存在偏差，dLo1[/dHi1] 表示差异；
- [r] eucli 欧氏距离，在每个变量定义的空间中，任何样本差异都要在指定的距离内；
- strng 设定字符型变量的匹配规则，一定是精确匹配；
- power 和 [r] eucli 欧氏距离一起使用，表示计算距离时使用的幂次方数。

vmatch 回归后产生的新变量 newvar 值有以下特征，如果样本观察值为处理组，newvar 表示被匹配的次数；如果观察值为控制组，newvar 表示被匹配的控制组的编号。

我们同样通过 Stata 自带的数据集说明 vmatch 命令的使用。按照年龄（age）、种族（race）、是否上大学（collgrad）、婚姻状况（married）、所属行业（industry）和所属职业（occupation）进行匹配。输入以下命令。

```
❍ sysuse nlsw88, clear
❍ drop if union==.
❍ sort idcode
❍ local exactX "race collgrad married industry occupation"
❍ local treat "union"
❍ tostring `exactX', replace force
❍ keep idcode `exactX' `treat' age wage
❍ vmatch `treat', gen(nmatch)      ///
      save(nlsw_vmatch) first ///
      devia(age 0)            ///
      strng(`exactX')
❍ drop if nmatch == 0 | nmatch == .
```

匹配后形成了 364 组对子，比 ccmatch 匹配结果要多，这是因为 vmatch 支持多对多的匹配。如图 12-4 所示，我们可以发现编号为 975 的处理组样本可以被编号为 898、3036、3355、4478、4705、4762、4972 和 5063 等 8 个控制组的样本匹配。从新产生的变量 nmatch 也可以看出，处理组编号 975 对应的 nmatch 值为 8。而控制组对应的 nmatch 值为 975。这说明处理组有 8 个匹配的控制组，而控制组匹配的处理组的标识（idcode）是 975。但在 ccmatch 命令中它只匹配了编号为 3355 的控制组样本。

匹配完成后，图 12-5 展示了 vmatch 命令下的处理效应情况。

idcode	age	race	married	collgrad	industry	occupa~n	union	wage	nmatch
975	39	1	1	1	11	13	union	11.6103	8
898	39	1	1	1	11	13	nonunion	8.260865	975
3036	39	1	1	1	11	13	nonunion	12.77777	975
3355	39	1	1	1	11	13	nonunion	10.45088	975
4478	39	1	1	1	11	13	nonunion	7.479866	975
4705	39	1	1	1	11	13	nonunion	7.230271	975
4762	39	1	1	1	11	13	nonunion	9.066018	975
4972	39	1	1	1	11	13	nonunion	6.884055	975
5063	39	1	1	1	11	13	nonunion	6.199676	975

idcode	age	race	married	collgrad	industry	occupa~n	union
975	39	white	married	college grad	Professional Services	Other	union

wage	hours	match	match_id
11.6103	40	128	3355

图 12-4　ccmatch 匹配结果和 vmatch 结果对比

idcode	age	race	married	collgrad	industry	occupa~n	union
3355	39	white	married	college grad	Professional Services	Other	nonunion

wage	hours	match	match_id
10.45088	40	128	975

图 12-4 （续）

```
Two-sample t test with equal variances

   Group |     Obs        Mean    Std. Err.   Std. Dev.   [95% Conf. Interval]
---------+--------------------------------------------------------------------
nonunion |     442    6.881676    .1531224    3.219213    6.580736    7.182617
   union |     286    8.276051    .2439264     4.12517    7.795925    8.756177
---------+--------------------------------------------------------------------
combined |     728    7.429466    .1357815    3.663586    7.162896    7.696037
---------+--------------------------------------------------------------------
    diff |           -1.394375    .2733573                -1.93104   -.8577094
------------------------------------------------------------------------------
    diff = mean(nonunion) - mean(union)                           t =  -5.1009
Ho: diff = 0                                     degrees of freedom =      726

    Ha: diff < 0                 Ha: diff != 0                 Ha: diff > 0
 Pr(T < t) = 0.0000         Pr(|T| > |t|) = 0.0000          Pr(T > t) = 1.0000
```

图 12-5 vmatch 匹配后的处理效应结果

可以看出，vmatch 匹配后的处理效应为 1.3944，对应的 t 值为 5.1009，匹配后处理效应仍然存在。

此外，vmatch 还可以通过 devia 语句处理部分变量的模糊匹配。如果将 devia（age 0）改为 devia（age 2），那么控制组和处理组的年龄差异在 2 岁之内也可以匹配成功。在“do file”中输入下列命令：

```
❍ sysuse nlsw88, clear
❍ drop if union==.
❍ sort idcode
❍ local exactX "race collgrad married industry occupation"
❍ local treat "union"
❍ tostring `exactX', replace force
❍ keep idcode `exactX' `treat' age wage
❍ vmatch `treat', gen(nmatch)    ///
     show(idcode )               ///
     save(nlsw_vmatch) first ///
     devia(age 2)                ///
     strng(`exactX')
❍ drop if nmatch == 0 | nmatch ==
```

发现编号为 1157 和编号为 2393 的样本现在可以匹配成功，尽管其年龄差 1 岁（见图 12-6）。

idcode	age	race	married	collgrad	industry	occupa~n	union	wage	nmatch
1157	38	2	1	0	8	3	nonunion	3.220612	2393
2393	37	2	1	0	8	3	union	11.71497	1

图 12-6　vmatch 模糊匹配结果

12.3　模糊匹配方法介绍和应用

12.3.1　倾向得分模型的分析过程

精确匹配的问题在于其更适合处理离散变量的匹配，对于连续变量的匹配较为困难，因此在实证研究中学者广泛使用的匹配方法是采用倾向得分模型的模糊匹配。自 1983 年 Rosenbaum & Rubin 发表了倾向得分分析的论文以来，倾向得分分析法获得了快速发展，并在各个方面不断改进。为了帮助读者了解，我们将倾向得分的分析过程归纳成以下三步，如图 12-7 所示。

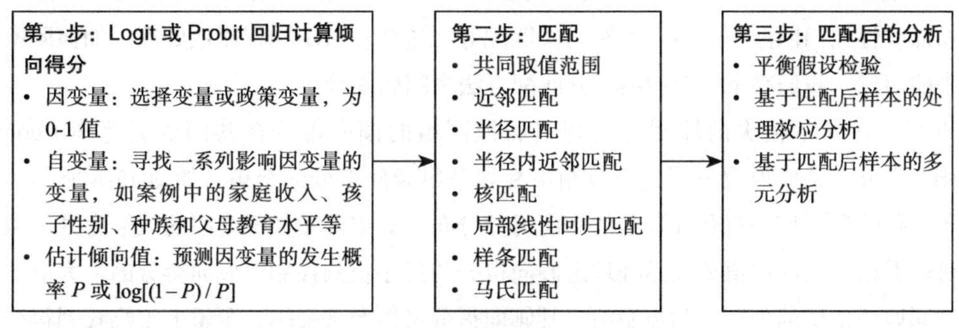

图 12-7　倾向得分匹配的一般步骤

具体而言，我们分为以下三个步骤进行分析。

1. 采用 Logit 或 Probit 回归计算倾向得分

倾向得分模型是从估计选择变量（D=1 或者 D=0，例如案例中的是否进行再就业培训，以及是否进入天主教高中等）的条件概率开始，因此我们首先需要确定选择变量。在一些案例中选择变量的定义非常简单直观，例如设定 0-1 变量，取值 1 表示政策实施，0 表示政策未实施。但在有些案例中十分复杂，例如审计师任期，高管薪酬等以连续变量为基础设定的选择变量。针对这些变量，研究者需要选择一个分割点，一般为行业中值，从而将样本分为明确的两组。其次需要确定影响选择变量的关键自变量（也称为协变量，covariates），这些一般为影响决策的个体特征，例如性别、年龄、家庭收入和教育水平等。确定完自变量和选择变量后，需要进一步为倾向得分指定协变量的函数形式。一般研究中采用 Logit 模型或 Probit 模型进行回归，也会采用多项式 Logit 模型来分析多重处理效应的影响。

我们通过预测选择变量的拟合值以寻求倾向得分的最佳估计。根据定义，倾向得分是指在观察到的自变量下，通过预测选择变量的拟合值，以研究参与者选择处理效应的条件概率。因此，不论接受选择的处理组，还是拒绝选择的控制组都可能有非零的倾向性分数。

如前所述，倾向得分匹配的核心思想是寻找和处理组尽可能相似的控制组。Rosenbaum & Rubin（1983）证明，不管有多少个用于匹配的自变量，倾向性分数是所有变量分布的最好代表，选择分数较为接近的处理组和控制组并将其配对，就可以实现前述目标，即使它们在特定协变量的数值上可能有所不同。

2. 匹配

在单变量匹配中，我们只需要保证控制组和处理组对应的单变量相同或最接近即可。当面临多个协变量时，如何在协变量之间分配权重，保证得到和处理组特征最相似的控制组是一个难题。倾向得分匹配法作为一个降维的处理方法，它将多个协变量降维成一个单一的倾向性分数，从而避免多变量匹配失败的问题。

得到倾向性分数后，分析人员就可以根据分数来匹配处理组和控制组的样本。如前所述，匹配的关键目标是使得控制组和处理组在倾向得分上尽可能地相似。现有研究已经开发了各种算法来根据倾向得分进行匹配，例如近邻匹配、半径匹配、半径内近邻匹配、核匹配、局部线性回归匹配、样条匹配和马氏匹配等。这些算法不同程度地处理了如何匹配和样本损失的问题。我们在下一节说明不同匹配方法之间的差异。

匹配存在样本损失的原因是处理组和控制组的倾向得分在共同取值范围（common support）之外。共同取值范围是指控制组和处理组倾向得分的交集，如图 12-8 所示。图中列示了三种情况下控制组和处理组的倾向得分分布，其中两条竖线之间的区域为共同取值范围。可以看出，共同取值范围是处理组倾向得分的最小值到控制组倾向得分的最大值。对于不在共同取值范围的处理组和控制组，其倾向得分可能非常极端，逻辑上很难找到得分相近的组进行匹配，从而导致部分处理组出现无法匹配的情况，这就是样本损失。

我们使用 Stata 自带的数据集 nlsw88.dta 说明共同取值范围的结果。nlsw88.dta 数据是美国 1988 年对女性员工的调研数据，经常被用来研究加入工会或者女性教育等对女性工资的影响。

在 Stata 的“do file”中输入以下命令：

```
❍ sysuse nlsw88, clear
❍ drop if union == .
❍ xi i.industry i.race i.occupation
❍ global x "age married never_married grade collgrad south smsa c_city ttl_exp tenure  _I*"
❍ psmatch2 union $x, outcome(wage) common logit noreplacement
```

输入之后，我们得到如图 12-9 所示的共同取值范围的结果。可以看出，有 2 个处理组的结果不在共同取值范围内。如前所述，处理组的结果不在共同取值范围说明处理组倾向得分的最小值大于控制组倾向得分的最大值。

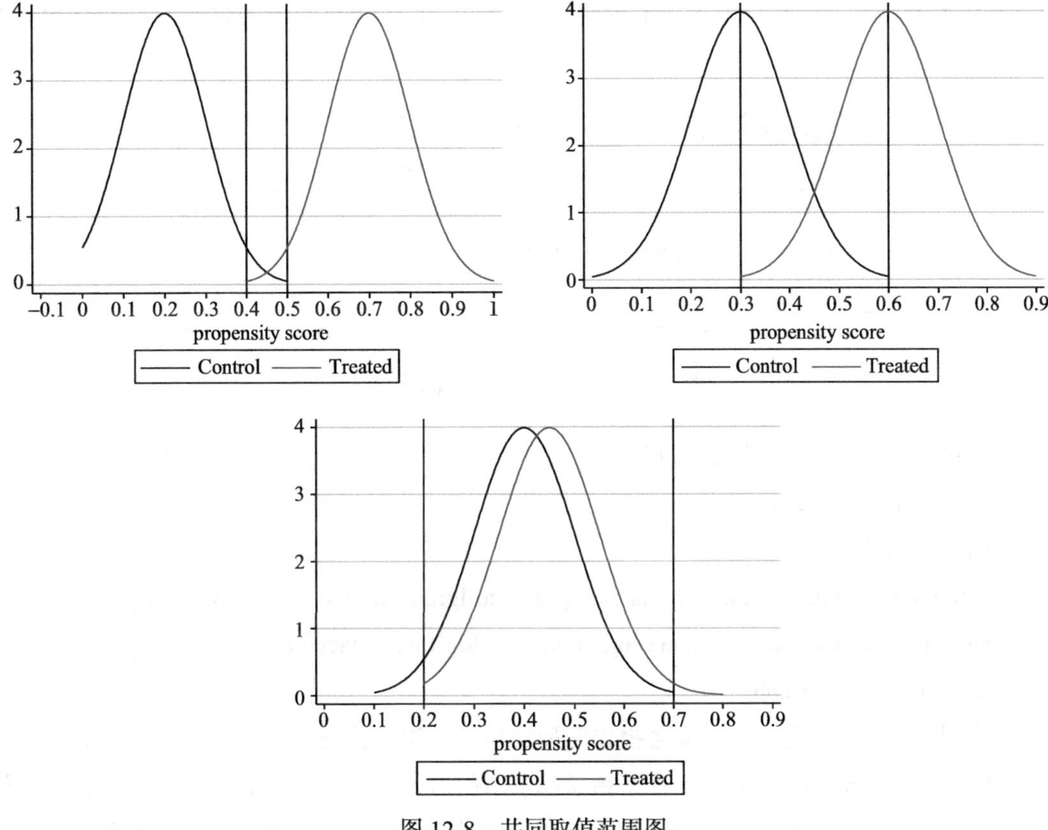

图 12-8　共同取值范围图

注：propensity score 为“共同取值范围”，Control 为“控制组”，Treated 为“处理组”。

psmatch2: Treatment assignment	psmatch2: Common support Off suppo	On suppor	Total
Untreated	0	1,390	1,390
Treated	2	453	455
Total	2	1,843	1,845

图 12-9　共同取值范围案例（1）

我们通过描述性统计结果进行验证。图 12-10 分别列示了不在取值范围的处理组（_support==0 & _treated==1）和在取值范围的控制组（_support==1 & _treated==0）的倾向得分的描述性分布。可以看出，不在取值范围处理组的最小值（0.9096）确实大于取值范围控制组的最大值（10.8869）。这进一步佐证了共同取值范围的结果。

3. 匹配后的分析

匹配完成后，首先需要确定匹配是否有效，即需要满足平衡假设（balancing assumption）。平衡假设认为控制组和处理组不存在显著差异，两者完全接近，因变量（例如工资和高中毕业的数学成绩）的影响完全来自选择变量（是否进行再就业培训和是否去天主教高中）的影响，不再受到自变量（协变量）的影响。平衡假设既可以通过比较控制组和处理组对应自变量的均值差异得到，也可以通过图形观察得到。我们使用 Stata 自带的数据集 nlsw88.dta 说明平衡假设。

```
. sum _pscore if _support==0 & _treated==1

    Variable |        Obs        Mean    Std. Dev.       Min        Max
-------------+---------------------------------------------------------
     _pscore |          2     .906719    .0040809   .9038333   .9096046

. sum _pscore if _support==1 & _treated==0

    Variable |        Obs        Mean    Std. Dev.       Min        Max
-------------+---------------------------------------------------------
     _pscore |      1,390    .1991651     .156405    .008691   .8868722
```

图 12-10 共同取值范围案例（2）

在 Stata 的“do file”中输入以下命令：

❍ sysuse nlsw88, clear

❍ drop if union == .

❍ global x "age married never_married grade collgrad south smsa c_city ttl_exp tenure"

❍ psmatch2 union $x, outcome(wage) common logit noreplacement

❍ pstest $x, both graph

我们先分析平衡假设。pstest 会报告匹配前后处理组和控制组均值差异的 t 值检验和偏差变化。以 t 值检验结果而言，匹配平衡意味着匹配后处理组和控制组的自变量不存在显著性差异，偏差在匹配后低于 5%。图 12-11 列示了匹配前后自变量的均值差异和偏差。

变量　匹配前后　控制组和处理组的变量均值　控制组和处理组的偏差和下降幅度　两组均值差异对应的 t 值和 P 值　两组变量的方差差异

Variable	Unmatched Matched	Mean Treated	Mean Control	%bias	%reduct |bias|	t-test t	t-test p>|t|	V(T)/V(C)
age	U	39.281	39.204	2.5		0.47	0.637	0.98
	M	39.271	39.275	-0.1	94.3	-0.02	0.982	1.01
married	U	.60566	.66525	-12.4		-2.33	0.020	.
	M	.60699	.5917	3.2	74.3	0.47	0.637	.
never_married	U	.13725	.10092	11.2		2.16	0.031	.
	M	.13755	.14192	-1.3	88.0	-0.19	0.849	.
grade	U	13.58	13.036	20.7		3.97	0.000	1.27*
	M	13.574	13.406	6.4	69.1	0.94	0.346	1.13
collgrad	U	.32244	.22388	22.2		4.26	0.000	.
	M	.32096	.31441	1.5	93.4	0.21	0.832	.
south	U	.2963	.46766	-35.8		-6.52	0.000	.
	M	.29694	.31004	-2.7	92.4	-0.43	0.667	.
smsa	U	.76906	.6887	18.1		3.30	0.001	.
	M	.76856	.77511	-1.5	91.8	-0.24	0.814	.
ttl_exp	U	13.255	12.703	12.1		2.24	0.025	0.98
	M	13.237	13.263	-0.6	95.2	-0.09	0.930	0.96
tenure	U	7.8707	6.1365	30.1		5.77	0.000	1.27*
	M	7.8402	7.8821	-0.7	97.6	-0.10	0.917	1.00

* if variance ratio outside [0.83; 1.20] for U and [0.83; 1.20] for M.

图 12-11 控制组和处理组的自变量平衡检验（1）

可以看出，在匹配之前（U 行结果），除了年龄 age 变量外，处理组和控制组自变量的均值均存在显著差异，偏差绝对值在 11.2% 以上，对应 t 值的绝对值大于 2.16，P 值小于 0.05，说明在 5% 的显著性水平下两组样本特征存在显著差异。匹配之后，两组样本均值差异有所下降，所有自变量均不存在显著差异。偏差方面，匹配之后除 grade 外，其余变量偏差均下降到 5% 以下，这说明匹配后两组样本较为接近，匹配效果良好。

除了直接比较控制组和处理组的均值差异和偏差外，Stata 自带的图形提供了更为直观的平衡检验结果，如图 12-12 所示。图中圆点代表匹配之前的偏差，菱形代表匹配之后的偏差。可以看出，匹配之前的偏差分布较为分散，而且大多距离 0 轴较远，说明两组自变量有较大的偏差；匹配之后偏差围绕在 0 轴附近。这也说明了匹配大幅降低了两组样本的偏差，使得控制组和处理组的自变量更为接近。

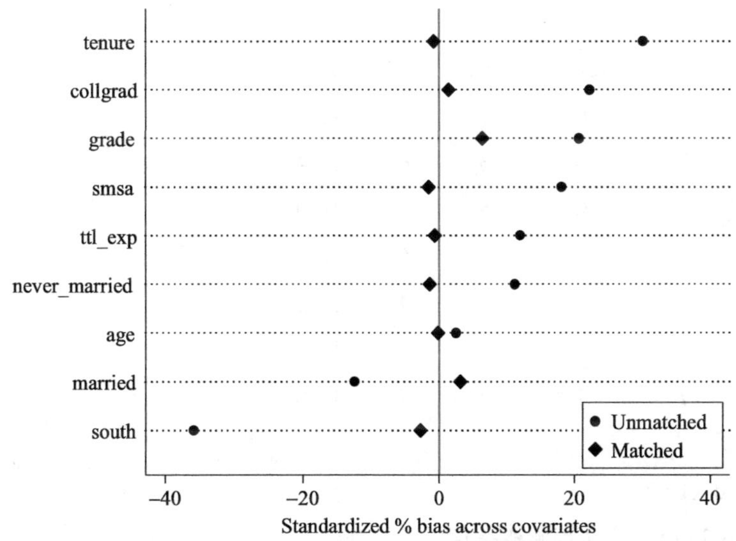

图 12-12　控制组和处理组的自变量平衡检验（2）

在进行平衡分析之后，我们得到了新的处理组和控制组。由于两组自变量特征较为相似，唯一区别在于选择变量的不同，这样将因变量的差异归结为选择变量的影响就更有说服力了。因此，匹配其实是一个抽样过程，从控制组中抽取一个和处理组更接近的样本，然后再进行因变量的均值检验，或者多元回归分析。具体案例见第 12.5 节。

12.3.2　倾向得分的计算

如前所述，倾向得分匹配的思路是首先进行 Probit 或者 Logit 回归，然后根据选择变量的拟合值测算倾向得分概率，最后选择得分接近的控制组样本作为处理组的匹配对象。那么如何计算倾向得分呢？我们通过一个案例来模拟计算。

表 12-1 列示了一个简单的案例，第一列为数据编号；第二列为选择变量，1 表示处理组，0 为控制组；第三列和第四列为影响选择变量 treat 的两个自变量；最后一列为要研究的因变量。

表 12-1　倾向得分匹配举例

id	treat	*x*1	*x*2	*y*
1	0	7	9	10
2	0	3	6	11.4
3	0	5	3	10.9
4	1	4	5	12.1
5	1	6	4	13.2
6	1	5	8	10.8
7	1	2	7	12.6

首先，我们在 Stata 中输入上述表格，对 treat 进行 Logit 回归后预测 treat 的发生概率（即倾向得分）。

```
❍ clear
❍ input ///
❍        id    treat    x1    x2    y
❍        1     0        7     9     10
❍        2     0        3     6     11.4
❍        3     0        5     3     10.9
❍        4     1        4     5     12.1
❍        5     1        6     4     13.2
❍        6     1        5     8     10.8
❍        7     1        2     7     12.6
❍ end
❍ logit treat x1 x2
❍ predict p_logit      // 预测概率值
```

结果如图 12-13 所示。

```
Logistic regression                             Number of obs     =          7
                                                LR chi2(2)        =       0.39
                                                Prob > chi2       =     0.8212
Log likelihood = -4.5833647                     Pseudo R2         =     0.0412

------------------------------------------------------------------------------
       treat |      Coef.   Std. Err.      z    P>|z|     [95% Conf. Interval]
-------------+----------------------------------------------------------------
          x1 |  -.3135009   .5158706    -0.61   0.543    -1.324589    .6975868
          x2 |   .0256339   .3859619     0.07   0.947    -.7308376    .7821054
       _cons |   1.586957    3.22928     0.49   0.623    -4.742315    7.916229
------------------------------------------------------------------------------
```

图 12-13　Logit 模型回归结果

我们同时手工计算 treat 的预测概率，然后比较手工预测概率和 Logit 模型预测结果的差异。在 Stata 中输入下列命令：

```
❍ gen treat_hat =1.586957+-0.3135009*x1+0.0256339*x2  // 根据回归方程预测 treat 值
```

❍ gen p_w = exp(treat_hat)/(1+exp(treat_hat)) //anti-Logit 变换计算 treat 发生概率

❍ list treat x1 x2 p* , sep(0)

结果如图 12-14 所示，*p_logit* 为 Logit 模型的预测概率，*p_w* 为手工测算的预测概率。可以看出，两者仅存在微小区别，这一区别是因为回归系数四舍五入值导致的。

treat	x1	x2	p_logit	p_w
0	7	9	.4068882	.4068883
0	3	6	.6900296	.6900296
0	5	3	.5240698	.5240699
1	4	5	.6132805	.6132805
1	6	4	.4522675	.4522676
1	5	8	.5558963	.5558963
1	2	7	.7575681	.7575681

图 12-14　Logit 模型和手工计算结果对比

此外，进一步比较 Probit 模型和 Logit 模型的计算结果是否存在较大差异。在输入上述数据之后，继续输入以下命令：

❍ probit treat x1 x2

❍ predict p_probit

❍ tabstat p_probit p_logit, s(mean sd min max q) f(%6.3f) c(s) // 基本统计量对比

❍ twoway (kdensity p_logit) (kdensity p_probit) // 密度函数对比

结果如图 12-15 所示。可以看出，两种回归方法并不存在较大差异，密度函数也显示两者非常接近。

variable	mean	sd	min	max	p25	p50	p75
p_probit	0.571	0.127	0.405	0.761	0.451	0.554	0.690
p_logit	0.571	0.125	0.407	0.758	0.452	0.556	0.690

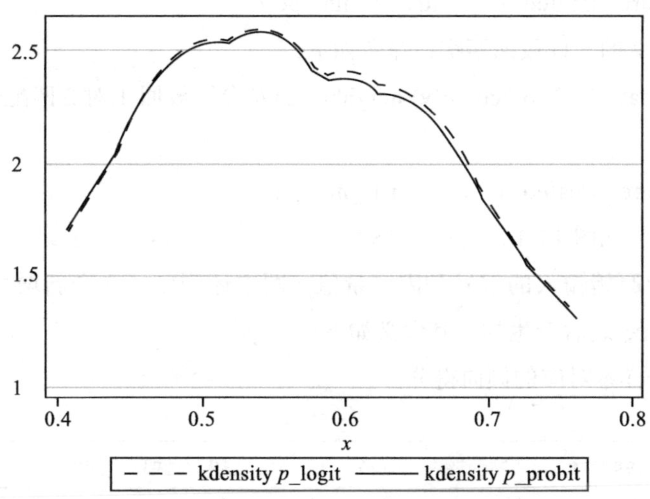

图 12-15　Probit 与 Logit 模型回归对比

12.3.3　具体匹配方法介绍

匹配的具体方法有许多种，现有文献常用的方法有如下几种：①近邻匹配［nearest neighbor matching (with or without caliper)］，包含普通近邻匹配和半径内近邻匹配；②半径匹配或卡

尺匹配（radius matching）；③其他匹配方法。

1. 近邻匹配

（1）近邻匹配思路介绍。近邻匹配是指对每一个处理组，从控制组中寻找倾向得分与其最接近的样本，即最近邻的。近邻匹配经常允许控制组的样本可以放回（replacement），这样一个控制组可能会匹配几个处理组样本。如果处理组需要匹配 *n* 个控制组，称为 1 对 *n* 匹配；如果处理组只匹配 1 个控制组，则称为 1 对 1 匹配。

一旦匹配成功，首先计算每组配对中处理组和控制组的因变量差异，将所有配对组的差异加总取均值就可以得到感兴趣的处理效应（ATT）。值得注意的是，虽然近邻匹配名义上是找最接近的样本，但是在某些极端情况下（尤其是不允许控制组样本放回的时候），处理组和控制组的倾向得分可能相去甚远，从而削弱了匹配效果。

我们以表 12-1 的数据简单说明近邻匹配的结果。在输入表 12-1 的数据之后，首先进行 1 对 1 的放回匹配，输入如下命令（在此提前使用 psmatch2，具体命令定义查阅下一节）：

❍ psmatch2 treat x1 x2, outcome(y) neighbor(1) // 允许放回

❍ sort _id

❍ list id _pscore _treated y _y _id _n1 _nn _pdif

其次进行 1 对 1 的不允许放回的匹配，命令如下：

❍ psmatch2 treat x1 x2, outcome(y) neighbor(1) noreplacement // 不允许放回

❍ sort _id

❍ list id _pscore _treated y _y _id _n1 _nn _pdif

最后展示 1 对 2 的允许放回匹配，命令如下：

❍ psmatch2 treat x1 x2, outcome(y) neighbor(2) // 允许放回 1 对 2 匹配

❍ sort _id

❍ list id _pscore _treated y _y _id _n1 _nn _pdif

获得的匹配结果如图 12-16 ～图 12-18 所示。

其中 id 和 *y* 为原始输入的编号和因变量值，图中还列示了 7 个新增变量，这些变量均是执行 psmatch2 命令之后产生的，其含义如下。

_pscore：每个样本对应的倾向得分。

id	_pscore	_treated	y	_y	_id	_n1	_nn	_pdif
1	.40545277	Untreated	10	.	1	.	0	.
3	.52270473	Untreated	10.9	.	2	.	0	.
2	.69019189	Untreated	11.4	.	3	.	0	.
5	.45105718	Treated	13.2	10	4	1	1	.04560442
6	.55429747	Treated	10.8	10.9	5	2	1	.03159273
4	.61203506	Treated	12.1	11.4	6	3	1	.07815683
7	.76057755	Treated	12.6	11.4	7	3	1	.07038566

图 12-16　近邻匹配 1 对 1 可放回匹配结果

id	_pscore	_treated	y	_y	_id	_n1	_nn	_pdif
1	.40545277	Untreated	10	.	1	.	0	.
3	.52270473	Untreated	10.9	.	2	.	0	.
2	.69019189	Untreated	11.4	.	3	.	0	.
5	.45105718	Treated	13.2	10	4	1	1	.04560442
6	.55429747	Treated	10.8	10.9	5	2	1	.03159273
4	.61203506	Treated	12.1	11.4	6	3	1	.07815683
7	.76057755	Treated	12.6	.	7	.	0	.

图 12-17 近邻匹配 1 对 1 不可放回匹配结果

id	_pscore	_treated	y	_y	_id	_n1	_nn	_pdif
1	.40545277	Untreated	10	.	1	.	0	.
3	.52270473	Untreated	10.9	.	2	.	0	.
2	.69019189	Untreated	11.4	.	3	.	0	.
5	.45105718	Treated	13.2	10.45	4	1	2	.04560442
6	.55429747	Treated	10.8	11.15	5	2	2	.03159273
4	.61203506	Treated	12.1	11.15	6	3	2	.07815683
7	.76057755	Treated	12.6	11.15	7	3	2	.07038566

图 12-18 近邻匹配 1 对 2 可放回匹配结果

_treated：处理组和控制组，值为 1 表示处理组，为 0 表示控制组。

_*y*：对于控制组，其值为缺省值；对于处理组，其值为匹配的控制组对应的 *y* 值。

_id：psmatch2 之后给样本定义的新编号。

_*n*1：对于控制组，其值为缺省值；对于处理组，为匹配成功对应的控制组的新编号（_id）。

_*nn*：对于控制组，其值为 0；对于处理组，表示匹配成功对应的控制组的数量。

_*p*dif：处理组和控制组倾向得分的差异，即两组 _pscore 之差的绝对值。

首先我们研究图 12-16，psmatch2 命令在回归之后分别按照控制组和处理组的倾向得分顺序排序，控制组的数据在前，处理组的数据在后。排序后重新定义新的编号 _id。之后按照 _id 的顺序依次进行匹配。

在匹配逻辑上，由于我们选择近邻匹配，因此尽可能根据每一个处理组，选择其最接近的控制组样本。从第一个处理组样本开始（_id=4），它的倾向得分为 0.45105718，在控制组中最接近的是 _id=1 的控制组，其对应的倾向得分为 0.40545277，因此这两组变量匹配成功。_id=4 这列中其他数据对应填入：

_*y* 等于 _id=1 的 *y*，值为 10；_*n*1 等于 _id=1 的 _id，值为 1；因为我们做的是 1 对 1 的匹配，只匹配了一组样本，因此 _*nn*=1；_pdif 就是 _id=4 的 _pscore 减去 _id=1 的 _pscore 的绝对值[⊖]，衡量了匹配效果。

同理，进行 _id=5 的控制变量的匹配，和它最接近的 _pscore 是 _id=2 的控制组，因此

⊖ _id=4 的 _pdif 值等于 0.45105718−0.40545277，值为 0.04560441，和表中 0.04560442 的值差 0.00000001，这是四舍五入的结果。_id=5 同理。

_id=5 和 _id=2 匹配成功；在处理组 _id=6 中，与其最接近的 _pscore 是 _id=3，两者匹配成功。由于图 12-16 是进行 1 对 1 的可放回匹配，尽管 _id=3 和 _id=6 匹配成功，仍然可以再次和 _id=7 匹配成功。

在图 12-17 中，控制组是不可放回的，因此在处理组 _id=7 中，虽然与其最接近的 _pscore 是 _id=3，但是因为 _id=3 和 _id=6 匹配成功，所以 _id=7 只能退而求其次。而三个控制组已经全部和其他处理组匹配完成，没有剩余的控制组供其匹配，因此 _id=7 没有匹配结果。

在图 12-18 中，我们进行了 1 对 2 的可放回匹配。此时每个处理组匹配了 2 个控制组，但是 _*n*1 列式匹配中最接近的控制组的 _id 值，_pdif 仍然是和最接近组的 _pscore 差异。以 _id=4 为例，它对应的两组控制变量分别为 _id=1 和 _id=2，但是 _*n*1 列示的值为 1，_pdif 是 _id=4 和 _id=1 的 _pscore 差异，这都和图 12-16 相同。和图 12-16 不同的是，_*y* 等于两组控制变量 *y* 值的平均，因此等于（10+10.9）÷2=10.45。同理，_*nn* 的值变为 2。

可以看出，近邻匹配中得到的处理组和控制组的倾向得分可能相去甚远。以图 12-16 中 _id=3 和 _id=6 这组匹配为例，可以看到两者的 _pdif 值为 0.07815683，大约为处理组倾向得分的 12.77%，降低了匹配效果。对此的一个解决方法是和半径匹配一起使用，后文对此进行详述。

（2）近邻匹配的使用法则。近邻匹配在使用之前需要思考两个问题。

①使用 1 对 1 匹配还是 1 对多匹配。1 对 1 匹配的优点是控制组和处理组的匹配结果是最接近的，即选择偏差最小。但 1 对 1 匹配的控制组只有一个，对应的 _*y* 值只有一个，这会增加未来 ATT 值的方差；1 对多匹配由于存在多个控制组样本，_*y* 值的结果被平均，降低了 ATT 值的方差，但是匹配了更多可能与 pscore 并不接近的样本，因此导致自选择偏差更大。

②匹配中是否允许控制组样本放回。允许放回意味着控制组样本可能匹配多个处理组，最终 ATT 容易受到该控制组样本的信息影响，增加了 ATT 的方差。而不允许放回意味着随着控制组样本被匹配成功后，排在后面的处理组样本不是和自己最接近的控制组样本匹配，而是和次优的控制组样本匹配，从而增加了样本的选择偏差。

2.半径匹配或卡尺匹配

（1）半径匹配思路介绍。由于近邻匹配没有限制匹配中处理组和控制组的 _pscore 的差距大小，使得偏差较大的处理组和控制组也匹配成功了，因此降低了匹配效果。半径匹配或卡尺匹配通过设置倾向得分差异的上限可以缓解近邻匹配的上述问题，一个可参考的上限是设定在倾向得分样本标准差的 0.25 倍，在图 12-16 中对应的 pscore 计算得到的结果为 0.03166125。我们仍然以表 12-1 倾向得分匹配为例继续研究。

首先进行半径匹配（在此不再区别放回匹配和不放回匹配，思路和近邻匹配中类似）。由于案例样本太少，如果将半径设定为 0.03166125 会使得匹配成功的样本比较少。因此为了更好地展示半径匹配的思路，我们设定倾向得分差异的上限为 0.073。输入如下命令：

❍ psmatch2 treat x1 x2,outcome(y) radius caliper(0.073)

❍ sort id

❍ list id _treated _pscore y _y

结果如图 12-19 所示。

id	_treated	_pscore	y	_y
1	Untreated	.40545277	10	.
2	Untreated	.69019189	11.4	.
3	Untreated	.52270473	10.9	.
4	Treated	.61203506	12.1	.
5	Treated	.45105718	13.2	10.45
6	Treated	.55429747	10.8	10.9
7	Treated	.76057755	12.6	11.4

图 12-19　半径匹配结果

可以看出，和近邻匹配不同，半径匹配没有产生 _n1、_id、_nn 和 _pdif 变量。这是因为半径匹配的思路是：只要倾向得分差异在差异上限（半径）以内，所有控制组都可以作为处理组的匹配对象，而无须重新对倾向得分差异进行排序，选择最邻近的匹配对象。因此，半径匹配是一种 1 对多的匹配方法。

为了进一步直观说明半径匹配的结果，我们首先需要测算一个控制组和处理组倾向得分差异表，如表 12-2 所示。

表 12-2　半径匹配倾向得分差异表

			控制组 pscore		
			id=1	id=2	id=3
			0.405453	0.690192	0.522705
处理组 pscore	id=4	0.612035	0.206582	0.078157	0.08933
	id=5	0.451057	0.045604	0.239135	0.071648
	id=6	0.554297	0.148845	0.135894	0.031593
	id=7	0.760578	0.355125	0.070386	0.237873

以 id=4 为例，其与三个控制组样本的 pscore 差异均大于上限 0.073，因此 id=4 没有满足条件的控制组，匹配不成功。对于 id=5 的样本，其与 id=1 和 id=3 的 pscore 差异值均小于设定的上限 0.073，id=5 的样本有两组控制组样本，对应匹配后控制组的 _y 值就是 id=1 和 id=3 的 y 值平均，即（10 + 10.9）÷ 2 = 10.45。id=6 和 id=7 中只有一个控制组样本在半径以内，因此该样本就是匹配对象，对应的 y 就是处理样本对应的 _y。

如果希望在半径范围内匹配最邻近的控制组样本，我们可以采用半径内近邻匹配。具体操作方法如下：

❍ psmatch2 treat x1 x2,outcome(y) caliper(0.073) neighbor(1)

❍ list id _treated _pscore y _y

结果如图 12-20 所示。

id	_treated	_pscore	y	_y
1	Untreated	.40545277	10	.
2	Untreated	.69019189	11.4	.
3	Untreated	.52270473	10.9	.
4	Treated	.61203506	12.1	.
5	Treated	.45105718	13.2	10
6	Treated	.55429747	10.8	10.9
7	Treated	.76057755	12.6	11.4

图 12-20　半径内近邻匹配结果

可以看出，和图 12-19 的区别在于编号 id=5 的样本。之前在半径匹配中，由于半径内对应的控制组样本有 2 个，因此匹配后因变量值为 id=1 和 id=3 的平均值（_y）10.45。在实施半径内近邻匹配之后，匹配变为半径内 1 对 1 的近邻匹配，因此 id=5 匹配了

id=1，两者更加接近，因变量对应的匹配值（_y）变为 10。

可以看出，半径内近邻匹配方法相当于给近邻匹配加上了距离限制，超过上限的样本不再匹配成功。

（2）半径匹配的难题。半径匹配的难题在于半径的设置。半径设定得越小，意味着匹配成功的处理组和控制组的差异就越小，匹配效果越好，但是会导致更多的处理组样本无法匹配成功，从而造成样本损失。因此，使用者应当根据需要设定半径值，一个可参考的上限是设定在倾向得分样本标准差的 0.25 倍。

3. 其他匹配方法

核匹配（kernel matching）方法和半径匹配方法类似，都是选择在半径以内的所有控制组作为处理组的匹配对象。和半径匹配的区别在于，半径匹配中处理组对应匹配的因变量（_y）是所有控制组（y）的简单算数平均，核匹配会考虑到不同控制组和处理组的倾向得分差异，而在计算 _y 时调节权重。一般而言，距离处理组倾向得分近的控制组会被分配更高的权重，而距离远的控制组会被分配更低的权重。

具体权重分配方法由核匹配的函数决定。psmatch2 提供了很多核函数选择，包括二项分布、正态分布和马氏分布等。

除了核匹配外，还有一些其他匹配方法。这些方法的区别在于面对同一处理组的不同控制组时，处理控制组的权重算法不同。例如局部线性回归匹配（local linear regression matching）采用局部线性函数估计权重；样条匹配（spline matching）采用三次样条（cubic spline）估计权重；马氏匹配（mahalanobis matching）采用马氏距离函数估计权重等。

在实践中采用哪种匹配方法更加适合，目前并没有明确的指南。研究者需要根据具体问题具体分析。一般而言，如果可供匹配的控制组样本较为充足，可以采用不放回的 1 对多匹配。研究中会采用多种匹配方法同时进行，如果最终结果不受匹配方法的影响，则说明结果比较稳健；如果最终结果不同，研究者应该去查找背后产生差异的原因。

12.4 Stata 程序介绍

Stata 提供的 psmatch2 可以轻松实现倾向得分匹配。使用者在命令窗口或者“do file”输入以下命令即可安装：

```
ssc install psmatch2, replace
```

输入之后系统会自动检索是否已经安装了 psmatch2 命令。如果已经安装，replace 选项会用最新版本替代系统中原有的旧版本。psmatch2 的基本命令格式如下：

```
psmatch2 depvar indepvars, outcome (varlist) common logit odds pscore (varname) quietly
```

- depvar 表示一个 0-1 处理变量，如前述案例中的是否在天主教高中上学；
- indepvars 表示一系列可能影响处理变量的自变量，例如家庭收入、父母教育水平等；

- outcome（varlist）表示最终想要研究的因变量，如案例中的高中数学成绩；
- common 表示只对共同取值范围内的样本进行匹配，删除了倾向得分高于控制组最大倾向得分，或者低于处理组最小倾向得分的样本，缺省的话则对所有样本进行匹配；
- logit 表示在处理变量和自变量的回归中采用 Logit 模型进行回归，测算倾向得分，缺省的话表示采用 Probit 模型进行回归测算倾向得分；
- odds 表示采用概率比 [$P/(1-P)$] 进行匹配，缺省的话系统默认使用倾向得分 P 进行匹配；
- pscore（varname）表示用指定变量进行倾向得分计算，缺省的话系统默认采用所有控制变量进行倾向得分计算；
- quietly 表示不报告倾向得分的估计过程。

psmatch2 命令实施之后，会产生以下变量帮助使用者进一步进行分析：

- _treated 0-1 变量，0 表示控制组，1 表示处理组；
- _support 0-1 变量，0 表示样本不在共同取值范围，如果在 psmatch2 中加了 common，这样的样本将不会进行匹配，1 表示样本在共同取值范围；
- _pscore 是每个样本对应的倾向得分；
- _outcome_varlist 记录了每一个处理组对应匹配后的控制组的因变量结果。

此外，在邻近匹配中，还有以下变量：

- _weight 在邻近匹配中，用来储存样本是否被匹配成功，_weight 等于 1 表示匹配成功的控制组和处理组，缺省值时表示没有匹配成功；
- _id 在 1 对 1 匹配或者邻近匹配中，为所有样本建立了一个新的识别码，以便于识别匹配的对子；
- _nk 列示了每一个处理组样本对应匹配的控制组样本的 _id 值。

在具体匹配方法上，Stata 提供了许多选择：

psmatch2 depvar indepvars, outcome（varlist）common neighbor（k）noreplacement

其中 neighbor（k）表示进行 1 对 k 的近邻匹配，缺省的话系统默认进行 1 对 1 匹配。noreplacement 表示无放回匹配，即 1 个控制组只能匹配 1 个处理组。

psmatch2 depvar indepvars, outcome（varlist）common radius caliper（real）

其中 radius 表示进行半径匹配（卡尺匹配），caliper（real）中 real 为半径的大小，必须为正实数。caliper（real）也可以和 neighbor（k）一起使用，表示进行半径内的近邻匹配。

psmatch2 depvar indepvars, outcome（varlist）common Mahalanobis（varlist）ai（integer）

其中 Mahalanobis（varlist）表示进行马氏匹配，varlist 为计算马氏距离的变量。ai（integer）

表示使用 Abadie 和 Imbens（2006）的异方差稳健性标准误。

psmatch2 depvar indepvars, outcome(varlist)common kernel kerneltype(type)bwidth(real)

其中 kernel 表示进行核匹配，kerneltype（type）为核匹配指定的核函数，缺省的话默认采用二次核（epan kernel），bwidth（real）用来指定带宽，缺省的话默认带宽为 0.06。

psmatch2 depvar indepvars, outcome（varlist）common llr kerneltype（type）bwidth（real）

其中 llr 表示进行局部线性回归匹配，kerneltype（type）为核匹配指定的核函数，缺省的话默认采用三三核（tricubic kernel），bwidth（real）用来指定带宽，缺省的话默认带宽为 0.8。

psmatch2 depvar indepvars, outcome（varlist）common spline

其中 spline 表示进行样条匹配。

psmatch2 命令之后还有两个命令用于共同取值范围检验和平衡假设检验。

psgraph, bin（#）

将倾向得分的共同取值范围换成直方图，bin（#）来指定直方图的组数。默认为 20 组（处理组和控制组各 10 组）。

pstest indepvars, both graph

对匹配后的控制变量 indepvars 进行平衡检验，both 表示匹配前后的数据都显示，graph 表示同时用图显示平衡检验结果。

12.5 具体操作案例

我们继续以 Stata 自带的数据集 nlsw88.dta 说明倾向得分模型（psmatch2）命令的使用。

首先，我们用最小二乘法回归，研究加入工会（union）对工资（wage）的影响，结果如图 12-21 所示。

```
Linear regression                          Number of obs   =      1 878
                                           F(1, 1876)      =      43.50
                                           Prob > F        =     0.000 0
                                           R-squared       =     0.023 0
                                           Root MSE        =     4.121 2
```

wage	Coef.	Robust Std. Err.	t	P>|t|	[95% Conf.	Interval]
union	1.469 625	0.222 820 7	6.60	0.000	1.032 623	1.906 628
_cons	7.204 669	0.109 035 5	66.08	0.000	6.990 825	7.418 513

图 12-21 普通最小二乘法回归结果

可以看出，工会（union）的回归系数为 1.4696，P 值小于 1%。这说明加入工会使得每小时工资增加 1.4696 美元。我们将该结果与匹配后的结果进行对比。

12.5.1 确定匹配的自变量（协变量）

在正式匹配开始之前，我们首先需要确定匹配的自变量。自变量的选择一般是基于理论或者前期文献的研究经验确定，尽可能选择更多的自变量，然后从中剔除。一种简单的剔除方法是看变量的回归结果是否显著。我们继续以 Stata 自带的数据集 nlsw88.dta 说明。

❍ egen miss = rmiss($x)

❍ drop if miss ＞ 0 // 删除缺漏值

❍ keep id union wage $x

❍ compress

❍ save nlsw88_simple.dta, replace

❍ sysuse nlsw88, clear

❍ drop if union == .

❍ describe

❍ xi i.industry i.race i.occupation

❍ global x "age married never_married collgrad south smsa c_city ttl_exp tenure _I*"

❍ logit union $x

❍ stepwise, pr(0.1): logit union $x // 逐步回归法，确定匹配的自变量

❍ mat b = e(b)

❍ global x: colnames b   // 取出显著的变量

❍ global x: dis subinword("$x","_cons","",.) // 去除常数项

❍ dis `"$x"'

经过逐步回归之后，发现以下控制变量显著。我们之后便以这些控制变量为基础进行匹配（见图 12-22）。

```
Logistic regression                             Number of obs     =      1,847
                                                LR chi2(13)       =     346.12
                                                Prob > chi2       =     0.0000
Log likelihood = -859.21008                     Pseudo R2         =     0.1676
```

union	Coef.	Std. Err.	z	P>|z|	[95% Conf.	Interval]
_Iindustry_11	.7446724	.1983503	3.75	0.000	.355913	1.133432
_Ioccupatio_6	1.469807	.2194893	6.70	0.000	1.039616	1.899998
tenure	.0278186	.0104488	2.66	0.008	.0073393	.048298
_Ioccupatio_13	1.246863	.1929677	6.46	0.000	.8686534	1.625073
south	-1.063478	.135497	-7.85	0.000	-1.329048	-.7979092
c_city	.4267765	.1343977	3.18	0.001	.1633619	.6901912
_Ioccupatio_2	-.8264713	.26569	-3.11	0.002	-1.347214	-.3057285
_Ioccupatio_11	1.636259	.6840583	2.39	0.017	.2955293	2.976989
_Iindustry_12	1.30599	.2457639	5.31	0.000	.8243014	1.787678
_Iindustry_5	1.798688	.2821378	6.38	0.000	1.245708	2.351668
_Iindustry_6	-.5698415	.2770908	-2.06	0.040	-1.112929	-.0267535
_Iindustry_7	-.7530419	.3885674	-1.94	0.053	-1.51462	.0085362
_Irace_2	.3944129	.1473176	2.68	0.007	.1056756	.6831501
_cons	-1.915537	.1941491	-9.87	0.000	-2.296063	-1.535012

图 12-22　逐步回归选择匹配的控制变量

确定了匹配的控制变量之后，我们重新进行最小二乘法回归，研究加入控制变量后工会对工资的影响，结果如图 12-23 所示。

```
      Source |       SS           df       MS      Number of obs   =     1,851
-------------+----------------------------------   F(14, 1836)     =     41.00
       Model |  7667.54174        14  547.681553   Prob > F        =    0.0000
    Residual |  24525.8471     1,836  13.3583045   R-squared       =    0.2382
-------------+----------------------------------   Adj R-squared   =    0.2324
       Total |  32193.3889     1,850  17.4018318   Root MSE        =    3.6549

------------------------------------------------------------------------------
        wage |      Coef.   Std. Err.      t    P>|t|     [95% Conf. Interval]
-------------+----------------------------------------------------------------
       union |   .8830897   .2169053     4.07   0.000     .4576826    1.308497
       south |  -.8973681   .1831438    -4.90   0.000     -1.25656   -.5381761
      c_city |   .8432235   .1961342     4.30   0.000     .4585539    1.227893
      tenure |   .1459979   .0155563     9.39   0.000      .115488    .1765077
 _Iindustry_5 |   2.765906   .4457707     6.20   0.000     1.891635    3.640177
 _Iindustry_6 |  -1.814905   .2988705    -6.07   0.000    -2.401067   -1.228743
 _Iindustry_7 |   .6016351   .3628848     1.66   0.098    -.1100752    1.313345
_Iindustry_11 |  -.3168081   .2567333    -1.23   0.217     -.820328    .1867118
_Iindustry_12 |   1.001426   .3611163     2.77   0.006     .2931839    1.709668
    _Irace_2 |  -.8323909   .2138445    -3.89   0.000    -1.251795    -.412987
_Ioccupatio_2 |   2.779147   .2738827    10.15   0.000     2.241993    3.316301
_Ioccupatio_6 |  -1.525523   .3197633    -4.77   0.000    -2.152661   -.8983847
_Ioccupatio_11 |  -.9473718   1.072088    -0.88   0.377    -3.050012    1.155269
_Ioccupatio_13 |   1.174622   .3266345     3.60   0.000     .5340076    1.815236
       _cons |   6.622103   .2472186    26.79   0.000     6.137243    7.106962
------------------------------------------------------------------------------
```

图 12-23　加入匹配控制变量后 OLS 回归结果

可以看出，控制了影响工会的变量后，工会的回归系数变为 0.8831，较图 12-21 的结果有所下降，但仍然在 1% 的显著性水平下显著，而且部分控制变量显著影响工资。接下来我们采用各种匹配方法控制处理组和控制组的差异。

12.5.2　近邻匹配

首先采用 1 对 1 不放回的近邻匹配，输入以下命令。

- use nlsw88_simple.dta, clear
- cap safedrop u
- generate u = uniform() // 截面数据，必须随机排序
- sort u
- psmatch2 union $x, out(wage) neighbor(1) ate common noreplacement
- pstest $x, both graph

平衡假设检验结果如图 12-24 和图 12-25 所示。

可以看出，平衡检验效果并不理想，匹配之前图 12-25 中变量的偏差在 6% ～ 40%，匹配之后部分变量的偏差不仅没有下降，反而上升了，而且匹配后的 t 值大部分都很显著。这点也可以从图 12-24 中看出，匹配后的偏差离 0 轴甚至比匹配前更远。造成上述结果的原因可能在于匹配中选择了 noreplacement，不允许控制组放回，因此部分处理组被迫匹配倾向得分离其更远的控制组。

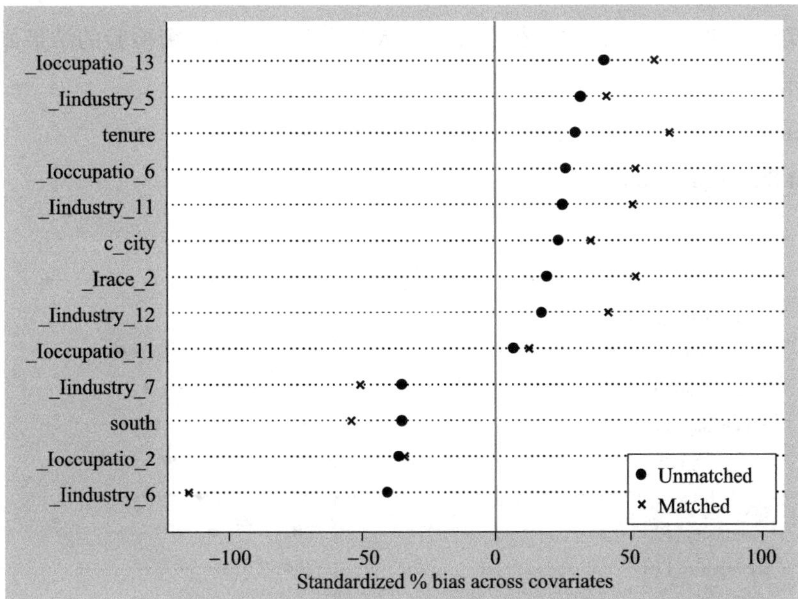

图 12-24 不放回近邻匹配的平衡检验结果（1）

Variable	Unmatched Matched	Mean Treated	Mean Control	%bias	%reduct |bias|	t-test t	t-test p>|t|	V(T)/ V(C)
south	U	.29759	.46628	-35.2		-6.40	0.000	.
	M	.2989	.55814	-54.1	-53.7	-3.52	0.000	.
c_city	U	.37637	.26758	23.4		4.45	0.000	.
	M	.37363	.2093	35.4	-51.0	2.15	0.032	.
tenure	U	7.892	6.1692	29.9		5.72	0.000	1.27*
	M	7.887	4.155	64.7	-116.6	3.94	0.000	2.94*
_Iindustry_5	U	.10503	.02726	31.7		6.94	0.000	.
	M	.1011	0	41.1	-30.0	2.19	0.029	.
_Iindustry_6	U	.04595	.1693	-40.6		-6.69	0.000	.
	M	.04615	.39535	-114.9	-183.1	-8.85	0.000	.
_Iindustry_7	U	.01969	.10258	-35.1		-5.65	0.000	.
	M	.01978	.13953	-50.7	-44.5	-4.47	0.000	.
_Iindustry_11	U	.47921	.35725	24.9		4.67	0.000	.
	M	.48132	.23256	50.8	-104.0	3.15	0.002	.
_Iindustry_12	U	.12254	.07174	17.2		3.40	0.001	.
	M	.12308	0	41.7	-142.3	2.45	0.015	.
_Irace_2	U	.33042	.24462	19.0		3.61	0.000	.
	M	.32747	.09302	52.0	-173.3	3.21	0.001	.
_Ioccupatio_2	U	.04158	.14562	-36.3		-6.00	0.000	.
	M	.04176	.13953	-34.1	6.0	-2.82	0.005	.
_Ioccupatio_6	U	.17943	.09039	26.3		5.27	0.000	.
	M	.17582	0	51.9	-97.5	3.02	0.003	.
_Ioccupatio_11	U	.01094	.00502	6.7		1.37	0.171	.
	M	.01099	0	12.3	-85.6	0.69	0.491	.
_Ioccupatio_13	U	.19256	.06098	40.3		8.55	0.000	.
	M	.19341	0	59.2	-47.0	3.20	0.001	.

* if variance ratio outside [0.83; 1.20] for U and [0.83; 1.20] for M

Sample	Ps R2	LR chi2	p>chi2	MeanBias	MedBias	B	R	%Var
Unmatched	0.167	344.81	0.000	28.2	29.9	106.0*	0.95	100
Matched	0.376	83.53	0.000	51.0	50.8	187.3*	4.26*	100

图 12-25 不放回近邻匹配的平衡检验结果（2）

我们重新以允许放回的方式进行匹配，输入命令后，对应平衡检验的结果如图 12-26 和图 12-27 所示。

❍ psmatch2 union $x, out(wage) neighbor(1) ate common

❍ pstest $x, both graph

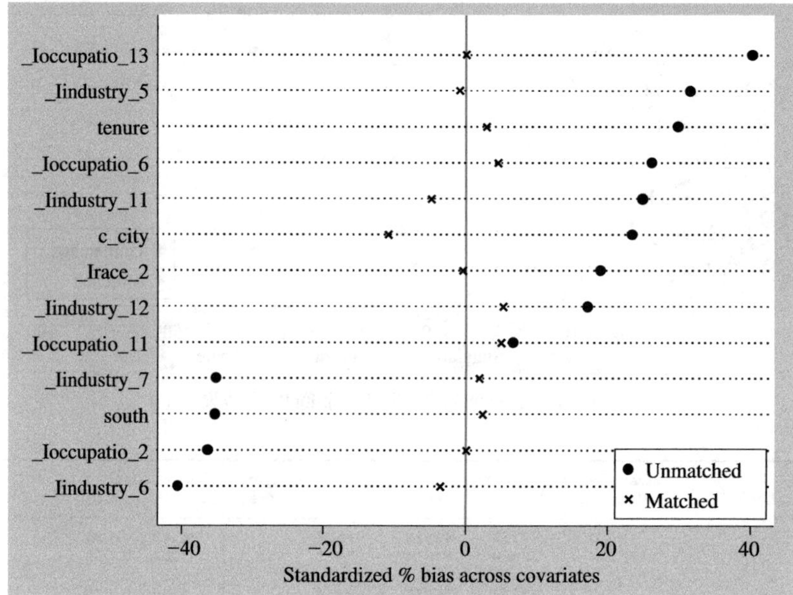

图 12-26　放回近邻匹配平衡检验结果（1）

❍ use nlsw88_simple.dta, clear

❍ cap safedrop u

❍ generate u = uniform() // 截面数据，必须随机排序

❍ sort u

Variable	Unmatched Matched	Mean Treated	Mean Control	%bias	%reduct |bias|	t-test t	t-test p>|t|	V(T)/ V(C)
south	U	.29759	.46628	-35.2		-6.40	0.000	.
	M	.2989	.28791	2.3	93.5	0.36	0.716	.
c_city	U	.37637	.26758	23.4		4.45	0.000	.
	M	.37363	.42418	-10.9	53.5	-1.56	0.120	.
tenure	U	7.892	6.1692	29.9		5.72	0.000	1.27*
	M	7.887	7.7189	2.9	90.2	0.43	0.670	1.11
_Iindustry_5	U	.10503	.02726	31.7		6.94	0.000	.
	M	.1011	.1033	-0.9	97.2	-0.11	0.913	.
_Iindustry_6	U	.04595	.1693	-40.6		-6.69	0.000	.
	M	.04615	.05714	-3.6	91.1	-0.75	0.454	.
_Iindustry_7	U	.01969	.10258	-35.1		-5.65	0.000	.
	M	.01978	.01538	1.9	94.7	0.50	0.614	.
_Iindustry_11	U	.47921	.35725	24.9		4.67	0.000	.
	M	.48132	.50549	-4.9	80.2	-0.73	0.466	.

图 12-27　放回近邻匹配平衡检验结果（2）

_Iindustry_12	U	.12254	.07174	17.2		3.40	0.001	.
	M	.12308	.10769	5.2	69.7	0.73	0.468	.
_Irace_2	U	.33042	.24462	19.0		3.61	0.000	.
	M	.32747	.32967	-0.5	97.4	-0.07	0.944	.
_Ioccupatio_2	U	.04158	.14562	-36.3		-6.00	0.000	.
	M	.04176	.04176	0.0	100.0	0.00	1.000	.
_Ioccupatio_6	U	.17943	.09039	26.3		5.27	0.000	.
	M	.17582	.16044	4.5	82.7	0.62	0.535	.
_Ioccupatio_11	U	.01094	.00502	6.7		1.37	0.171	.
	M	.01099	.00659	4.9	25.7	0.71	0.478	.
_Ioccupatio_13	U	.19256	.06098	40.3		8.55	0.000	.
	M	.19341	.19341	0.0	100.0	0.00	1.000	.

* if variance ratio outside [0.83; 1.20] for U and [0.83; 1.20] for M

Sample	Ps R2	LR chi2	p>chi2	MeanBias	MedBias	B	R	%Var
Unmatched	0.167	344.81	0.000	28.2	29.9	106.0*	0.95	100
Matched	0.005	5.75	0.955	3.3	2.9	15.9	0.96	0

图 12-27 （续）

可以看出，允许控制组放回后平衡检验结果更好。图 12-26 中匹配前的数据（黑点）距离 0 轴较远，匹配后的数据（乘号）均围绕在 0 轴附近，说明匹配后处理组和控制组的偏差下降。图 12-27 中也显示匹配后最大偏差为 10.9%，其余均小于 5%，处理组和控制组的均值差异也不显著。

因此我们以采用允许放回的 1 对 1 近邻匹配作为结果的展示，如图 12-28 所示。图 12-28 的结果由 3 部分构成。第 1 部分为 Logit 回归结果，可以看出，由于在前面做了匹配变量筛选，因此回归中所有变量均显著。第 3 部分为共同取值范围的结果。可以看出，控制组中有 47 组不在取值范围，处理组中有 2 组不在取值范围，因此匹配成功的处理组为 455 组，控制组和处理组之间是 1 对 1 的匹配关系。第 2 部分为处理效应结果，第一行没有匹配之前，处理组工资的均值为 8.6802，控制组的均值为 7.2486，两者的差异为 1.4316，对应 t 值为 6.44。由于匹配之后有 2 组处理组样本没有匹配成功，存在样本损失，因此处理组的均值发生了变化，变为 8.6755，控制组的均值为 7.4270，两者的差异变为 1.2485。匹配后由于处理组和控制组的变量更加接近，处理效应下降了，这说明之前处理效应存在的部分现象是因为自变量的特征，即样本的自选择偏差导致的。因此控制了样本自选择偏差后，处理效应下降。

由于控制组的样本较多，我们也可以尝试 1 对 2 的近邻匹配，为了节省篇幅，在此只列示第 2 部分处理效应，结果如图 12-29 所示。可以看出 1 对 2 匹配后处理组和控制组的 ATT 均值差异为 1.2795，结果略微增加，和 1 对 1 匹配结果差异不大，说明即使放宽到 1 对 2 匹配后，由于允许控制组样本放回，部分控制组样本被反复使用，并未新增太多的控制组，因此结果和 1 对 1 匹配差异不大。

```
Probit regression                               Number of obs     =      1,851
                                                LR chi2(13)       =     344.81
                                                Prob > chi2       =     0.0000
Log likelihood = -862.11453                     Pseudo R2         =     0.1667

------------------------------------------------------------------------------
       union |      Coef.   Std. Err.      z    P>|z|     [95% Conf. Interval]
-------------+----------------------------------------------------------------
       south |  -.6011656   .0763806    -7.87   0.000    -.7508689   -.4514624
      c_city |   .2572434   .0780557     3.30   0.001     .1042569    .4102298
      tenure |   .0166224   .0061236     2.71   0.007     .0046204    .0286244
 _Iindustry_5 |   1.060545    .164322     6.45   0.000     .7384801    1.382611
 _Iindustry_6 |   -.274278   .1438384    -1.91   0.057    -.5561961    .0076401
 _Iindustry_7 |  -.3722332   .1926201    -1.93   0.053    -.7497617    .0052954
_Iindustry_11 |   .4281107   .1096714     3.90   0.000     .2131587    .6430627
_Iindustry_12 |   .7680112   .1402532     5.48   0.000     .4931199    1.042903
     _Irace_2 |   .2293133   .0848674     2.70   0.007     .0629761    .3956504
_Ioccupatio_2 |  -.4297711   .1377934    -3.12   0.002    -.6998411   -.1597011
_Ioccupatio_6 |   .8492241   .1249134     6.80   0.000     .6043984     1.09405
_Ioccupatio_11 |   .9579371   .4063479     2.36   0.018     .1615098    1.754364
_Ioccupatio_13 |    .747988   .1171064     6.39   0.000     .5184637    .9775124
       _cons |  -1.145077   .1073131   -10.67   0.000    -1.355407   -.9347474
------------------------------------------------------------------------------

----------------------------------------------------------------------------------------
        Variable     Sample |    Treated     Controls   Difference         S.E.   T-stat
----------------------------+-----------------------------------------------------------
            wage  Unmatched | 8.68018547   7.24857333   1.43161214    .22244255     6.44
                        ATT | 8.67551662   7.42695116   1.24856545   .338767607     3.69
                        ATU | 7.22978284   7.88134238   .651559546            .        .
                        ATE |                           .802301881            .        .
----------------------------+-----------------------------------------------------------

psmatch2: | psmatch2: Common
Treatment |        support
assignment | Off suppo  On suppor |     Total
-----------+----------------------+----------
 Untreated |        47      1,347 |     1,394
   Treated |         2        455 |       457
-----------+----------------------+----------
     Total |        49      1,802 |     1,851
```

图 12-28　1 对 1 近邻匹配允许放回的结果

```
----------------------------------------------------------------------------------------
        Variable     Sample |    Treated     Controls   Difference         S.E.   T-stat
----------------------------+-----------------------------------------------------------
            wage  Unmatched | 8.68018547   7.24857333   1.43161214    .22244255     6.44
                        ATT | 8.67551662   7.39598327   1.27953335   .321317297     3.98
                        ATU | 7.22978284   7.62321236   .393429518            .        .
                        ATE |                           .617168277            .        .
----------------------------+-----------------------------------------------------------
Note: S.E. does not take into account that the propensity score is estimated.
```

图 12-29　1 对 2 近邻匹配结果

12.5.3　半径匹配

近邻匹配会将控制组和处理组差异太多的样本匹配进来，因此本部分进一步列示半径匹配的结果。首先必须确定半径大小，我们参考倾向得分（_pscore）的标准差乘以 0.25（见图 12-30）。

❍ sum _pscore

```
    Variable |        Obs        Mean    Std. Dev.       Min        Max
-------------+---------------------------------------------------------
     _pscore |      1,851    .2474899     .183291   .0058587   .9273394

. dis r(sd) *0.25
.04582275
```

图 12-30　半径设置

如图 12-30 所示，得到的对应值为 0.04582。为了结果更加保守，我们将半径设置为 0.005，即对倾向得分相差 1% 的样本进行匹配。输入以下命令。结果如图 12-31 所示。

❍ psmatch2 union $x, out(wage) n(1) caliper(0.005) ate common

Variable	Sample	Treated	Controls	Difference	S.E.	T-stat
wage	Unmatched	8.68018547	7.24857333	1.43161214	.22244255	6.44
	ATT	8.54108002	7.37132069	1.16975933	.33351989	3.51
	ATU	7.22166857	7.88941978	.66775121	.	.
	ATE			.790426618	.	.

Note: S.E. does not take into account that the propensity score is estimated.

psmatch2: Treatment assignment	psmatch2: Common support Off suppo	On suppor	Total
Untreated	52	1,342	1,394
Treated	23	434	457
Total	75	1,776	1,851

图 12-31　半径匹配结果

可以看出，半径匹配后处理组和控制组的处理效应下降为 1.1698。原因可能是通过半径控制了处理组和控制组倾向得分差异较大的匹配组，从而使得匹配后两组自变量更加接近，由于自变量差异导致的处理效应有所下降，因此整个处理效应下降。

12.5.4　核匹配和其他匹配结果

我们进一步列示采用核匹配的结果，直接使用系统默认的核函数和带宽，结果如图 12-32 所示。

❍ psmatch2 union $x, out(wage) kernel ate common

Variable	Sample	Treated	Controls	Difference	S.E.	T-stat
wage	Unmatched	8.68018547	7.24857333	1.43161214	.22244255	6.44
	ATT	8.67551662	7.47643664	1.19907998	.273508822	4.38
	ATU	7.22978284	7.70636361	.47658077	.	.
	ATE			.659009816	.	.

Note: S.E. does not take into account that the propensity score is estimated.

psmatch2: Treatment assignment	psmatch2: Common support Off suppo	On suppor	Total
Untreated	47	1,347	1,394
Treated	2	455	457
Total	49	1,802	1,851

图 12-32　核匹配结果

可以看出，核匹配结果和半径近邻匹配结果很接近，处理组和控制组的处置效应为 1.1991。

图 12-33 为局部线性回归匹配的结果，仍然使用系统默认的核函数和带宽。

Variable	Sample	Treated	Controls	Difference	S.E.	T-stat
wage	Unmatched	8.68018547	7.24857333	1.43161214	.22244255	6.44
	ATT	8.67551662	7.56148781	1.11402881	.346160769	3.22
	ATU	7.22978284	7.69598414	.466201305	.	.
	ATE			.629775952	.	.

Note: S.E. does not take into account that the propensity score is estimated.

psmatch2: Treatment assignment	psmatch2: Common support Off suppo	On suppor	Total
Untreated	47	1,347	1,394
Treated	2	455	457
Total	49	1,802	1,851

图 12-33 局部线性匹配结果

可以看出，结果和半径近邻匹配、核匹配的结果都非常相似。

12.6 发表历程与体会

倾向得分匹配模型目前已成为研究论文中经常采用的一种方法，尤其是在自变量为 0-1 变量，且存在部分内生性问题时更是如此。基于本章内容，作者结合发表的实际经历，对于倾向得分匹配模型的使用中存在的问题进行简单总结。

在选择倾向得分匹配模型中使用的自变量（协变量）时，要具有扎实的理论基础。一种做法是参考本书操作案例，尽可能多地选择影响匹配结果的自变量，然后采用逐步回归法剔除不显著的变量，留下显著的变量作为自变量。这种做法产生的问题是由于变量之间存在的相关性特征弱化了变量的显著性，许多不显著的自变量可能也是影响匹配结果的关键因素，因此仅仅根据统计上的显著性而决定自变量的纳入与否会存在偏差。

此外，倾向得分匹配模型主要用在稳健性检验中时，可以选择和主回归相同的自变量集合。这也是现有论文中常见的做法。然而，这种寻找自变量的方法在审稿阶段会受到审稿人的质疑。审稿人可能会问“主回归中的因变量和倾向得分匹配模型中的因变量不同，选择相同的自变量组是否可以完全控制选择性偏差？有什么理论依据？”等问题。因此自变量的选择需要有扎实的理论基础，需要与要研究的选择变量存在真正的理论或者逻辑关系。

以赵玉洁等（2020）发表在 *Accounting and Finance* 上的论文为例，论文研究了审计师强制变更对公司负面信息隐藏行为的影响，其中审计师强制变更为 0-1 变量，因此研究中采用了倾向得分匹配法作为稳健性检验。初稿中作者采用了和主回归完全相同的自变量组。审稿人对此提出了疑问，认为审计师强制变更和衡量负面信息隐藏的股价崩盘风险（主回归的 *Y*）的影响因素不同，使用完全相同的自变量组不合适，提出应该从影响审计师强制变更的被审计公司、审计事务所和审计师个人特征入手，寻找真正影响强制变更的变量。

小结

本章由上海大学赵玉洁副教授撰写，首先从处理效应和选择偏差入手，引入研究中普遍存在的一种内生性问题——自选择偏差。然后介绍实际研究中如何采用精确匹配方法和模糊匹配方法弱化自选择偏差，提高实证结果的稳健性。针对精确匹配方法，分别介绍了 Stata 自带的 ccmatch 和 vmatch 两种命令，具体包括命令的语法结构、使用方法、匹配逻辑和存在的优缺点，并对两种方法的匹配结果进行比较。由于精确匹配更多用于离散变量的匹配，因此本章进一步详述倾向得分匹配这一模糊匹配方法。首先介绍倾向得分匹配的思路、倾向得分的计算和具体匹配方法，包括倾向得分匹配中共同取值范围问题和平衡假设检验问题。然后详细论述 Stata 自带程序 psmatch2 的语法结构、匹配方法和匹配后的检验。最后通过 Stata 的自带数据集，完整列示了研究中如何采用 psmatch2 命令进行匹配的整个过程。

赵玉洁是上海大学管理学院会计系副教授，研究方向为公司金融，主持国家自然科学基金、省社科基金等 10 余项国家级、省部级课题；在 *Accounting and Finance*、*International Review of Economics and Finance*、《审计研究》等国内外知名期刊发表论文 30 余篇。

参考文献

[1] 巴尔塔基 . 计量经济学方法与应用：第 5 版 [M]. 聂巧平，攸频，魏学辉，译 . 北京：中国人民大学出版社，2015.

[2] BECKER S O，ICHINO A. Estimation of average treatment effects based on propensity scores[J]. The stata journal, 2002, 2(4): 358-377.

[3] IMBENS G W. Nonparametric estimation of average treatment effects under exogeneity: a review[J]. Review of economics and statistics, 2004, 86(1): 4-29.

[4] IMBENS G W，WOOLDRIDGE J M. Recent developments in the econometrics of program evaluation[J]. Journal of economic literature, 2009, 47(1): 5-86.

[5] MURNANE R J，WILLETT J B. Methods matter: improving causal inference in educational and social science research [M]. Oxford：Oxford University Press, 2011.

[6] ROSENBAUM P R, RUBIN, D B. The central role of the propensity score in observational studies for causal effects[J]. Biometrika, 1983, 70(1): 41-55.

[7] 陈强 . 高级计量经济学及 Stata 应用 [M]. 2 版 . 北京：高等教育出版社，2014.

[8] 郭申阳，弗雷泽 . 倾向值分析：统计方法与应用 [M]. 郭志刚，巫锡炜，等译 . 重庆：重庆大学出版社，2012.

[9] LIAN Y, SU Z，GU Y. Evaluating the effects of equity incentives using PSM: evidence from China[J]. Frontiers of business research in China, 2011, 5(2): 266-290.

附录

管理研究中的常用资源

1. 文献检索类

❍ 百度学术：http://xueshu.baidu.com

百度学术是一个提供海量中英文文献检索的学术资源搜索平台，涵盖了各类学术期刊、会议论文。

❍ 谷歌学术：http://scholar.google.com

谷歌学术提供可广泛搜索学术文献的简便方法，可以从一个位置搜索众多学科和资料来源：来自学术著作出版商、专业性社团、预印本、各大学及其他学术组织的经同行评论的文章、论文、图书、摘要和文章。

❍ 中国知网：http://www.cnki.net

面向海内外读者提供中国学术文献、外文文献、学位论文、报纸、会议、年鉴、工具书等各类资源统一检索、统一导航、在线阅读和下载服务。

❍ 读秀学术搜索：http://www.duxiu.com

由海量全文数据及资料等基本信息组成的超大型数据库。

❍ Web of science：http://apps.webofknowledge.com

全球最大、覆盖学科最多的综合性学术信息资源，收录了自然科学、工程技术、生物医学等各个研究领域具有影响力的超过 8 700 多种核心学术期刊。

❍ EBSCO：https://search.ebscohost.com

全球最早推出全文数据库在线检索系统的公司之一，提供 100 多种全文数据库和二次文献数据库。

❍ EI：https://www.engineeringvillage.com/search/quick.url

最权威的工程、应用科学领域文献检索平台。

❍ ProQuest 学术检索平台：https://www.proquest.com

ProQuest 平台提供 60 多个文献数据库，包含文摘题录信息和部分全文，涉及商业经济、人文社会、医药学、生命科学、水科学与海洋学、环境科学、土木工程、计算机、材料等广泛领域，包含学位论文、期刊、报纸等多种文献类型。

❍ RefSeek：https://www.refseek.com

RefSeek 是一个面向学生和研究人员的网络搜索引擎，旨在让每个人都能轻松访问学术信息。RefSeek 搜索具有超过 50 亿份文档，包括网页、书籍、百科全书、期刊和报纸。

2. 学术工具类

❍ OBHRM 知识库：http://www.obhrm.net

提供 OBHRM 研究常用的量表、OBHRM 研究常用统计分析方法（包括 R、Mplus 和 SPSS 的应用）、国内 OBHRM 学术会议、国内外 OBHRM 学术期刊与 OBHRM 经典的教学游戏等。

❍ 统计之都论坛：https://d.cosx.org

一个自由探讨统计学和数据科学的平台。

Vanderbilt University（范德堡大学）Kristopher J. Preacher 教授关于中介和调节分析工具的网站：http://www.quantpsy.org/medn.htm。该网站提供了用于中介和调节检验的多种工具，譬如：Sobel 检验（Sobel test calculator）、蒙特卡罗法（Monte Carlo calculator）、多级结构方程建模（multilevel structural equation modeling）等。

❍ Mplus 资源：http://www.statmodel.com

介绍 Mplus 应用的网站，里面包括 Mplus 软件、书籍、示例等资源。

❍ EndNote：https://endnote.com

文献管理类软件，通过使用 BibTex 或者其他格式导入文章标题、作者、发表时间、期刊等，写论文的时候就可以直接格式化复制到 Word 或者 Lyx 里面，具有强大的分类、搜索能力，提升文献阅读效率。

3. 论文发表类

❍ 经管之家（原人大经济论坛）：http://bbs.pinggu.org

依托中国人民大学，成立于 2003 年，内容涵盖经济、管理、金融和统计，目前已经发展成为国内最活跃和最具影响力的在线交流平台。

❍ 小木虫：http://muchong.com/bbs/index.php

学术科研互动社区。

❍ 科学网：http://bbs.sciencenet.cn

提供快捷、权威的科学新闻报道，丰富实用的科学信息服务以及交流互动的网络平台。

❍ 英文学术期刊 JournalGuide：https://www.journalguide.com

JournalGuide 是一个免费工具，由 Research Square 的软件开发人员、研究人员和学术出版资深人士共同创建。目标是将所有数据源集中在一个地方，为作者提供一种简单的方法来选择最适合其研究的期刊。

❍ 中国学术期刊论文投稿平台：http://www.cb.cnki.net

中国知网旗下的中文学术期刊论文投稿平台，内容涵盖投稿百科、写作指南等实用工具。

4. 论文查重类

❍ 中国知网学术不端文献检测系统：http://check.cnki.net

依托强大的资源，中国知网开辟了采用技术手段防范学术不端行为的新方法，主要为检测研究生培养过程中，研究生学术论文发表及学位论文中出现的不端行为提供辅助工具。2022 年 6 月 12 日，中国知网开始向个人用户直接提供查重服务（https://cx.cnki.net，1.5 元 / 千字），研究生的学位论文可免费查重 3 次。

❍ PaperPass：http://www.paperpass.com

全球首个中文文献相似度比对系统，现在已经发展成为最权威、最可信赖的中文原创性检查和预防剽窃的在线网站之一。

❍ 万方文献相似性检测系统：http://check.wanfangdata.com.cn

万方数据旨在打造最严谨、科学的论文相似性检测系统，提供学位论文查重、学位论文抄袭检测、学术不端甄别等服务。

❍ 英文投稿论文检测系统：http://www.ithenticate.com

iThenticate 是国际上著名的英文论文抄袭检测软件、国际期刊投稿前必备的检测系统。

5. 期刊影响因子及分区

下表为 Web of Science 发布的 2021 年度商学类 SSCI 期刊的影响因子和分区。

序号	期刊名	影响因子	分区
1	Academy of Management Annals	19.241	Q1
2	Journal of Marketing	15.360	Q1
3	Journal of the Academy of Marketing Science	14.904	Q1
4	Academy of Management Review	13.865	Q1
5	Journal of Management	13.508	Q1
6	Journal of Business Venturing	13.139	Q1
7	Administrative Science Quarterly	12.529	Q1
8	Harvard Business Review	12.129	Q1
9	California Management Review	11.678	Q1
10	Journal of Interactive Marketing	11.318	Q1
11	Supply Chain Management-AN International Journal	11.263	Q1
12	Journal of Innovation & Knowledge	11.219	Q1
13	Journal of Retailing	11.190	Q1
14	Journal of International Business Studies	11.103	Q1

（续）

序号	期刊名	影响因子	分区
15	Academy of Management Journal	10.979	Q1
16	Journal of Retailing and Consumer Services	10.972	Q1
17	Journal of Business Research	10.969	Q1
18	Technological Forecasting and Social Change	10.884	Q1
19	Business Strategy and the Environment	10.801	Q1
20	Business Horizons	10.562	Q1
21	Journal of Research in Interactive Marketing	10.176	Q1
22	Journal of Organizational Behavior	10.079	Q1
23	Journal of Service Research	10.052	Q1
24	Entrepreneurship Theory and Practice	9.993	Q1
25	Journal of Product Innovation Management	9.885	Q1
26	Journal of Hospitality Marketing & Management	9.821	Q1
27	Journal of Management Studies	9.720	Q1
28	International Journal of Management Reviews	8.958	Q1
29	Industrial Marketing Management	8.890	Q1
30	IEEE Transactions on Engineering Management	8.702	Q1
31	Journal of World Business	8.635	Q1
32	Journal of Consumer Research	8.612	Q1
33	Corporate Social Responsibility and Environmental Management	8.464	Q1
34	Academy of Management Perspectives	8.069	Q1
35	International Journal of Research in Marketing	8.047	Q1
36	International Business Review	8.047	Q1
37	Long Range Planning	7.825	Q1
38	Strategic Management Journal	7.815	Q1
39	International Journal of Electronic Commerce	7.730	Q2
40	Family Business Review	7.575	Q2
41	BRITISH Journal of Management	7.450	Q2
42	Small Business Economics	7.096	Q2
43	International Journal of Consumer Studies	7.096	Q2
44	Business & Society	6.740	Q2
45	Journal of Marketing Research	6.664	Q2
46	Journal of Business and Psychology	6.604	Q2
47	Journal of Management Analytics	6.554	Q2
48	Journal of Advertising	6.528	Q2
49	International Small Business Journal-Researching Entrepreneurship	6.413	Q2
50	Entrepreneurship and Regional Development	6.408	Q2
51	Journal of Intellectual Capital	6.371	Q2
52	Internet Research	6.353	Q2
53	Journal of Public Policy & Marketing	6.343	Q2
54	Journal of Business Ethics	6.331	Q2
55	International Entrepreneurship and Management Journal	6.150	Q2
56	Journal of Family Business Strategy	6.114	Q2

（续）

序号	期刊名	影响因子	分区
57	European Management Journal	6.110	Q2
58	Electronic Markets	6.017	Q2
59	International Journal of Entrepreneurial Behavior & Research	5.995	Q2
60	R & D Management	5.962	Q2
61	International Journal of Advertising	5.888	Q2
62	Journal of Environmental Economics and Management	5.840	Q2
63	International Marketing Review	5.774	Q2
64	Strategic Entrepreneurship Journal	5.761	Q2
65	Corporate Governance-AN International Review	5.660	Q2
66	Electronic Commerce Research and Applications	5.622	Q2
67	Management Decision	5.589	Q2
68	Psychology & Marketing	5.507	Q2
69	Marketing Science	5.411	Q2
70	Journal of Theoretical and Applied Electronic Commerce Research	5.318	Q2
71	Journal of Product and Brand Management	5.248	Q2
72	Journal of Services Marketing	5.246	Q2
73	Service Business	5.236	Q2
74	European Journal of Marketing	5.181	Q2
75	International Journal of Accounting Information Systems	5.111	Q2
76	International Journal of Bank Marketing	5.083	Q2
77	Business Ethics-A European Review	5.056	Q2
78	Journal of International Marketing	4.976	Q3
79	Emerging Markets Finance and Trade	4.859	Q3
80	European Journal of Innovation Management	4.750	Q3
81	European Research on Management and Business Economics	4.750	Q3
82	International Journal of Retail & Distribution Management	4.743	Q3
83	Journal of Marketing Management	4.707	Q3
84	Business Ethics Quarterly	4.697	Q3
85	Asia Pacific Journal of Marketing and Logistics	4.643	Q3
86	Public Relations Review	4.636	Q3
87	MIT Sloan Management Review	4.627	Q3
88	International Journal of Management Education	4.564	Q3
89	Journal of Consumer Psychology	4.551	Q3
90	Journal of Service Theory and Practice	4.545	Q3
91	Journal of Engineering and Technology Management	4.489	Q3
92	Journal of Brand Management	4.350	Q3
93	Marketing Intelligence & Planning	4.338	Q3
94	Research in Transportation Business and Management	4.286	Q3
95	BRQ-Business Research Quarterly	4.204	Q3
96	Journal of Fashion Marketing and Management	4.184	Q3
97	Asian Business & Management	4.130	Q3
98	Journal of Social Marketing	4.115	Q3

（续）

序号	期刊名	影响因子	分区
99	Journal of Electronic Commerce Research	4.000	Q3
100	Journal of Vacation Marketing	4.000	Q3
101	Journal of Marketing for Higher Education	3.906	Q3
102	Journal of Competitiveness	3.850	Q3
103	Business Process Management Journal	3.715	Q3
104	Eurasian Business Review	3.574	Q3
105	Strategic Organization	3.506	Q3
106	Marketing Theory	3.476	Q3
107	Electronic Commerce Research	3.462	Q3
108	Marketing Letters	3.426	Q3
109	International Journal of Emerging Markets	3.422	Q3
110	Gender in Management	3.337	Q3
111	Journal of Business & Industrial Marketing	3.319	Q3
112	Australian Journal of Management	3.229	Q3
113	Journal of Consumer Behaviour	3.199	Q3
114	Competition & Change	3.062	Q3
115	Journal of Business-to-Business Marketing	3.045	Q3
116	Journal of Advertising Research	3.031	Q4
117	Multinational Business Review	3.018	Q4
118	International Journal of Managing Projects in Business	2.951	Q4
119	Industrial and Corporate Change	2.878	Q4
120	Research-Technology Management	2.855	Q4
121	Information Systems and E-Business Management	2.775	Q4
122	Service Science	2.704	Q4
123	International Journal of Business Communication	2.625	Q4
124	Entrepreneurship Research Journal	2.610	Q4
125	Journal of Consumer Affairs	2.603	Q4
126	Journal of Business Economics and Management	2.596	Q4
127	International Journal of Market Research	2.513	Q4
128	Journal of Productivity Analysis	2.500	Q4
129	Consumption Markets & Culture	2.460	Q4
130	Sport Marketing Quarterly	2.395	Q4
131	Amfiteatru Economic	2.304	Q4
132	Journal of Business and Technical Communication	2.109	Q4
133	Asia Pacific Business Review	2.011	Q4
134	Journal of Macromarketing	1.979	Q4
135	Transformations in Business & Economics	1.824	Q4
136	European Business Organization Law Review	1.790	Q4
137	Asian Journal of Technology Innovation	1.769	Q4
138	American Business Law Journal	1.743	Q4
139	Business History Review	1.500	Q4
140	Canadian Journal of Administrative Sciences-Revue Canadienne Des Sciences de L Administration	1.490	Q4

（续）

序号	期刊名	影响因子	分区
141	QME-Quantitative Marketing and Economics	1.480	Q4
142	Academia-Revista Latinoamericana de Administracion	1.369	Q4
143	RBGN-Revista Brasileira de Gestao de Negocios	1.198	Q4
144	Organizational Dynamics	1.133	Q4
145	RAE-Revista de Administracao de Empresas	1.100	Q4
146	Engineering Economist	1.023	Q4
147	Clothing and Textiles Research Journal	0.985	Q4
148	Enterprise & Society	0.844	Q4
149	South African Journal of Business Management	0.836	Q4
150	Business History	0.800	Q4
151	Custos e Agronegocio On Line	0.799	Q4
152	Journal of World Energy Law & Business	0.403	Q4
153	Revista de Historia Industrial	0.310	Q4
154	Betriebswirtschaftliche Forschung und Praxis	0.236	Q4
155	Business Ethics the Environment & Responsibility	N/A	N/A